N

le Canada

le Québec

L'AMÉRIQUE
DU NORD

les États-Unis

et-'

la Nouvelle-
Angleterre

la Louisiane

Saint-Barthélemy
et Saint-Martin (C

Haïti

L'OCÉAN
PACIFIQUE

Clipperton

fra

L'AM
DU

Vanuatu

Wallis-et-Futuna (COM)

la Polynésie
française (COM)

la Nouvelle-Calédonie (COM)

Tahiti

L'AUSTRALIE

Pays ou région où le français est langue officielle et/ou maternelle

Pays ou région où le français est langue officielle ou administrative

Pays où le français est langue d'enseignement privilégiée

Îles où le français est langue officielle et/ou maternelle

Minorités francophones

DOM = département d'outre-mer   COM = collectivité d'outre-mer

Le monde francophone

Part of the award-winning MyLanguageLabs suite of online learning and assessment systems for basic language courses, MyFrenchLab brings together—in one convenient, easily navigable site—a wide array of language-learning tools and resources, including an interactive version of the *Points de départ* student text, an online Student Activities Manual, and all materials from the audio and video programs. Chapter Practice Tests, tutorials, and English grammar Readiness Checks personalize instruction to meet the unique needs of individual students. Instructors can use the system to make assignments, set grading parameters, listen to student-created audio recordings, and provide feedback on student work. MyFrenchLab can be packaged with the text at a substantial savings. For more information, visit us online at http://www.mylanguagelabs.com/books

A GUIDE TO Points de départ ICONS

	Text Audio Program	This icon indicates that recorded material to accompany *Points de départ* is available in MyFrenchLab (www.mylanguagelabs.com), on Audio CD, or on the Companion Website (www.pearsonhighered.com/pointsdedepart)
	Pair Activity	This icon indicates that the activity is designed to be done by students working in pairs.
	Group Activity	This icon indicates that the activity is designed to be done by students working in small groups or as a whole class.
	Video	This icon indicates that a video episode is available for the video that accompanies the *Points de départ* program. The video is available on DVD and in MyFrenchLab.
	Student Activities Manual	This icon indicates that there are practice activities available in the *Points de départ* Student Activities Manual. The activities may be found either in the printed version of the manual or in the interactive version available through MyFrenchLab. Activity numbers are indicated in the text for ease of reference.

SECOND EDITION

Points de départ

Mary Ellen Scullen

University of Maryland, College Park

Cathy Pons

University of North Carolina, Asheville

Albert Valdman

Indiana University, Bloomington

PEARSON

Prentice Hall

Boston   Columbus   Indianapolis
New York   San Francisco   Upper Saddle River
Amsterdam   Cape Town   Dubai   London
Madrid   Milan   Munich   Paris   Montreal   Toronto
Delhi   Mexico City   São Paulo   Sydney
Hong Kong   Seoul   Singapore   Taipei   Tokyo

Executive Acquisitions Editor: *Rachel McCoy*
Editorial Assistant: *Lindsay Miglionica*
Publishing Coordinator: *Regina Rivera*
Executive Marketing Manager: *Kris Ellis-Levy*
Marketing Assistant: *Michele Marchese*
Senior Managing Editor for Product Development:
   Mary Rottino
Associate Managing Editor: *Janice Stangel*
Production Project Manager: *Manuel Echevarria*
Executive Editor, MyLanguageLabs: *Bob Hemmer*
Senior Media Editor: *Samantha Alducin*
MyLanguageLabs Development Editor: *Bill Bliss*

Procurement Manager: *Mary Fischer*
Senior Art Director: *Maria Lange*
Senior Operations Specialist: *Alan Fischer*
Cover Designer: *Liz Harasymczuk Design*
Interior Designer: *Delgado & Company*
Project Manager: *Francesca Monaco*
Composition: *Preparé, Inc.*
Printer/Binder: *RR Donnelley/Willard*
Cover Printer: *Lehigh/Phoenix Color*
Cover Image: *Travelpix Ltd /Getty Images*
Publisher: *Phil Miller*

This book was set in Palatino 10.

Library of Congress Cataloging-in-Publication Data

Scullen, Mary Ellen.
   Points de départ / Mary Ellen Scullen, Cathy Pons, Albert Valdman. — 2nd ed.
      p. cm.
   Includes bibliographical references and index.
   1. French language—Textbooks for foreign speakers—English. I. Pons, Cathy R. II.
Valdman, Albert. III. Title.
   PC2129.E5P65 2012
   448.2'421—dc23

                                                        2011044709

10 9 8 7 6 5 4 3

Prentice Hall
is an imprint of

ISBN-10:   0-205-78840-8
ISBN-13: 978-0-205-78840-8

www.pearsonhighered.com

Brief Contents

Scope & Sequence

Scope & Sequence

Scope & Sequence

Preface

Points de départ, Second Edition is a complete, versatile program for introductory college and university French courses. It has been conceived for use in accelerated, intensive, and review programs; in hybrid courses incorporating distance learning; and in courses with limited contact time, i.e., three or fewer hours per week over an academic year. Developed by the authors of the extremely successful *Chez nous* French program, Points de départ, Second Edition incorporates many of the innovative features of that text while maintaining a focus on the essential content of an introductory course.

WHAT'S NEW IN THIS EDITION?

1. **Substantive new content.** Language use and cultural realities are constantly changing, and this is reflected in Points de départ, Second Edition.

   - Vocabulary presentations (Points de départ) have been significantly updated. For example, presentations related to the topics of education, health, media, and technology have been revised, along with their corresponding art.

   - Approximately one-third of the cultural notes (Vie et culture) are new or revised to include additional topics (such as small town life) or updated information, offering a more contemporary and nuanced picture of France and the Francophone world.

   - More than one-third of the skill-building activities (Lisons, Écoutons, Observons, Parlons, Écrivons) are new or revised for this edition, introducing new texts, video clips, and authentic tasks.

2. **Further refinement of the cyclical scope and sequence.** Users' feedback has led to additional modification of the scope and sequence for enhanced linguistic effectiveness and flexibility in the classroom. Some highlights include the following:

   - The preliminary chapter has been streamlined to a single Leçon préliminaire; this allows instructors to cover a few essential topics while demonstrating the principal lesson components before beginning the first full chapter.

   - The chapter treating food and its related grammatical content has been moved to the first half of the book (Chapitre 5); this allows for earlier treatment of useful vocabulary and structural features such as the partitive.

   - The chapter on studies and professions has been moved to the second half of the book (Chapitre 8); this means that students have more language to handle education and workplace topics.

3. **Sons et lettres sections in every chapter.** Pronunciation is now treated throughout the book.

4. **Increased attention to the development of learner strategies.**

   - Écrivons sections now target explicit writing strategies, and a four-step process now encourages students to draft and revise their writing, focusing first on content and then on form.

   - A new feature, Fiche pratique, outlines practical strategies to help students learn specific lesson content (for example, showing them ways to organize the new material, how to interact with native speakers using new content or structures, or how to test themselves).

5. **Comprehension before production.** Within many of the Formes et fonctions practice sections, new comprehension-based activities allow students to make an initial form-meaning link as they learn grammatical structures.

6. **Incorporation of the Orthographic Reform.** Although championed in Canada, the Orthographic Reform of 1990 has met with limited success in France. **Points de départ, Second Edition** incorporates a few of the most widely accepted elements of the Reform. Notably, changes related to the use of the **accent grave** have been implemented, affecting some verb conjugations in the future and conditional (for verbs like **préférer**) as well as the spelling of individual lexical items, such as **crèmerie** and **évènement**. Also, all numbers are now written with connecting hyphens, eliminating ambiguity and simplifying the learner's task: **cinq-mille-deux-cent-soixante-et-onze**, for example.

7. **Focus on learner outcomes.** Chapter openers now provide an overview of expected learner outcomes with a self-assessment checklist that encourages students to take stock of what they have learned to do.

8. **Revised testing package.** A completely revised testing program includes a test bank with exercises testing listening, reading, writing, and cultural knowledge. Instructors can select activities from the test bank to create their own tests, and exercises can be adapted for use in specific courses. We also provide fully constructed sample tests and special format tests for speaking. Complete grading guides are included.

9. **New design and art.** An entirely new design increases the book's user-friendliness. More abundant photos offer a richer depiction of the Francophone world and combine with updated line art to enhance the contemporary focus and visual appeal.

Points de départ, Second Edition stands apart from other first-year French texts by:

- Carefully selecting lexical and cultural content for broad coverage within a highly disciplined framework
- Streamlining grammatical presentations and reducing coverage of complex grammar points such as the subjunctive and the conditional
- Eliminating other complex and less-frequent grammatical features (for example, double-pronoun substitution, *plus-que-parfait*, *passé du conditionnel, futur antérieur*)

- Streamlining exercise sequences to suit the needs of a course intended to develop basic language proficiency
- Weaving cultural content into skills development activities that are fully integrated within each lesson
- Presenting concisely the fundamentals of the French sound system
- Limiting the number of chapters to ten

Points de départ, Second Edition also is distinguished by key features that enable it to be used on a highly flexible basis in a variety of contexts:

- **To maximize self-instruction:** Rich visuals, recordings, grammar explanations in English, reference sections, and online resources provide students with tools for self-instruction or preparation for focused in-class practice. Also, a process or discovery approach makes it possible for students to prepare vocabulary, culture, grammar, and skills sections on their own if necessary, for quick verification or more extended practice in class.

- **To tailor student practice:** Instructors can pick and choose among many types of practice available in the textbook, the Student Activities Manual, and **MyFrenchLab™** with the aim of providing immediate feedback to students or facilitating extensive instructor-student interaction. In turn, expansion and enrichment activities provide a challenge for motivated students.

- **To use classroom time efficiently:** The abundant visual aids, extensive annotations, and careful progression of activities designed for oral practice make class preparation simple and help teachers make the most of in-class time. Novice instructors will learn solid pedagogical skills, and experienced teachers will find a satisfying array of tools and techniques.

The National Standards for Foreign Language Learning for the 21st Century. With its disciplined yet flexible focus on the essential content of an introductory course and the incorporation of features long a hallmark of the *Chez nous* program, **Points de départ, Second Edition** provides a richly nuanced focus on the Francophone world through a highly integrative, process-oriented approach to the development of language skills. This approach is consistent with the **National Standards for Foreign Language Learning for the 21st Century**, widely recognized as a set of desired outcomes for foreign language instruction. Rather than functioning as discrete and occasional influences on the text, the National Standards constitute an essential underlying principle of the program as a whole. The "**Five C's,**" as defined by the National Standards, are directly embodied in essential aspects of the **Points de départ**, **Second Edition** program. The National Standards also constitute a subtext throughout the program—for example, many practice activities introduce cultural realities from across the French-speaking world, and culture is explored through skill-using activities and discovery methods of language learning.

Points de départ, Second Edition addresses the Five C's:

- Emphasizing **communication** developed through authentic language samples and tasks

- Encouraging cultural **comparisons**

- Presenting a broad cross section of French-speaking **communities**

- Fostering **connections** by guiding students through a variety of disciplines, including history, geography, art, and literature

- Promoting skill development within a distinctive **cultural** framework

HALLMARK PEDAGOGICAL FEATURES

While much is new in **Points de départ, Second Edition**, we remain committed to the hallmark features that distinguish this program from all others:

- **Innovative treatment of grammar.** Structures are presented in the context of authentic communicative use of the language; i.e., the periphrastic future (**aller** plus the infinitive) is not the notional equivalent of the inflected future (**le futur simple**), and this distinction is clearly made in the presentation and in practice activities. Grammar treatments, reflecting the spoken language, make important generalizations about the structure of French. For example, the presentation of adjectives is based on the concept that the masculine form of variable adjectives is derived from the longer feminine form by dropping the final pronounced consonant (**grande**/**grand**). Similarly, students learn that verbs with two stems have a longer stem in the plural, from which the singular can be derived by this general rule of final consonant deletion (**partent**/**part**).

Use of a cyclical syllabus facilitates language acquisition by allowing the instructor to gradually develop students' understanding of complex topics. For example, we first present the **imparfait** as a means of making suggestions. We then treat the more frequent, complex uses of the **imparfait**, describing situations or habitual actions in the past. Finally, we contrast uses of the **passé composé** and the **imparfait**.

- **Process orientation to skills development.** The receptive skills (listening and reading) are developed using authentic materials that are just beyond students' productive skill level. Preview activities provide or activate background knowledge and introduce comprehension strategies; listening and reading activities guide and check comprehension as students encounter the material; and follow-up activities encourage them to reflect on what they have read or heard. The productive skills (speaking and writing) are likewise practiced via carefully sequenced activities that emphasize carrying out authentic tasks through a process approach. Pre-speaking and pre-writing preparation ready students to carry out the assigned tasks; frameworks for the actual speaking and writing assignments are provided; and thoughtful follow-up is encouraged. Through this process approach to developing the four skills, students gradually become confident and proficient at carrying out a wide variety of communicative tasks.

- **Pervasive and highly nuanced treatment of French and Francophone cultures.** Throughout each chapter, thematically interrelated lessons closely integrate the presentation of lexical and grammatical content within interesting and culturally authentic contexts. Nuanced cultural presentations also explicitly encompass the breadth and richness of the Francophone world, leading students to a deeper analysis and understanding of the diverse cultures of France and the French-speaking world.

- **Authentic texts and tasks.** Authentic texts and tasks form the basis for developing students' language skills in **Points de départ, Second Edition.** Listening activities and models for speaking reflect the everyday language of young people. Varied readings and writing tasks help students develop an awareness of appropriate style as they are exposed to a wide variety of Francophone writers. Throughout the textbook and supplements, practice of vocabulary and grammar is oriented toward real situations and authentic tasks.

ORGANIZATION OF THE TEXT

Points de départ, Second Edition consists of a brief introductory lesson plus ten full-length chapters. Each chapter is built around a cultural theme reinforced by informative photographs, line drawings, and realia. The user-friendly organization divides each chapter into three lessons that feature integrated lexical and grammatical presentations, sequenced practice, cultural information, and a culturally based skills activity.

Each lesson typically includes the following components:

Points de départ. Reflecting the chapter theme, this opening section presents vocabulary through varied and appealing visuals and language samples representing authentic everyday contexts. Recordings of the language samples are available on the Audio CDs to accompany the text, on the Companion Website, and through **MyFrenchLab**™. The **Points de départ** section includes related and up-to-date cultural notes in the **Vie et culture** section, written initially in English, then (beginning in Chapter 5) in French. The notes incorporate video, photos, and realia that students must analyze in order to discover features of French culture and make cross-cultural comparisons. Each **Points de départ** section offers sequenced practice (**À vous la parole**) through clearly labeled whole-class, paired, and small-group activities. Extensive marginal annotations make it easy for the instructor to present and practice the material in class.

Sons et lettres. This section presents the main phonetic features of French, so that students can incorporate them into their speech. It emphasizes the sound contrasts that determine differences in meaning, the major differences between French and English, and the relationship between sounds and spellings. Practice exercises from the text (**À vous la parole**) are available on the Audio CDs to accompany the text, on the Companion Website, and through **MyFrenchLab**™.

Formes et fonctions. Concise, clearly written grammar explanations in English focus on authentic usage and point out features of the spoken and written language. Numerous examples are provided and, where appropriate, color-coded charts summarize the forms. This section includes class-friendly exercises (**À vous la parole**) that provide a full range of practice—from form-based to meaningful and personalized activities—incorporating the theme and the vocabulary of the lesson. Icons clearly indicate pair and small-group activities.

Lisons, Observons, Écoutons, Parlons, Écrivons. Each lesson concludes with one of these culturally rich, thematically linked skills activities, helping students put into practice the vocabulary and grammar acquired in the lesson as they explore the chapter theme. Through work with an authentic text or task in a reading, listening, speaking, or writing activity, students are guided in their development of receptive and productive skills.

Vocabulaire. At the end of each chapter, a comprehensive list summarizes vocabulary targeted for students' productive use. Words and phrases are grouped semantically by lesson, and English equivalents are provided. Recordings of these words and expressions are available on **MyFrenchLab**™.

Appendices. Located at the end of the text, these include the **International Phonetic Alphabet** with key words from the early lessons; **verb charts** for regular and irregular verbs; **French-English** and **English-French glossaries**; and an **Index** of grammar, vocabulary, and cultural topics found in the book.

Finally, a series of colorful updated **maps** is included in the front and back of the book.

PROGRAM COMPONENTS
Student Resources

Text Audio. Students and instructors have access to extensive audio resources. Each chapter's **Points de départ**, **Sons et lettres**, and **Écoutons** sections have been recorded, as well as several texts from the **Lisons** sections. These are available on Audio CDs and the Companion Web Site; **MyFrenchLab**™ also includes all of these recordings as well as the end-of-chapter Vocabulary.

Student Activities Manual (SAM). The Student Activities Manual is available in two formats. The traditional paper format is available with an optional separate Answer Key. For those using the paper format, audio files are available on Audio CDs. The SAM is also available in an electronic format via **MyFrenchLab**™, which includes all audio and video files and provides immediate correction for most activities. In both formats, the SAM features exercises that provide meaningful and communicative writing and listening practice, incorporating the vocabulary and structures introduced in each chapter and offering additional skill-using activities. The oral exercises stress authentic speech and real-life tasks and feature native speakers of French. There are also video activities that complement the listening practice provided in the textbook using additional video clips on DVD or via **MyFrenchLab™**.

Answer Key to Accompany the Student Activities Manual. This Answer Key is available for optional inclusion in course packages; it includes answers for all discrete and short answer exercises in the SAM.

Video Program. The beautifully produced video, shot on location, introduces native speakers from across the Francophone world, who address the topics and themes of each chapter in varied settings and contexts. Carefully integrated with the **Points de départ, Vie et culture, and Observons** sections through explicit activities and extensive annotations to the instructor, the video is easy to incorporate into daily lesson plans. In each chapter, the textbook's **Observons** exercise and the video activities in the SAM take a process-oriented approach to the development of viewing skills. The video is available via DVD and incorporated into MyFrenchLab™.

Instructor Resources

Instructor's Resource Manual. An extensive introduction to the components of the **Points de départ** program is included in the Instructor's Resource Manual (IRM). The IRM is available in a downloadable format via the Instructor's Resource Center (described below) and MyFrenchLab™. Sample syllabi for one-, two-, and three-term course sequences are outlined, along with numerous sample lesson plans. The extensive cultural annotations are a unique feature of this IRM, providing further information about topics introduced in the textbook. Information-gap activities, ready for classroom use, are also provided for each chapter. In addition, the IRM provides the scripts for the audio exercises in the SAM and the video clips on the DVD.

Testing Program. A highly flexible testing program allows instructors to customize tests by selecting the modules they wish to use or changing individual items. This complete testing program, available in a downloadable electronic format (via the Instructor's Resource Center and MyFrenchLab™), includes sample chapter tests and comprehensive examinations that test listening, reading, and writing skills as well as cultural knowledge. Special formats to test listening and speaking skills are also included.

Audio for the Testing Program. All aural sections are recorded for the instructor's use in a classroom or laboratory setting. The audio is available on CD and **MyFrenchLab™**. For all elements in the testing program, detailed grading guidelines are provided.

Online Resources

Companion Website. The Companion Website contains the audio from the Text Audio CDs and SAM Audio CDs. www.pearsonhighered.com/pointsdedepart

Instructor's Resource Center. The IRC is located on *www.pearsonhighered.com* and provides password-protected instructor access to all the IRM resources. This material is also available electronically for downloading.

MyFrenchLab™. The moment you know. Educators know it. Students know it. It's that inspired moment when something that was difficult to understand suddenly makes perfect sense. Pearson's MyLab products have been designed and refined with a single purpose in mind—to help educators create that moment of understanding for their students. MyLanguageLabs deliver **proven results** in helping individual students succeed. They provide **engaging experiences** that personalize, stimulate, and measure learning for each student. And, they come from a **trusted partner** with educational expertise and an eye on the future. MyLanguageLabs can be linked out to any learning management system. To learn more about how the MyLanguageLabs combine proven learning applications with powerful assessment, visit http://www.mylanguagelabs.com. MyLanguageLabs—the moment you know.

TO THE STUDENT

Why did you choose to study French? Most students of French want to develop basic language skills that they can put to practical use and to learn about how the lives of French-speaking people compare to their own. The **Points de départ, Second Edition** program is designed to help you meet those goals. Specifically, with the aid of this textbook and the accompanying materials, you can expect to accomplish the following:

- Become familiar with many features of everyday life and culture in France and in the three dozen countries where French is spoken. You will have the opportunity to reflect on how your life in North America and your values compare with those of French speakers across the globe.

- Speak French well enough to get around in a country where French is spoken. You should be able to greet people, ask for directions, cope with everyday needs, give basic information about yourself, and talk about things that are important to you. You should also be able to assist French-speaking visitors in this country.

- Understand French well enough to get the main ideas and some details from a news broadcast, lecture, or conversation that you hear. You should understand French speakers quite well when they speak slowly about topics with which you are familiar.

- Read French web sites as well as newspaper and magazine articles dealing with current events or other familiar topics. With the help of a dictionary, you should be able to read more specialized material in fields of interest. You should also be able to enjoy short and simple pieces of literature in French.

- Write French well enough to take notes, write messages and letters for various purposes, and fill out forms.

- Gain an understanding of the structure of the French language: its pronunciation, grammar, and vocabulary. You will also gain insight into how languages function in societies. These insights may even help you understand your native language better!

Assuring Your Success

Whether or not you have already studied French, you bring some knowledge of that language to your study. Many words of French origin are used in English (**soufflé**, **croissant**, and **diplomat,** for example). You also bring to the study of French your knowledge of the world in general and of specific events, which you can use to predict what you will read or hear. You can use your knowledge of a partic-ular topic, as well as accompanying photos or titles, to predict what will come next. Finally, the reading and listening skills you have learned for your native language will also prove useful as you study a foreign language.

Many of the materials found in **Points de départ, Second Edition** will seem challenging to you because you will not be able to understand every word you hear or read. That is to be expected—the readings in the textbook were written for native speakers, and listening exercises approximate native speech. The language used in **Points de départ, Second Edition** is real and the topics current. You should use your background knowledge and prediction skills to make intelligent guesses about what you are hearing and reading. In this way, you can get the main ideas and some details, a good first step toward real communi-cation in a foreign language.

Since access to native French speakers is limited in most parts of the United States, the classroom of-fers an important opportunity for you to practice your listening and speaking skills. Unless your in-structor indicates otherwise, keep your book closed. Since what you are learning is explained in the text-book, you will not need to take notes during class. Instead, it is important that you *participate* as much as possible in classroom activities.

Adequate preparation is another key to success. Prepare each lesson as directed by your instructor be-fore going to class. Be sure to complete assignments made by your instructor and review regularly, not just for an exam.

Points de départ, Second Edition and its accom-panying materials will provide you with opportuni-ties to develop your French language skills—listening, reading, speaking, and writing—by exposing you to authentic French and encouraging you to express yourself on a variety of topics. It will also introduce you to Francophone cultures around the world and in-vite you to reflect on your own culture. As you begin this endeavor, we wish you « **Bon début !** »

Acknowledgments

The publication of the second edition of **Points de départ** represents the accumulated experience of many years of classroom instruction and continual fine-tuning, to which many instructors and students have contributed. We wish to thank our colleagues and students for their participation in this process, for their comments, and for their encouragement.

We extend our sincere thanks and appreciation to the colleagues who reviewed the manuscript at various stages of development. We gratefully acknowledge their participation and candor:

Julie Baker, University of Richmond
Debbie Bell, University of Georgia
Elizabeth Blood, Salem State College
Jana Alena Brill, Georgetown College
Frances Chevalier, Norwich University
Michelle Cheyne, University of Massachusetts – Dartmouth
Marie-Laure Hinton, Long Beach Community College
Amy Hubbell, Kansas State University
Aparna Nayak-Guercio, California State University – Long Beach
Atiyeh Showrai, University of Southern California
Karen Jane Taylor, Morehead State University
Madeline Turan, State University of New York – Stony Brook
Kimberly van Noort, University of Texas – Arlington
Françoise Vionnet-Bracher, Texas A&M University
Violette Vornicel-Guthmann, Fullerton College
Carolyn Woolard, Milligan College

We thank the following colleagues for their important contributions, without which the second edition would be incomplete: Virginie Cassidy of Georgetown College, for revisions to the Student Activities Manual; Elizabeth Schneider, for revisions to the Testing Program; Kathryn Lorenz, for the Instructor's Resource Manual. We would also like to thank Veronica Oliva for her meticulous and tireless work in securing permissions. At the University of Maryland, College Park, Mel is particularly grateful to all of you who go out of your way to provide material, answer questions, offer suggestions, and keep her up-to-date with the latest technology crazes. And to her group of language experts, *un énorme merci* for responding to an endless stream of random e-mail queries with patience, good humor, and insightful responses. *Merci encore Eva, Caroline, Cybèle, Dorothée, Marilyn, Cécile, Sarah, Valérie et Pierre*.

At the University of North Carolina, Asheville, Cathy wishes to thank supportive colleagues and cooperative students who tried out new texts and activities and offered helpful comments and enthusiastic encouragement. Special thanks go to her colleagues in French, Sandra Malicote and Ellen Bailey.

We would also like to acknowledge the many people on our Pearson team who contributed their ideas, talents, time, and publishing experience to this project. Thanks to Publisher for World Languages, Phil Miller, for his continuing support and for assembling a top-notch team. Many thanks to Rachel McCoy, Executive Acquisitions Editor, for her energy, enthusiasm, miles logged, and continual encouragement and faith in us. Our special thanks go to our Development Editor, Barbara Lyons, whose professionalism and exacting standards have once again improved our work in ways great and small. Copy Editor Pat Ménard patiently reviewed author queries and prepared the manuscript for production, and we greatly appreciate her help. The contributions of our proofreader, Katherine Gilbert, came relatively late in the process of putting together this book, but her contributions have been enormous. For your eagle eye and unwavering attention to the smallest detail, we thank you sincerely. We are indebted to the wonderful production crew both in Upper Saddle River and in Battipaglia. Mary Rottino, Senior Managing Editor for Product Development: Janice Stangel, Associate Managing Editor, and Manuel Echevarria, Production Editor, have trained us well. Many thanks to Frank Weihenig, Production Supervision, and Francesca Monaco, Editor, of Emilcomp/Preparé, who meticulously oversaw every detail to bring the second edition through production. *Grazie mille* especially to Francesca, whose endless supply of patience and good humor were much appreciated at every stage of the production process.

We would also like to thank Bob Hemmer, Executive Editor, MyLanguageLabs, and Samantha Alducin, Senior Media Editor, for their continued implementation of **MyFrenchLab**™. Thanks also to Bill Bliss, Developmental Editor for MyLanguageLabs, for carefully overseeing the preparation of the revised Student Activities Manual and Testing Program, and to Lindsay Miglionica, Editorial Assistant, for helping coordinate the revision of all components. Our thanks go on to Kris Ellis-Levy, Executive Marketing Manager, and Michele Marchese, Marketing Assistant, for their energy and innovative ideas. Thanks also go to Annette Linder for her assistance with photo research and to Steve Mannion for his clear and appealing line art, which has greatly enriched the book.

We wish to thank our families for their continued support, encouragement, patience, and good cheer as we worked on this edition during some particularly challenging times. We love you all and never take you for granted.

Finally, we would like to dedicate this edition to our editor Barbara Lyons, who has been an indispensable colleague as well as a dear and trusted friend through multiple editions of this book and *Chez nous*. When we began working together many years ago, our children were small, our concerns were different, and we spent a lot of time working things out on the phone and via second-day delivery of drafts. How times have changed. Most of the children are now young adults; we work through issues via cell phone and e-mail; and drafts are sent and received instantaneously via electronic media. Through it all, Barbara's careful reading, high standards, useful suggestions, and precise turns of phrase have been a constant and have proven invaluable to us in every aspect of our mutual projects. In addition to Barbara's consummate professionalism and dedication, we have enjoyed her moral support, encouragement, and understanding. We hope these few words (unedited by Barbara for a change) serve to express our deep gratitude and unending thanks.

Leçon
Préliminaire
Présentons-nous !

What does the photo tell you about where these French speakers are? What might their gestures tell you about their relationship?

1 Première Partie

2 Seconde Partie

After completing this lesson, you should be able to:

- Greet people, make introductions, and say good-bye, using typical French gestures
- Identify objects in the classroom
- Follow classroom instructions
- Spell words in French
- Identify places throughout the world where French is spoken

POINTS DE DÉPART

Moi, je parle français

Chloé :	Salut ! Je m'appelle Chloé. Et toi, comment tu t'appelles ?
Alex :	Je m'appelle Alex.
Chloé :	Tu es de Paris ?
Alex :	Non, moi, je suis de Montréal.

Fiche pratique

As you begin your study of French, you will rely on a number of fixed expressions to help you navigate situations such as greeting people. Memorize these expressions in their entirety rather than trying to translate them literally.

le prof :	Bonjour, mademoiselle, bonjour, monsieur.
Chloé et Alex :	Bonjour, madame.
le prof :	Comment vous appelez-vous ?
Chloé :	Je m'appelle Chloé Lafont.
le prof :	Et vous ?
Alex :	Paradis, Alex Paradis.

Chloé : Salut, Jean-Louis ! Comment ça va ?
Jean-Louis : Ça va. Et toi ?
Chloé : Pas mal.
Jean-Louis : Bonjour, madame. Comment allez-vous ?
le prof : Très bien, merci. Et vous ?
Jean-Louis : Bien aussi, merci.

Chloé : Madame, je vous présente Jean-Louis Richard. Jean-Louis, Madame Dupont.
Jean-Louis : Enchanté, madame.
le prof : Bonjour, Jean-Louis.
Chloé : Alex, voici mon ami Jean-Louis. Jean-Louis, voici mon camarade de classe, Alex.
Alex : Salut, Jean-Louis.
Jean-Louis : Salut.

Jean-Louis : Bon, au revoir, Chloé, au revoir, Alex.
Chloé : Salut, Jean-Louis.
Alex : À bientôt... Au revoir, madame.
le prof : Au revoir, Alex. À demain.

POUR SALUER ET RÉPONDRE

Comment ça va ?	*How are you?*
Très bien, merci.	*Very well, thanks.*
Ça va.	*Fine.*
Pas mal.	*Not bad.*
Comme ci, comme ça.	*So-so.*
Ça ne va pas.	*Things aren't going well.*

Vie et culture

  Bonjour !

0P-33

Look at the photos here and watch the video segment *Bonjour*, in which people are greeting each other: what gestures and phrases do you notice?

When French people meet someone they know, or make contact with a stranger (for example, sales, office, or restaurant personnel), they always greet that person upon arriving and say good-bye when leaving. If the speakers are not on a first-name basis, the greeting includes an appropriate title, and the last name is not used. Usually a woman is addressed as **madame** unless she is very young:

> **Bonjour, monsieur.**
> **Bonsoir, madame.**
> **Au revoir, mademoiselle.**

When they meet or say good-bye, French people who know each other almost always shake hands, using the right hand. Good friends and family members kiss each other lightly on each cheek. When talking together, the French stand or sit closer to each other than Americans do. A French person would be offended if you kept moving away as he or she attempted to maintain normal conversational distance.

Tu et *vous*

When addressing another person in French, you must choose between **tu** and **vous**, which both mean *you*. Use **tu** to address a family member, a child, a close friend, or another student. Use **vous** to address someone with whom you have a more formal relationship or to whom you wish to show respect. For example, use **vous** with people you do not know well, with older people, and with those in a position of authority, such as your teachers. Always use **vous** to address more than one person. Do the people in the video clip use **tu** or **vous**?

ET VOUS ?

1. Think of how you typically greet people each day. Although we do not make a distinction in English like the **tu/vous** distinction in French, how do we vary our forms of address?

2. What do the practices of shaking hands and kissing on the cheek tell you about the importance of close physical contact in French culture? Would you feel comfortable with these practices? Why or why not? Compare your answers to these questions with those of your classmates. How would you explain any differences?

3. View the video segment again, paying close attention to the ways in which people greet each other; what can you conclude about their relationship in each case?

✂ À vous la parole ✂

P-1 Le mot juste. Give an appropriate response.

MODÈLE Comment vous appelez-vous ?
      • Morin, Nicolas Morin.

1. Bonjour, mademoiselle.
2. Comment tu t'appelles ?
3. Tu es de Montréal ?
4. Ça va ?
5. Comment allez-vous ?
6. Comment ça va ?
7. Voici mon ami David.
8. Je vous présente mon amie Claire.
9. Au revoir, monsieur.
10. Bon, à demain !

P-2 Le savoir-faire. What would you say and do in the following situations? Act out each one with classmates.

MODÈLE You meet a very good friend.

      É1 Salut, Anne ! Ça va ? (faire la bise)
      É2 Ça va, et toi ?
      É1 Pas mal.

1. You and a friend run into your instructor on campus.
2. You sit down in class next to someone you do not know.
3. You are with your roommate when a new friend joins you.
4. You run into your friend's mother while doing errands.
5. You are standing near a new teacher who does not yet know your name.
6. Class is over, and you are saying good-bye to a close friend.
7. Class is over, and you are saying good-bye to your teacher.

P-3 Faisons connaissance. Imagine that you are at a party with your classmates. Greet and introduce yourself to as many people as possible, and make introductions when others do not know each other. Tell what city you are from, then ask what city your classmates are from.

MODÈLE É1 Bonjour, je m'appelle Sean. Et toi ?
      É2 Je m'appelle Natasha. Voici mon ami, Jérémie.
      É1 Salut, Jérémie.
      É3 Bonjour. Je suis de Chicago, et toi ?
      É1 Moi, je suis de Lafayette, et toi, Natasha ?

FORMES ET FONCTIONS

Les pronoms sujets et le verbe *être*

Les pronoms sujets et le verbe **être**					
SINGULIER			**PLURIEL**		
je	**suis**	*I am*	nous	**sommes**	*we are*
tu	**es**	*you are*	vous_**êtes**		*you are*
il		*he is*	ils		*they are*
elle }	**est**	*she is*	elles }	**sont**	
on		*we/they are*			

- The verb **être** means *to be*. This form is called the *infinitive*; it is the form you find in the dictionary listing for the verb. Notice that a specific form of **être** corresponds to each subject. Because these forms do not follow a regular pattern, **être** is called an *irregular verb*.

- A subject pronoun can be used in place of a noun as the subject of a sentence:

      —**Alex** est de Paris ?   —*Alex is from Paris?*
      —Non, **il** est de Montréal.   —*No, he's from Montreal.*

As you have learned, use **tu** with a person you know very well; otherwise use **vous**. Use **vous** also when speaking to more than one person, even if they are your friends. Pronounce the final **-s** of **vous** as /z/ if the word following it begins with a vowel sound, and link it to that word:

      Olivier, **tu** es de Paris ?   *Olivier, are you from Paris?*
      Madame, **vous**_êtes de Liège ?   *Madame, are you from Liege?*
      Audrey et Fred, **vous**_êtes de   *Audrey and Fred, are you*
        Genève ?   *from Geneva?*

On is an indefinite pronoun that can mean *one, they,* or *people,* depending on the context. In conversational French, **on** is often used instead of **nous** to mean *we*. **On** always takes the singular form, **est**.

      Nous, on est de Lille.   *We are from Lille.*

Elles refers to more than one female person or to a group of feminine nouns. **Ils** refers to more than one male person, to a group of masculine nouns, or to a group that includes both males and females or both masculine and feminine nouns.

      Anne et Sophie, **elles** sont en forme.   *Anne and Sophie are fine.*
      Jean-Luc et Rémi, **ils** sont stressés.   *Jean-Luc and Rémi are stressed out.*
      Julie et Damien, **ils** sont occupés.   *Julie and Damien are busy.*

- Use a form of the verb **être** in descriptions or to indicate a state of being.

Elle **est** occupée.	*She's busy.*
Tu **es** malade ?	*Are you sick?*
Je **suis** stressé.	*I'm stressed out.*

- The final **-t** of **est** and **sont** is usually pronounced before a word beginning with a vowel sound.

Il est‿en forme.	*He's fine.*
Il est̸ malade.	*He's sick.*
Elles sont‿en forme.	*They're fine.*
Elles sont̸ stressées.	*They're stressed out.*

COMMENT ÇA VA ?

Je suis en forme.	*I am fine.*
... fatigué/e.	*. . . tired.*
... stressé/e.	*. . . stressed.*
... très occupé/e.	*. . . very busy.*
... malade.	*. . . sick.*

- Use **c'est** and **ce sont** to identify people and things:

C'est Madame Dupont ?	*That's Madame Dupont?*
C'est un étudiant.	*This is a (male) student.*
Ce sont M. et Mme Lafarges.	*This is Mr. and Mrs. Lafarges.*
Ce sont des étudiantes.	*These are (female) students.*

OP-05
to
OP-09

✄ À vous la parole ✄

P-4 Comment ça va ? Tell how everyone is feeling today.

MODÈLE Moi ? Fatigué/e.
- Je suis fatigué/e.

1. Madame Hébert ? En forme.
2. Toi ? Fatigué/e.
3. Adrien ? Très occupé.
4. Cécile ? Malade.
5. Mathieu et toi ? En forme.
6. Julien ? Stressé.
7. Nous ? Fatigués.
8. Vous ? Stressés.

P-5 Qui est-ce ? Identify the celebrities pictured below who are speakers of French.

MODÈLE C'est Johnny Depp.

1.

2.

3.

4.

5.

6.

7.

P-6 Identité mystérieuse. Take on a new identity! Your instructor will give you a new name and city of origin, or you can invent one yourself. Circulate around the room and introduce yourself to at least three people. Be prepared to introduce someone you have met to the rest of the class!

MODÈLE É1 Bonjour, je m'appelle Mathilde.
　　　　 É2 Tu es de Paris ?
　　　　 É1 Non, je suis de Québec. Et toi ?
　　　　 É2 Je m'appelle Louis-Jean, je suis de Port-au-Prince, à Haïti.

Observons

0P-34
to
0P-36

P-7 Je me présente.

A. Avant de regarder. What information do people generally give when they introduce themselves? What expressions have you learned that people might use to provide this information in French?

B. En regardant. Watch and listen as the people shown introduce themselves, telling where they are from and what language(s) they speak. Match their photos with the places they come from and then find those places on the map inside the cover of your textbook. You can expect to listen more than once.

1. Vous avez compris ?

    a. Who is from . . .
    le Bénin ?
    le Congo ?
    la France ?
    Haïti ?
    le Maroc ?
    le Québec ?

    b. How many people are from places where languages other than French are spoken?

Édouard
FLEURIAU-CHÂTEAU

Marie Éline LOUIS

Fadoua BENNANI

Bienvenu et Honorine AKPAKLA

Marie-Julie KERHARO

2. Which of the following languages are mentioned?

_____ Arabic / l'arabe   _____ Fongbé / le fongbé
_____ Creole / le créole   _____ Spanish / l'espagnol
_____ English / l'anglais

C. Après avoir regardé. Discuss the following questions with your classmates.

1. What differences do you notice in the way these people look, dress, and speak?
2. What do these observations tell you about the Francophone world?

POINTS DE DÉPART

La salle de classe

une porte
une carte
une fenêtre
un tableau
une affiche
un tableau blanc
un feutre
un lecteur CD
un bureau
un CD
une craie
une brosse
un cahier
une règle
une télévision
une calculatrice
un stylo
un ordinateur
un lecteur DVD
un crayon
une gomme
des devoirs (m.)
un livre
un DVD
une chaise

—Il y a un crayon sur le bureau ?
—Non, il n'y a pas de crayon, mais il y a un stylo. Voilà.
—Il y a des affiches dans la salle de classe ?
—Non, il n'y a pas d'affiches.

LE PROFESSEUR DIT :

Écoutez bien, s'il vous plaît !
Regardez le tableau !
Levez-vous !
Allez au tableau !
Allez à la porte !
Ouvrez la fenêtre !
Fermez le livre !
Montrez-moi votre livre !
Montrez Paris sur la carte !
Ne parlez pas anglais !
Prenez un stylo !
Écrivez votre nom et votre prénom !
Lisez les mots au tableau !
Effacez le tableau !
Écoutez sans regarder le livre !
Répondez en français !
Donnez la craie à Marie-Laure !
Rendez-moi les devoirs !
Asseyez-vous !
Merci.
De rien.

LES ÉTUDIANTS RÉPONDENT :

Pardon ? Je ne comprends pas.
Répétez, s'il vous plaît !
Parlez plus fort !
Comment dit-on « *whiteboard* » en français ?

OP-13
to
OP-17

⚜ À vous la parole ⚜

P-8 Voilà ! As your instructor asks about various classroom objects, hand them over, point them out, or say there aren't any.

MODÈLES   Donnez-moi un stylo, s'il vous plaît !
- Voilà (*and you hand over a pen*).
Montrez-moi une carte de France, s'il vous plaît !
- Voilà (*and you point to a map of France*).

  Il y a des affiches ici ?
- Oui, voilà des affiches (*and you point to some posters*).
OU • Non, il n'y a pas d'affiches.

P-9 Dans la salle de classe. Write down as many different classroom objects as you can see. Now compare your list with that of a classmate. Cross off the items that are common to both lists, then give yourself a point for each item on your list that your partner did not name. Who has the most points?

MODÈLE   É1 ~~un bureau~~, ~~une fenêtre~~, un livre, ~~une carte~~, une affiche, une télé
É2 ~~un bureau~~, un tableau, une craie, ~~une fenêtre~~, une porte, ~~une carte~~, un cahier

  É1 = 3 pts, É2 = 4 pts

P-10 C'est logique. With a partner, complete each command in as many logical ways as possible.

MODÈLE Ouvrez ...
- Ouvrez la fenêtre.

ou
- Ouvrez le livre.

1. Regardez...
2. Écoutez...
3. Rendez-moi...
4. Montrez-moi...
5. Fermez...
6. Effacez...
7. Répondez...
8. Allez...
9. Écrivez...
10. Prenez...

P-11 Qu'est-ce que vous dites ?

What could you say in each situation?

MODÈLE You want the teacher to speak up.
- Parlez plus fort, s'il vous plaît !

1. You want to interrupt the teacher.
2. You want the teacher to repeat.
3. You don't understand.
4. You ask how to say *door* in French.
5. You want to thank someone.
6. You can't hear what's being said.
7. You don't know how to say *please* in French.
8. Someone says **Merci !** to you.

Sons et lettres

L'alphabet et les accents

Here are the letters of the alphabet together with their pronunciation in French.

a	(a)	j	(ji)	s	(ès)
b	(bé)	k	(ka)	t	(té)
c	(sé)	l	(èl)	u	(u)
d	(dé)	m	(èm)	v	(vé)
e	(eu)	n	(èn)	w	(double vé)
f	(èf)	o	(o)	x	(iks)
g	(jé)	p	(pé)	y	(i grec)
h	(ach)	q	(ku)	z	(zèd)
i	(i)	r	(èr)		

Accents and other diacritical marks are an integral part of French spelling.

- **L'accent aigu** is used with **e** to represent the vowel /e/ of **stressé**:

  André Québec stressé répétez

- **L'accent grave** is used with **e** to represent the vowel /ɛ/ of **la règle**:

  la règle le modèle très Genève

  It is also used with **a** and **u** to differentiate words:

  la *the* vs. là *there* ou *or* vs. où *where*

- **L'accent circonflexe** can be used with all five vowel letters. It often marks the loss of the sound /s/ at an earlier stage of French. The **s** is still present in English words borrowed from French before that loss occurred.

  être s'il vous plaît bientôt
  la hâte *haste* l'hôpital *hospital* coûter *to cost*

- **Le tréma** indicates that vowel letters in a group are pronounced individually:

  toi vs. Loïc /lo-ik/ Claire vs. Haïti /a-i-ti/

- **La cédille** indicates that **c** is to be pronounced as /s/ rather than /k/ before the vowel letters **a**, **o**, or **u**:

  ça français Françoise

0P-18
to
0P-19

⋺⋲ À vous la parole ⋺⋲

P-12 Les sigles. Practice saying each French acronym, then match it with its full form. Can you provide the English equivalent for each?

1. l'ONU   a. l'Union européenne
2. l'OEA   b. les États-Unis d'Amérique
3. l'OTAN   c. l'Organisation des Nations unies
4. l'UE   d. le syndrome d'immunodéficitaire acquise
5. le SIDA   e. l'Organisation des États américains
6. les USA   f. l'Organisation du traité de l'Atlantique Nord

P-13 Qu'est-ce que c'est ? Reorder the letters to identify things you find in the classroom, and spell the correct word aloud.

MODÈLES   LYSTO
- S-T-Y-L-O, stylo.
  NORACY
- C-R-A-Y-O-N, crayon.

1. LERVI   5. TROPE
2. TAREC   6. VISODER
3. LATAUBE   7. DAUNITETÉ
4. ICASHE   8. CIERA

P-14 Les accents. Correct the following words or phrases by adding the missing accents and other diacritics, then spell each word aloud. (The asterisk indicates that these words are spelled incorrectly.)

1. le *francais
2. une *regle
3. une *fenetre
4. le verbe *etre

5. *repondez
6. *bientot
7. *repetez
8. *voila

FORMES ET FONCTIONS

Le genre, le nombre et les articles

All French nouns are assigned to one of two noun classes—*feminine* or *masculine*—and are therefore said to have a *gender*. Nouns designating females are usually feminine and nouns designating males are usually masculine; however, for many objects, the assignment of gender is arbitrary and must be memorized. Knowing the gender of a noun is important, because it determines the form of other words that accompany it—for example, articles and adjectives.

- **The indefinite article**

  The indefinite articles **un** and **une** correspond to *a* or *an* in English. **Une** is used with feminine nouns and **un** with masculine nouns. **Un** or **une** can also mean *one*:

Voilà **un** bureau.	*Here's a desk.*
Donnez-moi **une** chaise.	*Give me a chair.*
Il y a **une** fenêtre dans la salle de classe.	*There's one window in the classroom.*

  Before a vowel sound, **un** ends with an /n/ sound that is pronounced a if it were part of the next word: **un** ami, **un** ordinateur.

  In negative sentences, the indefinite article is replaced by **de/d'**:

Il n'y a pas **de** lecteur DVD.	*There's no DVD player.*
Il n'y a pas **d'**ordinateur dans la salle de classe.	*There's no computer in the classroom.*

- **The definite article**

  There are three forms of the singular definite article, corresponding to *the* in English: **la** is used with feminine nouns, **le** with masculine nouns, and **l'** with all nouns beginning with a vowel sound. As in English, the definite article is used to indicate a previously mentioned or specified noun.

Voilà **la** carte.	*Here's the map.*
C'est **le** professeur.	*That's the professor.*
Donnez-moi **l'**affiche.	*Give me the poster.*

  In French the definite article also designates a noun used in a general or abstract sense. In such cases, no article is used in English.

J'aime **le** football.	*I like soccer.*
Ma sœur adore **la** musique.	*My sister loves music.*

Fiche pratique

It is a good idea to learn a new noun with the indefinite article, so you can remember the gender. For example, learn **une affiche** rather than **affiche** or **l'affiche**.

- **Plurals of nouns**

  Most French nouns are made plural by adding a written letter **-s**:

  | un livre | *a book* | deux livre**s** | *two books* |
  | une fenêtre | *one window* | trois fenêtre**s** | *three windows* |

  Singular nouns that end in a written **-s** do not change in the plural; nouns ending in **-eau** add the letter **-x**:

  | un cours | *a course* | deux cours | *two courses* |
  | un bureau | *one desk* | trois bureau**x** | *three desks* |

  Although a letter **-s** or **-x** is added to written words to indicate the plural, it is not pronounced. You must listen for a preceding word, usually a number or an article, to tell whether a noun is plural or singular.
  A few nouns in French are invariable and have the same form in the singular and in the plural.

  | un CD | *one CD* | deux CD | *two CDs* |
  | un DVD | *a DVD* | trois DVD | *three DVDs* |

- **Plurals of articles**

  The plural form of the definite article is always **les**, which is pronounced /le/:

  | le livre | *the book* | **les** livres | *the books* |
  | la chaise | *the chair* | **les** chaises | *the chairs* |

  The plural form of the indefinite article is always **des**, which is pronounced /de/:

  | un cahier | *a notebook* | **des** cahiers | *notebooks, some notebooks* |
  | une porte | *a door* | **des** portes | *doors, some doors* |

  In English, plural nouns often appear without any article; in French, an article almost always accompanies the noun:

  | Il y a **des** livres ici. | *There are books here.* |
  | J'aime **les** affiches. | *I like posters.* |

  Before a vowel sound, the **-s** of **les** and **des** is pronounced as /z/:

  les chaises vs. **les**‿images   des bureaux vs. **des**‿ordinateurs
  　　　　　　　　/z/　　　　　　　　　　　　　　　　　　　　/z/

Les articles			
	SINGULIER		PLURIEL
	MASCULIN	FÉMININ	MASCULIN ET FÉMININ
INDÉFINI	**un** cahier	**une** règle	**des** cahiers, **des** règles
	un‿ordinateur	**une** affiche	**des**‿ordinateurs
			des‿affiches
DÉFINI	**le** livre	**la** carte	**les** livres, **les** cartes
	l'ordinateur	**l'**affiche	**les**‿ordinateurs
			les‿affiches

⊱⊰ À vous la parole ⊱⊰

P-15 Qu'est-ce qu'il y a ? Look carefully at the list of classroom objects below. Note the form of the article in each case to determine if this object is found in the classroom or not.

MODÈLES

Il y a...	Il n'y a pas...	
_____	✓	...de carte.
✓	_____	...un tableau blanc.
1. _____	_____	...d'ordinateur.
2. _____	_____	...un bureau.
3. _____	_____	...une affiche.
4. _____	_____	...de télévision.
5. _____	_____	...un livre de français.
6. _____	_____	...de lecteur CD.
7. _____	_____	...une calculatrice.

In your opinion, what one object most needs to be added to make this a well-equipped classroom, and why?

P-16 Dans la salle de classe. What can you name in this classroom?

MODÈLE • Il y a un bureau, des livres ...

P-17 Voilà ! Ask a classmate whether each of the objects listed can be found in your classroom. He or she can respond by indicating to whom they belong.

MODÈLES un lecteur CD ?

> É1 Il y a un lecteur CD ?
> É2 Oui, voilà le lecteur CD de Vincent.
> des stylos ?
> É1 Il y a des stylos ?
> É2 Oui, voilà les stylos de Danielle.

1. un cahier
2. une carte
3. une calculatrice
4. un bureau
5. un feutre

6. des livres
7. des gommes
8. des devoirs
9. des crayons

 P-18 Sur mon bureau. In groups of three, compare what is on your desk at home by naming at least three items that are on it. What do you have on your desk that your partners don't have?

MODÈLE É1 Sur mon bureau, il y a un ordinateur, des livres et une photo.
> É2 Et sur mon bureau, il y a…
> É3 Sur mon bureau, il y a…

Lisons

P-19 Titres de journaux.

A. Avant de lire. Here is a series of headlines from the French-language press. As you read them, you will find that you are able to grasp their general meaning because they include a number of cognates. For example, you can guess that the article entitled **Dossier Beauté : Écolo Cosméto** probably has to do with cosmetics and ecology because of the words **Écolo** and **Cosméto**. What cognates can you find in the subtitle that help to confirm this guess?

1.

Le vaccin antigrippal serait utile

La nouvelle vaccination réduit de 48 % le risque de décès chez les personnes qui ont plus de 65 ans et de 27 % les risques d'hospitalisation pour pneumonie ou grippe pour tous, d'après une étude de l'Université du Minnesota à Minneapolis.

Le Soir en ligne (Bruxelles)

2.

Un dinosaure rare découvert à Lisbonne

Un paléontologue français a découvert des morceaux de mâchoire d'un étrange dinosaure carnivore avec des dents « de crocodile ». C'est le baryonyx.

Le Soir en ligne (Bruxelles)

3.

DOSSIER BEAUTÉ : **ÉCOLO COSMÉTO**

La cosmétologie se met à l'heure écolo. Shampooings biodégradables, crèmes aux plantes, aérosols sans fréon…

20 ans (Paris)

4.

CATASTROPHES NATURELLES

Cayes - inondations : 3.000 familles sinistrées

Est-ce la manifestation du changement climatique ?

La ville des Cayes, troisième ville d'Haïti comptant 100.000 habitants, était en partie sous les eaux mardi…

Haïti en marche (Miami)

5.

Politique québécoise

L'Assemblée nationale reprend ses travaux sur fond d'économie

Plusieurs dossiers économiques majeurs attendent le gouvernement Charest cet automne.

The Canadian Press

6.

Voirol ou le regard émerveillé d'un môme photographe

… Portraitiste subtil, photoreporter nominé à l'European Kodak Award d'Arles, Xavier Voirol reste viscéralement attaché à son indépendance. Il travaille en freelance depuis 20 ans ….

L'Express (Neuchâtel)

B. En lisant. Watching for cognates, decide which headline/s deal/s with . . .

1. art
2. medical news
3. politics
4. a natural disaster
5. a scientific discovery
6. the economy
7. the environment

How did you make your decision in each case?

C. En regardant de plus près. Now look more closely at these features of the headlines.

1. Point out at least one cognate in each headline.
2. Based on the context and use of cognates, indicate what the following words or expressions mean:
   a. Le vaccin antigrippal (#1)
   b. des dents « de crocodile » (#2)
   c. Écolo cosméto ; crèmes aux plantes, aérosols sans fréon (#3)
   d. le changement climatique (#4)
   e. Il travaille en freelance (#6)

D. Après avoir lu. For each headline, the source has been indicated. What does this tell you about where French is used in the world today? Can you explain why French is used all over the world?

pour vous présenter — *to introduce yourself*

Comment tu t'appelles ?	*What is your name?*
Comment vous appelez-vous ?	*What is your name?*
Je m'appelle Chloé.	*My name is Chloé.*
Je vous présente Jean-Louis.	*I introduce/present Jean-Louis to you.*
Voici...	*This is/Here is/are . . .*
Enchanté/e.	*Delighted.*
Je suis de Montréal.	*I am from Montreal.*

pour saluer — *to greet someone*

Bonjour.	*Hello.*
Bonsoir.	*Good evening.*
Comment allez-vous ?	*How are you?*
Très bien, merci.	*Very well, thank you.*
Bien aussi.	*Fine, also.*
Salut.	*Hi.*
Comment ça va ?	*How's it going?*
Ça va, et toi ?/et vous ?	*Fine, and you?*
Pas mal.	*Not bad.*
Comme ci, comme ça.	*So-so.*
Ça ne va pas.	*Things aren't going well.*

pour prendre congé — *to take leave*

Au revoir.	*Good-bye.*
À bientôt.	*See you soon.*
À demain.	*See you tomorrow.*
Salut.	*'Bye.*

des personnes — *people*

Madame (Mme)	*Mrs./Ma'am/Ms.*
Mademoiselle (Mlle)	*Miss*
Monsieur (M.)	*Mr./Sir*
un/e ami/e	*friend*
un/e camarade de classe	*classmate*
moi	*me*

quelques expressions avec le verbe *être* — *a few expressions with the verb to be*

être en forme	*to be fine*
être fatigué/e	*to be tired*
être malade	*to be sick*
être occupé/e	*to be busy*
être stressé/e	*to be stressed out*
c'est/ce sont...	*this is/these are . . .*

autres mots utiles — *other useful words*

oui	*yes*
non	*no*
ou	*or*

dans la salle de classe — *in the classroom*

une affiche	*poster*
une brosse	*eraser (for chalk- or whiteboard)*
un bureau	*desk*
un cahier	*notebook*
une carte	*map*
une calculatrice	*calculator*
un CD (inv.)	*CD, compact disk*
une chaise	*chair*
une craie	*piece of chalk*
un crayon	*pencil*
des devoirs (m. pl.)	*homework*
un DVD (inv.)	*DVD*
une fenêtre	*window*
un feutre	*felt-tipped marker*
une gomme	*eraser (for pencil)*
un lecteur CD	*CD player*
un lecteur DVD	*DVD player*
un livre	*book*
un ordinateur	*computer*
une porte	*door*
une règle	*ruler*
un stylo	*pen*
un tableau	*chalkboard*
un tableau blanc	*whiteboard*
une télé(vision)	*television*

des expressions pour la salle de classe — *classroom expressions*

Allez à la porte !	*Go to the door!*
Allez au tableau !	*Go to the board!*
Asseyez-vous !	*Sit down!*
Donnez la craie à Marie-Laure !	*Give the piece of chalk to Marie-Laure!*
Écoutez bien, s'il vous plaît !	*Listen carefully, please!*
Écoutez sans regarder le livre !	*Listen without looking at the book!*
Écrivez votre nom et votre prénom !	*Write down your last name and your first name!*
Effacez le tableau !	*Erase the board!*
Fermez le livre !	*Close the book!*
Levez-vous !	*Get up/stand up!*
Lisez les mots au tableau !	*Read the words on the board!*
Montrez-moi votre livre !	*Show me your book!*

Montrez Paris sur la carte !	*Point to Paris on the map!*	Voilà...	*Here/There is/are . . .*
Ne parlez pas anglais !	*Don't speak English!*	Il y a...	*There is/are . . .*
Ouvrez la fenêtre !	*Open the window!*	...(mais) il n'y a pas de...	*. . . (but) there isn't/aren't any . . .*
Prenez un stylo !	*Take a pen!*		
Regardez le tableau !	*Look at the board!*		
Rendez-moi les devoirs !	*Hand in your homework!*		
Répondez en français !	*Answer in French!*		
Pardon ?	*Excuse me?*		
Je ne comprends pas.	*I don't understand.*		
Répétez, s'il vous plaît.	*Repeat, please.*		
Parlez plus fort !	*Speak louder!*		
Comment dit-on « board » en français ?	*How do you say "board" in French?*		

pour remercier quelqu'un *to thank someone*

Merci. *Thank you.*
De rien. *Not at all./You're welcome.*

des personnes *people*

un/e étudiant/e *student*
un professeur *teacher*
une dame *lady*
un monsieur *man*

Vocabulaire

What kind of occasion is shown here? Who are the people involved? Does this remind you of similar events in your own experience?

1

Ma famille et moi

Leçon ❶ Voici ma famille

Leçon ❷ Les dates importantes

Leçon ❸ Nos activités

After completing this chapter, you should be able to:

- ❑ Talk about and describe family members

- ❑ Count from 0 to 100, state dates, and tell how old someone is

- ❑ Describe everyday activities

- ❑ Ask simple questions

- ❑ Talk about changing family structures across the French-speaking world

POINTS DE DÉPART

Ma famille

Salut, je m'appelle Éric Brunet. Voici ma famille :

D'abord il y a mes grands-parents Brunet — ce sont les parents de mon père. Mon père a une sœur ; elle s'appelle Annick Roy. Paul Roy est son mari. Ma tante est divorcée et remariée. Loïc est le fils de son premier mari mais Marie-Hélène est la fille de son deuxième mari, Paul Roy.

Ma mère est d'une famille nombreuse. Elle a deux frères et trois sœurs. Alors, j'ai beaucoup d'oncles, de tantes, de cousins et de cousines. Ma grand-mère Kerboul habite chez mon oncle ; mon grand-père Kerboul est décédé.

Dans ma famille, nous sommes trois enfants : deux garçons et une fille. Ma grande sœur Fabienne est fiancée. J'ai aussi un petit frère, Stéphane. Chez nous il y a des animaux familiers. Nous avons un chien, César, deux chats, Minou et Cédille, et trois oiseaux.

Fiche pratique

As you learn new vocabulary, it can be helpful to organize words and expressions into pairs of logical opposites or counterparts, for example: **la mère et le père** ; **la sœur et le frère**.

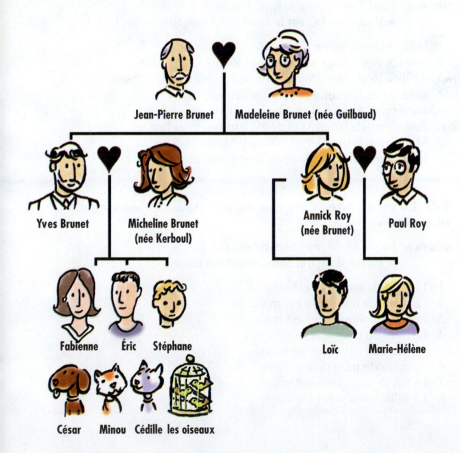

Jean-Pierre Brunet Madeleine Brunet (née Guilbaud)

Yves Brunet Micheline Brunet (née Kerboul) Annick Roy (née Brunet) Paul Roy

Fabienne Éric Stéphane Loïc Marie-Hélène

César Minou Cédille les oiseaux

LA FAMILLE

	les parents		les grands-parents
le père	la mère	le grand-père	la grand-mère
le beau-père	la belle-mère		

	les enfants		les petits-enfants
le fils	la fille	le petit-fils	la petite-fille

d'autres rapports familiaux

le mari	la femme	l'oncle	la tante
le frère	la sœur	le neveu	la nièce
le demi-frère	la demi-sœur	le cousin	la cousine

l'état civil

célibataire	fiancé/e	marié/e	divorcé/e	décédé/e

01-01
to
01-04

❈ À vous la parole ❈

1-1 Relations multiples. Describe the relationships among the various members of Éric's family.

MODÈLE Paul Roy : Annick Roy, Éric
• Paul Roy ? C'est le mari d'Annick Roy ; c'est l'oncle d'Éric.

1. Loïc : Marie-Hélène, Éric
2. Annick Roy : Yves Brunet, Paul Roy
3. Annick Roy : Madeleine Brunet, Fabienne
4. Loïc : Yves Brunet, Jean-Pierre Brunet
5. Fabienne : Annick Roy, Marie-Hélène
6. Éric : Jean-Pierre et Madeleine Brunet, Yves Brunet
7. Madeleine Brunet : Yves Brunet, Marie-Hélène
8. Jean-Pierre Brunet : Annick Roy, Fabienne

1-2 Le mot juste. Complete the definitions of these family relationships.

MODÈLE La mère de ma cousine est ma…
• La mère de ma cousine est ma tante.

1. Le père de ma mère est mon…
2. La sœur de mon père est ma…
3. La fille de mon oncle est ma…
4. Le frère de ma cousine est mon…
5. Le mari de ma tante est mon…
6. La mère de mon père est ma…
7. Le fils de mon frère est mon…
8. La fille de ma sœur est ma…

Vie et culture

La famille en France

The family is changing in France. Today, nine out of ten couples begin their relationship by living together. It is common for unmarried couples to have children: 60% of all first-time births are to unmarried women. It is also not unusual for couples to marry after the birth of one or more children. Today's couples tend to marry later and have fewer children than in the past. Typically, French men marry at age 32 and French women, at age 30. Although the marriage rate is declining in France, 80% of couples sharing a household are married. The divorce rate, however, is rising: half of all marriages now end in divorce. Since the creation of the **Pacte Civil de Solidarité (le PACS)** in 1999, unmarried couples living together, whether of the same or opposite sex, can legalize their union. Each year, increasing numbers choose to do so: in 2008, there were almost half as many PACS formed as marriages.

Although the family is changing, relations among family members still tend to be close and to have a strong influence in a French person's life. Young people have frequent contact with their extended family. They also tend to remain in their parents' home longer: two thirds of French young people aged 20–24 live with their parents.

How does the typical French family compare to the typical North American family, and to your own? Is the role of the family similar in France and in the United States, in your opinion?

01-53

Les animaux familiers

Pets are often an important part of the French family. Look at the video segment, *Les animaux familiers*, and identify the types of animals you see and where you see them—are there any places that surprise you? How would you feel about dining in a restaurant where pets are allowed? What does this custom suggest about differences in French and American attitudes toward public spaces?

1-3 Portrait d'une famille. Look at the family portrait by Post-Impressionist painter Henri Rousseau. The title of the painting is *La noce* and it depicts a wedding party. With a partner, identify the members of the wedding party.

MODÈLE   Voilà le grand-père et la grand-mère…

Henri Rousseau, « La noce », C. Jean/Réunion des Musées Nationaux/Art Resource, NY.

FORMES ET FONCTIONS

1. Les adjectifs possessifs à un possesseur

- Possessive adjectives indicate ownership or other types of relationships.

Voilà **ma** mère.	*There's my mother.*
C'est **ton** frère ?	*Is that your brother?*
Ce sont **tes** crayons ?	*Are these your pencils?*

	SINGULIER		PLURIEL
masculin + consonne	*masc./fém. + voyelle*	*féminin + consonne*	
mon frère	**mon** ‿oncle	**ma** tante	**mes** cousins
ton père	**ton** ‿ami/e	**ta** mère	**tes** parents
son cousin	**son** ‿ami/e	**sa** sœur	**ses** ‿amis

CHAPITRE 1 ⚓ MA FAMILLE ET MOI

- The form of the possessive adjective depends on the gender and number of the noun that it modifies, not on the gender of the possessor, which is the case in English.

—C'est **le frère** de Sarah ?	—Oui, c'est **son** frère.	*Yes, it's her brother.*
—C'est **la tante** de Simon ?	—Oui, c'est **sa** tante.	*Yes, it's his aunt.*
—Voilà **les cousins** de Cédric.	—Voilà **ses** cousins.	*There are his cousins.*

- Use **mon**, **ton**, and **son** before any singular noun beginning with a vowel, and link the sound /n/ to the word that follows:

C'est **mon**‿amie Sandrine. *This is my friend Sandrine.*
C'est **ton**‿oncle ? *Is that your uncle?*

- For plural nouns beginning with a vowel, the **-s** of **mes**, **tes**, and **ses** is pronounced as /z/:

Voilà **ses**‿amies. *There are his/her friends.*
Ce sont **mes**‿oncles. *These are my uncles.*

⨯ À vous la parole ⨯

1-4 C'est qui ? Imagine you are at a family gathering with a friend. Answer his or her questions about the other guests.

MODÈLES É1 Ce sont tes cousins ?
É2 Oui, ce sont mes cousins.
É1 C'est le frère de ton père ?
É2 Oui, c'est son frère.

1. C'est ta mère ?
2. Ce sont tes grands-parents ?
3. C'est ton frère ?
4. C'est ton oncle ?
5. Ce sont ton cousin et ta cousine ?
6. C'est la sœur de ta mère ?
7. C'est le mari de ta sœur ?
8. Ce sont ta nièce et tes neveux ?

1-5 Tu as ça ? Is your partner well-equipped for class? Ask if he or she has each of the items listed.

MODÈLES É1 Tu as ton livre de français ?
É2 Oui, voilà mon livre.
É1 Tu as ton cahier ?
É2 Non, pas aujourd'hui (*not today*).

1. livre de français
2. cahier
3. devoirs
4. stylo
5. calculatrice
6. ordinateur
7. règle
8. photos

1-6 Un arbre généalogique. Ask your partner questions so that you can draw his/her family tree.

MODÈLE   É1   Paul, comment s'appellent tes grands-parents ?

É2   Mes grands-parents s'appellent Smith, ce sont les parents de ma mère.

É1   Et comment s'appelle ta mère ?

É2   Ma mère s'appelle Anne.

É1   Comment s'appelle ton père ?

É2   Mon père s'appelle David.

É1   Et tes frères et sœurs ? …

2. Les adjectifs invariables

sympa(thique) ≠ désagréable   optimiste ≠ pessimiste

sociable ≠ réservé/e

dynamique ≠ timide

idéaliste ≠ réaliste

disciplin**é/e** ≠ indisciplin**é/e**

conformiste ≠ individualiste

raisonnable ≠ têt**u/e**

calme ≠ stress**é/e**

- Adjectives are used to describe a person, place, or thing. French adjectives agree in gender and number with the noun they modify. Look at the adjective endings in the examples below. Note the addition of **-e** for the feminine forms (unless the adjective already ends in **-e**) and **-s** for the plural.

SINGULIER	f.	Claire est	calme	et	réservé**e**.
	m.	Jordan est	calme	et	réservé.
PLURIEL	f.	Mes amies sont	calme**s**	et	réservé**es**.
	m.	Mes cousins sont	calme**s**	et	réservé**s**.

- All forms of adjectives like **calme** and **réservé**, whose masculine singular form ends in a written vowel, are pronounced alike. Because they have only one spoken form, they are called *invariable*. The feminine ending **-e** and the plural ending **-s** are only apparent in the written forms.

- Most French adjectives follow the noun they modify.

Sarah est une étudiante **sociable**.   *Sarah is a friendly student.*
Damien est un enfant **raisonnable**.   *Damien is a reasonable child.*

Adjectives are also used in sentences with the verb **être**, where they modify the subject.

Laurent est **optimiste**.   *Laurent is optimistic.*
Marie-Louise est **calme**.   *Marie-Louise is calm.*

- With a mixed group of feminine and masculine nouns, the masculine plural form of the adjective is used.

Lucie et Madeleine sont **têtues**.   *Lucie and Madeleine are stubborn.*
Romain et Grégorie sont **réservés**.   *Romain and Gregory are reserved.*
Alexandre et Marie sont **disciplinés**.   *Alexander and Marie are disciplined.*

> The French often express a negative trait or thought by using its opposite in a negative sentence:
>
> Elle n'est pas très sympa !   *She's not very nice!*
>   *instead of*
> Elle est désagréable !   *She's disagreeable!*

01-09 to 01-12

⬦ À vous la parole ⬦

1-7 Des jumeaux. Look at the adjectives below and decide whether they refer to Justine, to Jonathon, or to both twins.

	Justine	Jonathon
MODÈLES sympathiques	✓	✓
réservée	✓	
1. indiscipliné	_____	_____
2. individualistes	_____	_____
3. stressée	_____	_____
4. têtu	_____	_____
5. disciplinée	_____	_____
6. réalistes	_____	_____

Are the twins similar or different? Why?

1-8 Le contraire. Answer each question using the opposite adjective.

MODÈLE Ces étudiantes sont disciplinées ?
    • Non, elles sont indisciplinées.

1. Ces femmes sont calmes ?
2. Ces professeurs sont idéalistes ?
3. Ces enfants sont sociables ?
4. Ces filles sont têtues ?
5. Ces familles sont conformistes ?
6. Ces étudiants sont pessimistes ?
7. Ces étudiantes sont timides ?

1-9 Contrastes. Compare your ideas with those of a classmate.

MODÈLE le frère/la sœur idéal/e

    É1 Pour moi, le frère idéal est calme et réservé.

    É2 Pour moi, le frère idéal est calme aussi, mais il est sociable.

1. le frère/la sœur idéal/e
2. le parent idéal
3. le professeur idéal
4. l'étudiant/e typique
5. le/la partenaire idéal/e

POUR UNE DESCRIPTION PLUS PRÉCISE

un peu (*a little*) **assez** (*rather*) **très** (*very*) **vraiment** (*really*) **trop** (*too*)

1-10 Descriptions. Describe each of the following people to a classmate.

MODÈLE ton/ta camarade de classe

    ● Mon camarade de classe, Teddy, est un peu indiscipliné, mais il est très sympathique.

1. ton/ta camarade de classe
2. ton professeur préféré
3. ton/ta meilleur/e (*best*) ami/e
4. ton frère ou ta sœur
5. ton père ou ta mère

Observons

1-11 C'est ma famille.

A. Avant de regarder. You will see three short interviews in which people describe their family. Watch the video clip a first time without sound. Try to determine which members of the family are being described by each speaker, and write down the relationships in French.

	without sound	with sound
Speaker(s)	relatives inferred	relatives described
Pauline :		
Bruno, Diane et Claire :		
Marie-Julie :	*son mari, sa fille*	

Marie-Julie et sa famille

B. En regardant. Now watch the video clip with sound and see if your list is correct and complete. Can you add to the list of family relationships based on what you hear?

C. Après avoir regardé. Discuss the following questions with a partner.
1. How are these Francophone families similar to, or different from, North American families?
2. Can you draw at least a partial family tree for each speaker? What information is still missing? What additional questions might you ask each speaker?
3. Now describe the Francophone families pictured below, using the video clips as a model.

une famille polynésienne

une famille sénégalaise

une famille marocaine

Leçon ❷ Les dates importantes

POINTS DE DÉPART

Les fêtes et les anniversaires

C'est le quatorze juillet.

C'est le vingt-cinq décembre.

C'est le premier mai.

C'est le onze novembre.

LES MOIS DE L'ANNÉE

janvier	avril	juillet	octobre
février	mai	août	novembre
mars	juin	septembre	décembre

septembre

L	Ma	Me	J	V	S	D
1	2	3	4	5	6	7
8	9	10	11	12	13	14
15	16	17	18	19	20	21
22	23	24	25	26	27	28
29	30					

LES NOMBRES CARDINAUX DE 0 À 31

0 zéro	1 un	11 onze	21 vingt-et-un	31 trente-et-un
	2 deux	12 douze	22 vingt-deux	
	3 trois	13 treize	23 vingt-trois	
	4 quatre	14 quatorze	24 vingt-quatre	
	5 cinq	15 quinze	25 vingt-cinq	
	6 six	16 seize	26 vingt-six	
	7 sept	17 dix-sept	27 vingt-sept	
	8 huit	18 dix-huit	28 vingt-huit	
	9 neuf	19 dix-neuf	29 vingt-neuf	
	10 dix	20 vingt	30 trente	

✂ À vous la parole ✂

1-12 Complétez la série.

With a partner, take turns reading aloud each series of numbers and adding a number to complete it.

MODÈLE 2, 4, 6,…

    É1 deux, quatre, six,…

    É2 deux, quatre, six, huit

1. 1, 3, 5,…
2. 7, 14, 21,…
3. 6, 12, 18,…
4. 2, 4, 8,…

5. 5, 10, 15,…
6. 25, 27, 29,…
7. 31, 30, 29,…
8. 28, 26, 24,…

1-13 Cours de mathématiques.

Create math problems to test your classmates!

MODÈLE É1 10 + 2 = ? (Dix et deux/Dix plus deux, ça fait combien ?)

    É2 Ça fait douze.

    É3 20 – 5 = ? (Vingt moins cinq, ça fait combien ?)

    É4 Ça fait quinze.

1-14 Associations.

What number do you associate with the following?

MODÈLE la superstition
- treize

1. le vote
2. une paire
3. l'alphabet
4. le premier

5. un imbécile
6. la chance
7. l'indépendance
8. Noël

1-15 C'est quelle date ? What date corresponds to each holiday?

MODÈLE Noël
- C'est le 25 décembre.

1. le jour de l'An
2. la Saint-Valentin
3. la fête du travail
4. la fête nationale américaine

5. la fête nationale française
6. la Toussaint
7. l'Armistice

1-16 Votre anniversaire et votre fête. Find a partner and ask each other when your birthday is and when your saint's day is. Share what you have learned about your partner with the class.

MODÈLE É1 Ton anniversaire, c'est quel jour ?

    É2 C'est le 30 août. Et toi ?

    É1 C'est le 9 mai.

    É2 Et ta fête, Tom ?

    É1 C'est le 3 juillet. Et toi, Jenna ?

    É2 Il n'y a pas de « Sainte Jenna ».

Vie et culture

Bon anniversaire et bonne fête !

Take a look at the French calendar below. How is it similar to the calendar you use? How is it different? Notice that some dates are highlighted in color. With a partner, make a list of these dates and try to determine the significance of each. Do some dates coincide with important dates on your own calendar? Also, note that a name is listed alongside most dates. Many French people celebrate two special days a year, their *birthday* (**Bon anniversaire !**) and their *saint's day* (**Bonne fête !**), the day associated in the Catholic tradition with the saint for whom they are named.

2014

JANVIER
1	M	Jour de l'an
2	J	Basile
3	V	Geneviève
4	S	Odilon
5	D	Edouard
6	L	Mélaine
7	M	Raymond
8	M	Lucien
9	J	Alix
10	V	Guillaume
11	S	Pauline
12	D	Tatiana
13	L	Yvette
14	M	Nina
15	M	Rémi
16	J	Marcel
17	V	Roseline
18	S	Prisca
19	D	Marius
20	L	Sébastien
21	M	Agnès
22	M	Vincent
23	J	Barnard
24	V	Fr. de Sales
25	S	Conv. S. Paul
26	D	Paule
27	L	Angèle
28	M	Th. d'Aquin
29	M	Gildas
30	J	Martine
31	V	Marcelle

FÉVRIER
1	S	Ella
2	D	Présentation
3	L	Blaise
4	M	Véronique
5	M	Agathe
6	J	Gaston
7	V	Eugénie
8	S	Jacqueline
9	D	Apolline
10	L	Arnaud
11	M	ND de Lourdes
12	M	Félix
13	J	Béatrice
14	V	Valentin
15	S	Claude
16	D	Julienne
17	L	Alexis
18	M	Bernadette
19	M	Gabin
20	J	Aimée
21	V	Damien
22	S	Isabelle
23	D	Lazare
24	L	Modeste
25	M	Roméo
26	M	Nestor
27	J	Honorine
28	V	Romain

MARS
1	S	Aubin
2	D	Ch. le Bon
3	L	Guénolé
4	M	Casimir
5	M	Olive
6	J	Colette
7	V	Félicité
8	S	Jean de Dieu
9	D	Françoise
10	L	Vivien
11	M	Rosine
12	M	Justine
13	J	Rodrigue
14	V	Mathilde
15	S	Louise
16	D	Bénédicte
17	L	Patrice
18	M	Cyrille
19	M	Joseph
20	J	Printemps
21	V	Clémence
22	S	Léa
23	D	Victorien
24	L	Catherine
25	M	Annonciation
26	M	Larissa
27	J	Habib
28	V	Gontran
29	M	Gwladys
30	D	Amédée
31	L	Benjamin

AVRIL
1	M	Hugues
2	M	Sandrine
3	J	Richard
4	V	Isidore
5	S	Irène
6	D	Marcellin
7	L	J.-B. de la S.
8	M	Julie
9	M	Gautier
10	J	Fulbert
11	V	Stanislas
12	S	Jules
13	D	Ida
14	L	Maxime
15	M	Paterne
16	M	B.-Joseph
17	J	Anicet
18	V	Parfait
19	S	Emma
20	D	Pâques
21	L	L. de Pâques
22	M	Alexandre
23	M	Georges
24	J	Fidèle
25	V	Marc
26	S	Alida
27	D	Zita
28	L	Valérie
29	M	Cath. de Si.
30	M	Robert

MAI
1	J	Fête du travail
2	V	Boris
3	S	Phil., Jacq.
4	D	Sylvain
5	L	Judith
6	M	Prudence
7	M	Gisèle
8	J	Victoire 1945
9	V	Pacôme
10	S	Solange
11	D	Estelle
12	L	Achille
13	M	Rolande
14	M	Matthias
15	J	Denise
16	V	Honoré
17	S	Pascal
18	D	Eric
19	L	Yves
20	M	Bernardin
21	M	Constantin
22	J	Emile
23	V	Didier
24	S	Donatien
25	D	Sophie
26	L	Bérenger
27	M	Augustin
28	M	Germain
29	J	Ascension
30	V	Ferdinand
31	S	Visitation

JUIN
1	D	Justin
2	L	Blandine
3	M	Kévin
4	M	Clotilde
5	J	Igor
6	V	Norbert
7	S	Gilbert
8	D	Pentecôte
9	L	L. de Pentecôte
10	M	Landry
11	M	Barnabé
12	J	Guy
13	V	Antoine de P.
14	S	Elisée
15	D	Germaine
16	L	J.-F. Régis
17	M	Hervé
18	M	Léonce
19	J	Romuald
20	V	Silvère
21	S	Eté
22	D	Alban
23	L	Audrey
24	M	Jean-Baptiste
25	M	Prosper
26	J	Anthelme
27	V	Fernand
28	S	Irénée
29	D	Pierre, Paul
30	L	Martial

JUILLET
1	M	Thierry
2	M	Martinien
3	J	Thomas
4	V	Florent
5	S	Antoine
6	D	Mariette
7	L	Raoul
8	M	Thibault
9	M	Amandine
10	J	Ulrich
11	V	Benoît
12	S	Olivier
13	D	Henri, Joël
14	L	Fête Nationale
15	M	Donald
16	M	ND Mt Carmel
17	J	Charlotte
18	V	Frédéric
19	S	Arsène
20	D	Marina
21	L	Victor
22	M	Marie-Mad.
23	M	Brigitte
24	J	Christine
25	V	Jacques
26	S	Anne, Joachim
27	D	Nathalie
28	L	Samson
29	M	Marthe
30	M	Juliette
31	J	Ignace de L.

AOÛT
1	V	Alphonse
2	S	Julien Eym.
3	D	Lydie
4	L	J.-M. Vianney
5	M	Abel
6	M	Transfiguration
7	J	Gaétan
8	V	Dominique
9	S	Amour
10	D	Laurent
11	L	Claire
12	M	Clarisse
13	M	Hippolyte
14	J	Evrard
15	V	Assomption
16	S	Armel
17	D	Hyacinthe
18	L	Hélène
19	M	Jean-Eudes
20	M	Bernard
21	J	Christophe
22	V	Fabrice
23	S	Rose de Lima
24	D	Barthélemy
25	L	Louis
26	M	Natacha
27	M	Monique
28	J	Augustin
29	V	Sabine
30	S	Fiacre
31	D	Aristide

SEPTEMBRE
1	L	Gilles
2	M	Ingrid
3	M	Grégoire
4	J	Rosalie
5	V	Raïssa
6	S	Bertrand
7	D	Reine
8	L	Nativité
9	M	Alain
10	M	Inès
11	J	Adelphe
12	V	Apollinaire
13	S	Aimé
14	D	La Croix
15	L	Roland
16	M	Edith
17	M	Renaud
18	J	Nadège
19	V	Emilie
20	S	Davy
21	D	Matthieu
22	L	Maurice
23	M	Automne
24	M	Thècle
25	J	Hermann
26	V	Côme, Damien
27	S	Vincent de P.
28	D	Venceslas
29	L	Michel
30	M	Jérôme

OCTOBRE
1	M	Thér. de l'E.
2	J	Léger
3	V	Gérard
4	S	Fr. d'Assise
5	D	Fleur
6	L	Bruno
7	M	Serge
8	M	Pélagie
9	J	Denis
10	V	Ghislain
11	S	Firmin
12	D	Wilfried
13	L	Géraud
14	M	Juste
15	M	Thér. d'Avila
16	J	Edwige
17	V	Baudouin
18	S	Luc
19	D	René
20	L	Adeline
21	M	Céline
22	M	Elodie
23	J	Jean de C.
24	V	Florentin
25	S	Crépin
26	D	Dimitri
27	L	Emeline
28	M	Jude
29	M	Narcisse
30	J	Bienvenu
31	V	Quentin

NOVEMBRE
1	S	Toussaint
2	D	Défunts
3	L	Hubert
4	M	Charles
5	M	Sylvie
6	J	Bertille
7	V	Carine
8	S	Geoffroy
9	D	Théodore
10	L	Léon
11	M	Armist. 1918
12	M	Christian
13	J	Brice
14	V	Sidoine
15	S	Albert
16	D	Marguerite
17	L	Elisabeth
18	M	Aude
19	M	Tanguy
20	J	Edmond
21	V	Prés. de Marie
22	S	Cécile
23	D	Clément
24	L	Flora
25	M	Catherine
26	M	Delphine
27	J	Sévrin
28	V	Jacq. de la M.
29	S	Saturnin
30	D	André

DÉCEMBRE
1	L	Florence
2	M	Viviane
3	M	Fr.-Xavier
4	J	Barbara
5	V	Gérald
6	S	Nicolas
7	D	Ambroise
8	L	Im. Concept.
9	M	Pierre Fourier
10	M	Romaric
11	J	Daniel
12	V	Jean. F. de C.
13	S	Lucie
14	D	Odile
15	L	Ninon
16	M	Alice
17	M	Gaël
18	J	Gatien
19	V	Urbain
20	S	Théophile
21	D	Hiver
22	L	Fr.-Xavière
23	M	Armand
24	M	Adèle
25	J	Noël
26	V	Etienne
27	S	Jean
28	D	Innocents
29	L	David
30	M	Roger
31	M	Sylvestre

Sons et lettres

La prononciation des chiffres

numeral alone	before a consonant	before a vowel
un	un jour	un‿an
une	une fille	une affiche
deux	deux cousins	deux‿amis /z̆/
trois	trois frères	trois‿oncles /z̆/
quatre	quatre profs	quatre étudiants
cinq	cinq filles	cinq‿enfants
six /sis/	six tantes	six‿oncles /z̆/
sept	sept livres	sept‿images
huit	huit cahiers	huit‿affiches
neuf	neuf cousines	neuf‿amies
dix /dis/	dix mois	dix‿ans /z̆/
vingt	vingt crayons	vingt‿affiches

In general, final consonant letters are not pronounced in French, for example: **le chat, mes parents**.

The numbers 1–10 are exceptions. Their pronunciation depends on whether they occur by themselves, as in counting (**un, deux, trois**…), or whether they are followed by another word (**un‿ami, deux‿enfants, six chiens**).

Except for **sept**, all numbers have two or three spoken forms. **Neuf** has a special form before the words **ans** and **heures**; **f** is pronounced /v/:

Il a neuf ans.	*He is nine years old.*
Il est neuf heures.	*It's nine o'clock.*

01-20
to
01-21

⋇ À vous la parole ⋇

1-17 À la réunion de la famille Brunet. Repeat each expression.
Il y a…

un grand-père	un arrière-grand-père (*great-grandfather*)
trois tantes	trois oncles
dix filles	dix enfants
huit garçons	huit étudiants
cinq cousins	cinq animaux familiers

1-18 Une comptine. Repeat the following counting rhyme.

Un, deux, trois, nous irons au bois,
Quatre, cinq, six, cueillir des cerises.
Sept, huit, neuf, dans mon panier neuf.
Dix, onze, douze, elles seront toutes rouges.

FORMES ET FONCTIONS

1. Le verbe *avoir* et l'âge

- The irregular verb **avoir** (*to have*) is used to indicate possession and other relationships:

J'**ai** une sœur.   *I have a sister.*
Tu **as** un crayon ?   *Do you have a pencil?*

- **Avoir** is also used to indicate age. The word **ans** must always follow the number when indicating someone's age:

Vous **avez** vingt ans ?　　　*Are you 20 years old?*
Mon grand-père **a** cent ans.　　*My grandfather is a hundred.*

In addition to the numbers you already know, the following numbers are useful for talking about ages:

40	quarante
50	cinquante
60	soixante
70	soixante-dix
71	soixante-et-onze
72	soixante-douze
80	quatre-vingts
81	quatre-vingt-un
90	quatre-vingt-dix
91	quatre-vingt-onze
100	cent

- Here are the forms of **avoir**, shown with the subject pronouns. Notice that the subject pronoun **je** becomes **j'** before a vowel. Pronounce the final **-s** of **nous**, **vous**, and **ils/elles** as /z/, and link it to the plural form of **avoir** that follows.

AVOIR *to have*

SINGULIER			PLURIEL		
j'	**ai**	*I have*	nous	**avons**	*we have*
tu	**as**	*you have*	vous	**avez**	*you have*
il		*he/it has*	ils		*they have*
elle	**a**	*she/it has*	elles	**ont**	
on		*we/they have*			

- Use **ne… pas de** to express the idea of *not having any*. Notice that both **ne** and **de** drop their final **-e** before a vowel sound.

Je **n'**ai **pas de** sœurs.　　　*I don't have any sisters.*
Nous **n'**avons **pas d'**oncle.　*We don't have an uncle.*

⚹ À vous la parole ⚹

01-22
to
01-25

1-19 Qu'est-ce que vous avez ? Compare with a partner what you brought to class today, and report back to your classmates. See how many different items you can name.

MODÈLE ● Ben et moi, on a des cahiers. J'ai aussi un stylo et un livre.
　　　　　Ben a un crayon et son ordinateur.

1-20 La famille Brunet. Tell how old each of the Brunet family members is.

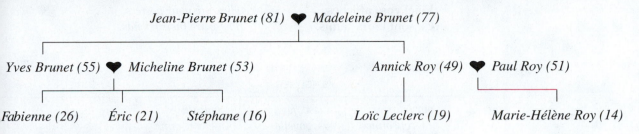

Jean-Pierre Brunet (81) ❤ Madeleine Brunet (77)

Yves Brunet (55) ❤ Micheline Brunet (53)   Annick Roy (49) ❤ Paul Roy (51)

Fabienne (26)   Éric (21)   Stéphane (16)   Loïc Leclerc (19)   Marie-Hélène Roy (14)

MODÈLE   Quel âge ont les enfants de Jean-Pierre Brunet ?
- Yves Brunet a cinquante-cinq ans et Annick Roy a quarante-neuf ans.

1. Quel âge a la mère de Loïc ?
2. Quel âge a le père de Marie-Hélène ?
3. Quel âge a la sœur d'Éric ?
4. Quel âge ont les parents d'Yves Brunet ?
5. Quel âge ont les enfants d'Annick Roy ?
6. Quel âge a la femme d'Yves Brunet ?
7. Quel âge ont les neveux de Paul Roy ?

1-21 Et ta famille ? Ask a classmate how old various members of his or her family are.

MODÈLES   ta mère ?

É1 Quel âge a ta mère ?
É2 Ma mère a quarante-huit ans.

tes frères ?
É1 Quel âge ont tes frères ?
É2 Mon frère Robert a douze ans. Mon frère Kevin a quinze ans.

1. ta mère ?   6. tes nièces ?
2. ton père ?   7. tes neveux ?
3. tes frères ?   8. tes cousins ?
4. tes sœurs ?   9. tes animaux ?
5. tes grands-parents ?

2. Les adjectifs possessifs à plusieurs possesseurs

- Corresponding to the subjects **nous**, **vous**, and **ils/elles** are the following possessive adjectives:

Voici **notre** père.   *Here's our father.*
C'est **votre** mère ?   *Is that your mother?*
C'est **leur** tante.   *That's their aunt.*

Remember that **vous/votre** can refer to one person (*formal*) or more than one.

- There is no distinction between masculine and feminine for **notre**, **votre**, and **leur**.

- For the plural forms, pronounce the final **-s** as /z/ before a vowel:

Ce sont **nos** oncles.   *These are our uncles.*
Voici **vos** affiches.   *Here are your posters.*
Ce sont **leurs** amis.   *These are their friends.*

SINGULIER			PLURIEL
masculin + consonne	*masc./fém. + voyelle*	*féminin + consonne*	
mon frère	**mon** oncle	**ma** tante	**mes** cousins
ton père	**ton** ami/e	**ta** mère	**tes** parents
son cousin	**son** ami/e	**sa** sœur	**ses** amis
notre mère			**nos** cousines
votre oncle			**vos** amis
leur père			**leurs** oncles

01-26
to
01-29

⊰⊱ À vous la parole ⊰⊱

1-22 C'est logique. Use the possessive adjective to point out the person(s) indicated.

MODÈLE Nous avons une fille.
  • Voici notre fille.

1. Nous avons deux fils.
2. Vous avez un neveu.
3. Vous avez trois cousins.
4. Ils ont une nièce.
5. Ils ont trois enfants.
6. Nous avons une tante.
7. Nous avons deux oncles.

 1-23 Décrivons la famille Brunet. With a partner, describe the family from the point of view indicated.

MODÈLE pour Annick Roy
  É1 Ses parents s'appellent Jean-Pierre et Madeleine.
  É2 Sa nièce s'appelle Fabienne.

1. pour Fabienne Brunet
2. pour Jean-Pierre et Madeleine Brunet
3. pour Annick et Paul Roy
4. pour Loïc Leclerc et Marie-Hélène Roy
5. pour Yves Brunet
6. pour Fabienne, Éric et Stéphane Brunet

1-24 Encore la famille. Take turns asking and answering questions with a partner to describe your family.

MODÈLE   des frères et des sœurs
          É1 Tu as des frères et des sœurs ?
          É2 Oui, j'ai deux frères.
          É1 Comment s'appellent tes frères ?
          É2 Mes frères s'appellent Chris et Alex.

1. des frères et des sœurs
2. des parents
3. des nièces et des neveux
4. des cousins
5. des grands-parents
6. des tantes et des oncles
7. des animaux

Lisons

1-25 La famille au Québec.

A. Avant de lire. This reading about families in Quebec is accompanied by a table that presents census statistics about married and unmarried couples in the province. Examining the table beforehand can help you better understand the related text. Consider the following questions:

1. What types of family structure are referred to in the table? The key expressions here are: **avec enfants, sans enfants**, and **en union libre**. Can you explain the meaning of each? Notice that the footnotes provide additional information.
2. The far right column provides comparative data; what information is being compared?
3. What general conclusions might the statistics in the table lead you to make about the family in Quebec? Work with a partner to make a list.

Stratégie

Use accompanying graphic elements to help understand a text. Often a graph or table, for example, will summarize at a glance the main points made in the text, serving as a useful point of reference both before and as you read.

Familles comptant un couple selon la présence d'enfants, chiffres de 2006, pour le Québec		
Structure de la famille :		**Variation 2001–2006 :**
Nombre total de couples	1 768 785	5,0 %
Couples mariés avec enfants[1]	522 100	–12,3 %
Couples mariés sans enfants[2]	634 825	9,4 %
Couples en union libre avec enfants[1]	308 170	19,2 %
Couples en union libre sans enfants[2]	303 685	21,4 %

[1] un couple avec au moins un enfant âgé de moins de 25 ans
[2] un couple et enfants âgés de 25 ans et plus

Source : Statistique Canada, Familles et les ménages – Faits saillants en tableaux, Recensement de 2006, catalogue 97-553-XWF2006002, Date de parution 12 septembre 2007. http://www12.statcan.ca/censusrecensement/index-fra.cfm

B. En lisant. The essential information in the text below, as in the preceding table, is statistical.

1. As you read, circle each statistic and focus on discovering its significance.
2. Which statistics are related to those in the preceding table?
3. Which of your preliminary conclusions based on analysis of the table can you now confirm?
4. What new information does the text provide about how couples are defined by the census?

Québec : le nombre d'unions libres continue de monter

Au Québec, un grand nombre de couples vivent[1] ensemble sans être mariés, selon le Recensement de 2006. De 2001 à 2006, le nombre d'unions libres a augmenté de 20,3 % au Québec pour atteindre[2] 611 900.

Les couples mariés représentent seulement[3] 54,5 % des familles comptées en 2006. C'est une baisse par rapport à[4] la proportion de 58 % enregistrée[5] en 2001. Parallèlement, la proportion de couples vivant en union libre a augmenté considérablement, passant de 25 % à 34,6 %.

En 2006, seulement 3 familles sur 10 (29,5 %) au Québec sont des couples mariés avec des enfants de 24 ans et moins à la maison.

Le Recensement de 2006 fournit[6] aussi des données[7] sur les couples de même[8] sexe. Un total de 13 700 couples se sont identifiés comme étant[9] des couples de même sexe. En mars 2004, le Québec est la troisième province à légaliser les mariages entre conjoints de même sexe. Au Recensement de 2006, on constate que 9,2 % des couples de même sexe au Canada sont mariés.

Statistique Canada, Portrait de famille : continuité et changement dans les familles et les ménage du Canada en 2006, Recensement de 2006, catalogue 97-553-XWF2006001, Date de parution 12 septembre 2007.
http://www12.statcan.ca/francais/census06/analysis/famhouse/index.cfm

[1]habitent   [2]reach   [3]only   [4]in comparison with   [5]recorded   [6]donne   [7]facts   [8]same   [9]as being

C. En regardant de plus près. Find the French words in the text corresponding to the following words and expressions in English.

1. according to the Census
2. to increase
3. a decline
4. living together without being married
5. same-sex partners

D. Après avoir lu. Think about and then discuss the following questions with classmates.

1. What seems to be the primary trend in Quebec family life, as indicated by the statistics given in the text and illustrated by the related table? Based on what you have learned about current family life in France, is this trend similar to or different from what is happening in France? In what way? Are the trends similar in your own community? Explain your answer.
2. What options are available to same-sex couples in Quebec? How is this similar to, or different from, the options in France? How does it compare to where you live?

POINTS DE DÉPART

Une semaine typique

C'est une semaine typique chez les Dupont. Le lundi matin, M. Dupont travaille normalement au bureau et Mme Dupont travaille dans le jardin. Leur fils Simon a 12 ans ; il est au collège. Et leur fille Émilie a 16 ans ; elle est au lycée.

Aujourd'hui, c'est mardi. Mme Dupont parle au téléphone maintenant ; elle invite ses parents à déjeuner dimanche.

Le mercredi, après-midi, Simon n'a pas d'école. Il joue au foot avec ses copains.

Le jeudi après-midi, M. Dupont joue souvent au golf ; il aime le sport.

Le vendredi soir, Simon ne travaille pas, il écoute de la musique ou regarde la télé.

Le samedi, il n'y a pas d'école. Les enfants restent à la maison. Émilie joue du piano et elle prépare sa leçon de chant.

Dimanche, les grands-parents arrivent, et la famille déjeune ensemble.

Vie et culture

La scolarité en France

This chart provides an overview of the French school system. As you examine the chart, answer the following questions.

1. What general information is provided about public schools in France?
2. Find the words **école**, **collège**, and **lycée** in the chart. To what levels of instruction do these terms correspond?
3. How does the French school system compare to the school system where you grew up?
4. Nearly all French children are enrolled in school by age three. Why do you think this might be the case?

LIRE EN PARTANT DU BAS DU TABLEAU

Enseignement supérieur	UNIVERSITÉS ou ÉCOLES SUPÉRIEURES			
Enseignement secondaire 2°	LYCÉE GÉNÉRAL, TECHNOLOGIQUE ou PROFESSIONNEL	Terminale pour Bac général ou Bac technologique	Bac professionnel *(en 2 ans)*	
		1ère	brevet d'études professionnelles ou certificat d'aptitude professionnelle	
		2ème	2ème professionnelle	
	COLLÈGE	3ème		14 – 15 ans
		4ème		13 – 14 ans
		5ème		12 – 13 ans
		6ème		11 – 12 ans
Enseignement primaire 1°	ÉCOLE ÉLÉMENTAIRE	cours moyen 2 cours moyen 1	Cycle 3	10 – 11 ans 9 – 10 ans
		cours élémentaire 2		8 – 9 ans
		cours élémentaire 1		7 – 8 ans
		cours préparatoire	Cycle 2	6 – 7 ans
	ÉCOLE MATERNELLE	Grande section		5 – 6 ans
		Moyenne section	Cycle 1	4 – 5 ans
		Petite section		3 – 4 ans 2 – 3 ans

En France, la scolarité est obligatoire de 6 à 16 ans. L'école est publique, laïque et gratuite.

LES PARTIES DE LA JOURNÉE

le matin   l'après-midi   le soir

LES JOURS DE LA SEMAINE

lundi   mardi   mercredi   jeudi   vendredi   samedi   dimanche

DES ACTIVITÉS

arriver   déjeuner   dîner   écouter   inviter   jouer à/de   parler
préparer   regarder   rester   réviser   téléphoner   travailler

The definite article **le** is used with days of the week or times of day to refer to an activity that always happens on that particular day of the week or at that particular time:

Le lundi, je travaille à la maison.   *Mondays, I work at home.*
Le samedi, on dîne au restaurant.   *On Saturdays, we eat out.*
Le soir, je regarde la télé.   *In the evening, I watch TV.*

Compare these examples with the sentences below, which do not use an article with the days of the week because they refer to specific, non-repeated activities.

Je joue au tennis avec des amis **mardi**.

Dimanche, je déjeune avec ma mère.

I'm playing tennis with friends on Tuesday.
Sunday, I'm having lunch with my mother.

✄ À vous la parole ✄

1-26 Associations de mots. What words do you associate with each of the verbs listed? Work with a partner to find as many answers as possible.

MODÈLE regarder
- la télé, un film, le tableau

1. écouter
2. jouer
3. rester
4. préparer
5. parler
6. travailler
7. aimer
8. inviter

1-27 L'agenda de Sophie. Tell what Sophie has written in her pocket calendar for Thursday through Saturday.

MODÈLE • Jeudi matin, elle a rendez-vous avec un professeur.

1-28 Qu'est-ce que vous faites le samedi ? Use the elements from each column to tell a classmate what you typically do on Saturday.

MODÈLE le matin / je révise / mes leçons
- Le matin je révise mes leçons.

	je travaille	le dîner
le matin	j'écoute	mes copains à dîner
l'après-midi	je joue	au tennis
le soir	je révise	la télé, un film
	je regarde	à la maison
	j'invite	de la musique
		mes leçons

Jeudi **18**	Vendredi **19**	Samedi **20**
(09) SEPTEMBRE	(09) SEPTEMBRE	(09) SEPTEMBRE
Ste. Nadège	Ste. Emilie	S. Davy
9 h rendez-vous avec prof d'anglais	10 h examen de maths	9 h travailler dans le jardin avec maman
13 h déjeuner avec Alex		
	16 h jouer au tennis avec Julie	
19 h préparer examen de maths		20 h regarder un film avec Alex

Sons et lettres

Les modes articulatoires du français : la tension et le rythme

Vowel tension and rhythm are distinctive qualities of spoken French.

- **Pronouncing French vowels**

At the end of a syllable, French vowels are pronounced with lips and jaws tense. French vowels are usually shorter than corresponding English vowels, and the lips and jaws do not move as they are produced. In contrast, when you pronounce English vowels, your chin often drops or your lips move, and a glided vowel results.

- French /i/, as in **Mimi**, is pronounced with the lips smiling and tense. The sound produced is high-pitched.

- French /u/, as in **Doudou**, is pronounced with the lips rounded, tense, and projected forward. The sound produced is low-pitched and very different from the vowel of English *do*, because for the French /u/ the tongue is further back in the mouth.

- **Rhythm**

French speech is organized in rhythmic groups, short phrases usually two to six syllables long. Each syllable within a rhythmic group has the same strength; each receives the same degree of stress. The last syllable tends to be longer than the others.

In English, some syllables within words are stronger than others. Consider the pronunciation of the following words:

re*pea*t   *li*sten   Chi*ca*go   Minne*a*polis

The syllables that are not stressed are usually short, and their vowel is a short, indistinct one. In French, each syllable and therefore each vowel is pronounced evenly and distinctly.

Listen to the pronunciation of the following English and French words. Then, as you pronounce each French word yourself, count out the rhythm or tap it out with your finger.

1-2		1-2-3		1-2-3-4	
English	**French**	**English**	**French**	**English**	**French**
Phillip	*Philippe*	Canada	*Canada*	Alabama	*Alabama*
machine	*machine*	alphabet	*alphabet*	Francophony	*francophonie*
madam	*madame*	Isabel	*Isabelle*	introduction	*introduction*

⊰⊱ À vous la parole ⊰⊱

01-37 to 01-38

1-29 Les animaux familiers. At a pet show, owners are calling their cats. Repeat what they say, paying particular attention to the /u/ and /i/ sounds.

1. Ici (*here*), Mistigri !
2. Ici, Minouche !
3. Ici, Mimi !
4. Ici, Foufou !
5. Ici, Loulou !
6. Ici, Fifine !
7. Ici, Cachou !
8. Ici, Minette !

1-30 Slogan. In a French school zone you will find a sign urging motorists to drive slowly. Practice reading the warning aloud.

Pensez à nous ! Roulez tout doux !   *Think of us! Drive very slowly!*

1-31 Répétez. Practice pronouncing the following sentences with even rhythm. Count out the rhythm of each rhythmic group. The last syllable of each rhythmic group is printed in boldface characters.

1. 1-2/1-2
2. 1-2/1-2-3
3. 1-2-3/1-2
4. 1-2-3-4/1-2-3-4

Bon**jour**/ma**dame**.
Voi**ci**/Fati**ma**.
Il s'ap**pelle**/Pa**trick**.
C'est mon am**ie**/Sylvie Da**vy**.

FORMES ET FONCTIONS

1. Le présent des verbes en *-er* et la négation

Regular French verbs are classified according to the ending of their infinitive. Most have an infinitive form that ends in **-er**. To form the present tense of an **-er** verb, drop the **-er** from the infinitive and add the appropriate endings according to the pattern shown.

REGARDER *to look at, to watch*			
SINGULIER		**PLURIEL**	
je	regard**e**	nous	regard**ons**
tu	regard**es**	vous	regard**ez**
il		ils	
elle }	regard**e**	elles }	regard**ent**
on			

- Verbs ending in **-er** have three spoken forms. All singular forms and the **ils/elles** plural forms are pronounced alike. Their endings are important written signals, but they are not pronounced. The only endings that represent sounds are **-ons** and **-ez**, which correspond to the subject pronouns **nous** and **vous**.

Fiche pratique

Sometimes grammatical forms have a distinct visual pattern. For example, if you draw a box around the forms in the **-er** verb chart that are pronounced alike, you will see the shape of a boot. Think of the boot to remind yourself which forms have the same spoken form.

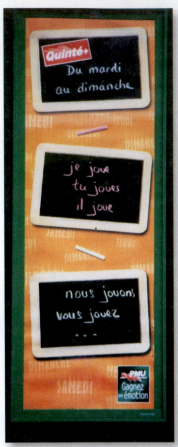

Can you provide the missing form of *jouer*?

- When a verb begins with a consonant, there is no difference in the pronunciation of singular and plural for **il/s** and **elle/s**. Use the context to decide whether the speaker means one person or more than one:

  Mon cousin, **il** joue du piano. *My cousin, he plays piano.*
  Mes frères, **ils** jouent au foot. *My brothers, they play soccer.*

- When the verb begins with a vowel sound, pronounce the final -**s** in **ils/elles** as /z/. This allows you to distinguish the singular form from the plural.

  il aime vs. ils_aiment *he likes, they like*
  elle habite vs. elles_habitent *she lives, they live*

- **On** is an indefinite pronoun that can mean *one, they*, or *people*, depending on the context. In conversational French, **on** is often used instead of **nous**.

  On parle français ici. *They speak French here.*
  On joue au foot ? *Shall we play soccer?*

- In French the present tense is used to talk about a state of being or a habitual action:

  Je **parle** français. *I speak French.*
  Il **travaille** le week-end. *He works on weekends.*

- It is also used to talk about an action taking place while one is speaking:

  On **regarde** la télé. *We're watching TV.*

- To make a sentence negative, put **ne** (or **n'**) before the verb and **pas** after it:

  Je **ne** travaille **pas**. *I'm not working.*
  Nous **n'**aimons **pas** le golf. *We don't like golf.*

- In casual spoken French, native speakers often drop the **ne**, so you may hear French speakers say sentences such as:

  J'écoute **pas**. *I'm not listening.*
  Ils téléphonent **pas** ? *They're not calling?*

01-39
to
01-42

❄ À vous la parole ❄

1-32 Une semaine chez les Dupont. Imagine that you're Mme Dupont, and describe your family's activities throughout the week.

MODÈLE lundi matin : Mme Dupont
  • Je travaille dans le jardin.

1. lundi matin : M. Dupont, les enfants
2. mardi : Mme Dupont
3. mercredi après-midi : Simon
4. jeudi après-midi : M. Dupont
5. vendredi soir : Simon
6. samedi matin : les enfants
7. dimanche : les grands-parents, la famille

1-33 Vos habitudes. With a partner, take turns explaining when you or the people you know typically do the things listed.

MODÈLES vous / regarder la télé

- Je regarde la télé le vendredi soir.

ou • Je ne regarde pas la télé.

vos parents / téléphoner aux enfants

- Ils téléphonent aux enfants le week-end.

1. vos amis / préparer leurs leçons
2. vous / regarder un film
3. vous et vos amis / jouer au tennis
4. votre père / préparer le dîner
5. vous / écouter la radio
6. votre frère ou sœur / téléphoner aux parents
7. vos parents / travailler
8. vous / rester à la maison

1-34 Cette semaine. With a classmate, take turns telling some of the things you'll be doing later this week.

MODÈLE • Jeudi soir, je révise mes leçons ; vendredi soir, je regarde un film avec mes copains ; samedi, je parle au téléphone avec mes parents…

Then report back to the class what you learned about your partner.

2. Les questions

There are two types of questions in English and French: *yes-no questions*, which require confirmation or denial, and *information questions*, which contain words such as **qui** (*who*) or **comment** (*how*) and ask for specific information.

- The simplest way to form yes-no questions in French is to raise the pitch level of your voice at the end of the sentence. These questions are said to have a rising intonation:

Émilie est ta cousine ?   *Emily is your cousin?*

Tu t'appelles Anne ?   *Your name is Anne?*

Another way of asking a yes-no question is by putting **est-ce que/qu'** at the beginning of the sentence. These questions are usually pronounced with a falling voice pitch:

Est-ce que vous parlez français ?   *Do you speak French?*

Est-ce qu'il joue au foot ?   *Does he play soccer?*

- If a question is phrased in the negative, and you want to contradict it, use **si** in your response:

—Tu n'es pas mariée ?   —*You're not married?*
—**Si**, voilà mon mari.   —*Yes (I am), there's my husband.*

—Tu n'aimes pas le français ?   —*You don't like French?*
—**Si**, j'aime le français.   —*Yes, I do like French.*

- When French speakers think they already know the answer to a question, they sometimes add **n'est-ce pas** to the end of the sentence for confirmation.

Vous êtes de Paris, **n'est-ce pas** ?   *You're from Paris, aren't you?*
Ton père parle français, **n'est-ce pas** ?   *Your father speaks French, doesn't he?*

However, be careful. French speakers do not use **n'est-ce pas** as frequently as American speakers use tag questions such as *aren't you? doesn't he? didn't you?*

01-43
to
01-46

✂ À vous la parole ✂

1-35 Encore la famille Brunet ! Ask for confirmation from your classmates concerning the members of the Brunet family.

MODÈLE   La mère d'Éric s'appelle Micheline.
     É1 Est-ce que la mère d'Éric s'appelle Micheline ?
  ou   É1 La mère d'Éric s'appelle Micheline ?
     É2 Oui, sa mère s'appelle Micheline.

1. Éric a une sœur.
2. Sa sœur s'appelle Fabienne.
3. Il a deux cousins.
4. Ses grands-parents sont Jean-Pierre et Madeleine Brunet.
5. Il n'a pas de frère.
6. Sa tante est divorcée et remariée.
7. Elle a deux enfants.
8. La demi-sœur de Loïc s'appelle Marie-Hélène.
9. Annick Roy a un frère.
10. Le mari de Micheline s'appelle Yves.

1-36 C'est bien ça ? Draw a picture on the board. Your classmates will try to guess what it is.

MODÈLE   (Vous dessinez un crayon.)
     É1 Est-ce que c'est un stylo ?
     É2 C'est une craie ?
     É3 Ah, c'est un crayon !

1-37 Une interview. Interview a member of your class whom you do not know very well to find out more about him or her. Use the suggested topics, and report to the class something you have learned about your partner.

MODÈLE   avoir des frères ou des sœurs
     É1 Est-ce que tu as des frères ou des sœurs ?
     É2 J'ai une sœur, mais je n'ai pas de frère.

1. avoir des des frères ou des sœurs
2. avoir des animaux familiers

3. travailler beaucoup
4. jouer du piano ou de la guitare
5. jouer au football ou au tennis
6. regarder la télé

7. préparer le dîner
8. regarder des films
9. inviter des copains à dîner

Écrivons

1-38 Une famille louisianaise.

A. Avant d'écrire. Read Amélie Ledet's description of her family's origins. Her family is typical of many in southwest Louisiana: some of her ancestors are of Acadian origin, others came directly from western France, and still others were earlier German settlers who were assimilated into the French-speaking population. Based on her description, and focusing on the key terms for family members, sketch the part of Amélie's family tree that she describes.

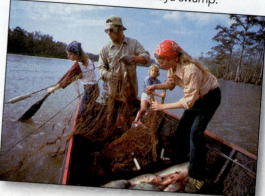

A Louisiana family checks their fishing nets in the waters of the Atchafalaya swamp.

Mon nom, c'est Amélie Ledet. J'ai 22 ans et j'habite à Montagut dans la paroisse Lafourche. Mon arrière-arrière-arrière-grand-père du côté de mon père s'appelle Jules Desormeaux. Il est né[1] à Grand Pré, en Acadie, en 1745 et il est décédé en 1806. Sa femme s'appelle Marie Landry. Mon arrière-arrière-arrière-grand-mère est née à Port-Royal, Acadie, en 1751 et elle est décédée en 1810. Du côté de ma mère, mon arrière-arrière-arrière-grand-père s'appelle Pierre Arceneaux. Il est né près de La Rochelle, en France, en 1772. Il est décédé en Louisiane en 1840. Sa femme, Louise La Branche (Zweig), est née au Lac des Allemands, en Louisiane, en 1780. Elle est décédée en 1845.

[1]*was born*

Stratégie

Before you write a description, you may find it helpful to organize your thoughts using a chart or a diagram. You can then refer to it as you write to be sure you are following your plan and presenting your ideas in an orderly way.

B. En écrivant.

1. Sketch your own family tree.
2. Now write a paragraph describing your family origins. Use Amélie's description as a model, incorporating vocabulary and expressions that she uses into your own writing.

C. En révisant. As you re-read your paragraph, think about the following questions and make any necessary changes.

1. Analyze the content: does your description match the family tree you drew?
2. Look at the style and form of your paragraph: did you use the appropriate kinship terms and possessives (*mon, ma, mes*)? Did you incorporate expressions from the model to tell where your relatives come from, when they were born, and when they died?

D. Après avoir écrit. Share your paragraph with your classmates to get a sense of the diversity within your own class.

Leçon

les relations familiales — *family relations*

un beau-père	*stepfather, father-in-law*
une belle-mère	*stepmother, mother-in-law*
un/e cousin/e	*cousin*
un demi-frère	*half brother, stepbrother*
une demi-sœur	*half sister, stepsister*
un/e enfant	*child*
une famille nombreuse	*big family*
une femme	*wife, woman*
une fille	*daughter, girl*
un fils	*son*
un frère	*brother*
un garçon	*boy*
une grand-mère	*grandmother*
un grand-père	*grandfather*
des grands-parents (m.)	*grandparents*
un mari	*husband*
une mère	*mother*
un neveu	*nephew*
une nièce	*niece*
un oncle	*uncle*
des parents (m.)	*parents, relatives*
un père	*father*
une petite-fille, des petites-filles	*granddaughter, granddaughters*
un petit-fils, des petits-fils	*grandson, grandsons*
des petits-enfants (m.)	*grandchildren*
une sœur	*sister*
une tante	*aunt*

l'état civil — *marital status*

célibataire	*single*
décédé/e	*deceased*
divorcé/e	*divorced*
fiancé/e	*engaged*
marié/e	*married*
remarié/e	*remarried*

des animaux familiers — *pets*

un animal familier	*pet*
un chat	*cat*
un chien	*dog*
un oiseau	*bird*

le caractère — *disposition, nature, character*

calme	*calm*
conformiste	*conformist*
désagréable	*disagreable*
discipliné/e	*disciplined*
dynamique	*dynamic*
idéaliste	*idealistic*
indiscipliné/e	*undisciplined*
individualiste	*individualistic*
optimiste	*optimistic*
pessimiste	*pessimistic*
raisonnable	*reasonable*
réaliste	*realistic*
réservé/e	*reserved*
sociable	*outgoing*
stressé/e	*stressed out*
sympa(thique)	*nice*
têtu/e	*stubborn*
timide	*shy*

pour exprimer l'intensité — *to express intensity*

assez	*rather*
beaucoup	*a lot*
un peu	*a little*
très	*very*
trop	*too (much)*
vraiment	*really*

autres mots utiles — *other useful words*

chez	*at the home of*
chez nous	*at our place*
deuxième	*second*
habiter	*to live*
un homme	*man*
premier	*first*

Leçon

les mois (m.) de l'année (f.) — *the months of the year*

janvier	*January*
février	*February*
mars	*March*
avril	*April*
mai	*May*
juin	*June*
juillet	*July*
août	*August*
septembre	*September*
octobre	*October*
novembre	*November*
décembre	*December*
Quelle est la date …de ton anniversaire (m.) ?	*What is the date . . . of your birthday?*

C'est le premier mai.	It's May 1.
C'est le 4 septembre.	It's September 4.

l'âge (m.) — *age*

un an	one year
avoir	to have
Quel est ton/votre âge ?	What is your age?
Quel âge as-tu ?/	How old are you?
Quel âge avez-vous ?	
J'ai 19 ans.	I am 19 years old.

les nombres cardinaux de 0 à 100
(see p. 33 for 0 to 31 and p. 38 for 40 to 100)

Leçon 3

pour dire quand — *to say when*

lundi	Monday
mardi	Tuesday
mercredi	Wednesday
jeudi	Thursday
vendredi	Friday
samedi	Saturday
dimanche	Sunday
la semaine	week
le jour	day
le matin	morning
l'après-midi (m.)	afternoon
le soir	evening
aujourd'hui	today
maintenant	now
le week-end	weekend

les activités — *activities*

aimer	to like, to love
arriver	to arrive
déjeuner	to have breakfast/lunch
dîner	to have dinner

écouter la radio/	to listen to the radio/music
de la musique	
inviter	to invite
jouer au foot/du piano	to play soccer/the piano
ne… pas (Je ne joue	not (I'm not playing/
pas.)	I don't play.)
parler au téléphone	to talk on the phone
préparer le dîner	to fix dinner
regarder un film/	to watch a movie/TV/
la télé/des photos	look at photos
rester à la maison	to stay home
réviser la leçon	to review the lesson
téléphoner à quelqu'un	to call somebody
travailler dans le jardin	to work in the garden/yard

quelques lieux — *some places*

au bureau	at the office
à l'école	at school
au collège	in middle school
au lycée	in high school
à la maison	at home
au restaurant	at the restaurant

la musique — *music*

la musique classique	classical music
une guitare	a guitar

quelques sports — *some sports*

le foot(ball)	soccer
le golf	golf
le tennis	tennis

autres mots utiles — *other useful words*

avec	with
un copain/une copine	friend
ensemble	together
une leçon de chant	singing lesson
normalement	normally
si	yes (after a negative question)
typique	typical

Vocabulaire

Who are the people shown here, and what are they doing? Does this remind you of experiences you've had with people you know?

2

Voici mes amis

After completing this chapter, you should be able to:

- ❑ Describe people's appearance and personality
- ❑ Talk about sports and leisure activities
- ❑ Ask for information
- ❑ Compare French and American leisure activities, small towns, and notions of friendship

POINTS DE DÉPART

Elles sont comment ?

Denise et Marie regardent un album de photos.

DENISE : C'est toi sur la photo là, avec le chapeau ?
MARIE : Bien sûr !
DENISE : Tu es jolie ! Qui sont les autres filles ?
MARIE : Ce sont mes amies du collège.
DENISE : Comment s'appelle l'autre fille avec un chapeau ?
MARIE : Ça c'est Diane ; elle est maintenant à la fac avec moi. C'est ma colocataire. Elle est très intelligente et ambitieuse. Mais elle est amusante aussi ; elle adore les histoires drôles.
DENISE : Et la grande fille mince et rousse ?
MARIE : C'est Clara. Elle est très élégante. Elle travaille avec les personnes âgées ; c'est une fille gentille et généreuse.
DENISE : Et la blonde ?
MARIE : C'est Anne-Laure. Elle est super-sportive et sociable ; pas du tout paresseuse, elle !
DENISE : Pas comme toi, donc !
MARIE : Arrête !

POUR DÉCRIRE LES FEMMES

jeune	d'un certain âge		âgée
belle	jolie		moche
grande	de taille moyenne		petite
maigre	mince	forte	grosse
blonde	rousse	châtain	brune
élégante			
gentille			méchante
généreuse			égoïste
intelligente			bête
ambitieuse	énergique		paresseuse
sportive			pantouflarde
sérieuse		drôle	amusante

02-01
to
02-04

⋇ À vous la parole ⋇

2-1 En d'autres termes. Describe each young woman using other words.

MODÈLE Clara n'est pas égoïste.
- Clara est généreuse.

1. Clara n'est ni (*neither*) brune, ni blonde, ni châtain.
2. Clara n'est pas petite.
3. Clara n'est pas méchante.
4. Diane n'est pas très mince.
5. Diane n'est pas petite.
6. Diane n'est ni blonde, ni rousse, ni châtain.
7. Diane n'est pas bête.
8. Anne-Laure n'est pas paresseuse.
9. Anne-Laure n'est pas grande, mais elle n'est pas petite non plus.
10. Anne-Laure n'est pas pantouflarde.

2-2 Une personne connue. Describe a well-known girl or woman, real or imaginary, and have your classmates guess who it is.

MODÈLE É1 Elle est très jeune ; elle a environ (*about*) douze ans. Elle est petite, mince et rousse. Elle n'a pas de parents, mais elle a un chien, Sandy.

É2 C'est Annie, la petite orpheline.

2-3 Voici une amie/mes amies. Bring in a photo of a female friend or friends to describe to a partner.

MODÈLE • Voici la photo d'une de mes amies. Elle s'appelle Julie. Elle est grande et blonde. Elle est intelligente et très énergique. Elle aime le tennis.

Vie et culture

Les amis

Whom do we call a "friend"? Concepts of friendship vary from culture to culture. In France, friendships are usually formed slowly, over many years. Once established, they tend to last a lifetime. American visitors and exchange students in France sometimes find it difficult to form friendships with French peers because of the brevity of their stays. French exchange students and visitors to the United States, on the other hand, often report that Americans make friends very quickly and seem to refer to many people as "my friend." This contrasts sharply with French usage, where the word **ami** is reserved for those people with whom a strong bond of friendship has been established. In *Cultural Misunderstandings: The French-American Experience*, Raymonde Carroll, a French anthropologist living in the United States, explains the use of the word "friend" in American English: "For an American, . . . this is merely a verbal shortcut which saves the trouble of explaining the differences between 'friend' and all the other terms available (acquaintance, vague acquaintance, buddy, pal, chum, roommate, housemate, classmate, schoolmate, teammate, playmate, companion, co-worker, colleague, childhood friend, new friend, old friend, very old friend, family friend, close friend, very close friend, best friend, girlfriend, boyfriend, etc.)."*However, Americans' casual use of the word "friend" leads French observers to conclude that their own concept of friendship is more durable and considerably more nuanced.

* Carroll, Raymonde. *Cultural Misunderstandings: The French-American Experience*. Trans. Carol Volk. Chicago: University of Chicago Press: 1990, p. 77

ET VOUS ?

1. What behaviors or features of American society might promote the perception among the French that friendships are formed quickly?
2. Think about the contexts in which you would refer to someone as "my friend." Do you agree with Carroll's observation that Americans tend to use the word *friend* rather loosely? What advantages and disadvantages are there to using *friend* to refer to a wide range of relationships?
3. Do you agree with the judgment that American friendships are less durable and less nuanced than French friendships? Explain your response.

Voici deux amis.

Sons et lettres

La détente des consonnes finales

As a general rule, final consonant letters are not pronounced in French:

l'enfant   elle est   nous sommes   très jeunes   beaucoup

However, there are four final consonant letters that are generally pronounced: **-c**, **-r**, **-f**, and **-l**. To remember them, think of the English word *careful*.

la fa**c**   pou**r**   neu**f**   Danie**l**

An exception is the letter **-r** in the infinitive ending **-er** and in words ending in **-er** and **-ier**:

écouter   danser   le dîner   le premier   janvier

The letter **n** is seldom pronounced at the end of a word. Together with the preceding vowel letters it represents a nasal vowel sound:

mon cop**ain**   le chi**en**   l'**en**f**an**t

At the end of a word, one or more consonant letters followed by **-e** always stand for a pronounced consonant. These consonants must be clearly articulated, for they mark important grammatical distinctions such as feminine versus masculine forms of adjectives. The final written **-e** doesn't represent any sound.

	Danielle est	intelligente	amusante	sérieuse
vs.	Daniel est	intelligent	amusant	sérieux

⚹ À vous la parole ⚹

02-05 to 02-06

2-4 Prononcer ou ne pas prononcer ? In which words should you pronounce the final consonant?

avec Robert	il aime danser	s'il vous plaît	pour ma sœur
neuf cahiers	le jour de Noël	le Québec	le singulier

2-5 Contrastes. Read each pair of sentences aloud and note the contrasts.

C'est Denise. / C'est Denis.
Voilà Françoise. / Voilà François.
Pascale est amusante. / Pascal est amusant.
Michèle est blonde. / Michel est blond.

FORMES ET FONCTIONS

1. Les adjectifs variables

- You have learned that adjectives agree in gender and number with the noun they modify. *Invariable* adjectives have only one spoken form. The feminine ending **-e** and the plural ending **-s** show up only in the written forms.

Ma sœur est têtu**e**.   Mes amies sont têtu**es**.
Mon frère est disciplin**é**.   Mes amis sont disciplin**és**.
Mon père est calm**e**.   Mes parents sont calm**es**.

- *Variable* adjectives have masculine and feminine forms that differ in pronunciation. Their feminine form ends in a pronounced consonant. To pronounce the masculine, drop the final consonant sound. The written letter **-s** or **-x** at the end of plural adjectives is not generally pronounced.

SINGULIER	*f.*	Anne est	amusant**e**	et	généreu**se**.
	m.	Cédric est	amusan**t**	et	généreu**x**.
PLURIEL	*f.*	Mes amies sont	amusant**es**	et	généreu**ses**.
	m.	Mes copains sont	amusan**ts**	et	généreu**x**.

The feminine form of variable adjectives always ends in the letter **-e**. The final **-e** is dropped in the masculine form; therefore, the final consonant sound that is heard in the feminine form is also dropped. Although some variable adjectives have spelling irregularities, this pronunciation rule still applies. For example, in the feminine form **généreuse** [ʒenerøz], the final consonant is pronounced, but it is dropped in the masculine form **généreux** [ʒenerø]. In the written form, the final **-e** is dropped in the masculine and the final **-s** is changed to **-x**. Other regular variable adjectives that show spelling changes include:

rou**sse** → roux   gro**sse** → gros   gent**ille** → gent**il**

- Adjectives whose masculine singular form ends in **-x** do not change in the masculine plural form.

Laurent est roux.   Laurent et Matthieu sont roux.

- As you have learned, with a mixed group of feminine and masculine nouns, the plural form of the adjective is always the masculine form.

Jessica et Laure sont **brunes**.   *Jessica and Laure are brunettes.*
Kevin et Marc sont **blonds**.   *Kevin and Marc are blonds.*
Max et Sylvie sont **roux**.   *Max and Sylvie are redheads.*

- Note the following irregular forms:

FÉMININ	MASCULIN
belle	beau
brune	brun
sportive	sportif

2-6 Pas mes amis ! Your friends are quite different from what your mother thinks. Tell how.

MODÈLE   Tes amies sont paresseuses !
● Ah non, elles sont énergiques.

1. Tes amis sont méchants !
2. Tes amis sont trop pantouflards !
3. Tes amies sont moches !
4. Tes amis sont trop conformistes !
5. Tes amis sont trop bêtes !
6. Tes amis sont égoïstes !
7. Tes amies sont trop sérieuses !
8. Tes amis sont tous (*all*) pessimistes !

2-7 Les amis. Describe the appearance and personality of this group of friends to your partner.

MODÈLE   ● Il y a trois femmes qui sont assez jeunes, une femme d'un certain âge et un homme…

2-8 Le monde idéal. Ideally, what are the following people and pets like? Describe them to your partner.

MODÈLE   le chien idéal

É1 Pour moi, le chien idéal est petit, gentil et intelligent.

É2 Pour moi aussi, le chien idéal est gentil et intelligent, mais il est grand.

1. le père idéal
2. la mère idéale
3. l'enfant idéal
4. le/la colocataire idéal/e
5. le professeur idéal
6. l'étudiant idéal
7. l'ami/e idéal/e
8. le chat idéal

2. Les adverbes interrogatifs

- To ask a question requesting specific information, it is necessary to use some type of interrogative word or expression. The interrogative word or expression usually comes at the beginning of the question and is followed by **est-ce que/qu'**:

Où est-ce que tes amis travaillent ?   *Where do your friends work?*
Quand est-ce que sa copine arrive ?   *When does his girlfriend arrive?*

Some of the words or expressions frequently used to ask questions are:

comment	*how*	**Comment est-ce que** tu t'appelles ?
où	*where*	**Où est-ce qu'**il travaille ?
quand	*when*	**Quand est-ce que** tu arrives ?
pourquoi	*why*	**Pourquoi est-ce que** tu ne travailles pas ?
combien de	*how many*	**Combien d'**étudiants **est-ce qu'**il y a ?

The question **pourquoi ?** can be answered in two ways:

—**Pourquoi est-ce que** tu aimes tes amis ?   —*Why do you like your friends?*
—**Parce qu'**ils sont très amusants.   —*Because they're lots of fun.*
—**Pourquoi est-ce que** tu téléphones ?   —*Why are you calling?*
—**Pour** inviter mes amis à dîner.   —*To invite my friends to dinner.*

When used to ask *how many*, **combien** is linked to the noun by **de/d'**:

Combien de frères est-ce que tu as ?   *How many brothers do you have?*
Combien d'enfants est-ce qu'ils ont ?   *How many children do they have?*

- Another question construction, called *inversion*, is used in writing, in formal conversation, and in a few fixed expressions. In questions with a pronoun subject using inversion, the subject follows the verb and is connected to it with a hyphen. Notice that when the verb form ends in a vowel, the letter **-t-** is inserted before the pronoun and linked to it with a hyphen.

Comment **vas-tu** ?   *How are you?*
Comment **allez-vous** ?   *How are you?*
Comment vous **appelez-vous** ?   *What is your name?*
Quel âge **as-tu** ?   *How old are you?*
Quel âge **a-t-il** ?   *How old is he?*

Inversion is also more generally used with the verbs **aller** and **être** when the subject is a noun.

Comment **vont tes parents** ?   *How are your parents?*
Où **est ta sœur** ?   *Where is your sister?*

2-9 Pardon ? You can't quite hear all that your instructor says, so use a question word or expression to ask for the missing information.

MODÈLE   J'ai <u>cinq</u> cahiers.
• Combien ?

1. Nous travaillons <u>dans la salle de classe</u>.
2. Il y a un examen <u>mardi</u>.
3. Il y a <u>trois</u> étudiants français.
4. Jacques est absent <u>parce qu'il est malade</u>.
5. Elle s'appelle <u>Chloé</u>.
6. Elle a <u>deux</u> sœurs.
7. Nous ouvrons le livre <u>pour réviser un exercice</u>.

2-10 À propos de Thomas. Your friend is telling you about her new boyfriend, Thomas, and you want more details.

MODÈLE   Thomas a deux colocataires.
• Ah bon ? Comment est-ce qu'ils s'appellent ?
• Ah bon ? Est-ce qu'ils sont aussi étudiants ?

1. Il est assez jeune.
2. Il n'habite pas la résidence (*dorm*).
3. Il est d'une famille nombreuse.
4. Il travaille le week-end.
5. Il arrive bientôt.
6. Il n'est pas en forme.
7. Il n'aime pas le sport.
8. Il a des chiens.

 2-11 Questions indiscrètes ? Interview one of your classmates, asking him/her questions about the following subjects. Report back to the class what you learned about your partner.

MODÈLES   la famille
• Est-ce que tu as des frères ou des sœurs ?
• Où est-ce qu'ils habitent ? …

la musique
• Est-ce que tu aimes la musique ?
• Quand est-ce que tu aimes écouter de la musique ? …

(*you report back*) Voici Ian. Il a un frère. Il habite à Baltimore. Ian n'aime pas le sport mais…

1. la famille
2. les animaux
3. les amis
4. la musique
5. le sport

Lisons

2-12 Les Misérables.

A. Avant de lire. You are about to read an excerpt from the opening paragraphs of the novel *Les Misérables* by Victor Hugo, a well-known nineteenth-century French novelist, playwright, and poet. *Les Misérables* has been translated into many languages, has served as the basis for many films, and has been a major musical.

Three characters are introduced in the beginning of the novel: the Bishop of Digne and the two women in his household. Look at the illustrations of these three characters created by Georges Jeanniot for the first edition of *Les Misérables*. Then make lists of adjectives you know in French that could be used to describe each person. Using the illustrations to make preliminary assumptions about these characters can help you follow the author's descriptions, even if you cannot understand every word.

L'évêque

Mme Magloire, Mlle Baptistine, Jean Valjean et l'évêque

B. En lisant. As you read the descriptions of the Bishop, Mlle Baptistine, and Mme Magloire, focus on getting a general sense of the passage. Note that the author incorporates a number of adjectives into his description of the two women and gives an indication of each person's age. Then look for the answers to the following specific questions:

1. How old is the Bishop, M. Myriel?
2. Knowing that **moins** means *less*, indicate how old his sister is.
3. What is the name of the Bishop's sister?
4. What is the name of their household servant?
5. Give two adjectives in English to describe each woman.

En 1815, M. Charles-Francois-Bienvenu Myriel était[1] évêque de Digne. C'était un vieillard[2] d'environ soixante-quinze ans…

M. Myriel était arrivé[3] à Digne accompagné d'une vieille fille[4], Mlle Baptistine, qui était sa sœur et qui avait[5] dix ans de moins que lui.

Ils avaient[6] pour tout domestique une servante appelée Mme Magloire.

Mlle Baptistine était une personne longue, pâle, mince, douce[7]. Elle n'avait jamais[8] été jolie…

Mme Magloire était une petite vieille, blanche, grasse, replète[9], affairée, toujours haletante, à cause de son activité d'abord, ensuite à cause d'un asthme.

---

[1]*past tense of the verb* être   [2]*une personne âgée*   [3]*had arrived*   [4]*une femme d'un certain âge qui est célibataire*   [5]*past tense of the verb* avoir, sg.   [6]*past tense of the verb* avoir, pl.
[7]*gentle*   [8]*never*   [9]*grosse*

C. En regardant de plus près. Take a closer look at the following features of the text.
1. There are two words in the text that are synonyms and mean "household worker." What are they?
2. Mlle Baptistine is described with the adjective **longue**. Can you provide a synonym in French for this word? What point do you think the author is trying to make with the choice of this particular adjective?
3. Look at the adjective **affairée**. This is an adjective used to describe a very busy person. Do you know any other adjectives in French that could be used to indicate the same idea?
4. Mme Magloire is described as **haletante**. The rest of the sentence explains why she is described in this way. Given this context, and the illustration of Mme Magloire, what do you think the adjective **haletante** means?

D. Après avoir lu. How successful are the author's brief descriptions in painting a portrait of each of the three characters? Look back at the lists of adjectives you drew up in preparation for reading. How closely do your predictions coincide with what you read? Is there anything you would change in the illustrations, based on the descriptions in the text?

POINTS DE DÉPART

Nos activités

Moi, je fais du sport ; je joue au foot avec des amis. On a un match tous les samedis.

Mes copains font de la musique. Ils jouent dans un groupe. Ils donnent un concert samedi soir. Mamadou joue de la guitare et Valentin joue du piano.

François et Léa organisent une fête. François fait les courses et Léa fait la cuisine.

Ma copine Amélie ne fait pas grand-chose ; elle reste à la résidence et elle regarde un film. Ses amies Vanessa et Anne-Laure jouent aux échecs.

Nathalie est super-sportive ; elle fait de la natation. Elle fait du vélo aussi.

Benjamin fait du bricolage et son amie Élodie fait du jardinage.

Fiche pratique

Some French verbs require a preposition. For example, the verb **jouer** is followed by the preposition **à** or the preposition **de**, plus the definite article. To remember that **jouer** is followed by **à** for sports and games, and by **de** for musical instruments, memorize a couple of sentences that are personally meaningful. For example, you might come up with: **Je joue au foot** and **Mon frère joue de la guitare**.

02-18 to 02-21

DES LOISIRS

On fait…
  du sport
  de la natation, du vélo,
  du jogging, de la gym

On joue…
  au football, au basket-ball,
  au tennis, au golf, au football
  américain, au rugby, au
  volley-ball, au hockey

On fait…
  de la musique

On joue…
  du piano, de la guitare, de
  l'harmonica, du saxophone, de
  la batterie
  de la musique classique,
  du jazz, du rock

On fait…
  des courses, la cuisine,
  du bricolage, du jardinage

On joue…
  aux cartes, aux échecs, au
  Scrabble, au loto, aux jeux
  de société

✄ À vous la parole ✄

2-13 On joue ? Based on the drawings, what is everyone doing this afternoon?

MODÈLE • On joue au tennis.

1. 2. 3. 4.

5. 6. 7. 8.

2-14 Chacun à son goût. Based on the descriptions, figure out with a partner what these friends probably do in their spare time.

MODÈLE É1 Margaux est très réservée.
          É2 Elle ne fait pas grand-chose ; elle reste à la maison et regarde un film.

1. Charlotte est très sociable.
2. Loïc est super sportif.
3. Delphine est une bonne musicienne.
4. Florian adore le cinéma.
5. Laurent est fanatique de jazz.
6. Céline aime préparer le dîner.
7. Alex préfère les jeux de société.
8. Rachid est très actif.
9. Anaïs est bricoleuse.

Vie et culture

Les loisirs des Français

The French devote more than one-third of their waking hours to leisure activities, about seven hours per day on average. They now enjoy the shortest workweek of any European country, 35 hours, and have five weeks of paid vacation each year. Typically, about twenty percent of the total household budget is used for leisure activities.

The chart indicates the percentage of French people who participated in various leisure time activities at least once in the course of a year. Examine the chart with a partner: How many activities can you identify? How do these activities compare with your own leisure activities and those of the people you know? How do you think a chart drawn up for North Americans would differ from this one?

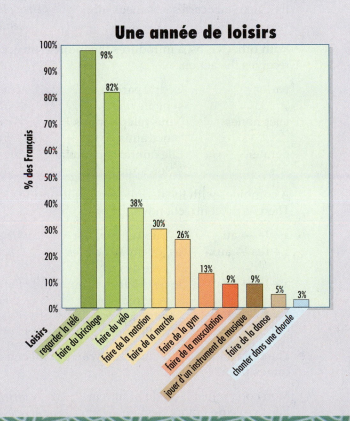

Une année de loisirs

% des Français

- regarder la télé — 98%
- faire du bricolage — 82%
- faire du vélo — 38%
- faire de la natation — 30%
- faire de la marche — 26%
- faire de la gym — 13%
- faire de la musculation — 9%
- jouer d'un instrument de musique — 9%
- faire de la danse — 5%
- chanter dans une chorale — 3%

Loisirs

2-15 Et toi ? With the person sitting beside you, take turns telling three things you typically do on the weekend. Use only words and expressions that you know. Then share with your classmates what you have learned about your partner.

MODÈLE É1 Le week-end, je travaille un peu, je joue au basket et je fais la cuisine. Et toi ?

É2 Je ne fais pas grand-chose ; je reste à la maison et je prépare mes cours.

FORMES ET FONCTIONS

1. Les prépositions *à* et *de*

- The preposition **à** generally indicates location or destination and has several English equivalents.

Elle habite **à** Paris.	*She lives **in** Paris.*
Il est **à** la maison.	*He's **at** the house.*
Elle va **à** un concert.	*She's going **to** a concert.*

As you've seen, the preposition **à** is also used in the expression **jouer à**, *to play sports or games.*

Nous jouons **au** tennis le lundi.	*We play tennis on Mondays.*
Ils jouent **aux** cartes le samedi soir.	*They play cards on Saturday evenings.*

With other verbs, **à** introduces the indirect object, usually a person who receives the action.

parler	Cédric **parle à** la petite fille.	*Cédric's speaking to the little girl.*
téléphoner	Nous **téléphonons à** nos amis.	*We're phoning our friends.*
donner	Elle **donne** la photo **à** son ami.	*She gives her boyfriend the photo.*

- **À** combines with the definite articles **le** and **les** to form contractions. There is no contraction with **la** or **l'**.

à + le → au	Il joue **au** tennis.	*He plays tennis.*
à + les → aux	Ils jouent **aux** cartes avec des amis.	*They play cards with friends.*
à + la → à la	Je reste **à la** maison vendredi soir.	*I'm staying home on Friday evening.*
à + l' → à l'	Je parle **à l'**oncle de Simon.	*I'm talking to Simon's uncle.*

- The preposition **de/d'** indicates where someone or something comes from.

Mon copain Justin est **de** Montréal.	*My boyfriend Justin is from Montreal.*
Elle arrive **de** France demain.	*She arrives from France tomorrow.*

Fiche pratique

Note that although one meaning of the preposition **à** is "at": **Je travaille à la bibliothèque**, French has a special preposition to indicate "at home" or "at the home of." You have already learned this preposition, **chez : Je suis chez moi. Le dimanche, elle déjeune chez ses parents.**

As you've seen, **de** is also used in the expression **jouer de**, *to play music or a musical instrument* and in many expressions with the verb **faire**.

Son ami joue **du** piano dans un groupe.	*Her friend plays piano in a group.*
Lui, il joue **de l'**harmonica.	*He plays the harmonica.*
Je fais **des** courses l'après-midi.	*I'm running errands in the afternoon.*

De/d' also is used to indicate possession or other close relationships.

C'est le frère **du** professeur.	*He's the teacher's brother.*
Voilà le livre **de** Kelly.	*There's Kelly's book.*

- **De** combines with the definite articles **le** and **les** to form contractions. There is no contraction with **la** or **l'**.

de + le → du	Mon amie fait **du** jogging.	*My girlfriend goes jogging.*
de + les → des	On parle **des** projets pour le week-end.	*We're talking about plans for the weekend.*
de + la → de la	Moi, je joue **de la** guitare.	*I play the guitar.*
de + l' → de l'	Il joue **de l'**accordéon.	*He plays the accordion.*

⋝⋜ À vous la parole ⋝⋜

2-16 Ça cause. Tell what today's subjects of conversation are for Camille and her friends.

MODÈLE la copine de Bruno
- Elles parlent de la copine de Bruno.

1. le professeur de français
2. le match de basket le week-end dernier (*last*)
3. les problèmes du campus
4. la nouvelle (*new*) colocataire de Camille
5. l'oncle d'Antoine
6. les devoirs d'anglais
7. le concert samedi soir

2-17 Des célébrités. What do these famous people do?

MODÈLE LeBron James
- Il joue au basket-ball.

1. Taylor Swift
2. Lance Armstrong
3. David Beckham
4. Paula Dean
5. Serena Williams
6. Alicia Keys
7. John Coltrane
8. Michelle Wie

2-18 Trouvez une personne qui... Circulate in the classroom to find someone who does each of the things listed. You may have to speak to several people in each instance, so keep moving! When your instructor calls time, compare notes to see who came closest to completing the list.

MODÈLE joue de l'harmonica

      É1 Est-ce que tu joues de l'harmonica ?

      É2 Non. (*Ask another person the same question.*)

  OU   Oui. (*You write down this person's name and move on to the next question.*)

1. fait du vélo
2. fait de la natation
3. est d'une grande ville, par exemple de Chicago ou de New York
4. joue au golf le week-end
5. joue du piano
6. téléphone à ses parents le week-end
7. parle au professeur en français
8. joue du saxophone
9. joue souvent (*often*) aux cartes
10. fait du jardinage

2. Le verbe *faire*

- The verb **faire** (*to make, to do*) is used in a wide variety of expressions. Here are the forms of this irregular verb.

FAIRE *to make, to do*			
SINGULIER		**PLURIEL**	
je	fais	nous	**faisons**
tu	fais	vous	**faites**
il		ils	
elle	fait	elles	**font**
on			

- A question using **faire** does not necessarily require **faire** in the answer.

—Qu'est-ce que tu **fais** samedi ?   —*What are you doing on Saturday?*
—Je joue au golf.   —*I'm playing golf.*

- As you have learned, a form of the preposition **de** is used with the verb **faire** in some expressions.

—Elle fait **du** sport.   —*She plays sports.*
—Moi aussi, je fais **de la** natation.   —*Me too, I swim.*

- **Faire** is used in many idiomatic expressions related to everyday activities; it is one of the most common and useful French verbs.

Tu fais de la gym ?	*Do you work out?*
Nous faisons une promenade.	*We're taking a walk.*
On fait de la marche.	*We walk (for exercise).*
Elle aime faire la cuisine.	*She likes to cook.*
Il fait des courses.	*He's running errands.*
Ils font du jogging le matin.	*They jog in the morning.*
Vous faites de la danse ?	*Do you study dance?*
Je fais du français.	*I study French.*

Ils font une promenade le dimanche après-midi. Est-ce que vous faites une promenade le week-end ?

❇ À vous la parole ❇

2-19 Suite logique. Based on their interests, what are these people doing in their spare time?

MODÈLE Sylvie aime le ballet.
- Elle fait de la danse.

1. Nous arrivons au supermarché.
2. Florent et Hamid aiment la nature.
3. Tu adores préparer le dîner.
4. Vous êtes fanatique de jazz.
5. Ludovic aime travailler dans le jardin.
6. Hélène et Béa sont vraiment sportives.
7. J'aime travailler à la maison.
8. David et moi sommes très paresseux.

2-20 Et vous ? Discuss with a partner your usual activities for each of the categories proposed.

MODÈLE   la musique

> É1   Je ne fais pas de musique, mais j'ai un iPod et beaucoup de chansons (*songs*) ; j'aime le jazz.
>
> É2   Je fais de la musique ; je joue du piano et de la guitare. J'ai un concert ce week-end.

1. la musique
2. le sport
3. les jeux
4. la cuisine
5. les travaux à la maison

 # Observons

02-55
to
02-57

2-21 Nos passe-temps.

A. Avant de regarder. In this clip, several speakers describe their sports and cultural activities. Look at the list below of activities they mention; can you guess—in cases where you don't already know—what each of these activities might involve?

> l'athlétisme   la danse classique   la danse orientale   le piano   le tennis

As you watch this video segment, look for any clues that might support your guesses about unfamiliar activities.

 B. En regardant. Who does which activities? Each speaker is listed in order; fill in the activities each person mentions.

personne	activité/s	jour/s
Hervé-Thomas	*tennis*	
Caroline	1.	
	2.	
	3.	
Catherine (sa sœur)	1.	
	2.	
	3.	
	4.	
Fadoua		

Several of the speakers specify the days on which they participate in various activities; listen again and note those days on the chart.

C. Après avoir regardé. What is your impression of the types and number of activities in which these speakers are involved? How do their habits compare with your own habits and those of your family and friends?

POINTS DE DÉPART

Destinations diverses

Le week-end, qu'est-ce que tu fais ? Tu aimes nager ? Alors tu vas probablement à la piscine. Tu pratiques un autre sport ? Alors tu vas peut-être au stade, au gymnase ou au parc. Tu aimes les activités culturelles ? Tu vas peut-être voir un film au cinéma ou une exposition au musée ; ou bien tu assistes à une pièce ou un ballet au théâtre. Tu cherches un livre ? Voilà la bibliothèque ou bien la librairie. Tu ne fais pas la cuisine ? Alors va au restaurant, au café ou chez des amis pour manger.

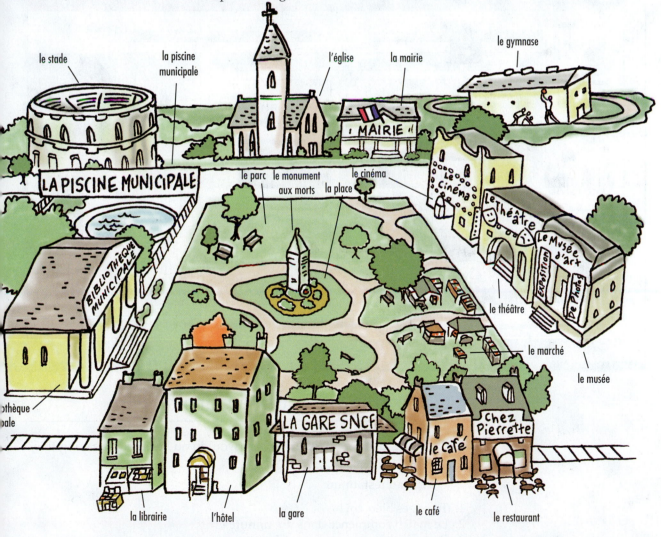

le stade — la piscine municipale — l'église — la mairie — le gymnase

LA PISCINE MUNICIPALE

le parc — le monument aux morts — le cinéma — la place

BIBLIOTHÈQUE MUNICIPALE

Le cinéma — Le Théâtre — Le Musée d'art — Exposition De Photos

le théâtre — le marché — le musée

...othèque ...ale

LA GARE SNCF — le café — Chez Pierrette

la librairie — l'hôtel — la gare — le café — le restaurant

Vie et culture

Les petites villes

Small towns in France have a traditional structure. At the center is the Catholic church; a square, often with a veterans' memorial, is nearby. This is usually the location for the open-air market. The town hall is also in a central location. Older towns and villages often still have small merchants clustered around this central area. In many cases, a train station and a modest hotel are close to the town center. Most communities provide municipal sports centers for their residents. Young people and adults can swim at **la piscine municipale**, play basketball or take an exercise class at a local **gymnase**, or watch soccer games at **le stade municipal**.

Plan de ville

02-34
to
02-37

⚜ À vous la parole ⚜

2-22 Dans quel endroit ? Where would you hear people saying this?

MODÈLE Du rosbif, s'il vous plaît.
- au restaurant

1. Tu nages bien, toi !
2. Le match commence dans dix minutes.
3. Regarde, la mariée et le marié arrivent.

Look at the map and corresponding photo of the town of Richelieu, population 1,971. Locate the following places: **l'église, la mairie, la bibliothèque, le parc, le musée, le cinéma, la piscine, la Place du Marché**. What other places indicated on the map can you identify?

Ville de Richelieu, vue aérienne. Est-ce que vous pouvez idéntifier la Place du Marché ? le cinéma ? la Place Louis XIII ?

ET VOUS ?

1. Is there a traditional structure for small towns in North America? Does this vary from region to region? Why do you think North American towns tended to evolve as they did? Compare your ideas with those of a partner.
2. What basic similarities and differences can you identify in the layout of traditional town centers in North America and France? How would you explain them?

4. C'est mon ballet préféré.
5. Où sont les biographies, s'il vous plaît ?
6. On regarde la télé ce soir ?
7. La musique est excellente ce soir.
8. Encore un café ?
9. J'aime beaucoup cette statue.
10. C'est combien pour ces deux livres et un cahier ?

2-23 Votre itinéraire. With your partner, take turns telling where you're going and what you're doing this weekend. Then summarize your plans for your classmates.

MODÈLE É1 Ce week-end, je vais au restaurant. Mon copain et moi, nous dînons ensemble. Et toi ?

              É2 Moi, je vais au musée. Il y a une exposition de photos.

2-24 Vos endroits préférés. Discuss with a partner your favorite place for each activity listed. How similar—or dissimilar—are your preferences?

MODÈLE pour dîner ?

              É1 Moi, j'aime dîner chez ma mère. Et toi ?

              É2 Moi, j'aime dîner au restaurant.

1. pour dîner ?
2. pour travailler ?
3. pour voir un film ?
4. pour discuter avec des amis ?
5. pour pratiquer un sport ?
6. pour écouter de la musique ?

FORMES ET FONCTIONS

1. Le verbe *aller* et le futur proche

- The irregular verb **aller** means *to go*.

Je **vais** à la librairie.	*I'm going to the bookstore.*
Tu **vas** au ciné avec nous ?	*You're going to the movies with us?*

- You have already used **aller** in greetings and commands.

Comment ça **va** ?	*How are things?*
Comment **allez**-vous ?	*How are you?*
Allez au tableau !	*Go to the board!*

ALLER *to go*		
SINGULIER		**PLURIEL**
je	**vais**	nous‿**allons**
tu	**vas**	vous‿**allez**
il		ils
elle	**va**	elles ⎰ **vont**
on		

- To express future actions that are intended or certain to take place, use the present tense of **aller** and an infinitive. This construction is called **le futur proche** (*the immediate future*). In negative sentences, place **ne… pas** around the form of **aller**; the infinitive does not change.

Je **vais travailler** ce soir.	I'm going to work this evening.
Il **va téléphoner** à son père.	He's going to call his father.
Tu **ne vas pas danser** ?	You're not going to dance?

- To express a future action you may also simply use the present tense of a verb and an adverb referring to the future.

Mon copain arrive **demain**.	My friend arrives tomorrow.
Tu joues **ce soir** ?	Are you playing tonight?

Here are some useful expressions referring to the immediate future:

ce soir	*tonight*
demain	*tomorrow*
ce week-end	*this weekend*
bientôt	*soon*
la semaine prochaine	*next week*
le mois prochain	*next month*
l'été prochain	*next summer*
l'année prochaine	*next year*

✖ À vous la parole ✖

2-25 Maintenant ou plus tard ? Look at these statements about the activities of Séverine, Yann, and their friends and decide if each activity is occurring now (**maintenant**) or will occur later (**plus tard**).

	Maintenant, ils	Plus tard, ils
MODÈLE …vont à la bibliothèque.	✓	_____
1. …vont nager un peu.	_____	_____
2. …vont manger.	_____	_____
3. …vont au gymnase.	_____	_____
4. …vont au cinéma.	_____	_____
5. …vont travailler toute la journée (*all day*)	_____	_____
6. …vont faire du jogging.	_____	_____
7. …vont au parc.	_____	_____
8. …vont voir un film.	_____	_____

Based on your answers, are the friends busier now, or will they be busier later?

2-26 Où aller ? Based on their interests, where are these people probably going?

MODÈLE   Anne adore nager.
  - Elle va à la piscine.

1. Rémi aime le basket.
2. Nous aimons les films.
3. Tu désires manger des spaghettis.
4. M. et Mme Dupont aiment l'art moderne.
5. Vous adorez les concerts de jazz.
6. Sandrine aime les livres historiques.
7. J'aime beaucoup parler avec mes amis.
8. Sophie et Angélique adorent faire de la marche le matin.

2-27 Vos projets. Interview a partner about his/her plans, and report back to the class what you have found out.

MODÈLE cet après-midi

    É1 Qu'est-ce que tu vas faire cet après-midi ?
    É2 Cet après-midi je vais travailler. Et toi ?
    É1 Mon camarade et moi, on va jouer au tennis.

1. cet après-midi
2. ce soir
3. demain
4. ce week-end

5. le semestre/trimestre prochain
6. l'été prochain
7. l'année prochaine

2. L'impératif

- To make a suggestion or a request, or to tell someone to do something, the *imperative* forms of a verb—without subject pronouns—may be used.

To address someone with whom you are on informal terms, the imperative is the same as the **tu** form of the verb in the present tense. Note, however, that for **-er** verbs (including **aller**), the final **-s** is dropped in the written forms.

Ferme la porte !	*Shut the door!*
Va au tableau !	*Go to the blackboard!*
Écris ton nom !	*Write your name!*
Fais tes devoirs !	*Do your homework!*

To address more than one person or someone with whom you are on formal terms, the imperative is the same as the **vous** form of the verb in the present tense.

Parlez plus fort !	*Speak louder!*
Écoutez-moi !	*Listen to me!*
Lisez à haute voix !	*Read aloud!*
Dites-moi votre nom !	*Tell me your name!*

To make a suggestion to a group of which you are part, the imperative is the same as the **nous** form of the verb in the present tense.

Jouons aux cartes.	*Let's play cards.*
Allons au cinéma.	*Let's go to the movies.*
Faisons une promenade.	*Let's go for a walk.*

- To be more polite, add **s'il te plaît** or **s'il vous plaît** as appropriate:

Ouvrez la fenêtre, **s'il vous plaît**.	*Open the window, please.*
Parle plus fort, **s'il te plaît**.	*Please speak louder.*

- To tell someone not to do something, put **ne** (**n'**) before the verb and **pas** after it:

Ne regarde **pas** la télé !	*Don't watch TV!*
N'écris **pas** en anglais !	*Don't write in English!*
N'oubliez **pas** vos devoirs !	*Don't forget your homework!*

⇒⇐ À vous la parole ⇒⇐

2-28 Impératifs. Use appropriate forms of the imperative to make requests to your friends and your instructor.

MODÈLE Dites à un/e ami/e de ne pas regarder la télé.
- • Ne regarde pas la télé !

Dites à un/e ami/e…

1. d'écouter le professeur
2. de fermer la porte
3. de ne pas parler anglais
4. de ne pas manger en classe

Demandez à votre professeur (n'oubliez pas d'être poli/e !)…

5. de répéter
6. de parler plus fort
7. de ne pas fermer la porte
8. de ne pas lire en anglais

Proposez à vos amis…

9. de jouer au basket
10. de faire du jogging

2-29 Pourquoi pas ? You'd like to do something different in French class today. What can you suggest to your instructor? Choose from this list of possibilities and include some of your own ideas as well: **aller, écouter, écrire, faire, jouer, oublier, parler, regarder.**

MODÈLE écrire
- • Écrivons un poème.

2-30 Situations. With a partner, give examples of a request or suggestion you'd be likely to hear in each situation. How many examples can you come up with?

MODÈLE une mère à son enfant
- • Écoute, mon chéri (*dear*).
- • Fais tes devoirs.

1. un professeur aux étudiants
2. une étudiante à un/e ami/e
3. un étudiant au professeur
4. un étudiant à son copain
5. un entraîneur (*coach*) de basket à ses joueurs
6. votre professeur, à vous
7. vos parents, à vous

Écoutons

2-31 Des portraits d'athlètes.

A. Avant d'écouter. Look at the photos of three Francophone athletes. Which sport does each play? Can you think of two or three adjectives to describe each athlete? Have you ever seen any of these athletes in person or on television?

Thierry HENRY

Sandrine GRUDA

Guillaume LATENDRESSE

B. En écoutant. Listen to the descriptions of the three athletes and fill in the missing information in the chart.

name	sport	age	appearance	favorite activities and family information
Thierry HENRY				
Sandrine GRUDA				
Guillaume LATENDRESSE				

C. Après avoir écouté. From Marseille to Madagascar, from Martinique to the Ivory Coast, sports are a unifying element in Francophone life. Throughout the year, people watch their favorite sporting events on television, listen to soccer matches on the radio, and follow their favorite athletes through stories in the Francophone press and on the Internet. Are sports a unifying element in North America, as they are in Francophone countries? Are victories a source of national pride? Are there sports and sporting events in North America whose popularity rivals that of soccer in the Francophone world? If so, which ones? Discuss with a partner.

Les Bleues (l'Équipe de France Féminine de football) fêtent leur victoire le 7 juillet 2011 contre l'Angleterre en quarts de finale de la Coupe du Monde Féminine.

Des supporteurs (*fans*) enthousiastes lors de la victoire historique des Bleues contre l'Angleterre et leur première qualification pour les demi-finales de la Coupe du Monde.

Leçon

le caractère — *disposition, nature, character*

ambitieux/-euse	*ambitious*
amusant/e	*funny*
bête	*stupid*
drôle	*amusing, funny*
égoïste	*selfish*
énergique	*energetic*
généreux/-euse	*generous, warm-hearted*
gentil/le	*kind, nice*
intelligent/e	*intelligent, smart*
méchant/e	*mean, naughty*
pantouflard/e	*homebody, stay-at-home*
paresseux/-euse	*lazy*
sérieux/-euse	*serious*
sportif/-ive	*athletic*

le physique — *physical traits*

âgé/e	*aged, old*
beau/belle	*handsome, beautiful*
blond/e	*blond/e*
brun/e	*dark-haired, brunette*
châtain	*chestnut colored hair*
de taille moyenne	*of medium height*
d'un certain âge	*middle-aged*
élégant/e	*elegant*
fort/e	*strong, stout*
grand/e	*tall*
gros/se	*fat*
jeune	*young*
joli/e	*pretty*
maigre	*skinny*
mince	*thin, slender*
moche	*ugly*
petit/e	*short, little*
roux/-sse	*redhead, redhaired*

pour poser une question — *to ask a question*

combien de	*how many*
comment	*how*
où	*where*
parce que	*because*
pourquoi	*why*
quand	*when*
qui	*who*

autres mots utiles — *other useful words*

adorer	*to adore, love*
arrête !	*stop it!*

autre	*other, another*
bien sûr	*of course*
un chapeau	*hat*
un/e coloc(ataire)	*roommate*
comme	*like, as*
un copain/une copine	*friend, boyfriend/girlfriend*
donc	*then, therefore, so*
une fac(ulté)	*college, university*
une histoire drôle	*joke*
peut-être	*maybe*
une photo	*photo*
pour	*for, in order to*

Leçon

quelques sports (m.) — *some sports*

le basket(-ball)	*basketball*
le football américain	*football*
le *hockey	*hockey*
un match	*game (sports)*
le rugby	*rugby*
le volley(-ball)	*volleyball*

quelques jeux (m.) — *some games*

les cartes (f.)	*cards*
les échecs (m.)	*chess*
un jeu	*game*
un jeu de société	*board game*
le loto	*lottery*

la musique — *music*

le jazz	*jazz*
le rock	*rock*
une batterie	*percussion, drum set*
un concert	*concert*
donner un concert	*to give a concert*
un harmonica	*harmonica*
un saxophone	*saxophone*

d'autres activités — *other activities*

bricoler	*to carry out do-it-yourself projects*
les loisirs (m.)	*leisure-time activities*
organiser une fête	*to plan a party*
rester à la résidence	*to stay in the dorm*

*Some words in French that begin with a silent h behave as if they begin with a pronounced consonant: that is, there is no elision (*le hockey*) or liaison (*les héros*). These words are marked in the glossary with an asterisk.

quelques expressions avec *faire*	*expressions using* faire
faire du bricolage	*to carry out do-it-yourself projects*
faire des courses	*to run errands, to shop*
faire la cuisine	*to cook*
faire de la danse	*to dance, to study dance*
faire du français	*to study French*
faire de la gym	*to work out*
faire du jardinage	*to garden*
faire du jogging	*to go jogging*
faire de la marche	*to walk (for exercise)*
faire de la musique	*to play (make) music*
faire de la natation	*to swim*
faire une promenade	*to take a walk*
faire du sport	*to play sports*
faire du vélo	*to go biking*
ne pas faire grand-chose	*to not do much*

Leçon 3

en ville	*in town*
une bibliothèque (municipale)	*(municipal) library*
un café	*café*
un cinéma	*movie theater*
une église	*(Catholic) church*
une gare	*train station*
un gymnase	*gym*
un hôtel	*hotel*
une librairie	*bookstore*
la mairie	*town hall*
un marché	*market*
un monument aux morts	*veterans' memorial*

un musée	*museum*
un parc	*park*
une piscine (municipale)	*(municipal) swimming pool*
une place	*square (in a town)*
un restaurant	*restaurant*
un stade	*stadium*
un théâtre	*theatre*

activités culturelles	*cultural activities*
assister à…	*to attend . . .*
un ballet	*a ballet*
voir…	*to see . . .*
une exposition	*exhibition*
un film	*film (at a movie theater)*
une pièce	*a play (theater)*

pour parler de l'avenir	*to talk about the future*
aller (Je vais manger.)	*to go (I'm going to eat./ I will eat.)*
l'année (f.) prochaine	*next year*
bientôt	*soon*
ce soir	*tonight*
ce week-end	*this weekend*
demain	*tomorrow*
l'été (m.) prochain	*next summer*
le mois prochain	*next month*
la semaine prochaine	*next week*

autres mots utiles	*other useful words*
alors	*so*
chercher	*to look for*
dites-moi !	*tell me!*
manger	*to eat*
nager	*to swim*
oublier	*to forget*

Vocabulaire

Where are these people and where are they going, in your opinion? How do they seem to be feeling?

3

Métro, boulot, dodo

Leçon **1** La routine de la journée

Leçon **2** À quelle heure ?

Leçon **3** Qu'est-ce qu'on met ?

After completing this chapter, you should be able to:

- Talk about your daily routine
- Tell time
- Describe people, places, and activities
- Describe clothing
- Compare daily routines and fashion in places where French is spoken

POINTS DE DÉPART

La routine du matin

Il est huit heures du matin. La journée commence !

Chez les Bouchard, Thomas se réveille ; il va bientôt se lever.

Sa petite sœur Vanessa est déjà debout dans sa chambre ; elle se coiffe.
Monsieur Bouchard est en train de se raser. Après, il va
prendre un bain.

Madame Bouchard se maquille et elle s'habille pour aller au travail.
Le bébé s'endort de nouveau.

Dans son appartement, Caroline se dépêche ; elle va bientôt à la fac.
Elle se lave les mains et la figure, et elle se brosse les dents.

Chez les Morin, Madame Morin se douche et se lave les cheveux ; après,
elle s'essuie. Son mari rentre à la maison. Lui, il travaille tard la nuit, donc il
rentre tôt le matin pour se coucher. Il se déshabille, et il se couche.

Vie et culture

Métro, boulot, dodo

03-52

The expression **métro, boulot, dodo** epitomizes the daily routine of most Parisians. In the morning, many people take the **métro** (the highly efficient Paris subway), go to their **boulot** (a slang word for **un emploi/un travail**), then return home at night and crawl into bed to **faire dodo** (a child's expression for **se coucher/dormir**). In English, we often call this routine *the daily grind*.

What does the expression **métro, boulot, dodo** lead you to believe about life in Paris?

Describe a person whose daily routine could be summarized by this expression. Would this expression apply also to the daily routine of North Americans who live in big cities? Would it apply to life in your hometown?

Now watch the video clip *La routine du matin* as two girls describe their morning routine. Make a list of their activities, for example: **Elles se réveillent**. Is there anything that surprises you about their routine, or does it seem very familiar and logical?

du shampooing

une brosse à dents

une brosse à cheveux

un peigne

du dentifrice

du maquillage

un lavabo

un savon

un rasoir

un gant de toilette

une serviette de toilette

Les articles de toilette

✂ À vous la parole ✂

03-01
to
03-04

3-1 Ordre logique. In what order do most people complete the following activities?

MODÈLE on se coiffe, on se douche
• On se douche, et après on se coiffe.

1. on se lave, on s'habille
2. on se lave les cheveux, on se coiffe
3. on se lève, on se réveille
4. on se déshabille, on se couche
5. on mange, on se brosse les dents
6. on se couche, on se lave les dents
7. on se couche, on s'endort
8. on s'essuie, on se lave

3-2 Suite logique. Tell what these people are going to do next, choosing a verb from the list.

se coiffer	s'essuyer	se laver les cheveux
se coucher	s'habiller	se lever
s'endormir	se laver	se raser

MODÈLE Margaux a un tee-shirt et un jean.
  • Elle va s'habiller.

1. Adrien a un rasoir.
2. Olivier va dans sa chambre.
3. Julie cherche le shampooing.
4. Fanny est très fatiguée.
5. Damien entend sa mère qui dit : « Allez, debout ! C'est l'heure. »
6. Grégory va prendre une douche.
7. Delphine termine sa douche.
8. Sandrine a un peigne.

3-3 Un questionnaire. Do you pay attention to how you look? A little? Too much? Not enough? Ask your partner the following questions and then add up the points. What are your conclusions?

1.	Vous prenez une douche ou un bain tous les jours ?	**oui**	**non**
2.	Vous vous lavez les cheveux tous les jours ?	**oui**	**non**
3.	Vous vous brossez les dents après chaque repas *(meal)* ?	**oui**	**non**
4.	Vous vous coiffez trois ou quatre fois pendant la journée ?	**oui**	**non**
5.	Vous vous habillez différemment chaque jour ?	**oui**	**non**
6.	Vous vous maquillez/vous vous rasez tous les jours ?	**oui**	**non**
7.	Vous vous mettez du parfum/de l'eau de Cologne ?	**oui**	**non**
8.	Vous faites très attention de ne jamais grossir *(gain weight)* ?	**oui**	**non**

Maintenant, marquez un point pour les réponses « oui », zéro pour les réponses « non » et ensuite additionnez vos points :

■ Si vous avez 7 ou 8 points, vous vous intéressez peut-être un peu trop à votre apparence physique. Pensez un peu aux choses plus sérieuses.
■ Si vous avez de 3 à 6 points, c'est bien. Vous faites attention à votre présentation, mais vous n'exagérez pas.
■ Si vous avez moins de 3 points, attention ! Vous risquez de vous négliger.

FORMES ET FONCTIONS

1. Les verbes pronominaux et les pronoms réfléchis

- Verbs like **se laver** (*to wash oneself*) and **s'essuyer** (*to dry oneself off*) include a reflexive pronoun as part of the verb: this pronoun indicates that the action is reflected on the subject. In English, the word *-self* is sometimes used to express this idea.

Je **m'essuie**.	*I'm drying myself off.*
On **se lave**.	*We're washing ourselves.*
Tu **te lèves** ?	*Are you getting up?*

Here are the reflexive pronouns, shown with the verb **se laver**.

SE LAVER *to wash oneself*					
SINGULIER			**PLURIEL**		
je	**me**	lave	nous	**nous**	lav**ons**
tu	**te**	lav**es**	vous	**vous**	lav**ez**
il elle on	**se**	lave	ils elles	**se**	lav**ent**

- Some verbs may be used both with and without a reflexive pronoun. Compare:

Elle **lave** la figure de sa fille.	*She is washing her daughter's face.*
Elle **se lave** la figure.	*She is washing her (own) face.*

The use of the reflexive pronoun means that the subject is acting upon himself or herself.

- Before a vowel sound, **me**, **te**, and **se** become **m'**, **t'**, **s'**.

Je **m'essuie** les mains.	*I'm drying my hands.*
Tu **t'habilles** ?	*Are you getting dressed?*
Il **s'essuie** la figure.	*He wipes his face.*

- Note that reflexive pronouns always maintain their position near the verb, even in the negative and the immediate future.

Il ne **se** lave pas.	*He's not washing up.*
Je ne vais pas **m'habiller**.	*I'm not going to get dressed.*

- When a part of the body is specified, the definite article is used, since the reflexive pronoun already indicates whose body part is affected.

Elle se lave **la** figure.	*She's washing her face.*
Ils se brossent **les** dents.	*They're brushing their teeth.*

- In an affirmative command, the reflexive pronoun follows the verb and is connected to it by a hyphen. Note the use of the stressed form **toi**. In negative commands, the reflexive pronoun precedes the verb.

Lave-**toi** les mains !	Ne **te** lave pas les mains !
Dépêchez-**vous** !	Ne **vous** dépêchez pas !

⋇ À vous la parole ⋇

3-4 C'est qui ? Read the sentences below and indicate if the action Mathilde is performing in each case refers to herself (**elle-même**) or to someone else (**quelqu'un d'autre**).

Mathilde est très occupée ce matin. Elle…

	elle-même	quelqu'un d'autre
MODÈLE … s'habille	✓	_____
1. … se lave	_____	_____
2. … se coiffe	_____	_____
3. … réveille son petit frère	_____	_____
4. … coiffe sa sœur	_____	_____
5. … se dépêche	_____	_____
6. … brosse le chat	_____	_____

Based on your responses, did Mathilde spend more time today on herself or helping others?

3-5 Qu'est-ce qu'on fait ? Explain how people use the objects mentioned.

MODÈLE Moi, le shampooing ?
   • Je me lave les cheveux.

1. Les enfants, le savon et un gant de toilette ?
2. Jules, son rasoir ?
3. Vous, la serviette de toilette ?
4. Toi, le pull-over ?
5. Moi, le dentifrice ?
6. Nous, le peigne ?
7. Julie, le maquillage ?

3-6 Fais ta toilette ! Your partner always has an excuse! Take turns asking and answering questions and making comments about grooming.

MODÈLE se raser

   É1 Tu te rases ?
   É2 Non, je n'ai pas de rasoir.
   É1 Tiens, voilà un rasoir ; rase-toi donc !

1. se laver les mains
2. se laver la figure
3. s'essuyer les mains
4. se laver les cheveux
5. se brosser les dents
6. se coiffer

3-7 La routine chez vous. At your house or in your family, who does the following things? Compare your answers with those of a partner.

MODÈLE   se lève en premier ?

      É1   Qui se lève en premier chez toi ?

      É2   Ma mère se lève en premier. Et chez toi ?

      É1   Moi, je me lève en premier.

1. se lève en premier ?
2. se douche en premier ?
3. se maquille tous les jours ?
4. s'habille avec beaucoup d'attention ?
5. se lave les cheveux tous les jours ?
6. se couche tard le soir ?
7. s'endort devant la télé ?

2. Les adverbes : intensité, fréquence, quantité

- The adverbs listed below indicate to what degree something occurs.

trop	Elle travaille **trop**.	*She works too much.*
beaucoup	Elle se douche **beaucoup**.	*She showers a lot.*
assez	Nous mangeons **assez**.	*We eat enough.*
un peu	Je me dépêche **un peu**.	*I hurry a little.*
ne… pas	Il **ne** se rase **pas**.	*He doesn't shave.*

- These same adverbs, followed by **de/d'** plus a noun, indicate quantities.

trop de	Il prend **trop de** douches.	*He takes too many showers.*
beaucoup de	Elle a **beaucoup d'**amis.	*She has lots of friends.*
assez de	Vous avez **assez d'**argent ?	*Do you have enough money?*
peu de	J'ai **peu de** maquillage chez moi.	*I don't have much makeup at my house.*
ne… pas de	Tu **n'**as **pas de** rasoir ?	*Don't you have a razor?*

- Other adverbs indicate frequency, how often something is done. Notice that these adverbs generally follow the verb, like those you learned in the first section above. Longer adverbial expressions can be placed at the end or the beginning of a sentence.

tous les…	Je me lave les cheveux **tous les** jours.	*I wash my hair every day.*
toutes les…	**Toutes les** semaines, nous avons un match.	*Every week, we have a game.*
toujours	Je me lève **toujours** en premier.	*I always get up first.*
souvent	Il prend **souvent** le métro.	*He often takes the metro.*
quelquefois	Tu travailles **quelquefois** ici ?	*Do you work here sometimes?*
rarement	Elle se maquille **rarement**.	*She rarely wears makeup.*
ne… jamais	Il **ne** se coiffe **jamais**.	*He never combs his hair.*

- Another useful expression to indicate frequency is formed with the noun **fois** followed optionally by **par** and a time expression.

Il se rase **une fois par semaine**.	*He shaves once a week.*
Je me lave les dents **deux fois par jour**.	*I brush my teeth twice a day.*
Ma petite sœur prend une douche **trois fois par semaine**.	*My little sister takes a shower three times a week.*

⊰ À vous la parole ⊱

3-8 Vos habitudes. Be precise! Compare your habits with those of your partner.

MODÈLE   travailler le week-end

      É1   Moi, je travaille beaucoup le week-end.

      É2   Par contre, moi, je travaille rarement le week-end.

1. travailler le week-end
2. se réveiller tôt le matin
3. se brosser les dents
4. parler français
5. jouer au Scrabble
6. regarder la télé
7. faire la cuisine
8. se coucher de bonne heure (= tôt)

3-9 Combien ? How much or how many do you have? Compare your responses with those of your partner.

MODÈLE   des livres

      É1   J'ai beaucoup de livres.

      É2   Moi, j'ai peu de livres.

1. des livres
2. des CD
3. des rasoirs
4. des serviettes
5. des peignes
6. du maquillage
7. des amis
8. de l'argent
9. des problèmes

3-10 Stéréotypes et réalité. What is the stereotype, and what is the reality? Compare ideas with your partner.

MODÈLE   les Américains : manger au McDo ?

      É1   Les Américains mangent très souvent au McDo.

      É2   Mais moi, je ne mange jamais au McDo.

1. les Américains : manger dans des fast-food ?
2. les Américains : se dépêcher ?
3. les Africains : être décontractés (*relaxed*) ?
4. les Suisses : avoir beaucoup d'argent ?
5. les Français : jouer au football ?
6. les Français : manger de la quiche ?
7. les étudiants : se coucher tard ?
8. les étudiants : travailler ?
9. les professeurs : se lever tôt ?
10. les professeurs : donner des devoirs ?

3-11 Familiale.

A. Avant de lire. Jacques Prévert (1900–1977) has probably been the most popular and widely read French poet since Victor Hugo. Prévert's first book of poetry, *Paroles* (*Lyrics*), appeared in late 1945, just as World War II was ending. The poem you are about to read is taken from that collection.

In *Familiale*, Prévert uses the simple language of everyday life to make a profound statement about war and loss. He indicates in a matter-of-fact way what the three members of a family do:

> La mère fait du tricot./Elle tricote.   *The mother knits.*
> Le père fait des affaires.   *The father does business.*
> Le fils fait la guerre.   *The son wages war.*

As the poem reaches its climax, the poet's simple statements about the family members' lives are interrupted. The rhythm changes and verbs ultimately disappear from the narrative. Consider, as you read the poem, how these structural changes help to evoke and reinforce the poet's troubling message.

B. En lisant. As you read the poem, answer these questions.

1. What is the nature of the characters' everyday life as conveyed in the first nine lines of the poem?

2. Like a play or a film, the poem builds to a climax. What is that climax? What happens afterward?

C. En regardant de plus près. Now look more closely at the structure of the poem.

1. The poem uses repetition to produce an effect and to convey meaning. For example, with what repeated phrase does Prévert suggest the characters' attitude toward their daily life? When this phrase recurs the third time, it has taken on new meaning and become associated with a terrible irony. Why? Can you point out some other instances of repetition that are significant in the poem?

2. What verb is used most frequently in the poem? What effect does this produce, and what is the effect when another verb is used instead? At what point do verbs disappear altogether?

3. Poetry is often characterized by a rhyme scheme. How would you describe the rhyme scheme in this poem? What might this type of rhyme scheme symbolize?

4. Look at the final line of the poem. How would you explain the seeming contradiction of the poet's reference to *"La vie avec le cimetière?"*

FAMILIALE°

Family Life

La mère fait du tricot
Le fils fait la guerre

thinks   Elle trouve° ça tout naturel la mère
Et le père qu'est-ce qu'il fait le père ?
Il fait des affaires   5
Sa femme fait du tricot
Son fils la guerre
Lui des affaires
Il trouve ça tout naturel le père
Et le fils et le fils   10
Qu'est-ce qu'il trouve le fils ?

nothing   Il ne trouve rien° absolument rien le fils
Le fils sa mère fait du tricot son père des affaires lui
    la guerre

finishes   Quand il aura fini° la guerre
will do   Il fera° des affaires avec son père   15
La guerre continue la mère continue elle tricote
Le père continue il fait des affaires

killed; no longer   Le fils est tué° il ne continue plus°
Le père et la mère vont au cimetière
Ils trouvent ça tout naturel le père et la mère   20
La vie continue la vie avec le tricot la guerre les affaires
Les affaires la guerre le tricot la guerre
Les affaires les affaires et les affaires
La vie avec le cimetière.

"Familiale" from *Paroles* by Jacques Prévert

© Éditions Gallimard

D. **Après avoir lu.** Now discuss the following questions with your classmates.
1. Poetry is meant to be read aloud. With a partner, or with your class as a whole, practice reading aloud *Familiale*. Does this help you appreciate Prévert's efforts to convey meaning through the form and rhythm of his poem as well as through the words themselves?
2. Work with a partner to translate the poem. How can you use the structure and rhythm of the poem in English to help convey Prévert's message?
3. Good literature has a timeless quality; readers in many different contexts can relate it to their circumstances. Do you believe Prévert's poem has this quality?

POINTS DE DÉPART

 Je n'arrête pas de courir !

Delphine parle de sa journée :

Mon radio-réveil sonne à sept heures du matin. Mon premier cours commence à neuf heures, alors je quitte ma chambre à huit heures et demie pour aller à la fac.

J'arrive en classe à neuf heures moins le quart. Super ! Je suis en avance ; je vais trouver une bonne place.

Le professeur arrive toujours à l'heure ; il entre dans la classe vers neuf heures moins cinq et il commence à parler.

À dix heures et quart, je regarde ma montre. Zut alors ! encore un quart d'heure ! Le cours continue jusqu'à dix heures et demie.

À onze heures moins vingt je prends un café. Je parle avec des camarades de classe pendant vingt minutes. Je regarde l'horloge. Mince, je suis en retard ! J'arrive au deuxième cours à onze heures dix. J'ai dix minutes de retard.

Entre midi et une heure de l'après-midi, je déjeune au resto U avec un ami, Jean-Baptiste.

L'après-midi, nous allons voir le nouveau film de Gérard Depardieu. On va à la séance de 14 h 55. C'est moins cher, et ça fait une petite pause dans une journée mouvementée. Ouf !

Vous avez l'heure ?

Il est deux heures et quart de l'après-midi.
(Il est quatorze heures quinze.)

Il est neuf heures et demie du soir.
(Il est vingt-et-une heures trente.)

Il est minuit moins le quart.
(Il est vingt-trois heures quarante-cinq.)

Il est minuit.
(Il est zéro heure.)

Il est deux heures moins le quart du matin.
(Il est une heure quarante-cinq.)

✄ À vous la parole ✄

3-12 Une journée bien mouvementée. Look at Sophie's agenda and tell what she is doing today.

MODÈLE • À neuf heures du matin, elle a son cours de littérature.

3-13 Dans le monde francophone. Look at the map below showing world time zones and tell what time it is in each of the Francophone cities shown. Then, based on the time, indicate what people are most likely to be doing.

MODÈLE À Paris. On mange ou on se couche ?
• À Paris il est midi. On mange.

1. À La Nouvelle-Orléans. On se lève ou on travaille ?
2. À Cayenne. Les étudiants vont en classe ou ils rentrent chez eux ?
3. À Dakar. On va bientôt déjeuner ou on va bientôt dîner ?
4. À Marseille. On rentre à la maison pour manger ou on travaille ?
5. À Djibouti. On fait la sieste ou on mange ?
6. À Mahé. On nage ou on rentre à la maison pour dormir ?
7. À Nouméa. On se couche ou on joue au football ?

15 Mercredi	(10) OCTOBRE Th. d'Avila
8h00	
9h00	cours de littérature
10h45	rendez-vous avec le prof d'anglais
11h30	manger au restaurant avec Lucie
12h00	
13h00	
14h00	travailler à la bibliothèque
15h00	
16h30	tennis avec Jean-Claude
17h00	
18h00	
19h00	
20h00	dîner avec Maman
21h00	travailler chez Christine

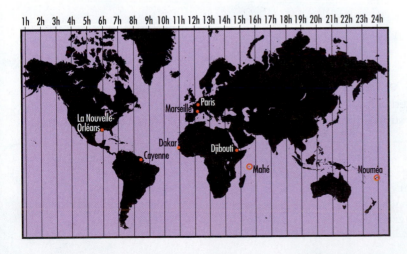

1h 2h 3h 4h 5h 6h 7h 8h 9h 10h 11h 12h 13h 14h 15h 16h 17h 18h 19h 20h 21h 22h 23h 24h

La Nouvelle-Orléans · Marseille · Paris · Dakar · Cayenne · Djibouti · Mahé · Nouméa

Vie et culture

Le système des 24 heures

In this lesson you have already seen examples of the 24-hour clock (sometimes called *military time* in English). What might be the advantage of using the 24-hour clock? The expressions **et quart**, **et demie**, and **moins le quart** are not used when reporting times using the 24-hour clock. Instead, give the exact number of minutes after the hour: for example, **15 h 15** is read as **quinze heures quinze**.

Find examples of the 24-hour clock in the photos. Can you restate the equivalents in conventional time? What can you learn about typical business hours in France from these photos? In what ways are these hours similar to and different from business hours in North America? Which system do you prefer and why?

MAGASIN OUVERT

DU MARDI AU SAMEDI

DE 9 H 00 A 12 H 00
ET 14 H 00 A 19 H 00

LE LUNDI

DE 14 H 00 A 19 H 00

MARCHÉ M PLUS

OUVERT
Du lundi au samedi
de 7H à 21H
le Dimanche
de 9H à 13H

fnac.com

HORAIRES D'OUVERTURE
le lundi de 13h00 à 19h00
du mardi au vendredi
de 10h00 à 19h00
le samedi
de 9h30 à 19h00
→ www.fnac.com

 3-14 Votre journée typique. What do you typically do at the times specified below? Share your responses with a partner, using some of the boxed suggestions. How similar—or dissimilar—are your responses?

aller en cours/au labo	regarder la télé
faire…	se coucher
jouer à…	se lever
manger…	téléphoner à…
parler à…	travailler

à huit heures du matin

    É1 Normalement, à huit heures du matin, je me lève. Et toi ?

    É2 Moi, à huit heures, je suis en classe.

1. à huit heures du matin
2. à dix heures du matin
3. à midi et demi
4. à quatre heures de l'après-midi
5. à six heures du soir
6. à huit heures du soir
7. à minuit
8. à deux heures du matin

Sons et lettres

L'enchaînement et la liaison

In French, consonants that occur within a rhythmic group tend to be linked to the following syllable. This is called **enchaînement**. Because of this feature of French pronunciation, most syllables end in a vowel sound:

    il a /i la/   sept amis /sɛ ta mi/   Élise arrive /e li za riv/

Some final consonants are almost always pronounced; these include final **-c, -r, -f, -l,** and all consonants followed by the written letter **-e**:

    Éri**c**   ma sœu**r**   neu**f**   l'écol**e**   arrêt**e**   sei**z**e   il ai**m**e

Note that final **-f** is pronounced as a /v/ in the expressions **neuf ans** and **neuf heures** :

    Elle a neu**f** ans. /ɛ la nœ vɑ̃/   *She is nine years old.*
    Il est neu**f** heures. /i le nœ vœr/   *It's nine o'clock.*

Other final consonants are pronounced only when the following word begins with a vowel. These are called *liaison consonants*, and the process that links the liaison consonant to the beginning of the next syllable is called *liaison*. Liaison consonants are usually found in grammatical endings and words such as pronouns, articles, possessive adjectives, prepositions, and numbers. You have seen the following liaison consonants:

- **-s, -x, -z** (pronounced /z/): vou**s**‿avez, le**s**‿enfants, no**s**‿amis, au**x**‿échecs, trè**s**‿aimable, si**x**‿heures, che**z**‿eux

- **-t** : c'es**t**‿un chapeau, elles son**t**‿énergiques

- **-n** : o**n**‿a, u**n**‿oncle, mo**n**‿ami

When you pronounce a liaison consonant, articulate it as part of the next word:

    deu**x**‿oncles /dø zɔ̃kl/   *not* */døz ɔ̃kl/
    o**n**‿a /ɔ̃ na/   *not* */ɔ̃n a/
    il es**t**‿ici /i le ti si/   *not* */il et i si/

⪼ À vous la parole ⪻

3-15 Contrastes : sans et avec enchaînement. Pronounce each pair of phrases. Be sure to link the final consonant of the first word to the following word when it begins with a vowel.

une copine / une amie
pour Bertrand / pour Albert
Luc parle / Luc écoute

neuf minutes / neuf heures
quel jour / quelle heure
elle préfère ça / elle aime ça

3-16 Liaisons. Pronounce the liaison consonants in the following phrases. Be sure to link the consonant with the following word.

nous‿allons

on‿a

ils‿arrivent à neuf heures

elles sont‿au bureau

son petit‿ami

ton‿amie

vous‿écoutez

un‿an

elles‿habitent en ville

elles vont‿à la maison

il a vingt‿ans

son‿enfant

FORMES ET FONCTIONS

1. Les verbes en *-ir* comme *dormir, sortir, partir*

• You have learned that regular **-er** verbs have one stem and three spoken forms in the present indicative. Unless the verb begins with a vowel sound, you must use the context to tell the difference between the third-person singular and plural:

Mon frère ? **Il regarde** la télé.

Mes amis ? **Ils regardent** le match de foot.

Ma sœur ? **Elle écoute** son iPod.

Ses amies ? **Elles‿écoutent** un CD.
/z/

My brother? He's watching TV.

My friends? They are watching the soccer game.

My sister? She's listening to her iPod

Her friends? They are listening to a CD.

• Verbs like **dormir** (*to sleep*) have two stems—one for the plural forms and one for the singular forms—and four spoken forms. The shorter stem for the singular forms is derived by dropping the final consonant sound of the long stem used for the plural forms. For these verbs, the singular written endings are **-s, -s, -t**; these letters are usually silent.

dormir (*to sleep*)   Ils dorment tard.   Il dort debout.

sortir (*to go out*)   Elles sortent souvent.   Elle sort le week-end.

DORMIR *to sleep*			
SINGULIER		PLURIEL	
je	dors	nous	dorm**ons**
tu	dors	vous	dorm**ez**
il elle on	dort	ils elles	dorm**ent**

IMPÉRATIF : Dor**s** bien ! Dorm**ez** tard ! Dorm**ons** ici !

• Here is a list of verbs conjugated like **dormir**, along with the prepositions often used with these verbs.

dormir jusqu'à   Je **dors jusqu'à** huit heures.   *I sleep until eight o'clock.*

s'endormir   Ils **s'endorment** tout de suite.   *They go to sleep right away.*

mentir à	Il **ment à** ses parents.	*He's lying to his parents.*
partir avec	Je **pars avec** mes parents.	*I'm leaving with my parents.*
de	Nous **partons de** Montréal.	*We're leaving from Montreal.*
pour	Vous **partez pour** la France ?	*Are you leaving for France?*
sortir avec	Elle **sort avec** ses amies.	*She goes out with her girl friends.*
	Elle **sort avec** David.	*She's dating David.*
de	Les étudiants **sortent du** labo.	*The students are leaving the lab.*
servir	Qu'est-ce qu'on **sert** ce soir ?	*What are they serving tonight?*

- Note that the verb **courir** (*to run*) has the same endings as the other **-ir** verbs; however, it has only one stem and therefore three spoken forms, like regular **-er** verbs.

Elle **court** pour arriver à l'heure.	*She hurries to arrive on time.*
Nous **courons** tout le temps.	*We are always running/in a hurry.*
Pourquoi est-ce que vous **courez** ?	*Why are you running?*

❊ À vous la parole ❊

3-17 On sort. Based on the description, what building are these people going out of?

MODÈLE Laurent apporte des livres ; il…
- Il sort de la bibliothèque.

1. Laure apporte un ballon de basket ; elle…
2. Gilles et toi, vous avez un programme ; vous…
3. Mes amis et moi apportons des bagages ; nous…
4. Mes parents ont une pizza ; ils…
5. Karine apporte un ballon de foot ; elle…
6. Tu as des cahiers, des livres et des DVD ; tu…
7. Mes amis ont des belles affiches de Picasso ; ils…

3-18 Je n'arrête pas de courir. Compare your weekly routine with your partner's. Then tell the class what you've learned.

MODÈLE Pendant la semaine, je dors jusqu'à…

É1 Moi, pendant la semaine, je dors jusqu'à 7 h.

É2 Moi, je dors jusqu'à 8 h 30 ; mon premier cours commence à 9 h.

É1 (*aux autres*) Moi, pendant la semaine, je dors jusqu'à 7 h, mais Julie dort jusqu'à 8 h 30.

1. Pendant la semaine, je dors jusqu'à…
2. Le week-end, je dors jusqu'à…
3. Le matin, je pars pour mon premier cours à…
4. Souvent, je cours pour…
5. Je sors avec mes amis…
6. Je ne sors pas quand…
7. Le soir, je m'endors vers…

3-19 Nos habitudes. Try to find someone who does each of the things listed. When your instructor calls time, compare notes with classmates.

MODÈLE   dormir l'après-midi

É1   Est-ce que tu dors l'après-midi ?

É2   Oui, je dors quelquefois l'après-midi.

1. s'endormir pendant les cours
2. sortir pendant la semaine
3. partir pour le week-end
4. servir le dîner dans un restaurant
5. dormir très tard le matin
6. mentir quelquefois à ses parents
7. partir de chez lui/elle très tôt le matin
8. dormir l'après-midi
9. partir en vacances
10. courir au parc le week-end

2. Le verbe *mettre*

- The verb **mettre** (*to put, to put on*) has a wide range of meanings.

Mettez vos livres sur le bureau !	*Put your books on the desk!*
Tu **mets** un jean ?	*Are you putting on jeans?*
Tu peux **mettre** la table ?	*Can you set the table?*
Nous **mettons** une heure pour arriver là.	*It takes us one hour to get there.*

- Here are the forms of the verb **mettre**.

METTRE *to put, to put on*			
SINGULIER		**PLURIEL**	
je	mets	nous	mett**ons**
tu	mets	vous	mett**ez**
il		ils	
elle	met	elles	mett**ent**
on			

IMPÉRATIF : Met**s** la table ! Mett**ez** un jean ! Mett**ons** nos livres là !

- As is the case for all two-stem verbs, you can tell if someone is talking about one person or more than one person, since the plural form ends in a pronounced consonant.

Ils me**tt**ent des sandales.   Elle me~~t~~ son jean.

03-27 to 03-30

❊ À vous la parole ❊

3-20 Où est-ce que vous mettez ça ? Tell your partner where you normally put the items listed: **dans votre chambre, dans votre sac à dos** (*backpack*) ou **dans la voiture** (*car*).

MODÈLE   tes lunettes de soleil (*sunglasses*)

É1   Où est-ce que tu mets tes lunettes de soleil ?

É2   Je mets mes lunettes dans la voiture.

1. tes CD préférés
2. ton dictionnaire
3. ton manuel de français
4. ta photo préférée
5. ton jean préféré
6. ton iPod
7. ton agenda

3-21 Vous mettez combien de temps ? In groups of three, ask your partners how much time it takes them for the trips listed: **quinze minutes ? deux heures ?** Then, compare your responses; are they similar or different?

MODÈLE pour aller à la fac le matin

É1 Combien de temps est-ce que vous mettez pour aller à la fac le matin ?
É2 Je mets quinze minutes pour aller à la fac. Et toi ?
É3 Moi, je mets trente minutes.
É1 Et moi aussi, trente minutes.
É3 Nous deux, nous mettons trente minutes, mais lui, il met quinze minutes.

1. pour aller à la fac le matin
2. pour aller à la bibliothèque
3. pour aller en ville
4. pour rentrer chez vous le soir
5. pour aller chez vos parents

Écoutons

3-22 Pour fixer rendez-vous.

A. Avant d'écouter. Céline and Jérémie are good friends and want to get together this weekend. As they compare their schedules, think about the kinds of obligations that might keep them from seeing each other.

B. En écoutant. Indicate on the calendar the times when neither Céline nor Jérémie is free and why. Do they manage to find a time that works for both of them? What do they plan to do?

	VENDREDI	SAMEDI	DIMANCHE
8h00			
9h00			
10h00			
11h00			
12h00			
13h00			
14h00			
15h00			
16h00			
17h00			
18h00			
19h00			
20h00			
21h00			

C. Après avoir écouté. Now work with a classmate to find a time this week when both of you are available for one of the following activities: **réviser le cours de français, regarder un film français sur DVD, manger dans un restaurant français.**

MODÈLE É1 Allons manger au restaurant Bouchon !
É2 D'accord ; mercredi soir, c'est bon ?
É1 Non, j'ai un cours à 18 h 00 le mercredi soir. Pourquoi pas samedi ?
É2 Je travaille le samedi jusqu'à 19 h 00 – à 20 h 00, ça va ?
É1 C'est parfait, les Français dînent tard.

Leçon **③** Qu'est-ce qu'on met ?

POINTS DE DÉPART

Les vêtements et les couleurs

un polo · un pull(-over) · une mini-jupe · un short · une veste · un tee-shirt · un pantalon · un jean · une casquette · des lunettes (f.) de soleil · des chaussettes (f.) · des baskets (f.) · un gilet · un maillot (de bain) · des sandales (f.)

Vêtements de sport

un imper(méable) · une écharpe · un blouson · un parapluie · un chapeau · un anorak · un manteau · des gants (m.) · des bottes (f.) · un bonnet de laine

Vêtements d'extérieur

une chemise en coton

un chemisier

un collant

un costume en laine

une cravate

un tailleur

un foulard

un sac en cuir

des chaussures (f.) à talons

des mocassins (m.)

une robe en soie

Vêtements pour hommes et femmes

Deux amies regardent des vêtements dans la vitrine d'un grand magasin :

MANON : Je vais à un mariage dans quinze jours, et j'ai envie d'acheter la belle robe noire en soie.

AUDREY : Dis donc, elle est chère ; regarde le prix ! Mais regarde le joli chemisier blanc ; si tu mets ta petite jupe bleue, ça va faire un bel ensemble.

MANON : Tu as raison ; il faut faire des économies ! J'ai aussi une nouvelle paire de chaussures à talons.

AUDREY : Voilà, ma belle, tu vas être très élégante !

✖ À vous la parole ✖

3-23 Comment s'habiller ? Tell how people normally dress for each of the following occasions.

MODÈLE Pour aller en classe, je…
- Pour aller en classe, je mets un jean, un polo et des baskets.

1. Pour aller en classe, mes amis…
2. Pour courir dans un marathon, tu…
3. Pour faire des courses, ma mère…
4. Pour travailler dans le jardin, mes parents…
5. Pour faire du ski, je…
6. Pour nager, elles…
7. Pour manger au restaurant, vous…
8. Pour sortir avec des amis, on…

Vie et culture

Les compliments

The French do not usually compliment people they do not know well on their personal appearance. Among friends, the compliments and responses below are typical. What do you notice about the nature of the response in each case? How do you typically respond to compliments? Would you feel comfortable responding to compliments as the French do?

—Il est chic, ton pantalon !
—Tu trouves ?

—*Your pants are really stylish!*
—*Do you think so?*

—Elle est très jolie, ta robe !
—Oh, elle n'est pas un peu démodée ?

—*Your dress is very pretty!*
—*Oh, isn't it a little old-fashioned?*

—Tu parles très bien le français.
—Ah ! pas toujours !

—*You speak French really well.*
—*Oh! not always!*

La semaine de la mode à Dakar en 2010 : ce mannequin porte une création de la styliste sénégalaise, Éva Gabara.

  ## La haute couture

03-53

Paris has long been an international fashion center with worldwide influence. When you think of French fashion, what images come to your mind? Watch the video clip *La mode*, and see how many designers and styles you can recognize. Did you see the names of such great designers as Coco Chanel, Pierre Cardin, and Christian Lacroix?

Paris is not the only center of **la haute couture** in the Francophone world. Since 1998, **FIMA (le Festival International de la Mode Africaine)** has been held in Niger and features the largest fashion shows of African designers. In 1997 in Senegal, Oumou Sy launched **SIMOD (la Semaine Internationale de la Mode à Dakar)**, which has since become the annual Dakar Fashion Week. These events present the creations of African designers such as Adama Paris, Diouma Dieng Diakhaté, Ndiaga Diaw, and Oumou Sy, who showcase traditional African styles alongside European styles.

Jean-Paul Gautier présente sa collection prêt-à-porter 2011 pour la maison Hermès à Paris.

3-24 Marier les vêtements. What goes well with each of the items mentioned? Work with a partner to decide.

MODÈLE avec une robe bleue en soie ?

  É1 Avec une robe bleue en soie, on met un foulard bleu et vert.

  É2 Et des chaussures à talons.

  É1 Oui, c'est bien, ça fait un joli ensemble.

1. avec une mini-jupe rouge ?
2. avec un costume bleu marine ?
3. avec un pantalon bleu ?
4. avec une veste noire ?
5. avec une belle jupe multicolore en soie ?
6. avec un tailleur marron ?
7. avec un jean ?
8. avec un pantalon noir en cuir ?

3-25 Préparez la valise. Imagine that you and the members of your group have just won a trip to one of the destinations indicated. Decide what items you will pack, and make a list.

MODÈLE huit jours à Tahiti

  • trois maillots de bain, deux paires de sandales, des baskets, cinq shorts, sept tee-shirts, des lunettes de soleil

1. un long week-end à Québec, pour le Carnaval de Québec en février
2. quatre jours à Lafayette, en Louisiane, en juillet
3. huit jours à Grenoble, dans les Alpes, en janvier
4. six jours à Cannes, pour le Festival International du Film en mai
5. cinq jours à Dakar, au Sénégal
6. huit jours à Paris, en avril

FORMES ET FONCTIONS

1. Les adjectifs prénominaux au singulier

• Most adjectives follow the noun in French. A few, however, are placed before the noun.

LES ADJECTIFS PRÉNOMINAUX

jolie/joli
belle/bel/beau
première/premier   dernière/dernier
jeune   vieille/vieil/vieux
nouvelle/nouvel/nouveau
bonne/bon   mauvaise/mauvais
petite/petit   grande/grand
                                   grosse/gros

• In the singular, **jeune** and **joli/e** each have a single spoken form. For **joli**, add **-e** for the feminine written form: **jolie**.

une jeune étudiante   un jeune professeur
une joli**e** robe   un joli manteau

Fiche pratique

Use a mnemonic device to help you remember facts that you must learn by rote memory. For example, the list of adjectives that precede the noun is easy to remember if you use the acronym BRAGS as a reminder of their meaning—**b**eauty, **r**ank, **a**ge, **g**oodness, **s**ize. Can you think of mnemonic devices that you have used in English?

- Most of the other adjectives that are placed before the noun have two spoken forms in the singular. Like other adjectives you know, the masculine form ends in a vowel sound and the feminine form ends in a pronounced consonant. However, because of liaison, the masculine form sounds just like the feminine form when followed by a word beginning in a vowel sound.

C'est une petite jupe.　　　　　　C'est un petit‿anorak.
　　　　　　　　　　　　　　　　C'est un petit chemisier.
C'est une mauvaise étudiante.　　 C'est un mauvais‿étudiant.
　　　　　　　　　　　　　　　　C'est un mauvais prof.
C'est la première boutique.　　　 C'est le premier‿hôtel.
　　　　　　　　　　　　　　　　C'est le premier magasin.

- **Belle**, **nouvelle**, and **vieille** also have two spoken forms in the singular. The feminine form and the masculine form used before a word beginning with a vowel sound end in the same pronounced consonant. (Note that the masculine form has a special written form.) However, when followed by a consonant, the masculine form is irregular.

C'est une belle écharpe.　　　　　C'est un **bel**‿anorak.
　　　　　　　　　　　　　　　　C'est un **beau** costume.
C'est une nouvelle veste.　　　　　C'est un **nouvel**‿imperméable.
　　　　　　　　　　　　　　　　C'est un **nouveau** pantalon.
C'est une vieille cravate.　　　　　C'est un **vieil**‿imper.
　　　　　　　　　　　　　　　　C'est un **vieux** parapluie.

- The adjectives **grande** and **grosse** have three spoken forms in the singular. When followed by a word beginning with a vowel sound, the masculine form has a final consonant sound different from the feminine form.

C'est une grande boutique.　　　　C'est un grand‿hôtel.
　　　　　/d/　　　　　　　　　　　　　　　/t/
　　　　　　　　　　　　　　　　C'est un grand magasin.
Regarde la grosse veste !　　　　 Regarde le gros‿anorak !
　　　　　/s/　　　　　　　　　　　　　　　/z/
　　　　　　　　　　　　　　　　Regarde le gros pull !

⋊⋉ À vous la parole ⋊⋉

03-38
to
03-41

3-26 Tout à fait d'accord ! Indicate that you agree.

MODÈLE　Le magasin est bon ?
　　　　　● Oui, c'est un bon magasin.

1. L'hôtel est mauvais ?
2. La robe est nouvelle ?
3. L'imperméable est bon ?
4. Le parapluie est grand ?
5. L'anorak est nouveau ?
6. Le maillot est nouveau ?
7. L'imper est beau ?
8. La jupe est jolie ?

　　　　　　　　CHAPITRE 3 ⋊⋉ MÉTRO, BOULOT, DODO

3-27 Ce n'est pas vrai ! Contradict your partner!

MODÈLE É1 C'est un vieux pantalon.

            É2 Mais non, c'est un nouveau pantalon !

1. C'est un mauvais magasin.
2. C'est un vieil anorak.
3. C'est le premier hôtel.
4. C'est un gros manteau.
5. C'est la dernière boutique.
6. C'est un petit gilet.
7. C'est un bon prix.
8. C'est un nouvel imper.

3-28 Trouvez une personne qui... Find someone in your class who. . .

MODÈLE a un gros parapluie

            É1 Est-ce que tu as un gros parapluie ?

            É2 Non, je n'ai pas de parapluie. (*you ask another person*)

            É1 Est-ce que tu as un gros parapluie?

            É3 Oui, j'ai un gros parapluie ; il est blanc et vert. (*you write down the name of this student*)

1. a un gros parapluie
2. a une belle écharpe
3. a un nouvel anorak
4. a son premier cours à huit heures du matin
5. a son dernier cours tard le soir
6. a un gros manteau
7. a un beau costume
8. a une nouvelle montre
9. a une grande télé
10. a un vieil imper

2. Les adjectifs prénominaux au pluriel

• You have learned that the following adjectives precede the noun in French.

MASCULIN SG.		MASCULIN PL.	FÉMININ SG.	FÉMININ PL.
jeune		jeunes	jeune	jeunes
joli		jolis	jolie	jolies
petit		petits	petite	petites
bon		bons	bonne	bonnes
mauvais		mauvais	mauvaise	mauvaises
premier		premiers	première	premières
dernier		derniers	dernière	dernières
grand		grands	grande	grandes
gros		gros	grosse	grosses
+CONSONNE	**+VOYELLE**			
beau	bel	beaux	belle	belles
nouveau	nouvel	nouveaux	nouvelle	nouvelles
vieux	vieil	vieux	vieille	vieilles

- The final letter of the plural form of these adjectives is usually not pronounced.

  des jolie$ fille$ des jeune$ fille$

However, when these adjectives precede a noun beginning with a vowel sound, you hear the liaison /z/.

  des beaux‿enfants   des jeunes‿amis

For **jeune** and **joli**, there are two spoken forms in the plural. For all the other prenominal adjectives you have learned, there are four spoken forms in the plural, for example:

  des grands parapluies   des grands‿anoraks
  des grandes bottes   des grandes‿écharpes
  des petits shorts   des petits‿impers
  des petites montres   des petites‿horloges

When the plural forms occur before a word beginning with a vowel, pronounce the liaison /z/.

03-42 to 03-45

⋇⋲ À vous la parole ⋲⋇

3-29 Dans l'armoire. Respond affirmatively to the following questions.

MODÈLE   Les bottes sont nouvelles ?
  - Oui, ce sont des nouvelles bottes.

1. Les gants sont vieux ?
2. Les parapluies sont bons ?
3. Les impers sont nouveaux ?
4. Les sandales sont vieilles ?
5. Les costumes sont beaux ?
6. Les manteaux sont gros ?
7. Les chaussures sont belles ?
8. Les écharpes sont nouvelles ?

3-30 C'est le contraire ! Change the following narrative by substituting adjectives that have the opposite meaning.

MODÈLE   J'habite une *nouvelle* maison.
  - J'habite une *vieille* maison.

J'habite une *nouvelle* maison. J'ai une *grande* chambre au *premier* étage. Dans ma chambre, j'ai des *nouveaux* vêtements. Dans l'armoire (*wardrobe*), j'ai un *gros* manteau. Il y a aussi des *grandes* bottes. Il y a des *nouveaux* pull-overs et une *vieille* casquette. J'ai des *petites* vestes aussi.

3-31 Votre ville natale. Describe your hometown to a classmate, commenting on the features outlined below. Use the correct form of adjectives from this list: **jolie, belle, première, dernière, jeune, nouvelle, vieille, bonne, mauvaise, petite, grande, grosse.**

• Dans ma ville natale, il y a des jolis parcs…

1. une mairie
2. des parcs
3. des hôtels
4. des piscines municipales

5. des universités
6. des cinémas
7. des maisons
8. des appartements

Observons

3-32 **Mon style personnel.**

A. Avant de regarder. In this video clip, watch as two women from different parts of the world describe the ways in which they dress for different situations and the ways in which they express their own style through their choice of clothing. Do you dress the same each day of the week? Make a list in French of the things you normally wear in a work situation and in a more casual situation.

B. En regardant. As you watch, look for answers to the following questions.

1. Marie-Julie describes the clothes she typically wears in three different contexts; list the contexts and the articles of clothing she names:

   Context #1: _____ clothing: _____
   Context #2: _____ clothing: _____
   Context #3: _____ clothing: _____

2. What article of clothing does she most enjoy personalizing? How would you describe her choices for this item of clothing?

3. Honorine and her friend model typical women's clothing from Bénin. She specifies that women dressed like this are . . .

   a. stared at   b. imitated   c. respected

4. In her country, women do not typically wear . . .
5. She demonstrates how to use an item of clothing called . . .

   a. un pagne   b. un boubou   c. une chemise batik

Honorine est bien habillée.

C. Après avoir regardé. Now discuss the following questions with your classmates.

1. In this video clip Marie-Julie and Honorine model and talk about their clothing. Does either woman also make a personal statement through her clothing? How?
2. Is it more typical to dress like Marie-Julie or Honorine where you live? Do you ever see women dressed like Honorine? If so, where, and in what situations? What do you typically wear in such situations?
3. In French there is a proverb, **L'habit ne fait pas le moine** (*monk*). Do you know a similar proverb in English? How is it different from the French example?

Leçon 1

la routine de la journée	*the daily routine*
être debout	*to be up*
prendre une douche, un bain	*to take a shower, a bath*
se brosser les dents	*to brush one's teeth*
se coiffer	*to fix one's hair*
se coucher	*to go to bed*
se dépêcher	*to hurry*
se déshabiller	*to undress*
se doucher	*to shower*
s'endormir	*to fall asleep*
s'essuyer	*to dry off, to wipe off*
s'habiller	*to get dressed*
se laver les cheveux (m.), les dents (f.), la figure, les mains (f.)	*to wash one's hair, one's teeth, one's face, one's hands*
se lever	*to get up*
se maquiller	*to put on makeup*
se raser	*to shave*
se réveiller	*to wake up*
rentrer	*to return home*

les articles de toilette	*toiletries*
une brosse à dents / à cheveux	*toothbrush/hairbrush*
du dentifrice	*toothpaste*
un gant de toilette	*wash mitt*
du maquillage	*makeup*
un peigne	*comb*
un rasoir	*razor*
un savon	*soap*
une serviette de toilette	*towel*
du shampooing	*shampoo*

pour exprimer la fréquence	*to express frequency*
toujours	*always, still*
tous les… /toutes les…	*every . . .*
souvent	*often*
quelquefois	*sometimes*
rarement	*rarely*
ne… jamais	*never*
deux fois (f.) par jour	*twice a day*

autres mots utiles	*other useful words*
un appartement	*apartment*
l'argent (m.)	*money*
assez	*enough*
une chambre	*bedroom*
déjà	*already*

de nouveau	*again*
être en train de (+ infinitif)	*to be busy (doing something)*
une journée	*day*
le lavabo	*bathroom sink*
la nuit	*at night*
tôt	*early*
tard	*late*

Leçon 2

pour parler de l'heure	*to talk about the time*
une horloge	*clock*
une montre	*watch*
un (radio-) réveil	*alarm clock (clock radio)*
être à l'heure (pour le cours)	*to be on time (for class)*
être en avance	*to be early*
être en retard	*to be late*
Vous avez l'heure ?	*What time is it?*
pendant	*during, for*
jusqu'à	*until*
encore (un quart d'heure)	*another (quarter of an hour)*
entre	*between*
vers	*around, toward*
Il est une heure, huit heures.	*It is one o'clock, eight o'clock.*
et quart	*00:15*
et demi/e	*00:30*
moins vingt	*00:40*
moins le quart	*00:45*
du matin	*in the morning, A.M.*
de l'après-midi	*in the afternoon, P.M.*
du soir	*in the evening, P.M.*
midi	*noon*
minuit	*midnight*

quelques expressions utiles	*some useful expressions*
Mince !	*Shoot!*
Super !	*Great!*
Ouf !	*Whew!*
Zut (alors) !	*Darn!*

quelques verbes utiles	*some useful verbs*
commencer	*to begin*
courir	*to run*
dormir	*to sleep*
mentir	*to tell a lie*
mettre	*to put/place, to put on (clothing), to set (the table), to take (time)*

partir	*to leave*	un sac	*purse*
quitter (ma chambre)	*to leave (my room)*	un tailleur	*woman's suit*
servir	*to serve*		
sonner	*to ring*	**les vêtements pour hommes**	*men's clothing*
sortir	*to go out*	une chemise	*man's shirt*
trouver	*to find*	un costume	*man's suit*
		une cravate	*tie*
		des mocassins (m.)	*loafers*

Leçon ③

les vêtements (m.) de sport et d'extérieur	*sportswear and outerwear*	**les tissus (m.) et les matières (f.)**	*fabrics and materials*
un anorak	*ski jacket, parka*	le coton	*cotton*
des baskets (f.)	*sports shoes*	le cuir	*leather*
un bonnet de laine	*knit/wool winter hat*	la laine	*wool*
des bottes (f.)	*boots*	la soie	*silk*
une casquette	*baseball cap*		
un chapeau	*hat*	**les couleurs**	*colors*
des chaussettes (f.)	*socks*	Voir à la page 102	*See page 102*
une écharpe	*scarf*		
des gants (m.)	*gloves*	**au (grand) magasin**	*at the (department) store*
un gilet	*cardigan sweater*	avoir envie de (+ nom, + infinitif)	*to want (something, to do something)*
un imper(méable)	*raincoat*	avoir raison	*to be right*
un jean	*jeans*	cher/chère	*expensive*
des lunettes (f.) (de soleil)	*(sun)glasses*	un ensemble	*outfit*
un maillot (de bain)	*swimsuit*	faire des économies	*to save money*
un manteau	*overcoat*	il faut	*it's necessary*
une (mini-)jupe	*(mini)skirt*	une paire de...	*a pair of . . .*
un pantalon	*slacks*	le prix	*price*
un parapluie	*umbrella*	la vitrine	*display window*
un polo	*polo shirt*		
un pull(-over)	*pullover sweater*	**adjectifs prénominaux**	*adjectives that precede the noun*
des sandales (f.)	*sandals*		
un short	*shorts*	beau/bel/belle	*beautiful, handsome*
un tee-shirt	*T-shirt*	bon/bonne	*good*
une veste	*jacket, suit coat*	dernier/dernière	*last*
		grand/e	*tall*
les vêtements pour femmes	*women's clothing*	gros/se	*big, fat*
des chaussures (f.) à talons	*high-heeled shoes*	jeune	*young*
		joli/e	*pretty*
un chemisier	*blouse*	mauvais/e	*bad*
un collant	*pantyhose*	nouveau/nouvel/nouvelle	*new*
un foulard	*silk scarf*		
une jupe	*skirt*	petit/e	*small, short*
une robe	*dress*	premier/première	*first*
		vieux/vieil/vieille	*old*

Vocabulaire

4

Regardez ces deux amis : où sont-ils ? Qu'est-ce qu'ils font aujourd'hui ?

Activités par tous les temps

Leçon **1** Il fait quel temps ?

Leçon **2** On part en vacances !

Leçon **3** Je vous invite

After completing this chapter, you should be able to:

☐ Talk about the weather and vacation activities

☐ Extend, accept, and refuse invitations

☐ Tell about past actions or events

☐ Ask for specific information

☐ Identify vacation spots and cultural activities in places where French is spoken

Leçon 1 Il fait quel temps ?

POINTS DE DÉPART

Le temps à toutes les saisons

En été, il fait chaud et lourd.

Il fait beau. Il y a du soleil et le ciel est bleu.
Il fait bon aussi, pas trop chaud : il fait 23 degrès.

Le ciel est couvert ; il y a des nuages. Il va pleuvoir.

Au printemps, il fait frais et il y a du vent.

En automne, il fait mauvais. Il pleut et il y a du brouillard.

Il y a un orage : il y a des éclairs et du tonnerre.

En hiver, il gèle ; il y a du verglas.

Il fait froid et il neige.
Il fait moins cinq degrès.

Fiche pratique

In Francophone countries and throughout much of the world, temperature is measured in degrees Celsius. To make things easy, just remember a few key expressions that correspond to certain temperatures. For example, look at the thermometer and associate the various temperatures with the listed expressions.

> To indicate that a person feels cold or hot, use the verb **avoir**:
>
> Il fait 30°C ; j'**ai** très **chaud**.   It's 86 degrees; I'm very hot.
> Il commence à neiger ; nous **avons froid**.   It's starting to snow; we're cold.

Il fait... 100 / 40 / 35 / 30 / 25 / 20 / 15 / 10 / 5 / 0 / -5 / -10 / -15 / -20

212 / 105 / 90 / 80 / 70 / 60 / 50 / 40 / 32 / 20 / 10 / 0 Il fait...

30°C — très chaud.
25°C — bon.
10°C — frais.
0°C — froid.

Vie et culture

La France d'outre-mer

France is divided into 101 administrative units, or **départements**, and 22 **régions**. Five of these are **départements** (and **régions) d'outre-mer** (**DOM**): **la Guadeloupe**, **la Martinique**, **la Guyane**, **Mayotte**, and **la Réunion**. Former French colonies established in the seventeenth and eighteenth centuries, they are today an integral part of France, and their inhabitants are French citizens. French is the oficial language, but local varieties of Creole are also spoken. Because of their tropical climate, Guadeloupe, Martinique, and Réunion are prime vacation destinations for the French. A few other former colonies, known as **collectivités d'outre-mer (COM)**, continue their political association with France but have greater autonomy; French is also their official language. The largest and best known of these territories, **la Nouvelle-Calédonie** and **Tahiti**, are located in the Pacific Ocean.

ET VOUS ?

1. Find the **départements (régions) et collectivités d'outre-mer** on the map at the beginning of your textbook. As you can see, France has territories throughout the world. Is this an advantage for France? Explain your answer.

2. Is it also advantageous for these territories to have close links to France? Why, in your opinion?

3. Does the United States have territories comparable to the **DOM** and the **collectivités d'outre-mer**?

Il fait beau et très chaud à la Guadeloupe, un département et région d'outre-mer.

❊ À vous la parole ❊

4-1 Quel temps fait-il ?

According to the newspaper, what is the weather like today in these Francophone cities?

MODÈLE Paris
> • À Paris, il fait assez frais et le ciel est couvert.

1. Cayenne
2. Alger
3. Dakar
4. Montréal
5. Nice
6. La Nouvelle-Orléans
7. Papeete
8. Fort-de-France
9. Tunis

PRÉVISIONS POUR LE 2 AVRIL
Ville par ville, les minima/maxima de température et l'état du ciel.
S : soleil ; C : couvert ; P : pluie ; V : vent fort ; O : orages ; N : neige

AMÉRIQUES			FRANCE d'outre-mer		
BRASILIA	19/28	S	CAYENNE	23/27	P
CHICAGO	7/21	S	FORT-DE-FR.	23/28	S
MEXICO	10/24	S	PAPEETE	25/31	P
MONTRÉAL	−6/0	N			
NEW YORK	5/14	C	AFRIQUE		
LA NOUVELLE-ORLÉANS	10/26	S	ALGER	13/21	S
			DAKAR	20/26	O
TORONTO	2/13	C	KINSHASA	23/29	P
			LE CAIRE	16/27	S
FRANCE métropole			TUNIS	15/26	P
AJACCIO	9/19	S			
BIARRITZ	8/16	P			
CAEN	3/10	C			
LILLE	3/11	C			
NICE	9/16	S,V			
PARIS	3/12	C			

4-2 Prévisions météorologiques.
Ask your partner what the forecast is for the cities listed. He or she should refer to the weather map to respond.

MODÈLE à Lyon
> É1 Quel temps est-ce qu'il va faire à Lyon ?
> É2 À Lyon, il va pleuvoir.
> É1 Et la température ?
> É2 Il va faire onze degrés, donc il va faire assez frais.

1. à Paris
2. à Bordeaux
3. à Perpignan
4. à Brest
5. à Nice
6. à Grenoble
7. à Lille
8. à Strasbourg
9. à Bastia

4-3 Vos préférences. Find out your partner's preference in each case.

MODÈLE É1 Quand est-ce que tu n'aimes pas aller en classe ?
        É2 Je n'aime pas aller en classe quand il neige beaucoup ou
            quand il y a un orage.

1. Quand est-ce que tu aimes rester dans le jardin ?
2. Quand est-ce que tu n'aimes pas faire du shopping ?
3. Quand est-ce que tu aimes faire du sport ?
4. Quand est-ce que tu préfères rester chez toi ?
5. Quand est-ce que tu aimes aller au cinéma ?
6. Quand est-ce que tu n'aimes pas voyager ?

LES SAISONS DE L'ANNÉE

le printemps (au printemps) à Lausanne en Suisse :
mars, avril, mai

l'été (en été) à Cannes en France : juin, juillet, août

l'automne (en automne) à Dinant en Belgique :
septembre, octobre, novembre

l'hiver (en hiver) au Québec : décembre, janvier, février

4-4 Nous sommes en quelle saison ? With your partner, decide which season is being described in each case.

MODÈLE   En Bretagne, le ciel est souvent couvert, il y a souvent de la pluie, mais il fait bon. On peut jouer au tennis ou au golf.

É1   C'est le printemps ou peut-être l'automne.

É2   Je pense que c'est le printemps parce qu'il y a beaucoup de pluie.

1. En France, on célèbre la fête nationale. Mais c'est la saison des orages : il y a des éclairs et du tonnerre.
2. Il y a souvent du brouillard en Bourgogne. Il gèle et il y a du verglas.
3. À Paris, c'est la rentrée et le temps est variable. Souvent, il y a du vent et le ciel est gris.
4. À la Martinique, il fait très chaud et lourd et il y a des nuages. Il pleut souvent.
5. On est sûr d'avoir du soleil et un temps chaud en France. Voilà pourquoi les Français partent en vacances.
6. Il y a beaucoup de soleil à Tahiti. On porte un maillot de bain.
7. Partout en France, c'est la belle saison. Le ciel est bleu et il fait très beau. Mais les étudiants sont stressés parce que les examens vont bientôt commencer.
8. Il fait très beau à la Guadeloupe. Il ne fait pas trop chaud. Il ne pleut pas. C'est le temps idéal pour aller à la plage.

Sons et lettres

Les voyelles nasales

Both English and French have nasal vowels. In English, any vowel followed by a nasal consonant is automatically nasalized, as in *man, pen, song*. In French, whether the vowel is nasal or not can make a difference in meaning. For example:

beau	/bo/	*handsome*	vs.	bon	/bɔ̃/	*good*
ça	/sa/	*that*	vs.	cent	/sɑ̃/	*a hundred*
sec	/sɛk/	*dry*	vs.	cinq	/sɛ̃k/	*five*

There are four nasal vowels in French. Use this phrase to remember them:

un /œ̃ /   bon /bɔ̃/   vin /vɛ̃/   blanc /blɑ̃/   *a good white wine*

Nasal vowels are always written with a vowel letter followed by a nasal consonant (**m** or **n**), but that consonant is not usually pronounced: **mon**, **dans**, **cinq**.

- The vowel /ɔ̃/ is usually spelled **on**: l'**on**cle
- The vowel /ɑ̃/ is spelled **an** or **en**: ja**n**vier, le v**en**t
- For /ɛ̃/ there are several spellings: mat**in**, le ch**ien**, l'exam**en**, la m**ain**
- The vowel /œ̃ /, that many French people pronounce like /ɛ̃/, is spelled **un**: br**un**, l**un**di, quelqu'**un**
- Before **b** and **p**, all nasal vowels are spelled with **m**: co**m**bien, le te**m**ps, **im**possible

Note this exception: le **b**on**b**on

⋇ À vous la parole ⋇

4-5 Contrastes. Compare the pronunciation of each pair of words. Make sure to pronounce the nasal vowel in the second word.

beau/bon	allô/allons	sec/cinq
fine/fin	Jeanne/Jean	américaine/américain

4-6 Quelle voyelle nasale ? The following phrases have different nasal vowels; be sure to pronounce each nasal vowel correctly.

1. le vin/le vent
2. cent pages/cinq pages
3. c'est long/c'est lent
4. il vend/ils vont
5. il est blond/il est blanc

4-7 Phrases. Read each sentence aloud.

1. Allons, allons ! Voyons ! Voyons !
2. En septembre, il y a souvent du vent.
3. Alain et Colin vont à Lyon par le train.
4. On annonce une température de vingt-cinq degrés.

FORMES ET FONCTIONS

1. Les verbes en *-re* comme *attendre*

- Like the **-ir** verbs you have already learned, verbs ending in **-re** have four spoken forms in the present tense; you can always tell whether someone is talking about one person, or more than one, because the **-d**, the consonant heard in the infinitive, is pronounced in the plural forms.

  elles répon**d**ent   vs.   elle répon**d̸**

- The written endings for **-re** verbs are the same as for **-ir** verbs like **dormir**, except for the third person singular. Note that the final consonants in the singular forms are never pronounced.

  j'atten**d̸s̸** (*I wait*)   tu enten**d̸s̸** (*you hear*)   il répon**d̸** (*he answers*)

ATTENDRE *to wait for*			
SINGULIER		**PLURIEL**	
j'	attends	nous‿	attend**ons**
tu	attends	vous‿	attend**ez**
il elle } on	attend	ils‿ elles‿ }	attend**ent**

Impératif : Atten**ds** ! Attend**ons** ici. Attend**ez** un moment !

- Here are the most common verbs ending in **-re**.

attendre	*to wait for*	Ils **attendent** le professeur.
descendre	*to go down*	Je **descends**.
de	*to get off*	Elle **descend du** bus.
en ville	*to go downtown*	Vous **descendez en ville** ?
entendre	*to hear*	Tu **entends** cette musique ?
perdre	*to lose*	Il **perd** toujours son portable.
rendre à	*to give back*	Le prof **rend** l'examen à Paul.
rendre visite à	*to visit someone*	Je **rends visite à** ma tante.
répondre à	*to answer*	Vous **répondez à** sa lettre ?
en	*to answer in*	Nous **répondons en** anglais.
vendre	*to sell*	Ils **vendent** des magazines.

- English and French often differ in the use of prepositions with verbs:

J'attends le métro.	*I'm waiting **for** the subway.*
Il répond **au** professeur.	*He's answering the professor.*
Elle rend visite **à** sa mère.	*She's visiting her mother.*

✂ À vous la parole ✂

4-8 C'est logique. Create logical sentences using the elements given and one of the **-re** verbs.

MODÈLE nous/le métro
- Nous attendons le métro.

1. le professeur/en français en classe
2. l'étudiante/ses devoirs au professeur
3. nous/des livres à la bibliothèque
4. moi/mes parents à Québec
5. vous/le train ?
6. toi/au téléphone ?
7. elle/son foulard
8. Marc/de la musique

4-9 Réponses personnelles. Use the questions to interview your partner. Then share with the class what you have learned.

MODÈLE É1 À qui est-ce que tu rends visite le week-end ?
É2 Je rends visite à mes parents. Et toi ?
É1 Je rends visite à mes amis.

1. À qui est-ce que tu rends visite le week-end ?
2. Est-ce que tu perds souvent tes vêtements ?
3. Est-ce que tu revends tes livres à la fin du semestre ?
4. Est-ce que tu réponds rapidement à tes messages ?
5. Quand est-ce que tu descends en ville, et pourquoi ?

2. Le passé composé avec *avoir*

- To express an action completed in the past, use the **passé composé**. The **passé composé** is a past tense composed of an auxiliary, or helping verb, and the past participle of the verb that expresses the action. Usually, the present tense of **avoir** is the helping verb.

J'**ai travaillé** hier.	*I worked yesterday.*
Tu **as mangé** ?	*Did you eat?*
Il **a fait** bon ce week-end.	*The weather was nice this weekend.*
Nous **avons écouté** la météo à la radio.	*We listened to the weather forecast on the radio.*
Vous **avez regardé** la météo à la télé.	*You watched the weather forecast on TV.*
Ils **ont annoncé** du beau temps à la radio.	*They predicted nice weather on the radio.*

- The specific meaning of the **passé composé** depends on the verb and on the context.

Hier on **a montré** un film à la télé.	*Yesterday they showed a film on TV.*
Est-ce que tu **as préparé** l'examen ?	*Have you studied for the test?*
L'hiver dernier il **a fait** très froid.	*Last winter it was very cold.*
Est-ce qu'elle **a travaillé** hier ?	*Did she work yesterday?*

- To form the past participle:
  - for **-er** verbs, add **-é** to the base (the infinitive form minus the **-er** ending):

quit**ter**	J'ai quit**té** la maison à huit heures.	*I left home at eight o'clock.*

  - for **-ir** verbs, add **-i** to the base (the infinitive form minus the **-ir** ending):

dorm**ir**	Tu as dorm**i** pendant le concert ?	*You slept during the concert?*

  - for **-re** verbs, add **-u** to the base (the infinitive form minus the **-re** ending):

attend**re**	Ils ont attend**u** devant le café.	*They waited in front of the café.*

- Here are past participles for irregular verbs that you know.

avoir	J'ai **eu** une bonne note.	*I got a good grade.*
être	On a **été** surpris.	*We were surprised.*
faire	Il a **fait** beau.	*It was nice weather.*
mettre	J'ai **mis** un chapeau.	*I put on a hat.*
pleuvoir	Il a **plu** hier.	*It rained yesterday.*

- In negative sentences, place **ne** (**n'**) and **pas** around the conjugated auxiliary verb.

Il **n'**a **pas** fait beau hier.	*The weather wasn't nice yesterday.*
Nos parents **n'**ont **pas** téléphoné.	*Our parents didn't call.*

- The following expressions are useful for referring to the past.

hier	*yesterday*
avant-hier	*the day before yesterday*
samedi dernier	*last Saturday*
l'année dernière	*last year*
il y a longtemps	*a long time ago*
il y a deux jours	*two days ago*
ce jour-là	*that day*
à ce moment-là	*at that moment*

⋙ À vous la parole ⋙

4-10 La météo d'hier. Look at the weather map and tell what the weather was like yesterday in Canada and in New England using words and expressions from the list.

faire beau	neiger
faire du vent	ne pas faire très beau
geler	pleuvoir

MODÈLE Au Nouveau-Brunswick ?
- Au Nouveau-Brunswick, il a gelé et il a plu.

1. À Chicoutimi ?
2. En Nouvelle-Angleterre ?
3. À Montréal ?
4. À Gaspé ?
5. À Sherbrooke ?
6. À Ottawa ?

4-11 Mais c'est logique ! With your partner, imagine what different people did yesterday. Try to think of as many possibilities as you can.

MODÈLE Qu'est-ce que Julie a fait dans le magasin hier ?
- Elle a acheté une jolie robe.
- Elle a travaillé.

1. Qu'est-ce que vous avez fait au parc ce matin ?
2. Qu'est-ce que les Brunet ont fait à la piscine l'été dernier ?
3. Qu'est-ce que tu as fait à la bibliothèque hier ?
4. Qu'est-ce que nous avons fait en classe hier ?
5. Qu'est-ce que tu as fait chez toi hier soir ?
6. Qu'est-ce que David a fait au stade avant-hier ?
7. Qu'est-ce que vos camarades ont fait chez eux le week-end dernier ?
8. Qu'est-ce que le prof a fait dans son bureau ce matin ?

4-12 Normalement, mais... What do you normally do? Tell your partner about your habits and the occasional exceptions.

MODÈLE dormir
> • Normalement, je dors jusqu'à sept heures, mais samedi dernier, j'ai dormi jusqu'à dix heures.

1. dormir
2. manger
3. quitter la maison
4. travailler à la bibliothèque
5. jouer
6. regarder la télé
7. passer l'été

Lisons

4-13 Martinique : Guide pratique.

La baie de St-Pierre à la Martinique

A. Avant de lire. The following passage is excerpted from a travel guide written by **le Comité Martiniquais du Tourisme**. Martinique is a frequent travel destination for the French, since it is a **département d'outre-mer** and because of its mild climate during winter months. Before reading, look at the title and the various subtitles to get a sense of the focus and organization of this passage.

1. The title of the booklet is *Martinique : Guide pratique*. Who do you think is the intended audience for a *Guide pratique*? What kind of information would you expect to be included in a "practical guide"?
2. Now look at the two major subtitles that appear in red type. They set up the two major divisions of this text. What is the focus of each?
3. Finally, look at the eight subheads in black type. These indicate the topic of each paragraph. Considering these subheads together with what you have determined about the focus and organization of the text, summarize what you know already about its content.

B. En lisant. As you read each section, look for the following information.

1. What is the capital of Martinique?
2. How far is Martinique from France?

3. What is the climate like?
4. Name three natural resources of Martinique.
5. Which languages are spoken and understood in Martinique?
6. As a North American, do you need a visa to enter Martinique? What is required?
7. What type of clothes would you need to bring to visit Martinique?

Martinique : Guide pratique

Informations générales

Histoire et administration

Christophe Colomb débarque à la Martinique en 1502 et depuis 1635, excepté de courtes périodes d'occupation anglaise, elle partage[1] les destinées de la France. Département français depuis 1946 et région depuis 1982, sa structure administrative et politique est identique à celle des départements de la métropole. Siège[2] de la préfecture, Fort-de-France est la capitale administrative, commerciale et culturelle de la Martinique.

Géographie

La Martinique fait partie du groupe des petites Antilles ou « Îles au vent ». Elle est baignée à l'Ouest par la Mer des Antilles et à l'Est par l'Océan Atlantique. Elle se trouve à environ 7.000 km de la France et 440 km du continent américain.

Climat

Le climat est relativement doux à la Martinique et la chaleur n'y est jamais insupportable. La température moyenne se situe aux environs de 27°C, mais sur les hauteurs, il fait plus frais. De l'Est et du Nord-est, des brises régulières, les alizés, rafraîchissent l'atmosphère en permanence.

Ressources économiques

Principales ressources naturelles de l'île : le rhum, le sucre, l'ananas, la banane. La Martinique produit également des conserves de fruits, des confitures et des jus de fruits locaux. Le tourisme connaît un essor[3] remarquable et tend à devenir le secteur économique de pointe.

Langue

Le français est parlé et compris par toute la population mais on entend beaucoup le créole. Bien entendu, l'anglais est également parlé surtout dans les lieux touristiques.

Informations pratiques

Formalités d'entrée

Les Français peuvent entrer en Martinique avec leur carte nationale d'identité ou leur passeport. Les ressortissants des États-Unis et du Canada sont admis sans visa pour un séjour inférieur à trois mois. Une pièce d'identité est toutefois requise.

Conseils vestimentaires

Au pays de l'éternel été, vous porterez des vêtements légers et décontractés pour vos excursions : maillot de bain, short et sandales pour la plage. Les femmes s'habillent généralement le soir davantage[4] que les messieurs pour lesquels veste et cravate ne sont exigés que[5] très rarement. Toutefois, n'oubliez pas un lainage et vos lunettes de soleil.

Monnaie

La monnaie légale est l'Euro. Le dollar américain est accepté ainsi que tout autre paiement par chèque de voyage ou carte de crédit.

[1]*shares*   [2]*Seat*   [3]*development*   [4]*more*   [5]*are only required*

C. En regardant de plus près. Now that you understand the focus and general content of this text, examine the following elements closely.

1. Look at the noun **les ressortissants** in the section **Formalités d'entrée**. Can you see an **-ir** verb in the noun? Which one? Given the meaning of that verb and the context, what does the word **ressortissants** mean?
2. The word **vestimentaires** in the section **Conseils vestimentaires** is related to another French word you know. Given the context, what do you think this adjective means?
3. In the same section, you see the noun **un lainage**. Can you see a noun in this word that describes a type of material? Given its meaning and the context, what do you think **un lainage** is?

D. Après avoir lu. Discuss the following questions with your classmates.

1. How well did your initial summary of the content of this guide correspond with the specific information that actually was provided?
2. What information, if any, do you think is missing for potential visitors to Martinique?
3. Based on the information provided, would you be interested in visiting Martinique? Why or why not?

POINTS DE DÉPART

Des activités par tous les temps

À la plage, au bord de la mer ou
au lac, on fait...
　du ski nautique
　du surf
　de la voile
　de la planche à voile
et on bronze.

À la campagne, on fait...
　des pique-niques
　du cheval
　du vélo
　et de la moto.

À la montagne, on fait...
du camping
de l'alpinisme
des randonnées
du ski
du surf des neiges
et de la motoneige.

 En ville, on fait...
du tourisme
un tour au parc
des courses
du shopping
et on visite des musées
et des monuments.

Projets de vacances

M. KELLER : Cette année, on va pas aux sports d'hiver.

MAX : Ah, non, c'est pas vrai ! Zut alors !

M. KELLER : Si, cette année, vous n'allez pas faire du ski en février, mais du ski nautique.

CARLINE : Chouette ! Alors on va aux Antilles ? À Tahiti ?

M. KELLER : Pas tout à fait, ma grande. J'ai des billets d'avion pour aller à la Réunion, dans l'océan Indien.

MAX : Bravo ! Vive la Réunion !

CARLINE : Et la voile, la planche à voile !

M. KELLER : Et vive la pêche et le repos !

4-14 Qu'est-ce qu'on fait ? Answer each question by suggesting logical activities.

MODÈLE   Qu'est-ce qu'on fait à la montagne, quand il y a de la neige ?
• On fait du ski.

OU   On fait du surf des neiges.

1. Qu'est-ce qu'on fait à la plage, en été ?
2. Qu'est-ce qu'on fait à la campagne, quand il fait beau ?
3. Qu'est-ce qu'on fait au bord de la mer, quand il y a un beau soleil ?
4. Qu'est-ce qu'on fait à la montagne, au printemps ?
5. Qu'est-ce qu'on fait au lac, quand il y a du vent ?
6. Qu'est-ce qu'on fait en ville, quand il fait très chaud ?
7. Qu'est-ce qu'on fait en ville, quand il fait beau ?
8. Qu'est-ce qu'on fait en ville, quand il fait mauvais ?

 4-15 Suggestions. Suggest a suitable activity for each location to your partner and see what his or her reaction is!

MODÈLE   Vous êtes à la montagne.
É1   On va faire une randonnée.
É2   Super ! J'adore la nature !

OU   Zut alors ! Je n'ai pas de bonnes chaussures !

1. Vous êtes à la montagne.
2. Vous êtes à la plage.
3. Vous êtes à la campagne.
4. Vous êtes en ville.

 4-16 Les vacances idéales. Discuss your ideal vacation with a classmate.

MODÈLE   É1   Moi, je préfère aller à la plage en été, quand il fait chaud. J'aime bien nager et jouer au volley-ball. Et toi ?

É2   Pour moi, les vacances idéales, c'est la montagne en hiver. J'adore faire du ski et du surf des neiges…

Mes vacances idéales, c'est l'été dans les Alpes. Me voici près de Pralognon la Vanoise, une petite station de ski en Savoie. J'adore faire des randonnées.

Vie et culture

Les vacances des Français

Look at the calendar to identify the various holiday periods for French school children. Notice that France is divided into three zones for two of the vacation periods; the map shows the location of each zone. Can you explain this division into zones? Think about when these vacation periods take place, what French people might do, and where they would most likely go during these times. What other places, besides metropolitan France, figure into the map? Why would these places be included?

Since 1982, all salaried workers in France have had the right to five weeks of paid vacation each year. With the advent of the 35-hour workweek in 2000, the French began to take more frequent, and shorter, vacations, often opting for long weekend trips. Throughout France, however, it is still not unusual to see many small businesses (restaurants, hairdressers, shops, bakeries, etc.) closed for several weeks in the months of July or August.

ET VOUS ?

1. How many weeks of paid vacation are typical in the United States? How does this situation compare with that of France? What factors might account for any differences?
2. The right to longer paid vacations has often been a factor in labor negotiations in France. Knowing this, and that many businesses shut down for weeks at a time for vacation, what conclusions can you draw about the value the French place on vacations? Do North Americans place a similar value on vacations?

VACANCES SCOLAIRES

ZONE A — Caen, Clermont-Ferrand, Grenoble, Lyon, Montpellier, Nancy-Metz, Nantes, Rennes, Toulouse

ZONE B — Aix-Marseille, Amiens, Besançon, Dijon, Lille, Limoges, Nice, Orléans-Tours, Poitiers, Reims, Rouen, Strasbourg

ZONE C — Bordeaux, Créteil, Paris, Versailles

© Copyright Agenda QUO VADIS 2007

calendrier scolaire arrêté par le recteur

ZONE A
Caen, Clermont-Ferrand, Grenoble, Lyon, Montpellier, Nancy-Metz, Nantes, Rennes, Toulouse

Rentrée scolaire des élèves	Toussaint	Noël	Hiver	Printemps	Début des vacances d'été
le mardi 04-09-12	du samedi 27-10-12 au jeudi 08-11-12	du samedi 22-12-12 au lundi 07-01-13	du samedi 23-02-13 au lundi 11-03-13	du samedi 20-04-13 au lundi 06-05-13	le jeudi 04-07-13

ZONE B
Aix-Marseille, Amiens, Besançon, Dijon, Lille, Limoges, Nice, Orléans-Tours, Poitiers, Reims, Rouen, Strasbourg

Rentrée scolaire des élèves	Toussaint	Noël	Hiver	Printemps	Début des vacances d'été
le mardi 04-09-12	du samedi 27-10-12 au jeudi 08-11-12	du samedi 22-12-12 au lundi 07-01-13	du samedi 16-02-13 au lundi 04-03-13	du samedi 13-04-13 au lundi 29-04-13	le jeudi 04-07-13

ZONE C
Bordeaux, Créteil, Paris, Versailles

Rentrée scolaire des élèves	Toussaint	Noël	Hiver	Printemps	Début des vacances d'été
le mardi 04-09-12	du samedi 27-10-12 au jeudi 08-11-12	du samedi 22-12-12 au lundi 07-01-13	du samedi 02-03-13 au lundi 18-03-10	du samedi 27-04-10 au lundi 13-05-10	le jeudi 04-07-13

Le départ en vacances a lieu après la classe, la reprise des cours le matin des jours indiqués.

Sons et lettres

Les voyelles nasales et les voyelles orales plus consonne nasale

Compare the following pairs of words; the first ends with a final pronounced consonant (**-n** or **-m**) and the second ends in a nasal vowel. Only the second word contains a nasal vowel; notice the difference as you repeat these words.

bonne /bɔn/	bon /bɔ̃/
Simone /simɔn/	Simon /simɔ̃/
ma cousine /kuzin/	mon cousin /kuzɛ̃/
l'année /lane/	l'an /lɑ̃/

For words containing a nasal vowel, pronounce each syllable slowly, and do not pronounce **-m** or **-n** when it follows the nasal vowel:

le camp	le cam-ping	la cam-pagne
mon	mon-ter	la mon-tagne

04-22
to
04-23

✣ À vous la parole ✣

4-17 Les groupes de mots. As you pronounce these words, pay close attention to the pronunciation of the nasal vowel.

1. mon   mon-tagne
2. sans   san-té (*health*)
3. camp   cam-ping
4. franc   fran-çaise
5. l'un   lun-di

4-18 Les phrases. Read each sentence out loud.

1. Il fait bon en automne.
2. Mettons notre blouson et nos gants.
3. Jean et Jeanne vont en Bourgogne en juin.
4. Au printemps, Marianne va en Louisiane chez son oncle.
5. Lundi, nous faisons une randonnée à la montagne avec nos parents.

4-19 Poème. Repeat these two lines from a poem by Verlaine.

Les sanglots° longs des violons de l'automne
Blessent° mon cœur d'une langueur monotone.

sobbing
strike

—Extrait de Paul Verlaine, « *Chanson d'automne* »

FORMES ET FONCTIONS

1. Le passé composé avec *être*

- To tell what you did in the past, you have already learned that most French verbs form the **passé composé** with the present tense of **avoir**. However, some verbs use the present tense forms of **être** as an auxiliary. These are usually verbs of motion:

descendre	*to go down*	Nous **sommes descendues** en ville pour dîner.
rentrer	*to go/come back home*	Nous **sommes rentrés** tard après une journée de ski.
monter	*to go up*	Lucie **est montée** dans sa chambre.
rester	*to stay*	Ils **sont restés** au lac tout l'après-midi.
sortir	*to go out*	Rémy **est sorti** en ville avec Juliette pour faire du tourisme.
partir	*to leave*	Vous **êtes parties** ensemble à la montagne ?
venir	*to come*	Il **est venu** à la campagne avec nous pour un pique-nique.
aller	*to go*	Tu **es allé** à la plage ce week-end ?
naître	*to be born*	Elle **est née** en 1992.
devenir	*to become*	Elle **est devenue** professeur.
entrer	*to go/come in*	Anne **est entrée** dans le magasin.
retourner	*to return*	Elles **sont retournées** en France.
tomber	*to fall*	Elle **est tombée** dans la rue (*street*).
revenir	*to come back*	Elle **est revenue** à l'Office du Tourisme hier matin.
arriver	*to arrive*	Je **suis arrivé** en ville vers dix heures du matin.
mourir	*to die*	Il **est mort** l'été dernier.
passer	*to go/come by*	On **est passés** chez toi hier.

- For verbs that form the **passé composé** with **être**, the past participle agrees in gender and number with the subject.

Mon frère est arrivé hier.	*My brother arrived yesterday.*
Ma sœur est arrivé**e** ce matin.	*My sister arrived this morning.*
Ses cousins sont allé**s** au musée.	*Her cousins went to the museum.*
Ses cousines sont descendu**es** en ville aussi.	*Her cousins went downtown too.*

- Pronominal verbs also use **être** in the **passé composé**. Note, however, that when a noun follows the verb, no past participle agreement is made.

Il s'est endormi.	*He fell asleep.*
Ils se sont couché**s**.	*They went to bed.*
Elle s'est lavé**e**.	*She washed up.*
Elle s'est lavé les cheveux.	*She washed her hair.*

- To narrate a series of events or actions, use the following expressions:

D'abord elle s'est lavée, **ensuite** elle s'est habillée et **puis** elle a mangé. **Après**, elle s'est brossé les dents et **enfin** elle est partie au travail.	*First she washed up, next she got dressed, and then she ate. Afterwards, she brushed her teeth and finally, she left for work.*

✖ À vous la parole ✖

4-20 La vie des serveurs. Working as a server is difficult. Read each sentence carefully in order to determine if it refers to servers nowadays (**maintenant**) or in the past (**au passé**).

Les serveurs…

	maintenant	au passé
MODÈLE … sont stressés.	✓	
1. … sont arrivés à l'heure.	___	___
2. … sont énergiques.	___	___
3. … sont entrés dans le bar.	___	___
4. … sont assez jeunes.	___	___
5. … sont devenus des amis.	___	___
6. … sont fatigués.	___	___
7. … sont sortis ensemble.	___	___
8. … sont réservés.	___	___
9. … sont allés au cinéma.	___	___

Based on the information above, is it easier to be a server now or was it easier in the past? Why?

4-21 L'après-midi de M. Dumont. Tell what M. Dumont did yesterday afternoon using the **passé composé**.

Cet après-midi, M. Dumont va sortir faire une promenade. Sa femme va rester à la maison pour préparer le dîner. Alors, M. Dumont va sortir avec son chien, Castor. Ils vont partir vers trois heures, et ils vont passer chez un ami de M. Dumont. Ensuite, ils vont aller au parc, et ils vont entrer au zoo. Finalement, ils vont descendre par l'avenue principale, et ils vont rentrer à la maison vers cinq heures.

MODÈLE • Hier après-midi, M. Dumont est sorti faire une promenade.

4-22 Le samedi de Maxime. Tell how Maxime spent last Saturday. Don't forget to use the expressions you have learned to sequence events in a narrative: **d'abord, ensuite, après, puis, enfin.**

MODÈLE • D'abord, Maxime a quitté sa chambre à huit heures. Ensuite, il…
ou • D'abord, Maxime est sorti à huit heures. Après, il…

4-23 Et vous ? What did you do yesterday? Where did you go? With whom? Discuss your day with your partner.

MODÈLE • Hier, dimanche, je ne suis pas allé/e à la fac. J'ai quitté mon appartement vers neuf heures, et ensuite…

2. Les questions avec *quel*

- The interrogative adjective **quel** is used to ask *which?* or *what?* Although **quel** agrees in number and gender with the noun it modifies, it is always pronounced the same, unless a plural form, **quels** or **quelles**, modifies a noun beginning with a vowel and liaison occurs.

Quel écrivain est-ce que tu préfères ?	*Which writer do you prefer?*
Quelle musique est-ce qu'il préfère ?	*What type of music does he prefer?*
Quels musées est-ce que tu aimes ?	*Which museums do you like?*
Quelles affiches est-ce que tu vas acheter ?	*Which posters are you going to buy?*

- **Quel** is used in a number of fixed interrogative expressions:

Quel temps fait-il ?	*What's the weather like?*
Quelle heure est-il ?	*What time is it?*
Quelle est la date aujourd'hui ?	*What's today's date?*
Quel âge as-tu ?	*How old are you?*

- **Quel** can also be used before a form of the verb **être**, followed by the noun it modifies:

Quelle est ta saison préférée ?	*What's your favorite season?*
Quelles sont les meilleures résidences ?	*Which are the best residence halls?*

✕ À vous la parole ✕

4-24 Petite épreuve. Ask your partner for the following information.

les jours de la semaine

> É1 Quels sont les jours de la semaine ?
>
> É2 Lundi, mardi, …

1. les jours de la semaine
2. les mois de l'année
3. les saisons de l'année

4. la date de la fête nationale française
5. la date de son anniversaire
6. sa saison préférée

4-25 Une interview. Interview your partner to discover his or her preferences.

MODÈLE la saison

> É1 Quelle saison est-ce que tu préfères ?
>
> É2 Je préfère l'automne. Et toi, quelle est ta saison préférée ?
>
> É1 Moi, j'adore le printemps.

1. la saison
2. la ville
3. l'artiste

4. les acteurs
5. le sport
6. les activités culturelles

Observons

4-26 Des superbes vacances.

A. Avant de regarder. In this video clip, Corinne and Édouard describe memorable vacations. Look at the photos and the expressions below and decide where you think they each went. What do you think they did while they were there?

Corinne :
J'ai pu voir des crocodiles…
…ils ont un beau hamac.
… j'en ai profité pour faire des photos avec Mickey, Daisy, Donald…

Édouard :
… je suis parti en croisière en bateau à voile.
… on a découvert… toutes les îles italiennes.

B. En regardant. As you watch, answer the following questions.

1. Check all the places that each person mentions:

Corinne:

____ la Californie   ____ les États-Unis   ____ les Everglades   ____ la Floride
____ Miami   ____ New York   ____ Orlando   ____ Paris

Édouard:

____ Antibes   ____ la Corse   ____ la France   ____ la Grèce
____ l'île Maurice   ____ Naples   ____ Nice   ____ Rome

2. Corinne and Édouard did not spend their vacations alone. Who was with them?
3. What did Corinne and Édouard do during their vacations?

C. Après avoir regardé. Now discuss the following questions with your classmates.

1. Why do you think that both Corinne and Édouard thought their vacations were particularly memorable?
2. Have you visited any of the places mentioned by Corinne or Édouard? If so, what did you see and what did you do there?
3. What would you consider to be a fabulous vacation? Do your ideas correspond to the vacations described by Corinne and Édouard or shown in the photos? Why, or why not?

On fait du bateau à l'Île Curieuse aux Seychelles.

On fait un tour à Paris.
Il fait beau aujourd'hui !

POINTS DE DÉPART

🔊 *Qu'est-ce qu'on propose ?*

—On organise une petite fête
samedi soir ; tu es libre ?
—Non, désolée, je suis prise.

—On ne joue pas au tennis à
cause de la pluie, alors,
je t'accompagne à l'exposition ?
—Oui, c'est super ; on se retrouve
devant le musée ?

—Alors, rendez-vous au Palais
des Congrès pour voir le
concert de rock ?
—Oui, à 19h30.

—Vous êtes libres samedi ?
J'ai des places pour un
spectacle de danse.
—Ah oui, c'est très gentil à vous !

—Il pleut, donc qu'est-ce
qu'on fait cet après-midi ?
—Il y a un bon film à la Cinémathèque.
—Super ! On y va ensemble ?

—Tu veux nous accompagner au théâtre ?
On va voir une pièce de Molière.
—Volontiers ! J'adore le théâtre.

—On va passer une soirée tranquille
chez nous.
—Je regrette, je ne suis pas libre.
Je travaille demain soir.

POUR INVITER QUELQU'UN

Tu es/Vous êtes libre/s ?
On y va ensemble ?
Tu veux m'accompagner ?/Vous voulez nous accompagner ?

POUR ACCEPTER UNE INVITATION

Oui, je suis libre.
(J'accepte) Avec plaisir.
C'est gentil à toi/vous.
Je suis ravi/e.
Volontiers.

POUR REFUSER UNE INVITATION

Je suis désolé/e…   je ne suis pas libre.
Je regrette…   je suis pris/e.
C'est dommage, …   j'ai déjà un rendez-vous.

Vie et culture

Les pratiques culturelles

This document shows the results of a recent survey by the French Ministry of Culture. What does the heading tell you about the information summarized here and how it is organized? Consider the following questions with your classmates:

1. According to these statistics, what are the most popular cultural activities for the French?
2. If you were to construct a similar list for your friends and family, how might it resemble or differ from what you see here?

It is common for the French to go with friends and family to concerts, movies, and museums. Often such activities are included in a family's vacation plans.

PRATIQUES CULTURELLES	
Sur 100 Français de 15 ans et plus, au cours des douze derniers mois :	
Sont allés :	
au Musée	30
au Monument historique	30
à une Exposition de peinture ou de sculpture	24
à une Exposition de photographie	15
à une Galerie d'art	15
au Cinéma	57
au Théâtre	19
au Concert de rock	10
au Spectacle de danse	8
au Concert de musique classique	7
au Concert de jazz	6
au Concert d'un autre genre de musique	13

Source : Ministère de la Culture, *Mini-chiffres clés 2011*

4-27 Qu'est-ce qu'on peut faire ? Le Centre Pompidou is a museum in Paris that also has movie theaters, conference rooms, and performance halls. With a partner, look over the program and describe the various activities.

MODÈLE É1 Le dernier jeudi du mois, il y a un film dans la série Prospectif cinéma.

É2 Et regarde, il y a un spectacle de musique et danse le 25 novembre à 20 h.

4-28 Oui ou non ? With a classmate, imagine that you find yourselves in the following situations. What will you say?

MODÈLE On vous invite à aller au musée demain. Vous refusez.

É1 Tu veux m'accompanger au musée demain ? Il y a une bonne exposition.

É2 Je regrette (ou Désolé/e), je ne suis pas libre.

1. On vous invite à un concert. Vous êtes ravi/e d'y aller.
2. On vous invite à aller au théâtre. Vous demandez quelle pièce on joue.
3. On vous invite à faire une randonnée, mais vous n'aimez pas les promenades.
4. On cherche quelqu'un pour jouer au bridge. Vous aimez ce jeu.
5. On a des places pour un concert de rock. Vous aimez ce type de musique, mais vous avez un rendez-vous ce jour-là.
6. On a deux places pour un spectacle de danse. Vous demandez, « C'est pour quel soir ? », et puis vous acceptez.

4-29 Des invitations. Issue invitations to three people in your class, who will accept or refuse, based on their preferences.

1. First, make a list of the activities you will suggest and the people you will invite. Don't forget your instructor!
2. Next, issue your invitations and see what the responses are. Respond as well to your classmates' invitations.
3. Finally, compare notes: Whom did you invite? For what activity? How did each person respond?

AGENDA
TOUTES LES MANIFESTATIONS
CENTRE POMPIDOU – Art, culture, musée, expositions, cinémas, conférences, débats, spectacles, concerts.

EXPOSITIONS AU CENTRE
elles@centrepompidou, artistes femmes dans les collections du Musée national d'art moderne
Plus de cent-vingt œuvres et trente-cinq artistes renouvellent cette exposition consacrée aux artistes femmes.

27 mai – 21 février
11h00 – 21h00
Musée

Arman
Le Centre Pompidou consacre une exposition rétrospective à Arman, l'une des figures magistrales de l'art de l'après-guerre.

22 septembre – 10 janvier
11h00 – 21h00
Galerie 2

CINÉMAS
Film

15 septembre – 29 juin
Cycle
Autour des collections cinématographiques, entre cinéma expérimental, documentaire, film d'artiste et vidéo, le rendez-vous régulier intitulé "Film", proposé par le Musée national d'art moderne, présente des séances thématiques et des cartes blanches.

19:00 – *Autour d'Eugène Freyssinet*, Cinéma 2

Prospectif cinéma

30 septembre – 25 novembre

10 – 12 avril
Cycle
Le service Création contemporaine et prospective du Musée national d'art moderne, en collaboration avec les Cinémas du Centre Pompidou, dévoile un nouveau cinéma prospectif d'artistes plasticiens de la jeune génération française et étrangère et vous donne rendez-vous tous les derniers jeudis du mois.
Cinéma 2, Cinéma 1

SPECTACLES–CONCERTS
CO-ME-DI-A
musique et danse
Deux scènes séparées mais synchronisées, l'une à Graz en Autriche, l'autre à Paris, provoque l'illusion d'une proximité entre les solistes grâce à la technologie du streaming.

25 novembre
20h00
Ircam - Espace de projection

These New Puritans
Musique
Le rock anguleux de These New Puritans est insoumis et inclassable.

18 décembre
20h30
Grande salle

FORMES ET FONCTIONS

1. Les verbes comme *préférer* et l'emploi de l'infinitif

- For verbs conjugated like **préférer**, the singular forms and the third person plural form of the present tense show a change from **é** /e/ to **è** /ɛ/. In all of these forms the endings are silent.

—Quel genre de musique est-ce que vous préférez ?

—Nous préférons la musique classique.

—Vous préférez le rap ?

—Nous, on préfère le jazz.

—Eux, ils préfèrent le rock.

—Non, moi, je préfère le RnB.

PRÉFÉRER *to prefer*			
SINGULIER		PLURIEL	
je	préfère	nous	préférons
tu	préfères	vous	préférez
il elle on	préfère	ils elles	préfèrent

PASSÉ COMPOSÉ : J'**ai préféré** le spectacle de danse.

- Other verbs that show the same type of change are **répéter** (*to repeat*) and **suggérer** (*to suggest*):

Répétons après le professeur.

Qu'est-ce que vous suggérez ?

Répète après moi !

Qu'est-ce que tu suggères ?

- **Préférer** may be followed by a noun or by an infinitive:

Je préfère **le cinéma**.

Il préfère **aller** au cinéma.

I prefer movies.

He prefers to go to the movies.

- Use the following verbs to talk about likes and dislikes; all, like **préférer**, can be followed by a noun or an infinitive:

détester	*to detest*
aimer bien	*to like fairly well*
aimer	*to like or to love*
aimer beaucoup	*to like or love a lot*
préférer	*to prefer*
adorer	*to adore*

❋ À vous la parole ❋

4-30 Activités préférées. These students are supposed to be study-ing, but they can't stop thinking about the weekend and what they would prefer to be doing. Tell what each person prefers.

MODÈLE Pauline préfère organiser une fête.

Pauline   Nicole   Grégory   Christine   Nicolas   Thomas

 4-31 Samedi soir. Decide with your partner what each of these people prefers to do on Saturday evening.

MODÈLE Marie-Laure est très sociable.

        É1 Elle préfère organiser des fêtes.

OU   É2 Elle préfère dîner avec ses amies.

1. Fred et ses amis adorent l'art moderne.
2. Mathilde est très réservée.
3. Nous aimons la musique.
4. Le copain de Sabrina aime le théâtre.
5. Vous n'aimez pas le rock.
6. La mère de mon amie aime bien la danse.
7. Je suis assez paresseuse.
8. Tu n'aimes pas beaucoup le cinéma.

 4-32 Vos préférences. Discuss your preferences in the following categories with your partner. Then share your findings with the class.

MODÈLE les films : un DVD chez toi ou un film au cinéma ?

        É1 Est-ce que tu préfères regarder un DVD chez toi ou voir un film au cinéma ?

        É2 Je préfère aller au cinéma, et toi ?

        É1 C'est trop cher. J'aime bien regarder les DVD chez moi.

        (*plus tard*) :

        É2 Moi, j'aime le cinéma mais Travis préfère les DVD.

1. les films : un DVD chez toi ou un film au cinéma ?
2. les concerts de musique : le rock ou le jazz ?
3. les spectacles : un spectacle de danse ou une pièce de théâtre ?
4. les soirées : une fête chez des amis ou une soirée tranquille chez vous ?
5. les musées : l'art moderne ou la photographie ?
6. les animaux : les chats ou les chiens ?

Les Français préfèrent les chats. Ils ont 10,7 millions de chats et 7,8 millions de chiens.

2. Les verbes comme *acheter* et *appeler*

- You have learned that for verbs like **préférer** (*to prefer*), the second vowel in the singular forms and the third person plural form of the present tense are spelled and pronounced like the **è** in **mère**:

  Je préfère le cinéma.   Ils préfèrent le théâtre.

- Verbs like **acheter** (*to buy*) and **appeler** (*to call*) similarly show changes in the singular forms and in the third person plural. The final vowel in these forms is also pronounced like the /ɛ/ in **mère**.

- This pronunciation change is reflected in the spelling by the use of the **accent grave** in verbs like **acheter**.

acheter	*to buy*	Qu'est-ce que tu **achètes** ?
amener	*to bring a person*	Ils **amènent** leurs enfants au théâtre.
lever	*to raise*	Elle ne **lève** jamais le doigt (*finger*).

- Verbs like **appeler** reflect the pronunciation change by doubling the final consonant of the base in the singular and the third person plural forms:

appeler	*to call*	J'**appelle** le théâtre pour avoir des places ?
épeler	*to spell*	Il **épelle** son nom.
jeter	*to throw* (*out*)	Elle ne **jette** pas les billets des spectacles qu'elle a vus.

- The **nous** and **vous** forms for these verbs are two syllables long:

  nous achetons   vous appelez

ACHETER *to buy*

SINGULIER		PLURIEL	
j'	ach**è**te	nous‿	achetons
tu	ach**è**tes	vous‿	achetez
il		ils‿	
elle	ach**è**te	elles‿	ach**è**tent
on			

IMPÉRATIF : **Achète** une affiche ! **Achetez** une jolie carte !
Achetons un souvenir.

PASSÉ COMPOSÉ : J'**ai acheté** le programme.

APPELER *to call*

SINGULIER		PLURIEL	
j'	app**elle**	nous‿	appelons
tu	app**elles**	vous‿	appelez
il		ils‿	
elle }	app**elle**	elles‿ }	app**ellent**
on			

IMPÉRATIF : **Appelle** le théâtre ! **Appelez** le cinéma !
Appelons le musée !

PASSÉ COMPOSÉ : Nous **avons appelé** nos parents.

04-43
to
04-46

✳ À vous la parole ✳

4-33 Des achats. What clothes should one buy in the following situations ?

MODÈLE Je dois aller à un mariage.
- J'achète un costume bleu marine.

1. Nous allons à la Réunion pour les vacances.
2. Mes amis vont à un concert de rock.
3. David va voir un spectacle de danse classique.
4. Maryse passe ses vacances au bord de la mer.
5. Vous aimez faire du cheval.
6. Christiane est très élégante quand elle va au théâtre.
7. Nous aimons les vêtements très décontractés (*relaxed*) pour les vacances.
8. Je n'ai pas beaucoup d'argent.

4-34 Mais pourquoi ? Imagine that your roommate is driving you crazy. Ask him or her why he/she does the following things.

MODÈLE jeter mon affiche préférée
      É1 Pourquoi est-ce que tu jettes mon affiche préférée ?
      É2 Je n'aime pas ton affiche. Elle est moche.

1. acheter beaucoup de magazines
2. ne pas appeler tes parents
3. porter mon beau pull rouge
4. ne pas épeler correctement mon nom
5. acheter toujours des chips et du chocolat
6. jeter mon CD préféré
7. appeler tous tes amis

4-35 Une interview. Interview your partner to find out whether or not he or she does the following.

MODÈLE   jette ses vieux tickets de concerts

      É1   Est-ce que tu jettes tes vieux tickets de concerts ?

      É2   Non, je ne jette pas mes vieux tickets ; je garde mes tickets en souvenir.

1. appelle ses parents tous les week-ends
2. achète beaucoup de CD
3. achète des magazines
4. se lève toujours avant huit heures
5. jette ses vieux tickets de concerts
6. jette toujours ses devoirs et examens corrigés
7. amène toujours des amis quand il/elle est invité/e à une fête

Écrivons

4-36 Une carte invitation

A. Avant d'écrire. On what occasions do you invite people to your home to celebrate? birthdays? holidays? a new job? a new home? Create an invitation for a celebration with friends or family. Decide what information you need to provide and make a list of practical and personal details that you want to include. Be sure to look at the model to confirm that you have not forgotten anything!

B. En écrivant. Now, write your invitation, using your notes. Following the model, begin with the practical information and then add any personal details and creative elements.

C. En révisant. As you re-read your invitation, think about the following questions and make any necessary changes.

1. Analyze the content: did you include all the necessary details?
2. Analyze your invitation for style and form: did you follow the model? Did you add any creative elements?

D. Après avoir écrit. Now give your invitation to a classmate and see how he/she responds.

Ça s'arrose !

Pourquoi : On fête les 22 ans de Julia

Où : chez Christophe et Annie
12, rue de la Harpe

Quand : samedi, le 9 mai à partir de 20h

Précisions : Téléphonez-nous au 01.22.08.87 pour nous dire si vous êtes libres. Apportez un plat à partager et un petit cadeau, S.V.P. Le thème de la fête, c'est « le cinéma ». C'est une surprise, donc n'en parlez pas à Julia !

Leçon

Leçon

quelques expressions utiles	some useful expressions
Bravo !	Great! Well done!
Ce n'est pas vrai !	It can't be!
Chouette !	Neat!
Pas tout à fait !	Not quite!
Vive… (la Réunion) !	Hurray for … (Reunion Island)!

quelques verbes conjugués avec *être* au passé composé	some verbs conjugated with *être* in the passé composé
aller	to go
arriver	to arrive
descendre	to go down
devenir	to become
entrer	to go/come in
monter	to go up
mourir	to die
naître	to be born
partir	to leave
passer	to go/come by
rentrer	to go/come home
rester	to stay
retourner	to go back, to return
revenir	to come back
sortir	to go out
tomber	to fall
venir	to come

pour faire un récit	to construct a narrative
d'abord	first
ensuite	next
après	after, after that
puis	then
enfin	finally

pour poser une question	to ask a question
quel/s, quelle/s	which
Quelle est votre saison préférée ?	What is your favorite season?

Leçon 3

pour inviter quelqu'un	to invite someone
Tu es/Vous êtes libre(s) ?	Are you free?
On y va ensemble ?	Shall we go (there) together?
Tu veux/Vous voulez m'accompagner ?	Would you like to come with me?

pour accepter une invitation	to accept an invitation
Oui, je suis libre.	Yes, I am free.
(J'accepte) Avec plaisir.	(I accept) With pleasure.
C'est gentil à toi/vous.	That's kind of you.
Je suis ravi/e.	I am delighted.
Volontiers.	With pleasure./Gladly.

pour refuser une invitation	to refuse an invitation
Je suis désolé/e…	I'm sorry . . .
C'est dommage…	It's too bad . . .
Je regrette…	I'm sorry . . .
Je ne suis pas libre.	I'm not free.
Je suis pris/e.	I'm busy.
J'ai déjà un rendez-vous.	I already have a meeting/date/appointment.

des distractions (f.)	fun activities
aller à un concert	to go to a concert
voir une pièce	to watch a play
passer une soirée tranquille	to spend a quiet evening
une place	seat, place
se retrouver	to meet
un spectacle	show

quelques verbes utiles	some useful verbs
acheter	to buy
amener	to bring (a person)
(s') appeler	(to be named), to call
épeler	to spell
jeter	to throw, to throw away
(se) lever	(to get up), to raise
préférer	to prefer
suggérer	to suggest

une expression utile	a useful expression
à cause de	because of

Vocabulaire

5

Qui va au marché ? Qu'est-ce qu'ils cherchent ?
Qu'est-ce que vous aimez trouver au marché ?

Du marché à la table

**After completing this chapter,
you should be able to:**

❏ Order food and drink in a restaurant

❏ Talk about meals and a wide variety of dishes

❏ Shop for food

❏ Specify quantities

❏ Describe the importance of cuisine and
regional dishes in the Francophone world

POINTS DE DÉPART

Au café

ROMAIN : J'ai faim. On va au McDo ?

HÉLÈNE : Des hamburgers, des frites et du coca, quelle horreur !
Allons au café, c'est plus sympa.

(au café)

LE SERVEUR : Qu'est-ce que je vous sers ?

HÉLÈNE : J'ai très soif. Je voudrais seulement quelque chose à boire.
Euh, une limonade, s'il vous plaît.

ROMAIN : Moi, j'ai faim. Je prends un croque-monsieur et une bière.

(plus tard)

ROMAIN : Monsieur ! … L'addition, s'il vous plaît.

LE SERVEUR : J'arrive… Voilà.

HÉLÈNE : C'est combien ?

ROMAIN : Dix-huit euros. On partage ?

HÉLÈNE : Sans problème.

Des boissons chaudes

une tasse de chocolat chaud

un café crème

un thé nature, un thé au lait

Des boissons alcoolisées

du vin rouge

une bière

Des boissons rafraîchissantes

une cannette de limonade

un Orangina

une bouteille de coca

une cuillère

un verre de jus d'orange

un citron pressé

de l'eau minérale (f.)

des glaçons (m.)

du sucre

Des casse-croûte

une pizza

un sandwich au jambon

des crudités (f.)

des frites (f.)

un croque-monsieur

une salade

une glace

Fiche pratique

To learn new vocabulary, such as the food-related vocabulary in this chapter, it is helpful to organize words and expressions into logically related groupings. For example, like the illustrations on this page, you can group together hot drinks, cold drinks, and snacks. Or, you can make lists of foods you typically eat at certain meals; foods you typically eat with certain courses; types of foods (for example, fruits, vegetables, and meats); foods you purchase in a particular type of container or amount (in a box, in a package, by the dozen, etc.).

✄ À vous la parole ✄

5-1 Proposez des boissons. Proposez des boissons…

MODÈLE chaudes
- un café, un thé, un chocolat chaud

1. rafraîchissantes
2. gazeuses (*carbonated*)
3. alcoolisées
4. qui contiennent du jus de fruit
5. qui contiennent de la caféine
6. à prendre avec le dîner

5-2 Qu'est-ce que vous désirez ? Vous êtes au café ou au restaurant avec un/e partenaire. Dites ce que vous préférez d'après la situation donnée.

MODÈLE Vous êtes au McDo.

      É1 Pour moi, un cheeseburger et un coca.

      É2 Un hamburger avec des frites et une limonade.

1. Il fait très chaud.
2. Vous avez très froid.
3. Vous devez travailler très tard.
4. Il est 14h et vous n'avez pas mangé.
5. C'est le matin.
6. Vous mangez une pizza et vous avez envie de boire quelque chose.
7. Vous avez très faim.
8. Vous avez très soif.

5-3 Au café. À tour de rôle, imaginez que vous êtes le serveur ou la serveuse. Vous prenez la commande (*order*) de vos camarades qui sont les clients.

MODÈLE
  É1 Madame !

  É2 Vous désirez ?

  É1 Un café crème.

  É2 Oui, et pour vous, mademoiselle ?

  É3 Je voudrais un sandwich au jambon.

  É2 C'est tout ?

  É3 Non, une bière aussi, s'il vous plaît.

  É2 Alors, pour monsieur, un café crème, et pour mademoiselle, un sandwich au jambon et une bière.

Vie et culture

La restauration rapide

En France la restauration rapide représente 24 % des dépenses[1] au restaurant, mais ces restaurants comptent pour seulement 2 % du nombre total d'établissements. La chaîne la plus importante[2] est McDonald's, avec 1.134 restaurants en 2008. Mais la part des hamburgers reste limitée : les Français mangent neuf fois plus de sandwichs et six fois plus de pizzas. Ils achètent leurs sandwichs surtout dans des chaînes spécialisées (Paul, Brioche Dorée, Point Chaud), mais il existe d'autres options : en voici quelques-unes. Quelle option est-ce que vous préférez ?

[1]*expenditures*   [2]*biggest*

ET VOUS ?

1. Quelles options existent pour les Français quand ils ont envie de manger rapidement ? et pour vous ? Est-ce qu'il y a beaucoup de chaînes de restauration chez vous ?
2. Pourquoi est-ce que les gens fréquentent ces restaurants ?

Une crêperie à St-Malo

Un fast-food turc à Paris

Des moules frites à Lille

Ce Quick à Roubaix sert des hamburgers halal.

Sons et lettres

La voyelle /y/

The vowel /y/, as in **tu**, is generally spelled with the letter **u**. To pronounce /y/, your tongue must be forward and your lips rounded, protruding, and tense. As you pronounce /y/, think of the vowel /i/ of **ici**. It is important to make a distinction between /y/ and the /u/ of **tout**, as many words in French are distinguished by these two vowels.

✖ À vous la parole ✖

5-4 Imitation. Répétez et arrondissez les lèvres pour bien prononcer /y/ !

tu   du jus   du sucre   des crudités   Jules   Bruno   Lucie   Suzanne

5-5 Contrastes. Attention de bien distinguer entre /y/ (écrit *u*) et /u/ (écrit *ou*) quand vous répétez les mots suivants.

tu	tout	bouteille	bu
du	doux	rouge	rue
jus	joue	debout	début

5-6 Salutations. Imaginez que vous travaillez au café et dites bonjour à vos amis et à vos clients.

MODÈLES   Bruno
       • Salut, Bruno.

      Madame Dupont
       • Bonjour, Madame Dupont.

1. Bruno
2. Lucie
3. Suzanne
4. Madame Dumont
5. Monsieur Dumas
6. Madame Camus

FORMES ET FONCTIONS

1. Les verbes *prendre* et *boire*

The verbs **prendre** and **boire** are irregular.

PRENDRE *to take, to have (food or drink)*			
SINGULIER		**PLURIEL**	
je	prends	nous	prenons
tu	prends	vous	prenez
il		ils	
elle	prend	elles	prennent
on			

IMPÉRATIF : **Prends** un café ! **Prenez** du vin ! **Prenons** une pizza !
PASSÉ COMPOSÉ : J'**ai pris** un chocolat chaud.

<table>
<tr><td colspan="2" align="center">**BOIRE** *to drink*</td></tr>
<tr><td>SINGULIER</td><td>PLURIEL</td></tr>
</table>

je	**bois**	nous	**buvons**
tu	**bois**	vous	**buvez**
il elle on	**boit**	ils elles	**boivent**

IMPÉRATIF : Ne **bois** pas ça ! **Buvez** de l'eau ! Ne **buvons** pas trop !
PASSÉ COMPOSÉ : J'**ai bu** un café.

- The verb **prendre** is used with foods or beverages.

Je **prends** un citron pressé.	*I'm having lemonade.*
—Qu'est-ce que tu **as pris** ?	*—What did you have?*
—Un coca.	*—A Coke.*
On **prend** un sandwich au jambon et des frites.	*We're having a ham sandwich and fries.*

- **Prendre** also means *to take.*

On **prend** le bus ou un taxi ?	*Shall we take the bus or a taxi?*
Tu **prends** ton sac ?	*Are you taking your bag?*

- **Apprendre,** *to learn,* and **comprendre,** *to understand,* are formed like **prendre.**

Tu **apprends** l'italien ?	*You're learning Italian?*
Ils **comprennent** l'arabe.	*They understand Arabic.*

- **Boire** means *to drink.*

Qu'est-ce que tu **bois** ?	*What are you drinking?*
On **boit** du vin rouge.	*We're drinking red wine.*
Je n'**ai** pas **bu** de café aujourd'hui.	*I didn't drink any coffee today.*

05-07
to
05-11

⊰ À vous la parole ⊱

5-7 Quelle consommation ? Qu'est-ce que ces personnes prennent ou boivent ?

MODÈLE   la dame âgée ?
- Elle prend un café crème.
OU • Elle boit un café crème.

1. et le jeune homme ?

2. et son amie ?

3. et les enfants

4. et le monsieur ?

5. et la petite fille ?

6. et ces hommes ?

5-8 C'est logique. Posez une question logique pour savoir quelles langues ces personnes comprennent ou apprennent. Voici la liste des langues :

l'allemand, l'espagnol, le français, l'italien, le portugais, le russe

MODÈLE   Bruno habite au Portugal.
- Alors il comprend le portugais ?

Je vais en Russie.
- Alors tu apprends le russe ?

1. Isabella habite en Italie.
2. J'habite en Russie.
3. Franz habite en Allemagne.
4. Nous habitons en France.
5. Mes cousins habitent en Espagne.
6. Guillaume et Pierre vont à Moscou.
7. Nous allons au Mexique.
8. Mélanie va en Allemagne.
9. Je vais au Portugal.
10. Nous allons au Québec.

5-9 Vos habitudes. Dites ce que vous prenez dans ces situations. Comparez votre réponse avec la réponse de votre partenaire.

MODÈLE   le matin, avant (*before*) d'aller en classe ?
   É1   Moi, je prends un café noir.
   É2   Et moi, un jus d'orange.

1. pendant la journée ?
2. quand vous n'avez pas le temps de manger ?
3. le soir, quand vous avez envie de vous endormir ?
4. quand vous regardez la télé ?
5. quand vous êtes au cinéma ?
6. quand vous sortez avec des amis ?
7. quand vous avez très soif ?

2. L'article partitif

- Nouns are of two types in French and in English. *Count nouns* refer to things that can be counted, such as oranges and bananas. *Mass nouns* are things that normally are not counted, like coffee, tea, sugar, and water. Notice that count nouns can be made plural; mass nouns are normally used only in the singular. Look at the following examples:

J'aime **le** café, mais pas **le** thé.	*I like coffee, but not tea.*
J'adore **les** oranges, mais je déteste **les** bananes.	*I love oranges, but I hate bananas.*

- When you refer to a noun not previously specified, use the indefinite article if it is a count noun.

Il a mangé **un** sandwich.	*He ate a sandwich.*
Je prends **une** pizza.	*I'm having a pizza.*
Elle a acheté **des** croissants.	*She bought some croissants.*

Use one of the three forms of the *partitive article* if it is a mass noun.

Tu voudrais **du** coca ?	*Would you like some Coke?*
Tu prends **de la** glace ?	*Do you want some ice cream?*
Je sers **de l'**eau minérale.	*I'm serving mineral water.*

- In the examples below, note the differences in meaning between the definite article, on the one hand, and the indefinite and partitive articles on the other. The definite article denotes a specific or presupposed item. The indefinite or partitive article denotes an unspecified item.

Definite article	Indefinite or partitive article
Il a pris l'orange. *He took the orange.* (the specific orange)	Il a pris **une** orange. *He took an orange.* (any orange)
Vous prenez **les** sandwichs ? *Are you taking the sandwiches?* (these particular sandwiches)	Vous prenez **des** sandwichs ? *Are you taking sandwiches?* (any sandwiches)
Elle mange **le** pain. *She's eating the bread.* (this specific bread)	Elle mange **du** pain. *She's eating some bread.* (any bread)

- The definite article is also used when nouns are used in a general sense, to express preferences.

J'aime **le** vin mais je n'aime pas **la** bière.	*I like wine but I do not like beer.*

- In negative sentences, both the indefinite and the partitive articles are replaced by **de/d'**:

Il prend **un** Orangina ?	—Non, non, il ne prend pas **d'**Orangina.
Vous avez **des** glaçons ?	—Non, on n'a pas **de** glaçons, mademoiselle.
Vous servez **du** thé ?	—Non, nous ne servons pas **de** thé, monsieur.

❄ À vous la parole ❄

5-10 Qu'est-ce que Chloé mange ? Regardez bien la liste des aliments suivants. Notez la forme de l'article dans chaque cas pour bien déterminer si Chloé prend les aliments suivants ou pas.

	Elle prend…	Elle ne prend pas…	
MODÈLE	_____	✓	… de glace.
1.	_____	_____	… du thé nature.
2.	_____	_____	… de café crème.
3.	_____	_____	… de la salade.
4.	_____	_____	… de l'eau minérale.
5.	_____	_____	… de frites.
6.	_____	_____	… de sucre.
7.	_____	_____	… des fruits.

D'après les habitudes de Chloé, est-ce qu'elle va probablement maigrir ou grossir ? Expliquez votre réponse.

5-11 Ce n'est pas logique ! Corrigez ces phrases illogiques.

MODÈLE Avec le café, je prends du vin blanc.
   • Avec le café, je ne prends pas de vin blanc ; je prends du sucre.

1. Comme dessert, je prends une pizza.
2. Avec une pizza, je prends du café.
3. Quand j'ai très soif, je prends du vin.
4. Généralement, je prends de la bière avec des glaçons.
5. Quand il fait très chaud, on prend du chocolat chaud.
6. Dans un thé au lait, on met des frites.
7. Quand on a faim, on prend de la limonade.
8. Quand on a soif, on prend une pizza.

5-12 Vos habitudes et préférences. Complétez chaque phrase et comparez votre réponse avec la réponse de votre partenaire.

MODÈLE Le matin, je prends toujours…
   É1   Le matin, je prends toujours du café.
   É2   Je déteste le café. Moi, je prends toujours du thé.

1. Le matin, je prends toujours…
2. Quand je vais au McDo, je prends toujours…
3. Le week-end, je prends…
4. Quand j'ai très soif, j'aime…
5. Quand je travaille très tard le soir, je prends souvent…
6. Ma boisson préférée, c'est…

Lisons

5-13 Une recette canadienne.

A. Avant de lire. Have you ever purchased any food products from Canada? If so, what? Can you think of some local products that might be characteristic of québécois cuisine? A famous one is **le sirop d'érable**. Late winter and early spring marks **le temps des sucres** in Quebec. This is when maple sap is collected to make syrup and when visitors flock to the **cabanes à sucre** to observe the syrup-making process, enjoy a good meal, and listen to traditional music. Maple syrup is a main ingredient in traditional québécois cooking, used in everything from marinades to vegetable dishes and desserts.

Look at the recipe and the photos that accompany it. What do you think will probably be among the main ingredients? Read the recipe through, line by line, making sure you understand the procedures, the ingredients, and the quantities involved.

On utilise la sève des érables pour faire du sirop d'érable.

une tarte au sirop d'érable et des biscuits feuilles d'érable fourrés à la crème d'érable

B. En lisant. Trouvez les réponses aux questions suivantes.
1. La recette est divisée en trois parties. Quelles sont ces trois parties ?
2. Dressez une liste des ingrédients, par exemple : 2 pâtes à tarte, …

C. En regardant de plus près. Maintenant examinez quelques caractéristiques du texte.
1. Quand on prépare une recette, il est très important de bien mesurer les ingrédients. Quel est le sens exact des mots et des abréviations suivants ? Donnez les équivalents en anglais.
    a. g
    b. ml
    c. 1 cuillère à table
    d. 1 et 1/2 tasses

2. Les verbes suivants indiquent les méthodes de préparation. Quel est le sens en anglais de chaque verbe ?
   a. chauffer   b. faire fondre
   c. ajouter   d. mélanger
   e. laisser refroidir
   f. garnir
   g. préchauffer
   h. incorporer
   i. verser
   j. faire cuire

3. Donnez le sens en anglais des expressions suivantes qui font partie intégrale de la recette.
   a. deux assiettes à tarte
   b. la pâte à cuire
   c. les fonds de tarte
   d. le mélange d'érable tiédi

D. Après avoir lu. Discutez de ces questions avec vos camarades de classe.

1. Pourquoi, à votre avis, est-ce que c'est un bon exemple d'un plat québécois ?

2. Est-ce que vous connaissez une autre recette qui ressemble à celle-ci ? Quelle est cette recette ?

3. Essayez cette recette, et apportez-la en classe !

Tarte au sirop d'érable

Temps de préparation : 10 mn
Temps de cuisson : 30 mn
Difficulté : facile

Ingrédients

2 pâtes[1] à tarte
1 et 1/2 tasses (375 ml) de sirop d'érable
1/2 tasse (125 ml) de crème 35 %
1/3 tasse (80 g) de beurre
1 cuillère à table de farine [2]
3 œufs

Préparation

1. Dans une casserole, chauffer le sirop d'érable et la crème 35 % jusqu'à l'ébullition.[3]
2. Retirer du feu[4].
3. Faire fondre le beurre dans le mélange, ajouter la farine et bien mélanger.
4. Laisser refroidir.
5. Garnir deux assiettes à tarte avec la pâte à cuire.
6. Préchauffer le four à 375 F (190 C) et cuire les fonds de tarte 15 mn.
7. Incorporer les œufs dans le mélange d'érable tiédi.
8. Verser la garniture[4] au sirop d'érable dans les deux assiettes à tarte.
9. Faire cuire à 300 F (150 C) pendant 20 mn.

[1] crusts   [2] flour   [3] boiling   [4] remove from heat   [5] filling

Dans une cabane à sucre, on goûte des plats préparés avec du sirop d'érable.

Leçon **2** À table !

POINTS DE DÉPART

Les repas

un bol de chocolat chaud
un croissant
du lait
du sucre
du beurre
du pain
des céréales
un bol de café au lait
des tartines
de la confiture

🔊 **Les Sangala habitent à Bordeaux ; ils prennent le petit-déjeuner vers huit heures.**

une tasse de café noir
du bacon
une tranche de pain grillé / une rôtie
un verre de jus d'orange
un œuf sur le plat
du sel
du poivre

 Les Canadiens prennent souvent un petit-déjeuner copieux.

du poulet

des pommes de terre
sautées

une carafe
d'eau

une bouteille
de vin rouge

du fromage

des haricots
verts

une tarte aux pommes

Les Dupuis habitent une ferme en Touraine ; ils déjeunent chez eux à midi et demi.

un yaourt

une pomme

une poire

des fruits

une banane

des biscuits

du pain avec du
chocolat

Marie-Christelle, Janique et Guillaume habitent en Belgique ;
ils prennent le goûter vers quatre heures.

une carafe
d'eau

du riz

des asperges

du poisson

M. et Mme Haddad habitent en Algérie ; ils dînent vers huit heures.

Vie et culture

Les repas en France

Regardez ces menus affichés devant un petit restaurant : en quoi consiste un repas typique ? D'abord, il y a une entrée ; indiquez une ou deux des entrées proposées. Ensuite, il y a un plat principal (de la viande ou du poisson) servi avec un légume. Après, on choisit un fromage ou un dessert. À la fin du repas, on prend le café.

Les Français prennent le temps de manger, et ils restent à table en moyenne[1] deux heures par jour. Le dîner est le repas principal, et en général on dîne vers huit heures du soir. Souvent, on regarde le journal télévisé pendant l'heure du dîner.

Si la durée[2] des repas reste stable, le temps de la préparation diminue. Les Français utilisent de plus en plus des produits congelés[3], le four à micro-ondes[4] et des plats préparés. À la maison, le dîner traditionnel avec trois plats successifs n'est plus courant : entrée, plat garni et dessert sont réduits en général à deux plats.

[1]*on average*   [2]*length*   [3]*frozen*   [4]*microwave*

ET VOUS ?

1. Regardez les menus du petit restaurant : quel menu et quels plats est-ce que vous préférez et pourquoi ?
2. Les Français restent assez longtemps à table. Comment est-ce que vous expliquez cela ?
3. Est-ce que vos habitudes sont semblables aux habitudes des Français ou différents ? Expliquez votre réponse.

05-19 to 05-22

✄ À vous la parole ✄

5-14 Quel repas ? Selon la description, identifiez le repas.

MODÈLE   M. Maisonneuve prend des œufs sur le plat avec du jambon et des rôties.
• Il prend le petit-déjeuner.

1. Mme Lopez donne des pains au chocolat et du lait à ses enfants.
2. Mme Leroux prend seulement du café et un croissant.
3. Nicolas prend un yaourt et une pomme.
4. M. et Mme Poirier prennent des œufs avec des rôties.
5. Il est une heure ; les Schumann mangent du poisson avec du riz.
6. Nous sommes à Montréal, le soir. Mme Ladouceur sert de la soupe.

7. Avant de retourner au bureau, Marion et Gaëlle prennent un hamburger et des frites au McDo.
8. Il est huit heures du soir, et les Deleuze mangent du rosbif et des pommes de terre.

5-15 Quels ingrédients ? Avec quoi est-ce qu'on fait les plats suivants ? Avec un/e partenaire, mettez-vous d'accord sur les ingrédients.

MODÈLE une omelette ?

> É1 Avec quoi est-ce qu'on fait une omelette ?
>
> É2 On fait une omelette avec des œufs, du lait et du beurre.
>
> É1 Et aussi avec du jambon.

1. un citron pressé ?
2. une omelette ?
3. un sandwich ?
4. une salade de fruits ?
5. une tartine ?
6. un croque-monsieur ?
7. un café au lait ?
8. un pain au chocolat ?

C'est quel repas ? Qu'est-ce qu'on prend ?

5-16 Vos préférences. Qu'est-ce que vous prenez d'habitude, dans les situations suivantes ? Comparez vos habitudes avec celles d'un/e camarade de classe.

MODÈLE comme boisson, au petit-déjeuner ?

> É1 D'habitude, je prends du café avec du sucre.
>
> É2 Moi, je ne prends pas de café au petit-déjeuner ; je prends du jus d'orange.

1. comme boisson, au petit-déjeuner ?
2. à manger, au petit-déjeuner ?
3. à manger, au déjeuner ?
4. comme goûter, l'après-midi ?
5. quand vous avez envie de prendre une boisson, l'après-midi ?
6. comme boisson, au dîner ?
7. quand vous n'avez pas dîné, tard le soir ?
8. quand vous êtes très stressé/e ?
9. comme boisson, quand vous avez des invités ?

Sons et lettres

Les voyelles /ø/ et /œ/

To pronounce the vowel /ø/ of **deux**, start from the position of /e/ as in **des** and round the lips. The lips should also be tense and moved forward. It is important to lengthen the sound while continuing to keep the lips rounded, protruded, and tense. Typically, /ø/ occurs at the end of words and syllables and before the consonant /z/: **deux**, **jeu**, **peu**, **sérieuse**. When it is pronounced, the *mute e* (in words like **le**, **se**, **ne**, and **vendredi**) is usually pronounced with the vowel /ø/ of **deux**.

To pronounce the vowel /œ/ of **leur**, start from the position of /ø/ and drop your jaw so that your mouth is open wider. Both vowels are usually spelled **eu**. The vowel /œ/ is also spelled as **œu**, as in **sœur**. The vowel /œ/ of **leur** occurs before a pronounced consonant, except for /z/ as mentioned above.

/ø/	/œ/
le bl**eu**	le b**eu**rre
le d**î**ner	l**eu**r dîner
des **œu**fs	un **œu**f
vend**re**di	il déj**eu**ne

05-23
to
05-24

 À vous la parole

5-17 Contrastes. Répétez chaque paire de mots et comparez les voyelles.

/y/ vs /ø/	/ø/ vs /œ/
du / deux	ne / neuf
lu / le	eux / sœurs
du jus / deux jeux	le bleu / leur beurre

5-18 Au féminin. Donnez la forme correspondante au féminin.

MODÈLE il est sérieux
- elle est sérieuse

1. il est ambitieux
2. il est serveur
3. il est généreux

4. ils sont nombreux
5. il est paresseux

5-19 Phrases. Répétez chaque phrase.
1. Des œufs bleus ? Ce n'est pas sérieux !
2. Le neveu de Monsieur Meunier déjeune à deux heures.
3. La sœur de Madame Francœur porte un tailleur bleu.
4. Je prends un hamburger ; lui, un croque-monsieur.
5. Depardieu est un acteur ; Montesquieu, un auteur ; mon neveu, un serveur.

FORMES ET FONCTIONS

1. Les questions avec les pronoms interrogatifs : *qu'est-ce qui, qu'est-ce que, qui* et *quoi*

- To ask *what*, use **qu'est-ce qui** and **qu'est-ce que**:

- **Qu'est-ce qui** is used as the subject of a question and is followed by a verb:

Qu'est-ce qui se passe ?   *What's happening?*
Qu'est-ce qui est sur la photo ?   *What's in the photo?*

- **Qu'est-ce que** is used as the direct object and is followed by the subject of the sentence:

  Qu'est-ce que vous prenez ?   *What are you having?*
  Qu'est-ce que tu as mis dans la sauce ?   *What did you put in the sauce?*

- To ask *who* or *whom*, use **qui**:

- When **qui** is the subject, it is followed directly by the verb:

  Qui prépare le dîner ?   *Who's making dinner?*
  Qui n'aime pas le chocolat ?   *Who doesn't like chocolate?*

- When **qui** is the direct object, use **est-ce que** before the subject of the sentence:

  Qui est-ce que tu aimes ?   *Whom do you like?*
  Qui est-ce qu'ils invitent ?   *Whom are they inviting?*

- When a verb requires a preposition, that preposition precedes **qui**:

  À qui est-ce que tu parles ?   *Whom are you talking to?*
  Avec qui est-ce que tu dînes ce soir ?   *Whom are you having dinner with tonight?*

- After prepositions, use **quoi** to ask *what*:

  Avec quoi est-ce qu'on fait la sauce ?   *What are we making the sauce with?*
  De quoi est-ce qu'il va parler ?   *What is he going to speak about?*

Fiche pratique

To help learn whether to use **qu'est-ce qui/qu'est-ce que** or **qui/qui est-ce que** to ask a question, practice repeating simple questions with short answers out loud. For example, Qu'est-ce qui est sur la table ? —une tarte. Qui est sur la table ? —le serveur ! Qu'est-ce que tu regardes ? —le menu. Qui est-ce que tu regardes ? —le serveur.

⋇ À vous la parole ⋇

5-20 La curieuse. La petite sœur d'Élodie est très curieuse et lui pose beaucoup de questions. Pour chaque question, indiquez si elle parle d'une chose ou d'une personne.

	une chose	une personne
MODÈLE Qu'est-ce que tu prends ?	✓	___
1. Qu'est-ce que tu regardes ?	___	___
2. Qui est-ce que tu préfères ?	___	___
3. Qui est-ce que tu attends ?	___	___
4. Qui est-ce que tu invites ?	___	___
5. De quoi est-ce que tu parles ?	___	___
6. Avec qui est-ce que tu vas dîner ?	___	___
7. Qu'est-ce que tu vas manger ?	___	___
8. De qui est-ce que tu parles ?	___	___

À votre avis, est-ce que la sœur d'Élodie s'intéresse plus aux personnes ou aux objets ? Pourquoi ?

5-21 Un dîner d'amis. La famille Dupont invite des amis à dîner. Avec un/e partenaire, suivez le modèle et jouez les rôles de Mme Dupont et de son mari.

MODÈLES É1 Dis, chéri, *Damien* a acheté les boissons ?

É2 Mais non.

É1 Alors, *qui* a acheté les boissons ?

É2 Dis, chéri, ta cousine va venir *avec les Berti* ?

É1 Mais non, ma chérie.

É2 Alors, *avec qui est-ce qu'* elle va venir ?

1. On a demandé *à Suzanne* d'apporter le dessert ?
2. *Damien* va chercher le fromage ?
3. Stéphane va inviter *sa fiancée* ?
4. On va acheter *des tomates* pour la salade ?
5. On va faire *une sauce pour la viande* ?
6. *Tu* vas téléphoner aux invités ?
7. On va faire la sauce *avec du beurre* ?

5-22 Jéopardy ! Avec deux partenaires, jouez au Jéopardy. La première personne va donner une réponse choisie de la liste. Les deux autres vont consulter la liste des verbes pour pouvoir poser une question logique. La première à poser sa question peut donner la réponse suivante.

MODÈLES É1 de la musique classique

É2 Qu'est-ce que vous écoutez ?

É1 C'est bon. Alors, c'est à toi.

É2 à mes parents

É3 À qui est-ce que tu téléphones ?

É2 Oui, à toi alors !

---

admirer   écouter   manger   parler   regarder   réviser   téléphoner

---

Réponses à choisir :

la télévision
Bill et Melinda Gates
de la musique classique
de la pizza
à mon copain

la sociologie
le manuel de français
à mes parents
de politique
Carrie Underwood

5-23 On va tout savoir. Interviewez un/e partenaire pour apprendre tous les détails de sa vie universitaire.

MODÈLES habiter

- Où est-ce que tu habites ? Avec qui est-ce que tu habites ?

faire comme études

- Qu'est-ce que tu fais comme études ?

1. habiter
2. faire comme études
3. manger typiquement
4. sortir le soir
5. faire le week-end

2. Les verbes en -*ir* comme *choisir*

- Like other **-ir** verbs you have learned, verbs like **choisir** have four spoken forms. The final /s/ of the plural form is dropped in the singular.

ils **choisissent** /ʃwazis/ la glace   il **choisit** /ʃwazi/ la tarte

To form the present indicative of verbs like **choisir**, add **-iss-** to the base for the plural forms: **chois ir → chois -iss-**.

CHOISIR *to choose*			
SINGULIER		**PLURIEL**	
je	chois**is**	nous	chois**issons**
tu	chois**is**	vous	chois**issez**
il		ils	
elle }	chois**it**	elles }	chois**issent**
on			

IMPÉRATIF : Ne **choisis** pas ça ! **Choisissez** le poisson !
Choisissons un dessert !
PASSÉ COMPOSÉ : J'ai déjà **choisi**.

- Some **-ir/-iss-** verbs are derived from common adjectives. They express the meaning that someone or something is becoming more like the adjective:

rouge	*red*	**rougir**	*to blush*
pâle	*pale*	**pâlir**	*to become pale*
maigre	*thin, skinny*	**maigrir**	*to lose weight*
grosse	*large, fat*	**grossir**	*to gain weight*
grande	*large, tall*	**grandir**	*to grow taller, to grow up (for children)*

- Some other common verbs conjugated like **choisir** are:

finir	*to finish*	Tu **as fini** la soupe ?
obéir à	*to obey*	**Obéis à** ta mère ! Pas de chocolat dans ta chambre !
désobéir à	*to disobey*	Ces enfants **désobéissent** toujours **à** leur père.
punir	*to punish*	Tu **punis** ton fils parce qu'il n'a pas mangé ses carottes ? C'est ridicule.
réfléchir à	*to think*	Je **réfléchis à** l'entrée que je préfère.
réussir à	*to succeed*	Elle ne **réussit** pas **à** appeler le serveur.
	to pass	Il **a** bien **réussi à** son examen. (OU Il **a** **réussi** son examen.)

05-29
to
05-32

5-24 Des enfants modèles ? Est-ce que ces enfants obéissent ou désobéissent à leurs parents ?

MODÈLE Delphine ne s'essuie pas quand elle sort de la douche.
- Elle désobéit à ses parents.

1. Fabien mange du chocolat dans sa chambre.
2. Laetitia et Fabien font leurs devoirs devant la télé.
3. Tu manges bien tous les matins avant d'aller à l'école.
4. Fabien et Delphine jouent au basket sur la terrasse.
5. Laetitia ne mange jamais dans sa chambre.
6. Vous ne sortez pas quand vous avez un examen à préparer.
7. Delphine et vous, vous mettez la musique très fort.
8. J'aide mes parents à préparer le dîner.

5-25 Le choix est à vous ! Qu'est-ce que vous choisissez ?
En groupes de trois ou quatre, comparez votre réponse avec la réponse de vos partenaires.

MODÈLE entre un coca et une bière

    É1 Entre un coca et une bière, moi, je choisis une bière.

    É2 Pas moi ! Je choisis un coca.

    É3 Moi aussi, donc toi et moi, on choisit un coca.

1. entre une soupe aux poissons et une soupe aux carottes
2. entre le poulet et le poisson
3. entre les haricots verts et les asperges
4. entre le fromage et le yaourt
5. entre une poire et une banane
6. entre une glace et une tarte
7. entre le thé et le café

5-26 Trouvez une personne. Dans votre salle de classe, trouvez une personne qui…

MODÈLE finit toujours ses devoirs avant d'arriver en classe

    É1 Est-ce que tu finis toujours tes devoirs avant d'arriver en classe ?

    É2 Non, je ne finis pas toujours mes devoirs avant d'arriver en classe.

    OU Oui, je finis toujours mes devoirs avant d'arriver en classe.

1. rougit toujours quand il/elle parle devant un groupe
2. finit toujours ses devoirs avant d'arriver en classe
3. grossit toujours en hiver
4. grandit toujours (*still*)
5. réfléchit toujours avant de répondre
6. réussit toujours à ses examens
7. maigrit quand il/elle est stressé/e
8. grossit quand il/elle est stressé/e
9. ne désobéit jamais à ses parents

Observons

5-27 Voici des spécialités de chez nous.

A. Avant de regarder. Est-ce que vous avez déjà
dîné dans un restaurant marocain ? africain ? Si oui,
quelles sont les spécialités que vous avez
goûtées ? Regardez la photo du buffet et identifiez
ces plats du Bénin. Sur la photo, il y a du poulet, des
épinards et des fruits comme des plaintains.
Regardez le
couscous ;
qu'est-ce qu'il
faut pour
faire un bon
couscous ?

*Voici un
buffet plein
de spécialités
du Bénin.*

*Est-ce que vous avez déjà
mangé du couscous ? Où ?*

B. En regardant. Deux personnes vont décrire des spécialités de leur
région. Trouvez toutes les bonnes réponses à chaque question.

1. Bienvenu décrit des spécialités du…
   a. Mali.   b. Bénin.   c. Cameroun.

2. D'abord, c'est de l'épinard avec…
   a. du poulet.   b. du porc.   c. des crevettes.

3. L'épinard est accompagné de pâte faite de…
   a. riz.   b. maïs.   c. plantain.

4. Le plantain, c'est une forme de…
   a. céréales.   b. légume.   c. banane.

5. Fadoua décrit une spécialité du…
   a. Maroc.   b. Tchad.   c. Midi de la France.

6. Pour préparer ce plat, il faut…
   a. un grand four.   b. un couscoussier.   c. une casserole.

7. Comme ingrédients, on peut mettre…
   a. de la viande.   b. du poisson.   c. des tomates.   d. des carottes.
   e. des oignons.   f. des navets (*turnips*).   g. des concombres.

8. Pour servir, on met un bol avec du bouillon pour…
   a. boire.   b. mélanger (*mix*) les ingrédients.   c. mouiller (*moisten*) le plat.

C. Après avoir regardé. Quel plat est-ce que vous voudriez essayer
et pourquoi ?

Leçon ③ Faisons des courses

POINTS DE DÉPART

Allons au supermarché

du saumon

de la charcuterie

une crevette

du biffteck haché

une pâtisserie

une baguette

un rôti de porc

du thon

du rosbif

un pain de campagne

une côtelette d'agneau

un pain de mie

un gâteau

du pâté

Le rayon charcuterie-poissonnerie-boucherie

Le rayon boulangerie-pâtisserie

une tarte

un plat préparé

un poivron vert

un petit pain

une carotte

de l'ail (m.)

une tomate

un oignon

des petits pois (m.)

des épinards (m.)

un poivron rouge

une pêche

un concombre

Les surgelés

La caisse

une cerise

un champignon

Le rayon fruits et légumes

un melon

du vinaigre

de l'huile (f.)

du raisin

une fraise

de la moutarde

des pâtes (f.)

C'est samedi. Les Mathieu font des courses à Super U. Ils se trouvent au rayon fruits et légumes.

M. MATHIEU : Qu'est-ce qu'on prend comme fruits ? Des cerises ? Elles sont belles.

MME MATHIEU : Mais elles sont trop chères. Sept euros le kilo !

M. MATHIEU : Alors, prenons des pêches !

MME MATHIEU : D'accord. Tu veux passer au rayon crèmerie ?
On a besoin d'une douzaine d'œufs, d'une bouteille de lait, d'un morceau de cantal et aussi peut-être d'un bon camembert. Moi, je vais au rayon charcuterie pour chercher quelques tranches de jambon et du pâté. On se retrouve à la caisse ?

(*quelques minutes plus tard*)

M. MATHIEU : Regarde, chérie, j'ai trouvé cette boîte de sardines, un pot de moutarde à l'ancienne et ce paquet de chips bio.

MME MATHIEU : Tu es incorrigible ! C'est pas sur la liste, tout ça !

✤ À vous la parole ✤

5-28 Quel rayon ? Nous sommes au supermarché. Où est-ce que vous entendez cela ? Choisissez vos réponses dans cette liste.

> au rayon crèmerie
> au rayon charcuterie
> au rayon boucherie
> au rayon poissonnerie
>
> au rayon boulangerie-pâtisserie
> au rayon fruits et légumes
> au rayon surgelés
> à la caisse

MODÈLE Je voudrais une demi-douzaine de petits pains, s'il vous plaît.
   • C'est au rayon boulangerie-pâtisserie.

1. Je mets les croissants dans un sac ?
2. Qu'est-ce que tu préfères, le pâté de campagne ou le jambon ?
3. Vous avez des sardines ?
4. Comme dessert, on prend de la glace ou un sorbet ?
5. Je vous recommande le brie, madame.
6. Il y a des côtelettes d'agneau et du poulet.
7. La pâtissière fait des gâteaux délicieux !
8. Les melons sont beaux, mais ils sont chers.
9. Donne-moi mon sac, chéri ; on doit payer maintenant.

Vie et culture

Pour faire des courses

Regardez ces photos. Qu'est-ce qu'on achète dans chaque endroit ? Où est-ce que vous préférez faire des courses et pourquoi ?

Pour faire des courses, les Français ont beaucoup de choix. Ils vont chez les petits commerçants ou ils font leurs courses dans les grandes surfaces. Par exemple, le matin, beaucoup de Français achètent la baguette du petit-déjeuner chez le boulanger. Mais la majorité des Français vont faire des courses une ou deux fois par semaine dans les supermarchés comme Casino ou les hypermarchés comme Intermarché ou Carrefour. Comme les supermarchés, les hypermarchés offrent toutes sortes d'aliments[1]. Mais en plus, on y trouve des vêtements, des livres, des CD, des appareils électroniques (comme des télés, des lecteurs DVD, des ordinateurs, etc.), et différentes choses pour la maison.

Pour acheter des fruits et des légumes frais[2] ou biologiques, les Français aiment faire leur marché, surtout le week-end. Il est vrai que les marchés sont moins pratiques que les supermarchés, en particulier en hiver ou quand il pleut. Alors pourquoi est-ce que les gens préfèrent les marchés ? C'est parce que les produits sont plus frais et les marchés sont plus animés. On y trouve une grande variété de couleurs, d'odeurs et de bruits[3].

[1]*food*　[2]*fresh*　[3]*noises*

On trouve de tout dans une grande surface.

Dans cette épicerie on vend des produits bio et régionaux.

Un marché en plein air à Nîmes.

 5-29 Des achats. Qu'est-ce que ces gens ont acheté ? Avec un/e partenaire, suggérez un ou deux produits.

MODÈLE　Pauline se trouve au rayon boucherie.

　　　　É1　Elle achète un rôti.

　　　　É2　Et aussi un poulet.

1. Nicolas est passé au rayon boulangerie.
2. M. Dumas va faire une salade.
3. Mme Ducastel est allée au rayon fruits et légumes pour acheter des fruits.
4. M. et Mme Camus vont servir du poisson.

5. Matthieu a seulement acheté des surgelés.
6. Gaëlle est allée au rayon crèmerie.
7. Christophe est passé au rayon légumes.
8. Lucie va faire une vinaigrette.

5-30 Un grand dîner. Avec un/e partenaire, planifiez un grand dîner avec des amis. Quelle occasion est-ce que vous allez fêter ? Qu'est-ce que vous allez servir comme entrée ? comme plat principal ? comme légume ? comme fromage ? comme boisson ? comme dessert ?

MODÈLE É1 Comme entrée, on va acheter du jambon et des crudités.
            É2 Je déteste ça. Je préfère les crevettes.
            É1 C'est cher, mais d'accord. Et comme plat principal ? …

FORMES ET FONCTIONS

1. Les expressions de quantité

- In **Chapitre 3**, **Leçon 1**, you learned that adverbs of quantity are followed by **de/d'** when used with nouns.

trop de	Il y a **trop de** sucre.	*There's too much sugar.*
beaucoup de	Il mange **beaucoup de** riz.	*He eats lots of rice.*
assez de	Vous avez **assez d'**huile ?	*Do you have enough oil?*
peu de	Je mange **peu de** choux.	*I eat very little cabbage.*
ne... pas de	Tu **n'**as **pas de** sel ?	*Don't you have any salt?*

- Nouns of measure are used in the same way.

une tasse de	Prends **une tasse de** café.	*Have a cup of coffee.*
une boîte de	Donne-moi **une boîte de** sardines.	*Give me a can of sardines.*
	On va prendre **une boîte de** céréales ?	*Are we going to get a box of cereal?*
un kilo de	Achète **un kilo de** navets.	*Buy a kilo of turnips.*
un litre de	Il faut **un litre de** lait.	*We need a liter of milk.*

- Here are some useful expressions for specifying quantity.

une bouteille d'eau
une carafe de vin rouge
un bol de café
une assiette de crudités
un pot de moutarde
un verre de vin
un litre de coca
un morceau de brie
une tasse de thé
un paquet de riz
une tranche de pâté
un kilo de pommes de terre
une douzaine d'œufs
un demi-kilo de tomates (500 g de tomates)

5-31 À table. Quelle quantité de ces aliments est-ce que vous prenez ?

> **MODÈLE** Vous prenez de l'eau ?
> • Oui, donnez-moi un verre d'eau.

1. Vous prenez du jambon ?
2. Vous prenez du café au lait ?
3. Vous prenez du pain ?
4. Vous prenez des crudités ?
5. Vous prenez du vin ?
6. Vous prenez de la viande ?
7. Vous prenez du fromage ?
8. Vous prenez du thé ?

5-32 Un pot-au-feu. Qu'est-ce qu'il faut pour faire un pot-au-feu ? Regardez l'image du « pot-au-feu géant » préparé pour un festival d'été en Bretagne. Avec un/e partenaire, décidez de quelle quantité il faudrait pour préparer un pot-au-feu pour votre famille.

> **MODÈLE** É1 Pour un pot-au-feu géant, il faut 260 kg de viande !
> Et pour ta famille ?
> É2 Pour ma famille, il faut seulement un kilo de viande…

5-33 Préparation pour un repas. Qu'est-ce qu'il faut acheter, et en quelles quantités ? Décidez avec votre partenaire.

> **MODÈLE** Marion va faire une omelette au jambon pour quatre personnes.
> É1 Elle doit acheter une douzaine d'œufs.
> É2 Et aussi quatre tranches de jambon.
> É1 Oui, c'est ça.

1. Cédric va inviter deux amis à prendre le dessert.
2. Mme Salazar va faire un rôti de porc et des petits pois pour elle, son mari et leurs trois enfants.
3. Nous sommes en hiver. M. Bertrand voudrait préparer une salade de fruits.
4. Vanessa va servir du saumon à sept personnes. Quels légumes est-ce que vous lui suggérez ?
5. Audrey a invité ses parents, son fiancé et les parents de son fiancé à déjeuner dimanche. Qu'est-ce qu'elle va servir comme entrée ?
6. M. Charpentier a des amis chez lui ; avec sa femme, ses deux enfants et lui, ça fait sept personnes. Il va chez le boulanger. Qu'est-ce qu'il va acheter ?
7. M. Papin a invité son chef de bureau et sa femme à dîner. Qu'est-ce que les Papin vont préparer comme plat principal ? Et comme dessert ?

05-40
to
05-43

2. Le pronom partitif *en*

- The pronoun **en** replaces nouns used with the partitive article or the plural indefinite article **des**:

Vous avez acheté **de l'ail** ? — *Did you buy garlic?*
—Oui, j'**en** ai acheté. — *—Yes, I bought some.*
Il n'y a pas **de sucre** ? — *There isn't any sugar?*
—Si, il y **en** a. — *—Yes, there is some.*
Qui prend **des fraises à la crème** ? — *Who's having strawberries with cream?*
—Jérémy **en** prend. Il aime bien ça. — *—Jeremy's having some. He likes that.*

- The pronoun **en** can be used to replace nouns modified by an expression of quantity (including numbers). In this case, the expression of quantity is placed at the end of the sentence.

Il faut beaucoup de sucre pour cette recette? — *Do you need a lot of sugar for this recipe?*
—Oui, il **en** faut beaucoup. — *—Yes, you need a lot (of it).*
Tu as pris **du vin rouge** ? — *Did you have some red wine?*
—Oui, j'**en** ai bu un verre. — *—Yes, I drank a glass (of it).*
Combien de poivrons rouges est-ce que vous allez prendre ? — *How many red peppers are you going to get?*
—Nous allons **en** prendre trois. — *—We'll get three (of them).*

- As the examples above show, **en** is placed immediately before the conjugated verb of a sentence, unless there is an infinitive. In that case, it precedes the infinitive.

✕ À vous la parole ✕

5-34 Qu'est-ce qu'il a acheté ? David achète des provisions. D'après les indications, qu'est-ce qu'il a acheté ? Avec un/e partenaire, trouvez des possibilités.

MODÈLE Il en a acheté une douzaine.

    É1 Il a acheté une douzaine d'œufs.

    É2 Il a acheté une douzaine de citrons.

1. Il en a pris un pot.
2. Il en a acheté un morceau.
3. Il en a pris une douzaine.
4. Il en a acheté une bouteille.
5. Il en a pris deux paquets.
6. Il en a demandé deux.
7. Il en a pris beaucoup.
8. Il en a acheté un kilo.
9. Il en a demandé dix tranches.
10. Il en a acheté une boîte.

— carottes
— oignons
— petits pains
— pâtes
— moutarde
— vin
— eau minérale
— lait
— œufs
— saumon

5-35 Elle en prend combien ? Voici la liste des provisions que Mme Serre achète pour sa famille. Quelles quantités est-ce qu'il lui faut ?

MODÈLE des carottes
    • Elle en achète un kilo.

5-36 Vous en avez combien ? Donnez une réponse logique et personnalisée, et comparez-la avec la réponse de votre partenaire. Ensuite, comparez vos réponses avec les autres étudiants dans votre cours.

MODÈLE   des sœurs ?

　　　　É1　J'en ai une.

　　　　É2　Je n'en ai pas.

1. des sœurs ?
2. des frères ?
3. des amis ?
4. des problèmes ?
5. de l'argent ?
6. des devoirs ?
7. des responsabilités ?
8. des vacances ?

Parlons

5-37 Les plats régionaux.

A. Avant de parler. Les Français ont la réputation de bien manger et boire. C'est une réputation bien méritée. La cuisine française est très variée. Chaque région a ses plats particuliers qui dépendent de son climat, de ses produits et de ses traditions culturelles. Voici une liste de quelques spécialités régionales en France :

- la bouillabaisse marseillaise
- la choucroute alsacienne
- la quiche lorraine
- les crêpes bretonnes
- le coq au vin bourguignon
- la fondue savoyarde

Est-ce que vous connaissez déjà certains de ces plats ?

B. En parlant. Avec un/e partenaire, regardez ces images de spécialités et de plats régionaux. Décrivez chaque photo et essayez d'identifier le plat.

MODÈLE   É1 Regarde cette image. C'est une soupe.

          É2 Oui, une soupe de poissons. Il y a des morceaux de poissons.

          É1 Oui, et aussi des tomates parce que la soupe est rouge.

          É2 C'est la bouillabaisse marseillaise ?

          É1 C'est possible. Oui, c'est ça.

C. Après avoir parlé. Est-ce que vous et votre partenaire avez identifié tous les plats ? Comparez vos réponses aux réponses de vos camarades de classe.

Leçon

au café ou au restaurant	in the cafe or in the restaurant
l'addition (f.)	bill
avoir faim	to be hungry
avoir soif	to be thirsty
boire	to drink
prendre	to take, to have (food or drink)

des boissons chaudes	hot drinks
un café (crème)	coffee (with cream)
un chocolat chaud	hot chocolate
un thé (au lait/nature)	tea (with/without milk)

des boissons rafraîchissantes	cold drinks
un citron pressé	lemonade
un coca(-cola)	cola
de l'eau (f.) (minérale)	(mineral) water
un jus d'orange	orange juice
une limonade	lemon-lime soft drink
un Orangina	orange soda

des boissons alcoolisées	alcoholic drinks
une bière	beer
du vin (rouge, blanc, rosé)	(red, white, rosé) wine

des casse-croûte (m. inv.)	snacks
un croque-monsieur	grilled ham-and-cheese sandwich
des crudités (f.)	cut-up raw vegetables
des frites (f.)	French fries
une glace	ice cream
un *hamburger	hamburger
une pizza	pizza
une salade verte	green salad
un sandwich (au jambon, au fromage)	(ham, cheese) sandwich

quelques expressions utiles	some useful expressions
apprendre	to learn
une bouteille	bottle
une cannette	(soda) can
comprendre	to understand
une cuillère	spoon
des glaçons (m.)	ice cubes
je voudrais…	I would like . . .
partager	to share
quelle horreur !	how awful!
quelque chose (à manger, à boire)	something (to eat, to drink)
sans problème	no problem
un serveur/une serveuse	server
seulement	only
du sucre	sugar
une tasse	cup
un verre	glass

Leçon

les repas	meals
le petit-déjeuner	breakfast
le déjeuner	lunch
le goûter	afternoon snack
le dîner	dinner

au petit-déjeuner	at breakfast
prendre le petit-déjeuner	to have breakfast
le bacon	bacon
le beurre	butter
un café au lait	coffee with milk
des céréales (f. pl.)	cereal
la confiture	jam
un croissant	croissant
un œuf (sur le plat/au plat)	(fried) egg
du pain	bread
un pain au chocolat	chocolate croissant
une rôtie	piece of toast (Can.)
une tartine	slice of bread with butter and/or jam
une tranche de pain grillé	slice of toast

au déjeuner	at lunch
une entrée	appetizer or starter
un plat principal	main dish
un dessert	dessert

des aliments (m.)	food
une asperge	asparagus
un biscuit	cookie
le fromage	cheese
les *haricots verts (m.)	green beans
un légume	vegetable
le poisson	fish
une pomme de terre	potato
le poulet	chicken
le riz	rice
une soupe	soup
une tarte aux pommes	apple pie
la viande	meat
un yaourt	yogurt

des fruits (m.)	fruits
une banane	banana
une poire	pear
une pomme	apple

des épices (f.)	spices
le poivre	pepper
le sel	salt

autres mots utiles	other useful words
un bol (de café au lait)	bowl (of coffee with hot milk)
une carafe (d'eau)	carafe (of water)

pour décrire	to describe
copieux/-euse	copious, hearty
grillé/e	grilled, toasted

pour poser une question	to ask a question
qu'est-ce que/qui… ?	what . . . ?
qui ?	who?
quoi ?	what?

verbes en -ir comme *choisir*	verbs ending in -ir like choisir
choisir	to choose
désobéir à	to disobey
finir	to finish
grandir	to grow taller, to grow up (for children)
grossir	to gain weight
maigrir	to lose weight
obéir à	to obey
pâlir	to become pale
punir	to punish
réfléchir à	to think
réussir (à)	to succeed/to pass
rougir	to blush

Leçon 3

les rayons du supermarché	supermarket aisles
le rayon boulangerie-pâtisserie	bakery/pastry aisle
une baguette	long, thin loaf of bread
un gâteau	cake
un pain de campagne	round loaf of bread
un pain de mie	loaf of sliced bread
une pâtisserie	pastry
des petits pains (m.)	rolls
une tarte	pie
le rayon boucherie	meat counter
du bifteck haché	ground beef
une côtelette d'agneau	lamb chop
du rosbif	roast beef
le rayon charcuterie	deli counter
du pâté	pâté
des plats (m.) préparés	prepared dishes
un rôti (de porc)	(pork) roast
le rayon crèmerie	dairy products aisle
le rayon fruits et légumes	produce aisle
une fraise	strawberry
un melon	cantaloupe
une pêche	peach
du raisin	grapes
de l'ail (m.)	garlic

une carotte	carrot
un champignon	mushroom
un chou, des choux	cabbage
un concombre	cucumber
les épinards (m.)	spinach
un navet	turnip
un oignon	onion
les petits pois (m.)	peas
un poivron (rouge, vert)	(red, green) pepper
une tomate	tomato
le rayon poissonnerie	fish counter
une crevette	shrimp
du saumon	salmon
du thon	tuna
le rayon surgelés	frozen foods section
les surgelés (m.)	frozen foods

des condiments	condiments
l'huile (f.)	oil
la moutarde	mustard
le vinaigre	vinegar

pour faire les courses	to shop for food
un/e commerçant/e	shopkeeper, merchant
une épicerie	small grocery store
une grande surface	superstore

des quantités (f.)	quantities
une assiette de (crudités)	plate of (raw vegetables)
une boîte de (sardines)	can of (sardines)
une boîte de (céréales)	box of (cereal)
un demi-kilo de (tomates)	half-kilo of (tomatoes)
une douzaine d'(œufs)	dozen (eggs)
un kilo de (pommes)	kilo of (apples)
un litre de (lait)	liter of (milk)
un morceau de (fromage)	piece of (cheese)
un paquet de (pâtes)	package of (pasta)
un pot de (moutarde)	jar of (mustard)
une tranche de (pâté)	slice of (pâté)

quelques expressions utiles	some useful expressions
avoir besoin de	to need
J'ai besoin d'huile.	I need (some) oil.
il faut	to need
Il faut quatre œufs.	We need four eggs.
biologique	organic
une tomate bio(logique)	organic tomato
la caisse	cash register
délicieux/-euse	delicious
frais/fraîche	fresh
se trouver	to be located

Vocabulaire

6

Est-ce que cette maison est semblable aux maisons dans la région où vous habitez ? Pourquoi ?

Nous sommes chez nous

Leçon ❶ La vie en ville

Leçon ❷ Je suis chez moi

Leçon ❸ La vie à la campagne

After completing this chapter, you should be able to:

❑ Talk about where you live

❑ Specify dates, distances, and prices

❑ Identify geographical features

❑ Make suggestions

❑ Describe situations and settings in the past

❑ Understand concepts of home and regionalism in France

POINTS DE DÉPART

Chez les Santini

Les Santini habitent à Paris dans le dix-huitième arrondissement, près de Montmartre, un quartier animé de Paris. M. et Mme Santini ont deux enfants, Nicolas et Véronique. Ils habitent un bel immeuble dans une rue tranquille d'un quartier résidentiel.

L'appartement des Santini est au sixième étage — on prend les escaliers ou l'ascenseur pour monter. C'est un cinq-pièces avec une grande salle de séjour, une salle à manger et trois chambres. Chaque enfant a sa propre chambre. Il y a aussi une salle de bains, des toilettes (des W.-C.) et une cuisine. L'appartement a un balcon qui donne sur la rue, et dans la chambre de M. et Mme Santini, il y a même un petit balcon qui donne sur la cour. Au sous-sol, il y a un garage où les Santini garent leur voiture. Ils ont des voisins sympathiques au cinquième étage.

un immeuble

le sixième étage

un ascenseur

des escaliers (m.)

le premier étage

le rez-de-chaussée

une rue

un balcon

une cour

un garage

le sous-sol

une cuisine

une chambre

un balcon

une salle de bains

des toilettes (f.)

une salle
à manger

un couloir

une entrée

une salle
de séjour

un ascenseur

un balcon

 ⫸ À vous la parole ⫷

06-01
to
06-05

6-1 Où est-ce qu'ils sont ? Expliquez où sont ces gens.

MODÈLE   Nicolas fait ses devoirs.
   • Il est dans sa chambre.

1. Mme Santini prépare le dîner pour la famille.
2. Véronique met la table.
3. M. Santini regarde un film à la télé.
4. Nicolas prend une douche.
5. Les enfants jouent aux cartes.
6. M. Santini regarde les voitures qui passent.
7. Le voisin frappe à la porte.
8. M. Santini prépare le café.
9. Véronique fait la sieste.
10. Mme Santini gare la voiture.

 6-2 Une comparaison. Avec un/e partenaire, comparez l'endroit (*place*) où vous habitez avec l'appartement des Santini.

MODÈLE   Les Santini habitent un appartement de cinq pièces.
   É1   Moi, j'habite un deux-pièces.
   É2   Moi, j'ai une chambre à la résidence.

1. Les Santini habitent une grande ville.
2. Ils habitent un quartier animé.

3. Ils habitent un bel immeuble.
4. Ils sont propriétaires.
5. Ils habitent au sixième étage.
6. Il y a un ascenseur et aussi des escaliers dans l'immeuble.
7. Les Santini habitent un appartement de cinq pièces.
8. Chez les Santini, il y a une belle cuisine.
9. Il y a trois chambres chez eux.
10. Chez eux, la salle de bains et les toilettes sont séparées.

6-3 Trois appartements. Voici trois appartements. Avec un/e partenaire, décrivez chaque appartement et choisissez l'appartement que vous préférez.

MODÈLE • Le premier appartement est un deux-pièces. Il y a une petite chambre et un séjour. Il y a une terrasse, … Je préfère… , parce que…

Appartement n° 1

Appartement n° 2

Appartement n° 3

Vie et culture

Où habitent les Français ?

Environ[1] 57 % des familles en France habitent une maison individuelle, mais dans les centres urbains, les appartements sont plus nombreux. Environ 41 % des Français habitent un appartement. La majorité des Français (57.5 %) sont propriétaires de leur maison ou appartement. Les autres sont des locataires, c'est-à-dire qu'ils louent leur appartement ou leur maison et payent un loyer chaque mois. Quelquefois, les charges (l'eau, l'électricité et le gaz) sont comprises[2] dans le loyer et quelquefois c'est en supplément.

Dans les quartiers résidentiels des grandes villes, beaucoup de familles habitent un apparte-ment dans un grand immeuble. En France, le nombre de pièces (sans compter la cuisine, la salle de bains ou les toilettes) détermine la classification des appartements et des maisons. Un studio est un appartement avec une seule pièce (plus, éven-tuellement[3], cuisine, salle de bains et toilettes). Est-ce que la majorité des Américains habitent des maisons individuelles ou des appartements ?

À quel étage ?

Regardez l'immeuble à la page 177 et surtout **le rez-de-chaussée** et **le premier étage**. Est-ce que c'est le même système où vous habitez ? En France, quand vous entrez dans un bâtiment ou un immeuble, vous êtes au **rez-de-chaussée** et **le premier étage** se trouve au-dessus[4]. Si vous descendez un étage, vous êtes au **sous-sol**.

RdeCh	rez-de-chaussée	11e	onzième
1er	premier	12e	douzième
2e	deuxième	…	
3e	troisième	20e	vingtième
…		21e	vingt-et-unième

[1]*approximately* [2]*included* [3]*peut-être* [4]*above*

Voici une maison typiquement française en Côte d'Or, près de Dijon.

FORMES ET FONCTIONS

1. Les nombres à partir de mille

To express numbers larger than 999, use the following terms:

1 000 mille	1 000 000 un-million	1 000 000 000 un-milliard
2 000 deux-mille	2 000 000 deux-millions	2 000 000 000 deux-milliards

- As the examples above show, add **-s** after **million** and **milliard** in the plural. No **-s** is ever added to **mille**.

- Dates prior to the twenty-first century can be expressed in either of two ways:

On a acheté la maison en mille-neuf-cent-quatre-vingt-neuf (1989).

We bought the house in 1989.

Ils louent cet appartement depuis dix-neuf-cent-quatre-vingt-dix-neuf (1999).

They've been renting that apartment since 1999.

Dates in the twenty-first century and beyond are expressed with **deux-mille**:

Elle habite là depuis deux-mille-neuf (2009).

She's been living there since 2009.

- A comma is used in French where we would use a decimal point.

Environ trois virgule trois pour cent (3,3 %) des ménages en France sont logés gratuitement à cause de leur travail.

About three point three percent (3.3%) of French households live in free housing, due to their work situation.

- Use a space or a period to separate out thousands and other large numbers.

De Lille à Ajaccio (en Corse), ça fait 1 061 kilomètres.

De Paris à Montréal, ça fait 5.511 kilomètres.

From Lille to Ajaccio (in Corsica), it's 1,061 kilometers.

From Paris to Montreal, it's 5,511 kilometers.

- Use **de / d'** after **million**:

À Paris, il y a plus de 11 000 000 **d'**habitants.

The city of Paris has more than 11,000,000 inhabitants.

❋ À vous la parole ❋

6-4 Maisons de rêve. Regardez ces annonces pour des belles propriétés à vendre en France. Dites combien coûte chaque maison ou appartement.

MODÈLE Normandie : maison ancienne avec vue sur la mer ; Prix : 775.000 €
- La maison en Normandie coûte sept-cent-soixante-quinze-mille euros.

1. **CÔTE D'OR :** une ferme restaurée ; **Prix : 371.650 €**
2. **BRETAGNE :** propriété de charme près de la mer ; **Prix : 636.000 €**
3. **LOIRE-ATLANTIQUE :** la vue sur l'océan ; **Prix : 768.000 €**
4. **ALPES-MARITIMES :** un charme fou ; **Prix : 1.280.000 €**
5. **CHARENTE-MARITIME :** grand appartement, excellent état ; **Prix : 247.850 €**
6. **TARN-ET-GARONNE :** maison ancienne, à rénover ; **Prix : 110.000 €**

6-5 Un peu d'histoire. Est-ce que vous êtes doué/e en histoire ? Avec un/e partenaire, trouvez la bonne date pour chaque évènement.

MODÈLE 1804
- En mille-huit-cent-quatre les Haïtiens déclarent leur indépendance.

1066	Les Haïtiens déclarent leur indépendance.
1492	La Révolution française commence.
1776	Les Normands arrivent en Angleterre.
1789	Le premier président noir est élu aux États-Unis.
1804	La Première Guerre mondiale commence.
1860	Les attentats du 11 septembre ont lieu.
1914	La Seconde Guerre mondiale commence.
1939	La Guerre de Sécession commence.
2001	Jefferson écrit la Déclaration d'Indépendance américaine.
2008	Christophe Colomb découvre l'Amérique.

6-6 Chiffres importants. Partagez ces renseignements avec un/e partenaire.

MODÈLES   date de naissance (*birth*)

É1 C'est le quatorze février, mille-neuf-cent-quatre-vingt-sept. (14/02/1987)

numéro de téléphone

É2 C'est le cinq-cent-cinquante-cinq, zéro huit, trente-sept. (555-0837)

1. date de naissance   2. numéro de téléphone   3. code postal

2. Les pronoms compléments d'objet direct *le, la, l', les*

- A direct object receives the action of a verb, answering the question *whom* or *what*. For example, **la voiture** is the direct object in the following sentence: **Elle gare la voiture**. A direct-object pronoun can replace a direct-object noun; it agrees in gender and number with the noun it replaces.

Elle gare **la voiture** ?	Oui, elle **la** gare.	*Yes, she is parking it.*
Elle regarde **le voisin** ?	Oui, elle **le** regarde.	*Yes, she is looking at him.*
Elle achète **l'appartement** ?	Oui, elle **l'**achète.	*Yes, she is buying it.*
Elle aime bien **les voisins** ?	Oui, elle les aime bien. /z/	*Yes, she likes them.*

- Here are the third person forms of the direct-object pronouns. In the plural, liaison /z/ is pronounced before a vowel.

	SINGULIER	PLURIEL
masc.	**le**	**les**
m./f. + voyelle	**l'**	**les** /z/
fém.	**la**	**les**

- Normally, direct-object pronouns precede the conjugated verb.

—Vous aimez l'appartement en centre-ville ?

—Oui, on **l'**aime bien. Ce n'est pas trop cher.

—Où sont les escaliers ?

—Je ne sais pas, je ne **les** ai pas remarqués.

—*Do you like the downtown apartment?*

—*Yes, we like it. It's not too expensive.*

—*Where are the stairs?*

—*I don't know, I didn't notice them.*

- A direct-object pronoun precedes an infinitive:

—Tu vas payer les charges ?

—Mais bien sûr, je vais **les** payer ; je **les** paye tous les mois, non ?

—*Are you going to pay the utilities?*

—*Well, of course I'm going to pay them; I pay them every month, don't I?*

- The negative **ne** never comes between an object pronoun and verb:

Les voisins, on ne **les** voit jamais.

L'appartement, je ne **l'**ai pas acheté.

La voiture, je ne vais pas **la** garer.

. . . *we never see them.*

. . . *I didn't buy it.*

. . . *I'm not going to park it.*

Fiche pratique

In French you cannot emphasize a word by adding stress to it, as in English: "Did you see *John* or *Bill*?" "I saw *John.*" One way to emphasize a word or phrase in French is to place it at the very beginning of the sentence, and put a pronoun equivalent in its place: **Les voisins,** tu **les** aimes ?

- To point out people or objects, the direct-object pronouns precede **voilà**:

Sylvie ? **La** voilà.
Mes CD ? **Les** voilà.

Sylvie? There she is.
My CDs? There they are.

- Note the placement of direct-object pronouns in commands:

In negative commands, the object pronoun precedes the conjugated verb:

Cet appartement ? Ne **le** montrez pas !   . . . *Don't show it!*

In affirmative commands, an object pronoun is placed after the conjugated verb and is joined to it by a hyphen:

Le nouveau studio ? Montrez-**le** à Susan !   . . . *Show it to Susan!*

- In the **passé composé**, the past participle agrees in gender and number with a preceding direct-object pronoun:

J'ai donné **le CD** à Justine.
J'ai donné **la lampe** à Yann.
J'ai donné **les livres** à Coralie.
J'ai donné **les affiches** à Thibaut.

Je **l'**ai donné à Justine.
Je **l'**ai donnée à Yann.
Je **les** ai donnés à Coralie.
Je **les** ai données à Thibaut.

❃ À vous la parole ❃

6-7 On joue à cache-cache. Cécile joue à cache-cache (*hide-and-seek*) avec sa sœur, son frère et ses chats. Pour chaque phrase, décidez si elle cherche (ou trouve) sa sœur, son frère ou ses chats.

Elle…	sa sœur	son frère	ses chats
MODÈLE … la cherche dans la cour.	✓		
1. … les cherche dans le séjour.			
2. … le cherche dans la cuisine.			
3. … la cherche sur la terrasse.			
4. … le cherche partout (*everywhere*).			
5. … les trouve sur le balcon.			
6. … la trouve dans sa chambre.			
7. … le cherche encore.			

Qui a trouvé le meilleur endroit (*place*) pour se cacher ? Pourquoi ?

6-8 Les opinions sont partagées ! Décidez avec un/e partenaire si vous êtes d'accord ou non.

MODÈLE   On les aime : les films ? les examens ?

     É1   Les films, on les aime.

     É2   Les examens, on ne les aime pas.

1. On l'aime beaucoup : la danse ? le théâtre ?
2. On l'aime bien : le golf ? le football ?
3. On les écoute toujours : les parents ? les professeurs ?
4. On les déteste : les jours de pluie ? les jours d'orage ?
5. On les regarde souvent : les films ? les documentaires ?
6. On la visite souvent : la ville de New York ? la France ?
7. On l'adore : le français ? l'histoire ?
8. On les aime : les pique-niques ? les vacances ?

6-9 Les occupations et les loisirs. Quels sont les occupations et les loisirs de vos camarades de classe ? Posez des questions à deux camarades, et ensuite comparez les réponses.

MODÈLE faire la cuisine

É1 Tu aimes faire la cuisine ?

É2 Oui, j'aime la faire. Et toi ?

É3 Non, je n'aime pas la faire.

1. faire la cuisine
2. faire les devoirs
3. écouter la radio le matin
4. mettre la table
5. inviter tes amis
6. préparer les repas
7. regarder la télé pendant le dîner

 # Observons

06-54
to
06-56

6-10 Visitons Seillans.

A. Avant de regarder. Dans cette séquence vidéo, nous allons « visiter Seillans ». Seillans se trouve dans le Midi de la France, pas très loin de la Côte d'Azur. Regardez la photo de Seillans pour répondre à ces questions.

1. Qui est la personne qui va faire le guide dans la séquence vidéo, à votre avis ?
2. Seillans, c'est un centre urbain, une grande ville ou un petit village ?
3. À votre avis, quels aspects de Seillans est-ce que le guide va nous montrer ?

 B. En regardant. Maintenant, regardez la séquence vidéo pour trouver la bonne réponse.

1. Seillans se trouve dans quelle région de la France ?
2. Seillans, c'est un village classé : pourquoi ?
3. À Seillans, vous allez remarquer (cochez les bonnes réponses) :

_____ des belles fontaines _____ des églises romanes

_____ des villas magnifiques _____ des collines boisées

_____ des petites places avec des arbres _____ des paysages spectaculaires

4. Quels sont les produits locaux bien appréciés ?

_____ le vin _____ la lavande _____ les olives _____ le coton

C. Après avoir regardé. D'après la description, est-ce que Seillans est un endroit que vous voudriez visiter un jour ? Pourquoi ?

POINTS DE DÉPART

Chez Christelle

Christelle habite un vieil immeuble rénové dans le centre-ville de Nice. Son studio se trouve sous les toits : il n'est pas très chic, mais il est spacieux et assez agréable. En plus, il n'est pas cher : son loyer est de seulement 460 euros par mois. Le studio est meublé : il y a une belle armoire ancienne pour ranger ses vêtements et une étagère pour ranger ses livres. Les autres meubles sont un peu abîmés, mais ils sont confortables, surtout le lit et le fauteuil. Par terre, il y a un beau tapis, et il y a des rideaux neufs à la fenêtre. Il y a des affiches aux murs et des plantes sur les petites tables. Le coin cuisine est petit mais bien équipé : il y a un petit réfrigérateur à côté de l'évier et une cuisinière avec un four. Il y a aussi des grands placards — c'est très pratique pour mettre ses affaires, comme la vaisselle. Il y a aussi une salle de bains moderne et des W.-C.

Voici l'immeuble où se trouve le studio de Christelle.

Vie et culture

📖 Le quartier

Dans les grandes villes, c'est le quartier qui donne un aspect plus personnel à la vie urbaine souvent trop impersonnelle. Chaque quartier est comme une petite communauté : il y a le café du coin[1] et les petits commerçants. C'est possible d'y faire ses courses tous les jours. Il y a souvent un marché certains jours de la semaine.

Regardez la séquence vidéo, *Mon quartier*, où une jeune Parisienne décrit son quartier. Quels aspects de son quartier est-ce qu'elle aime en particulier ? Et vous, est-ce que vous habitez aussi dans un quartier ? Est-ce que vous avez aussi le sentiment de faire partie d'une petite communauté ? Pourquoi ?

[1]*corner*

Pauline achète son pain à la boulangerie du coin.

06-17
to
06-20

🇬🇧 À vous la parole 🇬🇧

6-11 Chez Christelle. Décrivez l'appartement où habite Christelle en choisissant un adjectif approprié.

MODÈLE   L'immeuble est neuf ou vieux ?
  • L'immeuble est vieux.

1. Le studio est spacieux ou petit ?
2. Le loyer est cher ou pas cher ?
3. Le fauteuil est confortable ou pas confortable ?
4. La salle de bains est ancienne ou moderne ?
5. L'armoire est neuve ou ancienne ?
6. Les rideaux sont neufs ou vieux ?
7. Le tapis est abîmé ou beau ?
8. Le coin cuisine est bien équipé ou mal équipé ?

6-12 La chambre de Van Gogh. Van Gogh (1853–1890), un artiste néerlandais bien connu, a habité en France. Voici un de ses tableaux ; c'est sa chambre en Provence. Décrivez cette chambre en cinq ou six phrases.

MODÈLE • Dans cette chambre, il y a un petit lit. À côté du lit, il y a…

Vincent Van Gogh, « La chambre de Van Gogh à Arles », 1889. Oil on canvas. 57.5 × 74 cm. Musée d'Orsay, Paris, France. Erich Lessing/Art Resource, NY.

6-13 Ma chambre. Avec un/e partenaire, décrivez votre chambre à la résidence, dans votre maison ou votre appartement, ou chez vos parents. N'oubliez pas de parler de ce que vous avez fait pour rendre votre environnement plus personnel. Pour commencer, répondez à ces questions :

Quels meubles est-ce qu'il y a ?

Qu'est-ce qu'il y a aux murs ? par terre ?

Quels objets personnels — des photos, des plantes — est-ce qu'il y a ?

Quelles couleurs est-ce qu'il y a dans la chambre ?

MODÈLE É1 J'habite une petite chambre dans la résidence universitaire. Dans ma chambre, il y a deux lits, deux bureaux et des étagères.

É2 Moi aussi, j'habite une chambre dans la résidence. Qu'est-ce que tu as fait pour rendre ta chambre plus personnelle ?

É1 J'ai mis des plantes ; j'adore les plantes. Et toi ?

É2 Moi, j'ai mis un beau tapis par terre et beaucoup d'affiches aux murs. C'est très bien chez moi.

FORMES ET FONCTIONS

1. Les pronoms compléments d'objet indirect *lui* et *leur*

- You have learned that nouns that function as direct objects answer the question *whom?* or *what?*; they follow the verb directly and can be replaced by a direct-object pronoun.

Tu prends **cet appartement** ?	—Oui, je **le** prends.
Elle attend **le propriétaire** ?	—Oui, elle **l'**attend.
Vous aimez **ces appartements** ?	—Non, on ne **les** aime pas.

- In French, nouns that function as indirect objects are generally introduced by the preposition **à**; they often answer the question *to whom?* and they always refer to a person or an animal.

Je donne le loyer **à la propriétaire**.	*I'm giving the rent **to the landlady**.* (or, *I'm giving **the landlady** the rent.*)
Tu as répondu **à tes parents** ?	*Did you answer **your parents**?*

In the sentences above, the indirect-object pronouns **lui** (*to him, to her*) and **leur** (*to them*) can be substituted for **à la propriétaire** and **à tes parents**.

Je **lui** donne le loyer.	*I'm giving the rent **to him/her**.*
Tu **leur** as répondu ?	*Did you answer **them**?*

- Like other object pronouns, **lui** and **leur** are placed immediately before the conjugated verb, unless there is an infinitive. If there is an infinitive in the sentence, **lui** and **leur** precede the infinitive.

Je **lui** parle du loyer.	*I'm speaking **to him/her** about the rent.*
Nous **leur** avons téléphoné.	*We called **them** up.*
Tu vas **lui** donner l'argent pour les charges ?	*Are you going to give **him/her** the money for utilities?*
Elle va **leur** expliquer combien ça coûte par mois.	*She is going to explain **to them** how much it costs per month.*

- In affirmative commands, **lui** and **leur** are placed immediately after the verb and are joined to it by a hyphen:

  Donne-**lui** ta nouvelle adresse.   *Give **her**/**him** your new address.*
  Téléphone-**leur** à propos de   *Call **them** about the apartment.*
      l'appartement.

  In negative commands, **lui** and **leur** are placed immediately before the conjugated verb:

  Ne **lui** prête pas l'appartement.   *Don't loan the apartment **to him**/**her**.*

- Two main groups of verbs take indirect objects.

VERBS OF COMMUNICATION

demander	*to ask*	On va **leur** demander l'adresse.
expliquer	*to explain*	Tu vas **lui** expliquer le problème ?
montrer	*to show*	Qui va **lui** montrer la chambre ?
parler	*to speak*	Je **leur** parle souvent au téléphone.
répondre	*to answer*	Elle ne **leur** a pas répondu.
téléphoner	*to phone*	Nous **leur** avons téléphoné hier.

VERBS OF TRANSFER

acheter	*to buy*	Je **leur** ai acheté un petit appartement.
apporter	*to bring*	La propriétaire **lui** a apporté la lettre.
donner	*to give*	On va **leur** donner l'adresse.
emprunter	*to borrow*	Je **lui** emprunte la voiture.
offrir	*to give (a gift)*	Elle **lui** offre un cadeau pour son anniversaire.
prêter	*to lend*	Tu **leur** prêtes ton studio ?
remettre	*to hand in/over*	Nous **lui** avons remis le loyer.
rendre	*to give back*	Je **lui** ai rendu le livre.

06-21
to
06-24

❊ À vous la parole ❊

6-14 À qui est-ce qu'on parle ? Romain parle de ses habitudes. Pour chaque phrase, décidez s'il parle à sa copine ou à ses parents.

Normalement, je…

	à ma copine	à mes parents
MODÈLE … lui téléphone une ou deux fois par jour.	✓	___
1. … leur téléphone le week-end.	___	___
2. … lui parle quand je suis frustré.	___	___
3. … lui parle quand je me lève le matin.	___	___
4. … lui téléphone quand j'ai des problèmes.	___	___
5. … leur parle quand j'ai besoin d'argent.	___	___
6. … lui téléphone quand j'ai envie de sortir.	___	___
7. … leur parle quand c'est bientôt les vacances.	___	___

D'après ces descriptions, à qui est-ce qu'il parle le plus souvent ?

6-15 Qu'est-ce qu'on offre ? Les personnes suivantes ont acheté un nouvel appartement. D'après les indications, qu'est-ce qu'on leur offre comme cadeau ?

MODÈLE Ma sœur n'a pas grand-chose aux murs.
- Je lui offre une belle affiche.

1. Mes parents ont un nouveau lecteur DVD.
2. Mon oncle adore faire la cuisine.
3. Ma tante adore les plantes et les fleurs (*flowers*).
4. Ma cousine aime les livres.
5. Mes grands-parents aiment la musique.
6. Mon cousin n'a pas de colocataire.
7. Mes amis ont une belle terrasse.

6-16 Rarement, souvent ou jamais ? Interviewez un/e camarade de classe pour savoir avec quelle fréquence il/elle fait les choses suivantes : **rarement**, **souvent** ou **jamais** ?

MODÈLE prêter tes vêtements à ta/ton colocataire
- É1 Est-ce que tu prêtes tes vêtements à ta colocataire ?
- É2 Non, je ne lui prête jamais mes vêtements.
- ou Oui, je lui prête souvent mes pull-overs.

1. rendre les devoirs au professeur
2. expliquer tes problèmes à tes parents
3. parler à tes parents
4. offrir des cadeaux à tes amis
5. demander de l'argent à tes parents
6. emprunter des vêtements à tes amis
7. achèter des bonbons pour tes nièces et tes neveux
8. emprunter de l'argent à tes amis

2. Les pronoms compléments d'objet *me, te, nous, vous*

- You have learned that nouns that function as direct objects answer the question *whom?* or *what?*; they follow the verb directly and can be replaced by a direct-object pronoun.

  Tu entends **les voisins** ?   Oui, je **les** entends.

- Nouns that function as indirect objects are generally introduced by the preposition **à**; they often answer the question *to whom?* and they generally refer to a person.

  Tu donnes l'adresse **à ta sœur et**   Oui, je **leur** donne l'adresse.
    son mari ?

- The pronouns **me/m'**, **te/t'**, **nous**, and **vous** function as direct-object pronouns, corresponding to **le, la, l'**, and **les**. They also serve as indirect-object pronouns, corresponding to **lui** and **leur**.

  Direct-object pronouns

  Tu **m'**attends devant l'immeuble ? *Will you wait for me in front of the building?*
  Je vais **vous** inviter à dîner.   *I'm going to invite you to dinner.*

  Indirect-object pronouns

  Je **te** téléphone tout de suite.   *I'll call you right away.*
  Il **nous** a offert un cadeau.   *He gave us a gift.*

• Here is a summary of object pronouns:

	PERSONNE	DIRECT	INDIRECT
SINGULIER	1ère	me/m'	
	2^e	te/t'	
	3e *m.*	le/l'	lui
	f.	la/l'	
PLURIEL	1ère	nous	
	2^e	vous	
	3^e	les	leur

06-25 to 06-28

✄ À vous la parole ✄

6-17 Esprit de contradiction ou pas ? Vous allez proposer quelque chose. Un/e de vos partenaires va donner son accord, l'autre va refuser.

MODÈLE   É1   Tu m'attends ?
             É2   Oui, je t'attends.
             É3   Non, je ne t'attends pas.

1. Tu m'aides à ranger l'appartement ?
2. Tu me téléphones ?
3. Tu m'invites chez toi ?
4. Tu me prêtes ton studio à Paris ?
5. Tu vas me répondre ?
6. Tu vas me montrer ta chambre ?
7. Tu vas m'accompagner à la piscine ?

6-18 Du chantage. Répondez que vous êtes d'accord.

MODÈLE   Je t'invite à dîner si tu me prêtes de l'argent.
             • Alors, je te prête de l'argent.

1. Je te réponds si tu me donnes ton adresse.
2. Je te téléphone si tu me donnes ton numéro de téléphone.
3. On t'accompagne au musée si tu nous invites à la fête.
4. On t'offre le dessert si tu nous aides à ranger le garage.
5. Je t'amène au cinéma si tu me prêtes ta voiture demain.
6. Je répare ton vélo si tu m'expliques le problème de maths.
7. On t'offre une glace si tu nous accompagnes à la bibliothèque.

6-19 Qu'est-ce qu'ils font ? Qu'est-ce que ces gens font pour vous ? Parlez-en avec un/e camarade, et ensuite comparez vos réponses avec celles des autres étudiants.

MODÈLE vos parents

      É1 Qu'est-ce que tes parents font pour toi ?

      É2 Ils me téléphonent le week-end ; ils me prêtent de l'argent pour payer mes études ; ils m'offrent des cadeaux.

1. votre frère ou sœur
2. votre colocataire
3. votre meilleur/e ami/e
4. votre copain/copine ou votre mari/femme
5. vos professeurs
6. vos parents

Écrivons

6-20 La ville de...

A. Avant d'écrire. Vous allez préparer une brochure publicitaire — comme la brochure pour Nice à la page suivante — sur une ville de France qui vous intéresse. Pour commencer, identifiez les personnes pour qui vous allez préparer la brochure : est-ce qu'elles sont sportives ? artistiques, gastronomes, adultes, étudiants, enfants… ? Ensuite, en fonction de leurs intérêts, répondez aux questions suivantes en consultant des guides, des vidéos touristiques et des sites Internet.

1. Où se trouve cette ville en France ? (près de la mer ? à côté de Paris ? à la montagne ?)
2. Quels sont les sites touristiques les plus intéressants dans cette ville ? Décrivez-les.
3. Quelles activités est-ce qu'on y pratique ? Est-ce qu'il y a des activités, par exemple, pour les personnes qui aiment le sport, les beaux-arts, l'histoire ? pour les enfants, les jeunes, les personnes âgées ?

B. En écrivant. Maintenant, utilisez vos informations pour préparer une brochure. Regardez comme modèle la brochure pour Nice.

1. D'abord, rédigez un texte de quatre petits paragraphes qui décrit la ville : un paragraphe pour l'introduction et trois paragraphes qui présentent trois aspects différents (sites touristiques, sports, évènements culturels, …) de la ville. N'oubliez pas les personnes pour qui vous préparez la brochure.
2. Ajoutez des images (photos, dessins, tableaux) de la ville.
3. Donnez un titre à votre brochure.

C. En révisant. Relisez votre brochure et réfléchissez aux questions suivantes. Faites tous les changements nécessaires.

1. Analysez le contenu : est-ce que vous avez décrit des sites et des activités qui vont probablement intéresser votre public ?
2. Analysez le style et la forme : est-ce que vous avez bien organisé votre brochure pour intéresser le public visé ? Est-ce que vous donnez une description vive et colorée de la région pour attirer l'attention de vos lecteurs ? Est-ce que vous avez inclus des photos, des tableaux ou des dessins ?

Stratégie

When preparing a promotional brochure, think about who your readers will be and how best to reach them with well-chosen content and an enticing presentation.

D. Après avoir écrit. Présentez votre ville à vos camarades de classe et essayez de les persuader de la visiter.

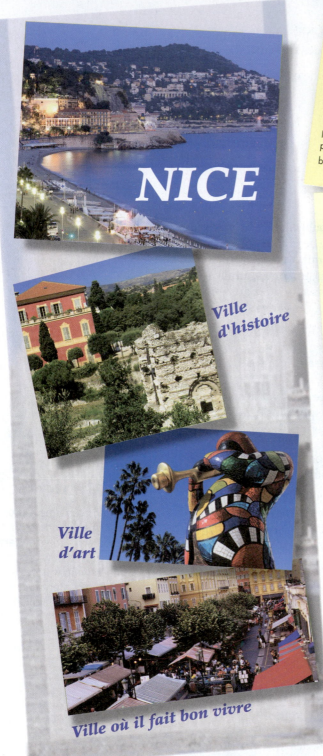

NICE

Il y a 400 000 ans, les hommes vivent déjà à Nice. Vers 400 ans av. J–C, les Grecs viennent par la mer pour établir Nikaï « la victorieuse ». En 14 av. J.C., les Romains fondent Cemenelum (Cimiez) sur une colline. Actuellement, on peut y visiter les arènes, un bel amphithéâtre et les thermes publics. Pas loin, on peut apprécier l'art contemporain avec le Musée Matisse.

Nice est devenue une grande ville touristique, appréciée autant pour ses sites historiques et son art que pour son port et ses belles plages.

À Découvrir, à Visiter

Les Monuments

La colline du château Bus Ligne (32), Tramway Ligne (T1)
Site choisi par les Grecs il y a quelques millénaires et la fondation de la ville de Nice.

La Cathédrale Sainte–Reparate Tramway Ligne (T1)
Le plus vaste sanctuaire dans le Vieux–Nice, son bel et somptueux intérieur est inspiré de la Basilique St Pierre à Rome.

Le Cours Saleya Tramway Ligne (T1)
Zone piétonne au cours du Vieux–Nice avec des terrasses de restaurants, le marché aux fleurs et aux légumes, le marché aux antiquaires.

Les Musées

Musée Matisse Bus Ligne (17), Ligne (22), Ligne (15)
Dans une belle villa de XVIIIe, la collection personnelle de l'artiste qui a séjourné à Nice de 1917 jusqu'à sa mort en 1954.

Musée national Marc Chagall Bus Ligne (22), Ligne (15)
Musée créé et construit à la demande de l'artiste pour exposer les 17 grands tableaux présentant son Message Biblique.

Musée et site Archéologique de Nice–Cemenelum Bus Ligne (17), Ligne (22), Ligne (15)
Visiter les arènes, l'amphithéâtre, les thermes publics et un musée qui expose les objets datant de l'âge des métaux jusqu'au Moyen Âge.

Musée de Paléontologie humaine de Terra Amata Bus Ligne (T32), Ligne (81)
Musée installé sur un campement préhistorique qui date de 400 000 ans, près du port.

POINTS DE DÉPART

Tout près de la nature

Les Santini possèdent une petite villa qui se trouve en Haute-Normandie. Ce n'est pas très loin de Paris et à une heure de la mer. Ils ont passé le week-end dernier là-bas. M. Santini en parle avec son collègue M. Deleuze.

La résidence secondaire des Santini en Haute-Normandie ; ils peuvent bricoler et faire du jardinage le week-end et pendant les vacances.

M. Deleuze : Qu'est-ce que vous avez fait le week-end dernier ?

M. Santini : On est allés à la campagne où nous avons une petite maison.

M. Deleuze : C'était bien ?

M. Santini : Formidable ! C'était calme, j'ai bricolé, je suis allé à la pêche et avec les enfants, on s'est promenés dans les bois. Dimanche, on est allé à Honfleur et on a fait un pique-nique au bord de la mer.

M. Deleuze : Vous avez un jardin aussi ?

M. Santini : Oh, on a un petit potager et quelques arbres fruitiers, c'est tout. C'est ma femme qui s'occupe de tout cela.

M. Deleuze : Alors, il me semble que vous avez passé un week-end agréable.

M. Santini : En effet, on se détend toujours quand on est à la campagne. C'est un endroit très calme.

Vie et culture

06-53

Les régions de France

Pour les Français, la France a la forme d'une figure géométrique. Regardez la carte et essayez de voir quelle figure. Oui, c'est un hexagone. C'est un hexagone équilibré, avec trois côtés bordés par des mers et trois côtés limités par d'autres pays[1]. Comment s'appellent les mers et les pays qui bordent la France ?

Les frontières[2] de la France d'aujourd'hui ne sont pas des frontières naturelles. En fait, l'Hexagone est le résultat d'évènements politiques qui ont réuni[3] peu à peu des peuples de langues et de cultures différentes. Par exemple, la Bretagne a été ajoutée[4] en 1532 ; le Pays Basque en 1620 ; le Roussillon (la région autour de Perpignan) en 1659 ; l'Alsace en 1681 ; la Corse en 1768 ; la Savoie et la région de Nice en 1860.

Les langues de France

Les habitants des régions françaises ont conservé une partie de leur culture à travers la musique, les fêtes, la cuisine et les langues régionales. Les communautés locales font un effort pour préserver ces langues, et on commence à enseigner les langues régionales à l'école. Voici quelques exemples de la langue de ces régions qui, tous, veulent dire : « Venez chez nous en… ! »

- En Bretagne, le breton : **Deit genomb é Breizh !**
- En Alsace et en Lorraine, des dialectes allemands : **Komme zü uns ens Elsass !**
- En Corse, le corse : **Venite in Corsica !**

Regardez la séquence vidéo *À la découverte de la France : les provinces*. Combien de régions différentes est-ce que vous identifiez ?

ET VOUS ?

1. Faites une liste des régions des États-Unis. Quelles sortes de spécialités (la musique, les plats régionaux, les fêtes) est-ce qu'on trouve dans ces régions?
2. D'après vous, est-ce qu'il existe des langues régionales aux États-Unis comme en France ? Expliquez.

[1]*other countries*   [2]*borders*   [3]*united*   [4]*added*

6-21 Où aller ? Suggérez le meilleur endroit pour chaque activité mentionnée.

MODÈLE   pour faire de la pêche
- Allons au bord d'une rivière.

ou   Allons au bord de la mer.

ou   Allons au lac.

1. pour faire du ski
2. pour faire un pique-nique
3. pour nager
4. pour faire une promenade dans la nature
5. pour faire du cheval
6. pour faire de la voile
7. pour faire du camping

6-22 Plaisirs de la ville, plaisirs de la campagne. Vous préférez habiter la ville ou la campagne ? Pourquoi ? Discutez de votre préférence avec un/e partenaire et dressez une liste des avantages et des inconvénients.

MODÈLE   É1 Moi, je préfère habiter la ville ; il y a beaucoup de bons restaurants et de cinémas.

É2 Il y a trop d'activité et trop de voitures en ville ; je préfère le calme à la campagne…

la ville : avantages = les restaurants, les cinémas, …
             inconvénients = les voitures, …

la campagne : avantages = le calme, …

6-23 La maison de vos rêves. Imaginez que vous pouvez acheter une résidence secondaire. Décrivez-la d'après vos préférences, et comparez vos idées avec celles d'un/e partenaire.

1. Elle se trouve au bord de la mer ? à la montagne ? à la campagne ?
2. C'est une grande ou une petite maison ? simple ou élégante ?
3. Qu'est-ce que vous faites quand vous allez dans votre résidence secondaire ?

MODÈLE • Ma résidence secondaire se trouve à la montagne. C'est un petit chalet, très simple mais confortable. Là-bas, il ne fait pas trop chaud en été, et il y a toujours de la neige en hiver. En été, j'aime faire des randonnées, et en hiver, j'adore faire du ski.

Sons et lettres
La semi-voyelle /j/

When the letter **i** immediately precedes a vowel sound, it is pronounced /j/, as in the English word *yes*. It forms a single syllable with the following vowel. Compare:

étudie / étudiez   fruit / fruitier   mari / marié

Note that when **i** is preceded by a group of consonants and followed by a vowel sound, it is pronounced /i/ and forms a separate syllable. Compare:

le lien / le cli-ent   bien / ou-bli-er   Pierre / pro-pri-é-taire

The letter **y** is often pronounced /j/:

loyer   s'essuyer   **y**aourt   il **y** a / il n'**y** a pas

La prononciation de *-ill-*

The combination of letters **-ill-** has two pronunciations: with the /l/ sound of **il** or the /j/ sound at the end of **travail**. It is difficult to predict how that combination is to be pronounced in a given word; the pronunciation of individual words must be memorized. Compare:

/l/		/j/	
mille	un million	la fille	la famille
la ville	le village	se maquiller	elle se maquille
tranquille		s'habiller	gentille

06-36
to
06-37

⋺⋲ À vous la parole ⋺⋲

6-24 Imitation. Répétez ces mots ou expressions qui contiennent la semi-voyelle /j/ devant une voyelle orale.

mieux	le premier	officiel	un cinq-pièces
les escaliers	le quartier	la rivière	monsieur
la société	l'évier	vous chantiez	nous voulions

6-25 Contrastes. Prononcez ces paires de mots ou d'expressions en faisant bien la différence de prononciation de la lettre *i*.

1. la vie / les vieux
2. l'ami / le mieux
3. le cri / crier
4. le mari / le mariage
5. elle étudie / elle va étudier
6. il est parti / nous partions

6-26 Phrases. Maintenant lisez ces phrases.
1. Le loyer du studio au quatrième étage n'est pas cher, mais il faut prendre les escaliers ; il n'**y** a pas d'ascenseur.
2. Mille familles habitent ce village tranquille ; dans la ville c'est un-million d'après les statistiques officielles.
3. Dans ce quartier résidentiel et tranquille, il y a des studios et des beaux deux-pièces avec un loyer peu cher.

FORMES ET FONCTIONS

1. Faire des suggestions avec l'imparfait

- The imperfect (**l'imparfait**) is a tense that is used in a variety of ways. For example, it is used with **si** to make suggestions and to soften commands.

  Si on **faisait** une promenade ?   *Shall we take a walk?*
  Si tu **allais** à la pêche ?   *Why don't you go fishing?*
  Si on **allait** à la montagne ?   *How about going to the mountains?*

- To form the **imparfait**, drop the **-ons** ending of the **nous** form of the present tense and add the **imparfait** endings. The only exception to this rule is the verb **être**, which has an irregular stem, **ét-**, as shown below.

L'IMPARFAIT					
INFINITIVE	jouer	partir	finir	descendre	**être**
NOUS FORM	jouons	partons	finissons	descendons	
IMPARFAIT STEM	**jou-**	**part-**	**finiss-**	**descend-**	**ét-**
je	jou**ais**	part**ais**	finiss**ais**	descend**ais**	ét**ais**
tu	jou**ais**	part**ais**	finiss**ais**	descend**ais**	ét**ais**
il elle on	jou**ait**	part**ait**	finiss**ait**	descend**ait**	ét**ait**
nous	jou**ions**	part**ions**	finiss**ions**	descend**ions**	ét**ions**
vous	jou**iez**	part**iez**	finiss**iez**	descend**iez**	ét**iez**
ils elles	jou**aient**	part**aient**	finiss**aient**	descend**aient**	ét**aient**

❊ À vous la parole ❊

6-27 Un week-end à la campagne. Transformez ces ordres en suggestions.

MODÈLES Jouons au golf !
- Si on jouait au golf ?
Mets la table !
- Si tu mettais la table ?

1. Faisons une randonnée !
2. Travaille dans le jardin !
3. Descendez au bord du lac !
4. Organisons un pique-nique !
5. Faites une promenade dans la forêt !
6. Cherchons des tomates !
7. Fais du bricolage !
8. Allons à la pêche !
9. Faisons de la voile !

Fiche pratique

As you encounter a new verb tense, use several of your senses to help you learn the new forms. For example, practice repeating the **imparfait** forms of the verb **finir** out loud: **je finissais, tu finissais, elle finissait,** etc., while forming a picture in your mind of your hand writing out the endings **-ais, -ais, -ait,** etc., for each form.

6-28 Pour une sortie. En groupes de trois personnes, organisez une petite sortie. Mettez-vous d'accord sur l'endroit et les distractions. Utilisez les verbes indiqués.

MODÈLE   aller ; apporter ; faire

É1   Si on allait à la plage ? (ou chez Tracy ?, etc.)
É2   Si tu apportais ta guitare ?
É3   Si on faisait un pique-nique ?

1. aller
2. apporter
3. acheter
4. jouer
5. faire
6. inviter

2. L'imparfait : la description au passé

- You have just learned to use the **imparfait** to make suggestions. You can also use this tense to describe situations and settings in the past.

  - To indicate the time:

    Il **était** une heure du matin.   *It was one o'clock in the morning.*
    C'**était** en hiver.   *It was during the winter.*

  - To describe the weather:

    Il **pleuvait** et il **faisait** froid.   *It was raining and it was cold.*
    Le ciel **était** gris.   *The sky was gray.*

  - To describe people and places:

    C'**était** une belle maison.   *It was a nice house.*
    La dame **avait** les cheveux roux.   *The woman had red hair.*
    Elle **portait** un manteau noir.   *She was wearing a black coat.*

  - To express feelings or describe emotions:

    Nous **avions** froid.   *We were cold.*
    Ils **étaient** contents.   *They were happy.*

- Use the **imparfait** to express habitual actions in the past:

  Tous les week-ends, on **faisait** une randonnée dans les bois.   *Every weekend we would take (we took) a hike in the woods.*
  Quand j'étais petit, on **passait** les vacances chez mes grands-parents.   *When I was little, we used to spend vacations at my grandparents'.*

Here are some expressions often used with the **imparfait** to describe things that were done on a routine basis:

quelquefois	*sometimes*
souvent	*often*
d'habitude	*usually*
toujours	*always*
le lundi, le week-end	*every Monday, every weekend*
tous les jours, tous les soirs	*every day, every evening*
toutes les semaines	*every week*

6-29 Un après-midi en famille. Regardez l'image de cette famille à Biarritz et complétez les phrases pour décrire leur après-midi.

MODÈLE Ce / être le mois de juin
- C'était le mois de juin.

1. les enfants / jouer dans le jardin
2. le grand-père / parle avec sa petite-fille
3. le fils / jouer au foot
4. leur mère et leur tante / boire un jus d'orange
5. les femmes / regarder les enfants et leur père
6. leur frère / préparer le repas
7. le chien et les chats / dormir

6-30 Votre premier cours de langue. Avec un/e partenaire, parlez de votre premier cours de langue. Est-ce que vous aviez des expériences semblables ou pas ?

MODÈLE le prof

    É1 Mon premier prof de français s'appelait M. Dell. Il était grand et assez mince. Il était très dynamique et assez drôle. Et toi ?

    É2 Mon premier prof d'espagnol s'appelait Señora Glatis. Elle était très sympa et très énergique. Je l'adorais !

1. l'heure du cours
2. l'endroit (le bâtiment, la salle de classe ou le campus…)
3. le prof
4. les autres étudiants ou élèves
5. vos émotions/sentiments
6. le travail
7. les activités habituelles

6-31 Votre enfance. Posez des questions à un/e camarade de classe pour savoir ce qu'il/elle faisait pendant son enfance.

MODÈLE habiter ici

  É1 Est-ce que tu habitais ici ?

  É2 Non, j'habitais à Chicago avec mes parents.

1. habiter ici
2. avoir des animaux
3. aimer aller à l'école
4. faire du sport
5. jouer d'un instrument
6. aller souvent chez des amis
7. partir souvent en vacances
8. avoir une résidence secondaire

Lisons

6-32 Quand j'étais toute petite.

A. Avant de lire. J.M.G. Le Clézio, a well-known and prolific French author, was awarded the Nobel Prize for literature in 2008. The excerpt you are about to read is from *Printemps et autres saisons*, a collection of short stories. Each one is set in a different season and tells the story of a particular woman. In this excerpt, Zinna, a young woman who has left her home in Morocco for the South of France, describes her childhood home in the **Mellah** (the Jewish quarter). Before you begin reading, skim the text and make a list of all the characters mentioned; take note especially of an essential character who figures prominently in the story: Zinna's elderly neighbor, **la tante Rahel**. Consider as you read why Rahel, whom Zinna never actually encounters in person, is very important to her narrative.

B. En lisant. Répondez aux questions suivantes.

1. Ce texte est principalement une conversation. À qui est-ce que Zinna parle ? Quand est-ce qu'elle raconte son histoire ? Où ?
2. Zinna décrit deux maisons ; ce sont les maisons de qui ? Décrivez chaque maison : elles sont grandes ou petites ? Elles ont combien de pièces ? Combien d'étages ? Est-ce qu'il y a d'autres détails intéressants ?
3. Qui habite la deuxième maison ? Cette personne est comment ? Pourquoi est-ce que Zinna la trouve fascinante ?

« Tu sais, Gazelle, quand j'étais toute petite, il n'y avait pas de plus beau quartier que le Mellah. »

Zinna commençait toujours ainsi. Elle s'asseyait sur la plage, et Tomi se mettait à côté d'elle. C'était généralement le matin… 5

« Alors, nous habitions une maison très vieille, étroite, juste une pièce en bas où couchait mon père avec mon oncle Moché, et moi j'étais dans la chambre du haut. Il y avait une échelle[1] pour grimper[2] sur le toit[3], là où était le lavoir[4]. C'était moi 10 qui lavais le linge, quelquefois Khadija venait m'aider, elle était grosse, elle n'arrivait pas à grimper l'échelle, il fallait[5] la pousser. À côté de chez nous, il y avait la maison bleue. Elle n'était pas bleue, mais on l'appelait comme ça parce qu'elle 15 avait une grande porte peinte en bleu, et les fenêtres à l'étage aussi étaient peintes en bleu. Il y avait surtout une fenêtre très haute, au premier, qui donnait sur un balcon rond. C'était la maison d'une vieille femme qu'on appelait la tante Rahel, mais elle n'était 20 pas vraiment notre tante. On disait qu'elle était très riche, qu'elle n'avait jamais voulu se marier. Elle vivait[6] toute seule dans cette grande maison, avec ce balcon où les pigeons venaient se percher. Tous les jours, j'allais voir sa maison. De son balcon, je 25 rêvais[7] qu'on pouvait voir tout le paysage, la ville, la rivière avec les barques qui traversaient, jusqu'à la mer. La vieille Rahel n'ouvrait jamais sa fenêtre, elle ne se mettait jamais au balcon pour regarder… »

[1]*ladder* [2]*climb* [3]*roof* [4]*washtub* [5]*it was necessary* [6]*lived* [7]*imagined*

From "Zinna" in *Printemps et autres saisons* by J.M.G. Le Clézio © Éditions Gallimard.

C. En regardant de plus près. Maintenant, considérez la structure et la signification de ce texte.

1. Au début, comment est-ce que nous savons que Tomi (Gazelle) a l'habitude d'entendre des histoires de la vie de Zinna dans le Mellah ?
2. Zinna a un souvenir très précis du toit de sa maison d'enfance : décrivez les activités et les personnes qui font partie de cette mémoire.
3. Zinna compare le toit de sa maison avec le balcon de sa voisine, Rahel. Qu'est-ce que nous apprenons de la vie de Rahel ? Zinna n'a pas visité le balcon de la maison de Rahel. Quelles sortes de choses est-ce qu'elle imagine être possible du balcon de Rahel ?

D. Après avoir lu. Discutez de ces questions avec vos camarades de classe.

1. Quelles sont les différences entre Zinna et Rahel ? Pourquoi est-ce que ces différences sont importantes ?
2. Est-ce que vous avez le souvenir d'un endroit lié avec une personne qui a marqué votre imagination ? Quelle idée est-ce que vous associez à cet endroit ?

Leçon 1

pour décrire un immeuble — to describe a building

un ascenseur	*elevator*
un bâtiment	*building*
une cour	*courtyard*
des escaliers (m.)	*staircase, stairs*
un étage	*floor (of a building)*
un garage	*garage*
garer la voiture	*to park the car*
le rez-de-chaussée	*ground floor*
le sous-sol	*basement*
un/e voisin/e	*neighbor*

pour situer un immeuble — to situate a building

animé/e	*lively, animated*
un arrondissement	*Parisian city district*
un quartier (résidentiel)	*(residential) neighborhood*
une rue	*street*
tranquille	*quiet, tranquil*

pour parler d'un appartement — to talk about an apartment

un balcon	*balcony*
une chambre	*bedroom*
les charges (f. pl.) (sont comprises)	*utilities (are included)*
un cinq-pièces	*3-bedroom apartment with living room and dining room*
un couloir	*hallway*
une cuisine	*kitchen*
donner sur	*to look out onto or lead out to*
une entrée	*entrance, foyer*
un/e locataire	*renter*
louer	*to rent*
le loyer	*the rent*
un/e propriétaire	*homeowner; landlord/landlady*
une salle à manger	*dining room*
une salle de bains	*bathroom*
un séjour, une salle de séjour	*living room*
un studio	*studio apartment*
une terrasse	*terrace*
des toilettes (f. pl.), des W.-C. (m. pl.)	*toilet, water closet*

les nombres à partir de 1 000 — numbers from 1,000

mille	*thousand*
un million	*a million*
un milliard	*a billion*

autres mots utiles — *other useful words*

chaque	*each*
même	*even*
propre	*own*

à quel étage ? — *on what floor?*

rez-de-chaussée (RdeCh)	*ground floor*
1er premier	*first*
2e deuxième	*second*
3e troisième	*third*
10e dixième	*tenth*
11e onzième	*eleventh*
12e douzième	*twelfth*
13e treizième	*thirteenth*
19e dix-neuvième	*nineteenth*
20e vingtième	*twentieth*
21e vingt-et-unième	*twenty-first*

Leçon 2

le mobilier — *home furnishings*

une armoire	*armoire, wardrobe*
un canapé	*couch*
une cuisinière	*stove*
une étagère	*bookcase, (book) shelf*
un évier	*kitchen sink*
un fauteuil	*armchair*
un four	*oven*
une lampe	*lamp*
un lit	*bed*
un meuble	*piece of furniture*
des placards (m.)	*cupboards, kitchen cabinets*
une plante	*plant*
un réfrigérateur, un frigo	*refrigerator, fridge*
des rideaux (m.)	*curtains*
une table basse	*coffee table*
un tapis	*rug*
la vaisselle	*tableware, dishes*

pour décrire un appartement ou un meuble — *to describe an apartment or a piece of furniture*

à côté de	*next to, beside*
abîmé/e	*worn, worn out*
agréable	*pleasant*
ancien/ne	*old, antique*
le centre-ville	*downtown*
chic (inv.)	*stylish*
avec coin cuisine	*with a kitchenette*

confortable	*comfortable (said of objects or places)*	dans la nature	*in nature*
équipé/e	*equipped*	un arbre (fruitier)	*(fruit) tree*
meublé/e	*furnished*	un bateau (à voile)	*(sail)boat*
moderne	*modern*	les bois (m. pl.)	*woods*
un mur	*wall*	un champ	*field*
neuf/neuve	*brand new*	une colline	*hill*
par terre	*on the floor*	une forêt	*forest*
pratique	*practical*	un lac	*lake*
rénové/e	*renovated*	une rivière	*large stream or river (tributary)*
sous les toits	*in the attic*	un sapin	*evergreen tree*
sous	*under*	une vallée	*valley*
spacieux/-euse	*spacious*		
sur	*on top of*		
le toit	*roof*		

autres mots utiles	*other useful words*	autres mots utiles	*other useful words*
des affaires (f.)	*belongings, things*	au bord (du lac, de la mer)	*on the shore (of the lake, sea)*
coûter	*to cost*	un endroit	*place*
ranger	*to put up, to put away*	en effet	*yes, indeed*
seulement	*only*	formidable	*great*
surtout	*above all*	il me semble	*it seems to me*
		là(-bas)	*there*
		s'occuper de	*to take care of*
		posséder	*to own*

quelques verbes de communication et de transfert	*some verbs of communication and transfer*	pour parler des activités habituelles dans le passé	*to talk about habitual activities in the past*
apporter	*to bring*	d'habitude	*usually*
demander	*to ask*	le lundi	*every Monday, on Mondays*
emprunter	*to borrow*	le week-end	*every weekend, on weekends*
expliquer	*to explain*	quelquefois	*sometimes*
offrir (un cadeau)	*to give (a gift)*	souvent	*often*
prêter	*to lend*	toujours	*always*
remettre	*to hand in/over*	tous les jours, tous les soirs	*every day, every evening*
		toutes les semaines	*every week*

Leçon 3

la vie à la campagne	*life in the country*
se détendre	*to relax*
une ferme	*farm*
un jardin	*garden, yard*
un potager	*vegetable garden*
une villa	*detached house (not in the city); villa*

Vocabulaire

7

Qu'est-ce que cette femme fait ? Pourquoi ?

La santé et le bien-être

Leçon ❶ La santé

Leçon ❷ Les grands évènements de la vie

Leçon ❸ Les émotions

After completing this chapter, you should be able to:

☐ Discuss health and well-being

☐ Give advice

☐ Describe and narrate past events

☐ Express emotions

☐ Discuss rites and rituals in the Francophone world

POINTS DE DÉPART

Santé physique et morale

Baptiste et Charlotte font très attention à leur santé. Ils n'ont pas beaucoup de temps libre parce qu'ils travaillent beaucoup, mais ils essayent de bien manger et de faire régulièrement de l'exercice. Charlotte aime bien les cours de fitness. Son mari est handicapé ; il doit se servir d'un fauteuil roulant, mais il est très sportif. Il fait souvent de la musculation, et il joue au basket-fauteuil avec des copains.

les cheveux (m.) le dos la tête

une oreille

les yeux (un œil) les dents (f.)

le nez

la bouche la figure la langue

la gorge

la main le ventre le bras

la jambe le pied

...omac les poumons (m.)

VOUS AVEZ MAL ?

To indicate the location of body pains in French, use the expression **avoir mal à** plus the definite article and the body part. Remember that the preposition **à** contracts with the definite articles **le** and **les**:

J'**ai mal à la** tête.	*I have a headache.*
Il **a mal au** cœur.	*He's nauseated.*
Elle **a mal aux** pieds.	*Her feet hurt.*
Tu **as mal au** ventre ?	*Do you have a stomach ache?*
J'**ai mal partout.**	*I hurt everywhere.*

07-01
to
07-04

⇒⇐ À vous la parole ⇒⇐

7-1 J'ai mal ! Dites où ces personnes ont mal.

MODÈLE Christiane
● Christiane, elle a mal au dos.

Thérèse   Denis   Mme Parizeau   M. Dubosc   Paul   Christiane

Êtes-vous en forme ?
Faites le test pour le savoir.

1. **Je consulte régulièrement le médecin.** ☐ vrai ☐ faux

2. **Je fais souvent du sport ou de l'exercice.** ☐ vrai ☐ faux

3. **Je ne fume pas.** ☐ vrai ☐ faux

4. **Je mange des repas équilibrés.** ☐ vrai ☐ faux

5. **Je ne saute jamais de repas.** ☐ vrai ☐ faux

6. **Je me détends de temps en temps.** ☐ vrai ☐ faux

7. **Je ne suis pas de régimes trop stricts.** ☐ vrai ☐ faux

8. **Je bois de l'alcool avec modération.** ☐ vrai ☐ faux

9. **Je grignote peu entre les repas.** ☐ vrai ☐ faux

10. **Je dors huit heures par nuit.** ☐ vrai ☐ faux

Pour découvrir votre profil, comptez un point pour chaque « vrai ».
8 à 10 points : Bravo ! Vous êtes en super bonne forme.
5 à 7 points : Ça va, mais vous pouvez mieux faire !
3 à 4 points : Franchement, vous avez du travail pour retrouver la forme !
0 à 2 points : Oh là là, la crise ! Il faut passer à l'action.

Vie et culture

La médecine en France

Quels aspects de la vie contribuent à notre sens du bien-être ? Un facteur important, c'est l'accès aux soins médicaux[1]. Les Français ont un excellent système médical. Ils sont tous assurés[2] par un système de Sécurité sociale qui couvre les dépenses[3] médicales de presque toute la population. Les malades doivent payer le médecin et le pharmacien, mais la majorité des frais[4] médicaux sont remboursés. La vaste majorité (89 %) des Français se disent en bonne santé, mais paradoxalement, les Français sont les plus gros consommateurs de médicaments en Europe. Comment est-ce que le système médical chez vous diffère du système français ?

  Le stress

07-51

Regardez la séquence vidéo *On se stresse et on se détend.*

1. Quelles sont les sources de stress mentionnées ? Quelles sont les méthodes employées par les gens que vous observez pour réduire le stress ?
2. Est-ce que vous pensez que le stress se manifeste en Amérique du Nord de la même façon qu'en France ? Pourquoi ?

[1]*medical care* [2]*insured* [3]*expenses* [4]*fees*

7-2 Des bons conseils. Avec un/e partenaire, offrez des conseils à chaque personne.

MODÈLE J'ai grossi de cinq kilos.

    É1 Il faut suivre un régime.

    É2 Et il ne faut pas grignoter entre les repas !

1. Je suis toujours fatigué.
2. J'ai très mal au dos.
3. Je voudrais maigrir un peu.
4. Je suis très stressé.
5. J'adore les chips et le coca, mais j'ai tendance à grossir.
6. J'ai très mal aux dents.
7. Je fume un paquet de cigarettes par jour.
8. Je n'ai pas le temps de manger le matin.

7-3 Pour combattre le stress. Avec un/e partenaire, dressez une liste de choses qui sont des sources de stress pour vous. Ensuite, établissez une autre liste de solutions pour combattre le stress. Comparez vos listes avec celles de vos camarades de classe. Qu'est-ce qui cause le stress chez les étudiants en général ? Quelles sont les solutions les plus efficaces pour combattre le stress, selon vous ?

MODÈLE les causes du stress

    É1 Pour moi, ce sont les examens qui causent du stress.

    É2 Et pour moi, c'est ma colocataire et…

    les solutions

    É1 Moi, pour réduire le stress, je fais du sport.

    É2 Et moi, j'écoute de la musique et…

Qu'est-ce qu'elles font pour combattre le stress ?

Sons et lettres

Les consonnes *s* et *z*

The letter **s** may represent either the sound /s/ or the sound /z/. A number of word pairs are distinguished by these two consonant sounds. Between two vowels, **-ss-** is pronounced as /s/ and **-s-** as /z/:

le dessert	*dessert*	le désert	*desert*
le coussin	*cushion*	le cousin	*cousin*
le poisson	*fish*	le poison	*poison*

At the beginning of words, the letter **s** is pronounced /s/; in liaison it is pronounced /z/. Compare:

ils **s**ont/ils‿ont   vous **s**avez/vous‿avez

After a nasal vowel written with **n**, the letter **s** is pronounced /s/:

conservation   penser   ensemble

Next to a consonant, **s** is pronounced /s/:

rembourser   rester   l'estomac   respirer

But note the exception **Alsace**, where **s** is pronounced /z/.

The letter **c** is also pronounced /s/ before the letters **e** and **i** or when spelled with a cedilla.

cent   cigarette   ça   garçon

The letter **x** is pronounced:

- /s/ in: six   soixante   Bruxelles
- liaison /z/ in: six‿hommes   dix‿aspirines
- /gz/ in: l'examen   exagérer   exactement
- /ks/ in: le taxi   l'expérience   excellent

✄ À vous la parole ✄

07-05
to
07-06

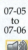

7-4 Contrastes. Prononcez chaque groupe de mots.

passé / basé   ils passent / ils se taisent
les Écossaises / les Anglaises   Alceste / l'Alsace
soixante / exacte   exotique / dix

7-5 Proverbes. Répétez ces proverbes.

1. Poisson sans boisson, c'est poison.
2. Santé passe richesse.
3. Si jeunesse savait, si vieillesse pouvait.

FORMES ET FONCTIONS

1. Les verbes *devoir, pouvoir* et *vouloir*

The verbs **devoir**, **pouvoir**, and **vouloir** are irregular.

DEVOIR *must, to have to, to be supposed to*

SINGULIER		PLURIEL	
je	dois	nous	dev**ons**
tu	dois	vous	dev**ez**
il		ils	
elle }	doit	elles }	doi**vent**
on			

POUVOIR *can, to be able*

SINGULIER		PLURIEL	
je	peux	nous	pouv**ons**
tu	peux	vous	pouv**ez**
il		ils	
elle }	peut	elles }	peuv**ent**
on			

VOULOIR *to want*

SINGULIER		PLURIEL	
je	veux	nous	voul**ons**
tu	veux	vous	voul**ez**
il		ils	
elle }	veut	elles }	veul**ent**
on			

These verbs are often used:

- With an infinitive:

Tu **dois** travailler ?	*Do you have to work?*
Tu ne **peux** pas arriver ce soir ?	*Can't you arrive this evening?*
Non, je **veux** arriver demain matin.	*No, I want to arrive tomorrow morning.*

- To soften commands and make suggestions. Compare:

Faites plus d'exercice !	*Do more exercise!*
Vous **devez** faire plus d'exercice.	*You must exercise more.*
Appelez le médecin !	*Call the doctor!*
Vous **voulez** bien appeler le médecin ?	*Will you call the doctor?*
Vous **pouvez** appeler le médecin ?	*Can you call the doctor?*

- The verb **devoir** also has the meaning *to owe*:

Mon frère **doit** 50 € à ma sœur.	*My brother owes my sister 50 euros.*
Combien est-ce que je vous **dois** ?	*How much do I owe you?*

- **Vouloir** is used in a number of useful expressions:

On va au gymnase ?	*How about going to the gym?*
—Je **veux** bien.	*—OK.*
Qu'est-ce que vous **voulez** (tu **veux**) dire ?	*What do you mean?*
Qu'est-ce que ça **veut** dire ?	*What does that mean?*

7-6 Poli ou impoli ? Jean-Marc travaille dans un gymnase. Regardez ses instructions aux employés : est-ce qu'il est poli ou impoli ?

	poli	impoli
MODÈLE • Vous pouvez aider ces messieurs ?	✓	
1. Apportez-moi des serviettes !		
2. Vous voulez bien nettoyer ces vélos ?		
3. Vous pouvez attendre un instant ?		
4. Vous voulez bien rester près de la piscine ?		
5. Téléphonez à ces clients !		
6. Vous pouvez m'aider un instant ?		
7. Vous voulez téléphoner au directeur ?		
8. Fermez la porte du bureau !		

Quand on est stressé, on n'est pas toujours très poli. Est-ce que Jean-Marc est très stressé aujourd'hui, à votre avis ? Expliquez votre réponse.

7-7 Pour une meilleure santé Qu'est-ce que ces personnes peuvent faire pour avoir une meilleure santé ? Avec un/e partenaire, offrez des suggestions.

MODÈLE Sarah veut faire de l'exercice, mais elle n'est pas douée pour le sport.

É1 Elle peut faire de la marche, par exemple.

É2 Elle peut faire du vélo aussi.

1. Adrien veut maigrir de dix kilos.
2. Gaëlle et Alexandra veulent se détendre.
3. Je veux dormir mieux la nuit.
4. Nous voulons manger mieux.
5. Jean-Baptiste veut arrêter de fumer.
6. Audrey est très douée pour le sport.
7. Simon et David veulent boire moins d'alcool.

7-8 Vouloir, c'est pouvoir. Qu'est-ce que vous voulez faire après l'université ? Comparez vos idées avec celles d'un/e partenaire.

MODÈLE habiter

É1 Où est-ce que tu veux habiter ?

É2 Moi, je veux habiter une grande ville, comme New York. Et toi ?

É1 Moi, je ne veux pas habiter une grande ville ; je veux habiter à la campagne.

1. habiter
2. voyager
3. se marier
4. avoir des enfants
5. gagner de l'argent

7-9 Trouvez une excuse. Vous ne voulez pas sortir avec l'ami/e de votre camarade de classe ; alors, il faut trouver une bonne excuse !

MODÈLE • Je ne peux pas sortir ce soir avec ton ami/e ; je dois préparer un examen et téléphoner à mes parents.

2. L'imparfait et le passé composé : description et narration

As you know, both the **passé composé** and the **imparfait** express past actions and states. They serve different functions in a narrative, however.

- The **passé composé** indicates that an event in the past has been completed. In a story or narrative, the **passé composé** is used to recount actions or events that move the story forward. In other words, the **passé composé** advances the plot; it answers the question, *What happened?* Consider the opening sentences of the following narrative.

Bruno **a terminé** son match de raquet-ball à 16h. Il **a quitté** le gymnase.

Bruno finished his racquetball game at 4 pm. He left the gym.

- In contrast, the **imparfait** provides background information. It describes the setting or situation and answers the questions: *What were the circumstances? What was going on?* Compare the use of the **passé composé** and the **imparfait** as the narrative about Bruno's experience continues:

Bruno **était** fatigué. Il **voulait** manger. Mais il **devait** rentrer pour se doucher d'abord. Donc il **a pris** le bus pour aller chez lui. Et il **s'est lavé**. Finalement, il **a téléphoné** à Diane pour aller dîner. Il **se sentait** beaucoup mieux déjà !

Bruno was tired. He wanted to eat. But he had to go home to take a shower first. So he took the bus home. And he got cleaned up. Finally, he called Diane to go have dinner. He felt much better already!

- Use the **imparfait** to describe time, weather, ongoing actions, physical characteristics, psychological states and feelings, intentions, and thoughts. The following verbs, when used in the past, usually appear in the **imparfait**.

avoir	Elle **avait** vingt ans en 2012.
devoir	Elle **devait** consulter son médecin.
être	Ils **étaient** contents de maigrir un peu.
faire	Il **faisait** froid. (*in weather expressions*)
penser	Je **pensais** qu'elle avait mal partout après notre randonnée.
pouvoir	Il ne **pouvait** pas suivre de régime.
vouloir	Ils ne **voulaient** pas grignoter entre les repas.

> ### Fiche pratique
>
> Certain verbs, when used in the past, generally occur in the **imparfait**. When these verbs are used in the **passé composé**, they have a specific meaning. Compare, for example: **elle avait dix ans** (*she was ten years old*) and **elle a eu dix ans** (*she turned ten / celebrated her tenth birthday*).

⊃⊂ À vous la parole ⊃⊂

7-10 Des excuses. Pourquoi est-ce que ces gens ne sont pas venus en classe ? Expliquez la situation ou l'évènement, selon le cas.

MODÈLE Vanessa : elle / être malade
- Vanessa n'est pas venue parce qu'elle était malade.

David : il / tomber dans les escaliers
- David n'est pas venu parce qu'il est tombé dans les escaliers.

1. Ben : sa mère / téléphoner
2. Adrien : il / rater l'autobus
3. Marie : elle / avoir mal à la tête
4. Guillaume : son chien / manger ses devoirs
5. Annick : elle / préparer un examen
6. Grégory : il / travailler à la bibliothèque
7. Claire : elle / avoir un accident
8. Koffi : il / devoir terminer un rapport

7-11 Un accident de voiture. Racontez cette histoire au passé ; employez le passé composé ou l'imparfait, selon le cas.

MODÈLE Il est huit heures du soir.
- Il était huit heures du soir.

1. Il fait très froid.
2. Il y a du verglas sur la route.
3. Je vais un peu vite (*fast*).
4. Soudain, une autre voiture passe devant moi.
5. J'essaye de m'arrêter, mais je ne peux pas.
6. Je heurte (*hit*) l'autre voiture.
7. Deux hommes sortent de cette voiture.
8. Ils ne sont pas contents.
9. Mais moi, je suis content parce que personne n'est blessé (*injured*).
10. Je téléphone à la police.
11. Ils arrivent tout de suite après.

 7-12 Racontez une histoire. Avec un/e partenaire, racontez la journée d'Adrien d'après les dessins et en utilisant les mots-clés.

MODÈLE • Hier, c'était samedi. Adrien s'est réveillé à huit heures, …

A. être samedi, se réveiller, faire beau, ne pas avoir cours

B. être à table, le téléphone/sonner, être Julie, vouloir jouer, dire oui

C. l'après-midi, faire chaud, jouer au tennis, tomber, être anxieuse

D. aller à l'hôpital, le médecin / dire / ne pas être sérieux

Maintenant, racontez votre journée d'hier à un/e partenaire.

Écrivons

7-13 Les conseils du docteur.

A. Avant d'écrire. Dans le journal *La Gazette du Matin*, le docteur Kabango répond aux lecteurs qui demandent des conseils pour se remettre en bonne forme.

Analysez une lettre et sa réponse :
1. Quel est le problème posé par le lecteur ? Qu'est-ce que le lecteur propose de faire ?
2. Est-ce que le docteur Kabango trouve que ce sont des bonnes solutions ? Quels sont ses conseils ? Comment est-ce qu'il les exprime ?

POUR GARDER LA FORME

LES CONSEILS DU DOCTEUR KABANGO

J'ai tendance à grossir et je voudrais commencer un régime pour maigrir. Est-ce que je devrais éliminer toutes les graisses[1] de mon régime ? Est-ce que je pourrais supprimer complètement certains repas ?

Dr Kabango : *Il est important de faire attention de ne pas trop grossir. Mais il faut surtout éviter de sauter des repas. Vous devez faire des repas équilibrés, donc, manger des graisses en quantité raisonnable. Consommez beaucoup de fruits et de légumes avec des protéines équilibrées comme le yaourt et le fromage. Surtout ne grignotez pas entre les repas ou quand vous regardez la télévision. N'oubliez pas le rôle de l'exercice physique pour maintenir votre poids[2] idéal.*

[1] *fat* [2] *weight*

B. En écrivant. Le docteur Kabango part en vacances et c'est maintenant à vous de répondre aux lecteurs ! Examinez les lettres suivantes et choisissez une lettre à laquelle vous voudriez répondre.

J'ai 28 ans. Depuis cinq ans, je ne fais plus de sport et j'ai grossi de dix kilos — surtout au ventre. Je voudrais recommencer à faire du sport. Qu'est-ce que vous me conseillez ?

J'ai beaucoup de responsabilités au travail et je ne trouve pas le temps pour me détendre. En plus, je ne dors pas bien et je commence à faire des migraines. Je me sens[1] de plus en plus stressé. Qu'est-ce que vous me conseillez pour retrouver mon équilibre ?

[1] *feel*

1. D'abord analysez la lettre. Quel est le problème posé ?
2. Faites une liste des stratégies spécifiques que vous voulez proposer pour solutionner le problème. Décidez comment vous pouvez exprimer ces stratégies de façon concise et variée.
3. Ensuite, écrivez votre réponse.

C. En révisant. Maintenant relisez votre réponse et réfléchissez aux questions suivantes. Faites tous les changements nécessaires.

1. Analysez le contenu : est-ce que vous avez bien identifié le problème ? Est-ce que vous proposez des solutions pratiques ?
2. Examinez le style et la forme : est-ce que vous avez utilisé des formes appropriées et variées pour offrir des conseils ?

D. Après avoir écrit. Échangez votre lettre avec celle d'un/e camarade de classe. Qui a écrit les conseils les plus pratiques et efficaces (*effective*) ? Partagez vos idées avec tous vos camarades.

POINTS DE DÉPART

 Les grands évènements

La mère de Sophie regarde son album de photos.

Le 9 mai 1985, Sophie est née ; elle était adorable !

Voilà Sophie à son baptême, avec sa marraine et son parrain.

Le jour de Noël 1987 : Sophie avait 2 ans.
Que de cadeaux !

C'était l'anniversaire de Sophie : elle a fait
un vœu et elle a soufflé les bougies !

L'été 2000, Sophie a passé les grandes vacances
à la plage avec son amie Virginie.

Le mariage de Sophie et Arnaud. La cérémonie civile
a eu lieu à la mairie et ensuite la cérémonie religieuse,
à l'église ; la mariée était en blanc, le marié en smoking !
Les voilà avec le prêtre et leurs témoins.

Vie et culture

Les fêtes religieuses et officielles

Certains jours fériés en France sont des fêtes traditionnelles catholiques et d'autres sont des fêtes nationales.

Noël est la plus grande fête de l'année. On décore le sapin et l'on échange des cadeaux. Le soir du 24 décembre, on prépare un grand dîner, le réveillon.

Le jour de l'An est précédé par le réveillon de la Saint-Sylvestre, la nuit du 31 décembre.

Le jour des Rois (l'Épiphanie) a lieu le 6 janvier. On partage un gâteau, la galette des rois, dans lequel on a caché la fève — un petit personnage en plastique ou en céramique. La personne qui trouve la fève dans sa part de galette est nommée le roi ou la reine[1] et porte une couronne en papier.

La Chandeleur, c'est le 2 février. Traditionnellement, on mange des crêpes. Si vous faites sauter[2] une crêpe et elle retombe dans la poêle[3], vous allez avoir de la chance toute l'année.

Pâques. Pour Pâques, en France on peut voir des œufs et des poules[4] en chocolat dans les vitrines de toutes les pâtisseries et les confiseries. Le lundi de Pâques est un jour férié.

La fête du Travail. Le premier mai, on organise des défilés et l'on offre du muguet[5] aux membres de sa famille. C'est aussi un jour férié.

La fête nationale. Cette grande fête célèbre le début de la Révolution le 14 juillet 1789. Le matin, les Parisiens assistent au grand défilé militaire sur les Champs-Élysées, retransmis en direct à la télévision. Le soir, toutes les villes organisent des bals populaires et l'on tire un feu d'artifice.

La Toussaint. Le 1er novembre, on honore les morts de la famille en mettant des fleurs, surtout des chrysanthèmes, sur leur tombe.

Le Ramadan. Le ramadan est un rituel pratiqué par les musulmans. On compte entre cinq et six millions de musulmans en France, où l'islam est la deuxième religion après le catholicisme. Le ramadan est une période de jeûne[6]. Pendant cette période, les musulmans ne peuvent ni manger, ni[7] boire pendant la journée. Mais au coucher du soleil, les familles et les amis partagent des grands repas.

  ET VOUS ?

07-52

1. Regardez la séquence vidéo, *Les rites et les rituels*. Quelles occasions est-ce qu'on fête ?
2. Est-ce que vous célébrez certaines de ces fêtes dans votre région ? Est-ce que vos traditions sont différentes des traditions des Français ? Expliquez pourquoi.
3. À votre avis, est-ce que les fêtes nationales sont plus importantes chez vous que chez les Français ? Et les fêtes religieuses ?

[1]king or queen   [2]flip   [3]frying pan   [4]hens
[5]lily of the valley   [6]fasting   [7]neither, nor

LES VŒUX

Meilleurs vœux !	*Best wishes!*
Félicitations !	*Congratulations!*
Bon/Joyeux anniversaire !	*Happy Birthday!*
Joyeux anniversaire de mariage !	*Happy Anniversary!*
Joyeux Noël !	*Merry Christmas!*
Bonne année !	*Happy New Year!*
Bon voyage !	*Have a good trip!*
Bonnes vacances !	*Have a good vacation!*

❌ À vous la parole ❌

07-18 to 07-21

7-14 Qu'est-ce qu'on dit ? Qu'est-ce que vous dites dans les situations suivantes ?

MODÈLE C'est l'anniversaire de votre mère.
- Je dis, « Bon anniversaire, maman ! »

1. Vos amis ont eu un enfant.
2. C'est le 25 décembre.
3. C'est la Saint-Sylvestre.
4. Vous assistez à un mariage.
5. Votre ami fête ses 20 ans.
6. Vos parents fêtent leurs 25 ans de mariage.
7. C'est le jour de l'An.
8. Vos cousins partent en voyage.

7-15 Jeu d'association. À quelle occasion est-ce que vous associez ces choses ou ces personnes ? Parlez-en avec un/e partenaire.

MODÈLE un voyage

      É1 Ce sont les grandes vacances.

      É2 C'est un mariage.

1. un gâteau
2. des cadeaux
3. un document officiel
4. un grand dîner
5. un défilé militaire
6. des fleurs
7. la marraine
8. le maire (*mayor*)
9. le prêtre (*priest*), le pasteur, le rabbin, l'imam
10. un bébé

7-16 Tous les éléments. Quels sont les éléments importants pour une fête ? Avec un/e partenaire, décrivez une fête d'après les éléments suivants : **l'endroit, les gens importants, les vêtements/les accessoires, les activités.**

MODÈLE un anniversaire

      É1 On peut fêter un anniversaire à la maison ou dans un restaurant, par exemple.

      É2 Normalement, la famille et les amis sont présents. Il y a souvent un gâteau avec des bougies.

      É1 Oui, on chante et on offre des cadeaux.

1. Noël
2. un mariage
3. un baptême
4. la fête nationale
5. les grandes vacances

FORMES ET FONCTIONS

1. L'imparfait et le passé composé : d'autres contrastes

As you have seen, the choice of the **imparfait** or the **passé composé** to express past events or circumstances often depends on the context and the speaker's view of the action or situation.

- Use the **passé composé** to express:

  - an action or state that occurred at a specific point in time:

Elle est née **le jeudi 9 mai 1991**.	*She was born on Thursday, May 9, 1991.*

  - an action or state that occurred a specified number of times:

Elle a visité le Canada **deux fois**.	*She visited Canada twice.*

- Use the **imparfait** to express:

  - enduring states in the past:

Cécile était une enfant très sérieuse.	*Cécile was a very studious child.*

  - habitual actions in the past:

D'habitude, sa famille allait au parc **le dimanche**.	*Usually his family would go to the park on Sundays.*

- Use the **imparfait** to express an ongoing action or state interrupted by another action, which is expressed by the **passé composé**.

Sophie **regardait** la télé quand sa marraine **a téléphoné**.	*Sophie was watching TV when her godmother called.*
Ils **quittaient** l'église quand il **a commencé** à pleuvoir.	*They were leaving the church when it started to rain.*

- Finally, some actions or states can be expressed either in the **passé composé** or the **imparfait**, depending on what the speaker means to say.

Elle **était** malade pendant les vacances.	*She was sick during the vacation.* (emphasis on her state of being sick)
Elle **a été** malade pendant les vacances.	*She got sick during the vacation.* (emphasis on the act of getting sick)
Il **avait** peur.	*He was afraid.*
Il **a eu** peur.	*He got scared/Something scared him.*

Fiche pratique

The **imparfait** can often be translated as "used to . . . ," "would . . . ," "was [doing something]," or "was feeling . . ." When in doubt about whether to use the **imparfait** or the **passé composé**, try substituting these expressions in the sentence to see whether one of them fits the context.

7-17 L'exception confirme la règle ! Le semestre passé, Chloé avait des habitudes très précises. Mais le jour de son examen final, elle a eu des problèmes. Expliquez !

MODÈLE   arriver en avance
- D'habitude, elle arrivait en avance.
- Mais ce jour-là, elle n'est pas arrivée en avance.

1. quitter la maison à huit heures
2. arriver la première
3. apporter son cahier
4. réviser sa leçon
5. finir ses devoirs
6. ne pas oublier ses livres
7. travailler à la bibliothèque
8. appeler ses amis

7-18 Qu'est-ce qu'ils faisaient ?

Décrivez ce que ces gens faisaient quand Solange est arrivée à la fête.

MODÈLE   • Quand Solange est arrivée, Marc travaillait dans sa chambre.

7-19 Mes quinze ans. Avec un/e partenaire, parlez de vos quinze ans. Comment est-ce que vous étiez ? Qu'est-ce que vous faisiez ? Qu'est-ce que vous avez fait ?

MODÈLES   le caractère

É1   Moi, à quinze ans, j'étais très timide.

É2   Moi, à quinze ans, j'étais très indépendant et individualiste.

les voyages

É1   À quinze ans, je suis allée à Washington, D.C. pour visiter les monuments et les musées.

É2   Et moi, je suis allé en Floride avec ma famille.

1. le caractère
2. le physique
3. les amis
4. le sport
5. les voyages
6. les études
7. la musique
8. les projets d'avenir

2. L'adjectif démonstratif

- The demonstrative adjective is used to point out specific people or things that are close at hand. The singular form corresponds to *this* or *that* in English, the plural, to *these* or *those*.

| Tu aimes **les** fêtes ? | *Do you like holidays (in general)?* |
| Tu aimes **cette** fête ? | *Do you like this holiday?* |

- Note the masculine singular form used before a noun beginning with a vowel sound. It is pronounced like the feminine form but has a different spelling.

Regarde **ce** gros gâteau !   *Look at this big cake!*
Regarde **cet** œuf en chocolat !   *Look at that chocolate egg!*
Regarde **cette** belle mariée !   *Look at that beautiful bride!*

- Here are the forms of the demonstrative adjective.

	FÉMININ	MASCULIN	
		devant voyelle	*devant consonne*
SINGULIER	**cette** fête	**cet** anniversaire	**ce** gâteau
PLURIEL	**ces** affiches	**ces** anniversaires	**ces** cadeaux

 ## À vous la parole

7-20 Un mariage à la mosquée. Voici des commentaires sur un mariage musulman à la mosquée de Paris. Pour chaque commentaire, décidez si l'on parle d'un homme ou d'une femme.

	homme	femme
MODÈLE • Cet iman fait une prière.	✓	_____
1. Cette mariée est habillée en blanc.	_____	_____
2. Ce marié lui offre le cadeau traditionnel, le mahr.	_____	_____
3. Cet invité accompagne le marié.	_____	_____
4. Cet iman lit un texte du Koran.	_____	_____
5. Cette enfant est adorable.	_____	_____
6. Ce témoin observe quand on signe le contrat de mariage.	_____	_____
7. Cette invitée va à la réception pour les femmes.	_____	_____
8. Cet invité va au dîner, le Walima.	_____	_____

Est-ce qu'il y a plus d'hommes ou de femmes à la cérémonie ?

7-21 Regarde ça ! Imaginez que vous regardez des photos dans un album. Montrez les choses que vous remarquez à votre ami/e.

MODÈLE   un gros gâteau
        • Regarde ce gros gâteau !

1. une belle église
2. des beaux feux d'artifice
3. des bougies
4. des œufs en chocolat
5. un pot de chrysanthèmes
6. des cadeaux magnifiques
7. un grand sapin
8. du muguet

7-22 Qu'est-ce que vous offrez ? Imaginez que vous offrez un cadeau et identifiez l'occasion.

MODÈLE   du muguet
> • Ce muguet, c'est pour le premier mai.

1. des chrysanthèmes
2. une poule en chocolat
3. des roses rouges
4. une carte de vœux
5. un gâteau au chocolat
6. une galette
7. des crêpes
8. un gros bouquet de fleurs

Observons

07-53 to 07-55

7-23 Rites et traditions.

A. Avant de regarder. Vous allez écouter des personnes qui parlent d'évènements importants dans leur vie. Quels sont les évènements les plus importants dans la vie d'une personne ? Préparez une liste avec vos camarades de classe.

MODÈLE   • la naissance (*birth*) d'un enfant, le baptême, la bar et la bat mitsva…

B. En regardant. Pour chaque personne, répondez aux questions.

Marie-Julie

1. Marie-Julie explique qu'au Québec, lorsqu'elles se marient, les femmes doivent garder…
   a. leur nom de jeune fille   b. le nom de leur mari   c. les deux noms

2. C'est…
   a. une vieille coutume   b. une loi récente
   c. une tradition dans certaines familles

Monsieur le Maire de Seillans et Barbara

3. Pour lui, le mariage est un acte…
   a. de foi (*faith*)   b. familial   c. officiel

4. Les participants à la cérémonie sont : le maire, les mariés, et…
   a. leurs parents   b. leurs amis   c. leurs témoins

5. Pour Barbara, son mariage était un peu spécial parce que… était le maire.
   a. sa mère   b. sa future belle-mère   c. son futur mari

C. Après avoir regardé. Maintenant discutez des questions suivantes avec vos camarades de classe.

1. Est-ce que les femmes qui se marient chez vous peuvent choisir leur nom ? Quelles sont les traditions dans votre communauté ?
2. En quoi est-ce que les mariages chez vous sont semblables aux mariages en France et au Québec ? En quoi est-ce qu'ils sont différents ?

POINTS DE DÉPART

Pour exprimer les sentiments et les émotions

MÉLANIE : Tu as l'air content, toi !

ANTOINE : En effet, je suis ravi. Écoute la bonne nouvelle : mon frère s'est fiancé. Il va se marier au mois de juin.

MÉLANIE : C'est super. Elle est comment, sa fiancée ?

ANTOINE : Elle est très sympa ; on s'entend bien. Mais dis-moi, qu'est-ce que tu as, toi ? Tu n'as pas l'air heureuse. Tu te fais du souci ?

MÉLANIE : Eh bien, je suis assez inquiète ; je n'ai pas de nouvelles de ma sœur. Elle a eu un bébé le mois dernier et elle se dispute beaucoup avec son mari. Elle doit se reposer, mais c'est elle qui fait tout le travail.

ANTOINE : Calme-toi. Elle est probablement trop occupée pour t'appeler. Téléphone-lui.

LES SENTIMENTS

être heureux / -euse, content / e, ravi / e
être inquiet / inquiète, anxieux / -euse
être furieux / -euse, fâché / e, en colère
être amoureux / -euse ; tomber amoureux / -euse
être triste, malheureux / -euse
être surpris / e
être embarrassé / e, gêné / e
être jaloux / -ouse

Vie et culture

Les Français s'expriment

Il y a beaucoup d'expressions fixes que les Français utilisent pour exprimer les émotions. (L'accent et l'intonation sont très importants aussi !) Est-ce que vous pouvez marier les expressions de la colonne de gauche aux émotions de la colonne de droite ?

1. Mon Dieu ! Oh, là, là !
2. Super ! Sensationnel ! Formidable !
3. Oh, pardon ! Je suis désolé/e !
4. Oh, zut ! Mince !
5. Bof ! Ça m'est égal.
6. Ma chérie/mon chéri, mon cœur, ma puce
7. C'est pas vrai ! Pas possible ! Incroyable !
8. Espèce d'imbécile ! Crétin ! Quel idiot !

a. la joie
b. l'inquiétude
c. l'indifférence
d. la tendresse
e. l'embarras
f. la surprise
g. la frustration
h. la colère

ET VOUS ?

Le mot juste. Qu'est-ce que vous dites dans les situations suivantes ? Choisissez votre réponse dans la liste ci-dessus (*above*).

1. Vous avez perdu vos devoirs.
2. Vous avez eu une bonne note à un examen difficile.
3. Vos amis hésitent entre le cinéma ou un DVD ; vous n'avez pas d'opinion.
4. Vous regardez un enfant adorable, votre nièce ou votre neveu.
5. Votre colocataire a emprunté votre livre de français et l'a perdu.
6. Vous avez fait tomber un vase chez la grand-mère de votre ami.
7. Vous apprenez que votre ami/e a eu un accident de voiture.

❋ À vous la parole ❋

7-24 Lire les expressions de la figure. Est-ce que vous et votre partenaire savez lire les émotions peintes sur le visage d'une personne ?

MODÈLE É1 Cette dame a l'air malheureuse ; peut-être qu'elle a entendu des mauvaises nouvelles.

É2 Je pense qu'elle est anxieuse parce qu'elle n'a pas de nouvelles de son ami.

 1.

2.

3.

4.

7-25 Des conseils. Quels conseils est-ce que vous et votre partenaire pouvez donner aux personnes suivantes ?

MODÈLE Votre colocataire a des soucis.
- Ne t'en fais pas ! Ça va s'arranger.

1. Une amie est très anxieuse avant un examen.
2. Votre ami est furieux parce qu'il pense qu'on l'a insulté.
3. Un monsieur se fâche parce qu'il n'y a pas de place dans l'autobus.
4. Votre amie a tendance à être un peu jalouse.
5. Votre petit frère pleure parce qu'il ne trouve pas son DVD préféré.
6. Une femme est furieuse et elle crie très fort parce qu'on a pris son sac.
7. Vos copains sont anxieux avant un match de tennis.
8. Vos camarades s'inquiètent de leurs notes d'examens ce semestre.

7-26 Les sentiments. Expliquez à votre partenaire dans quelle/s situation/s vous ressentez les sentiments suivants.

MODÈLE la tristesse
- Je suis triste quand mes amis se disputent.

1. le bonheur
2. la jalousie
3. l'inquiétude
4. l'anxiété

5. la colère
6. la surprise
7. la frustration

FORMES ET FONCTIONS

1. Les verbes pronominaux idiomatiques

- Certain verbs change meaning when combined with a reflexive pronoun:

appeler	J'appelle mon chien.	*I'm calling my dog.*
s'appeler	Je **m'appelle** David.	*My name is David.*
entendre	J'entends un bruit.	*I hear a noise.*
s'entendre avec	Je **m'entends** bien avec eux.	*I get along well with them.*

- Here are some additional idiomatic pronominal verbs:

s'amuser	Ils **se sont** bien **amusés**.	*They had a lot of fun.*
s'arranger	Ça va **s'arranger** !	*It will be all right!*
se calmer	**Calmez-vous** !	*Calm down!*
se dépêcher	Il **se dépêche** toujours.	*He always hurries.*
se détendre	Tu dois **te détendre**.	*You must relax.*
se disputer	Ils **se disputent** souvent.	*They often argue.*
s'ennuyer	Je **m'ennuie** !	*I'm bored!*
se fâcher	Elle **se fâche** contre lui.	*She's getting angry at him.*
s'inquiéter	Ne **t'inquiète** pas !	*Don't worry!*
s'intéresser à	Tu **t'intéresses à** la musique ?	*Are you interested in music?*
s'occuper de	Tu **t'occupes de** lui ?	*Are you taking care of him?*
se passer	Qu'est-ce qui **se passe** ?	*What's happening?*
se promener	Elle **se promène** souvent.	*She often takes walks.*
se rappeler	Je ne **me rappelle** pas.	*I don't remember.*
se reposer	On **se repose**.	*We're resting.*
se retrouver	On **se retrouve** ici ?	*Shall we meet here?*

- Many verbs can be used with a reflexive pronoun to show that the action is mutual, or reciprocal. In English we sometimes use the phrase *each other* to express this idea.

se téléphoner	Nous **nous** sommes téléphoné.	*We phoned each other.*
se rencontrer	On **s'est** déjà rencontrés.	*We've already met.*
s'embrasser	Ils **se sont** embrassés.	*They kissed.*
se fiancer	Ils **se sont** fiancés.	*They got engaged.*
se marier	Ils **se sont** mariés.	*They got married.*
se séparer	Ils **se sont** séparés.	*They separated.*

7-27 À la maternelle. Christophe se rappelle sa classe à l'école maternelle. Pour compléter ses descriptions, choisissez un verbe qui convient dans la liste ci-dessous.

MODÈLE La maîtresse était toujours calme.
- Elle ne se fâchait jamais.

s'amuser	se dépêcher	s'ennuyer	s'entendre
se fâcher	s'occuper de	se rappeler	se reposer

1. Pendant la récréation, les enfants jouaient ensemble.
2. À midi, on avait beaucoup de temps pour aller à la cantine.
3. Une vieille femme préparait le déjeuner.
4. Après le déjeuner, tout le monde faisait la sieste.
5. Jacques et moi, nous étions des bons amis.
6. Je trouvais nos activités en classe très intéressantes.
7. Jacques n'oubliait jamais ses leçons.

7-28 Histoire d'amour. Racontez cette histoire d'amour en vous servant des verbes indiqués.

MODÈLE se rencontrer
- Ils se sont rencontrés au cinéma.

1. se parler
2. tomber amoureux
3. se fiancer
4. se marier

5. s'entendre bien
6. se disputer
7. se séparer
8. divorcer

7-29 Trouvez une personne. Trouvez une personne qui...

MODÈLE s'entend bien avec ses parents

    É1 Est-ce que tu t'entends bien avec tes parents ?

    É2 Non, je ne m'entends pas bien avec eux.

    ou Oui, je m'entends bien avec eux.

1. s'entend bien avec ses parents
2. se rappelle son premier jour à l'école
3. s'amuse quelquefois pendant le cours de français
4. s'occupe toujours du dîner le soir
5. ne se fâche jamais
6. s'est dépêchée ce matin
7. va se détendre ce week-end
8. se rappelle les heures de bureau du professeur

2. Les verbes *connaître* et *savoir*

The verbs **connaître** and **savoir** both mean *to know*, but they are used in different ways.

- **Connaître** means *to be acquainted with* or *to be familiar with* and usually refers to places and persons; **connaître** is always followed by a noun:

Je **connais** bien sa famille.	*I know his/her family well.*
Il ne **connaît** pas Abidjan.	*He is not familiar with Abidjan.*
Vous **connaissez** cette chanson ?	*Are you familiar with this song?*

- When used in the **passé composé** with persons, **connaître** means *to have met*.

J'**ai connu** mon copain l'été dernier.	*I met my boyfriend last summer.*

CONNAÎTRE *to know, to be familiar with*			
SINGULIER		PLURIEL	
je	connais	nous	connaiss**ons**
tu	connais	vous	connaiss**ez**
il elle on	connaît	ils elles	connaiss**ent**

PASSÉ COMPOSÉ : J'**ai connu** Jamila l'été dernier.

- **Savoir** generally means *to know facts, information*, or *how to do something*. It can be used in five types of constructions:

  - Followed by an infinitive:

Tu **sais** faire du yoga ?	*Do you know how to do yoga?*
Ma mère ne **sait** pas se détendre.	*My mother doesn't know how to relax.*

  - Followed by a noun:

Il **sait** sa leçon par cœur.	*He knows his lesson by heart.*
Je ne **sais** pas tout.	*I don't know everything.*
Nous **savons** la réponse.	*We know the answer.*

  - Followed by a sentence introduced by **que**:

Je **sais qu'**ils sont séparés.	*I know that they are separated.*
Elle **sait que** nous nous sommes fiancés.	*She knows that we got engaged.*

■ Followed by a sentence introduced by a question word or **si** (*whether*).

Je ne **sais** pas **comment** sa copine s'appelle.	*I don't know his girlfriend's name.*
Tu **sais si** elle va venir pour Noël ?	*Do you know if she's coming for Christmas?*

■ Used alone:

Qu'est-ce qu'elles **savent** ?	*What do they know?*
Je **sais**.	*I know.*

● When used to talk about the past, **savoir** in the **imparfait** means *knew*.

Elle **savait** que nous étions fatigués.	*She knew that we were tired.*

● When used in the **passé composé**, **savoir** means *to have learned* or *found out*.

J'**ai su** qu'elle était malade hier.	*I found out that she was sick yesterday.*

SAVOIR *to know*			
SINGULIER		**PLURIEL**	
je	sais	nous	sav**ons**
tu	sais	vous	sav**ez**
il elle on	sai**t**	ils elles	sav**ent**
PASSÉ COMPOSÉ : J'ai su où il habitait.			

À vous la parole

7-30 Les connaissances de famille. Avec un/e partenaire, dites qui vous connaissez et qui vous ne connaissez pas dans la famille des personnes indiquées.

MODÈLE votre beau-frère/belle-sœur
- Je connais la sœur de mon beau-frère, mais je ne connais pas sa mère.

1. votre beau-frère/belle-sœur
2. votre colocataire
3. vos voisins
4. votre prof de français
5. votre meilleur/e ami/e
6. votre ami/e
7. votre femme/mari/fiancé/e

7-31 L'espion international. L'Interpol recherche Claude Martin, un grand espion. Est-ce que vous le connaissez ? Qu'est-ce que vous savez à son sujet ? Faites des phrases en employant **connaître** ou **savoir**.

MODÈLES où il travaille
- Je sais où il travaille.

Lyons, la ville où il est né
- Je connais la ville où il est né.

1. M. Martin
2. qu'il parle portugais
3. les noms de ses camarades
4. sa femme
5. quand il est parti d'Italie
6. qu'il parle allemand
7. où M. Martin habite
8. pourquoi il est allé en Belgique
9. ses amis à Liège
10. quand il va repartir

7-32 Trouvez une personne. Trouvez quelqu'un parmi vos camarades de classe qui sait/connaît… Comparez vos notes à la fin pour bien connaître vos camarades de classe !

MODÈLE jouer de la guitare
- Est-ce que tu sais jouer de la guitare ?

1. parler italien
2. une personne célèbre
3. le président de l'université
4. faire du ski
5. la ville de Washington, D.C.
6. la Belgique
7. jouer d'un instrument
8. le prénom du professeur
9. combien d'étudiants il y a à l'université

Lisons

7-33 Je suis cadien.

Stratégie

Put yourself in the writer's place to better understand his/her point of view. Consider whether there may be aspects of the writer's background or experience that have shaped his or her perspective, reactions, and focus.

A. Avant de lire. The title of this poem, *Je suis cadien*, gives you essential information about the identity of the poet, Barry Ancelet (who takes the pen name Jean Arceneaux). He speaks **le français cadien**, and he is a descendent of French speakers who fled to Louisiana in the eighteenth century from the former French colony of **Acadie** (the present-day Canadian provinces of Nova Scotia and New Brunswick). After **Acadie** was ceded to England, the Acadians refused allegiance to the British crown. In the early 20th century, compulsory schooling in English was introduced in the regions of Louisiana where Cajuns

Voici le poète, Barry Ancelet. Pourquoi, à votre avis, est-ce qu'il est habillé ainsi ?

had lived in relative isolation. They were forbidden to speak their heritage language, Cajun French (also called Louisiana French), and were punished if they did.

Since the title of the poem announces the poet's Cajun French identity, are you surprised to see that the first lines are in English? Why do you think the poem is written in two languages, Cajun French and English? Can you put yourself in the narrator's place, identifying with his feelings as a Louisiana schoolboy? What message do you think he will attempt to convey?

B. **En lisant.** Le poète exprime les pensées et les émotions d'un enfant cadien qui allait à l'école publique en Louisiane. En lisant un extrait de ce poème, répondez aux questions suivantes.

1. Pourquoi est-ce que le poète répète la première phrase plusieurs fois ? À quelle punition pendant « leur temps de recess » est-ce qu'il fait référence ?
2. Le poète écrit au vers (*line*) 9, « Ça fait mal ; ça fait honte ». Quelle situation est-ce qu'il décrit ?
3. Dans les vers 25 à 42, on explique à l'enfant pourquoi il doit parler anglais. Est-ce que vous pouvez résumer les arguments ?
4. L'enfant n'est pas convaincu. Comment est-ce que les derniers vers (52 à 57) montrent cela ?

JE SUIS CADIEN (*suite poètique*)

I will not speak French on the school grounds.
I will not speak French on the school grounds.
I will not speak French...
I will not speak French...
I will not speak French...   5

bastards   Hé ! Ils sont pas bêtes, ces salauds°.
Après mille fois, ça commence à pénétrer
anybody's head   Dans n'importe quel esprit°.
makes you ashamed   Ça fait mal ; ça fait honte°.
Et on ne speak pas French on the school grounds   10
Et ni anywhere else non plus.
Jamais avec des étrangers.
On sait jamais qui a l'autorité
damned   De faire écrire ces sacrées° lignes
À n'importe quel âge.   15
Surtout pas avec les enfants.
Faut jamais que eux, ils passent leur temps de recess
À écrire ces sacrées lignes.

I will not speak French on the school grounds.
I will not speak French on the school grounds.   20

They shouldn't have to   Faut pas qu'ils aient besoin° d'écrire ça
Parce qu'il faut pas qu'ils parlent français du tout.
It shows; nothing but   Ça laisse voir° qu'on est rien que° des Cadiens.
Don't mind us, we're just poor coonasses,
gotta hide it   Basse classe, faut cacher ça°.   25
Faut dépasser ça.
Faut parler en anglais.
Faut regarder la télévision en anglais.
Faut écouter la radio en anglais
Comme de bons Américains.   30
Why not just go ahead and learn English,

Don't fight it, it's much easier anyway,
No bilingual bills, no bilingual publicity.
No danger of internal frontiers.
Enseignez l'anglais aux enfants.   35
Take them all the way   Rendez-les tout le long°,
Tout le long jusqu'aux discos,
Jusqu'au Million Dollar Man.
anyway   On a pas réellement besoin de parler français quand même°.

40 C'est les États-Unis ici.
Land of the Free.
On restera toujours° rien que des poor coonasses. *will always be*

I will not speak French on the school grounds.
I will not speak French on the school grounds.

45 Coonass, non, non, ça gêne pas°. *that doesn't bother us*
C'est juste un petit nom.
Ça veut rien dire.
C'est pour s'amuser, ça gêne pas.
On aime ça, c'est cute.
50 Ça nous fait pas fâchés°. *That doesn't make us mad.*
Ça nous fait rire°. *laugh*
Mais quand on doit rire, c'est en quelle langue qu'on rit ?
Et pour pleurer, c'est en quelle langue qu'on pleure ? *cry*
Et pour crier ?
55 Et chanter ?
Et aimer ?
Et vivre ?

C. En regardant de plus près. Le poète permet au lecteur (*reader*) de s'identifier avec l'enfant cadien.

1. Pourquoi est-ce que le poème mélange (*mix*) l'anglais et le français ?
2. Dans le texte, on utilise un nom péjoratif : quelle est la réaction de l'enfant quand il entend ce nom ? Quelle est votre réaction quand vous le lisez ? Quelle réaction est-ce que le poète cherche, à votre avis ?
3. Le poème finit par une série de questions ; quel est l'effet de ces questions sur le lecteur ?

D. Après avoir lu. Discutez de ces questions avec vos camarades de classe.

1. Est-ce que vous pouvez vous identifier avec le point de vue et les émotions exprimés dans ce poème ? Pourquoi ?
2. Est-ce que vous connaissez un peu l'histoire des immigrés qui sont arrivés aux États-Unis à la fin du XIXe et au début du XXe siècles ? Est-ce que l'expérience de l'enfant cadien décrite dans ce poème ressemble à l'expérience des enfants de ces immigrés, ou non ?

Leçon 1

le corps humain — *the human body*

la bouche	*mouth*
le bras	*arm*
les cheveux (m.)	*hair*
le cœur	*heart*
le dos	*back*
les dents (f.)	*teeth*
l'estomac (m.)	*stomach*
la figure	*face*
la gorge	*throat*
la jambe	*leg*
la langue	*tongue*
la main	*hand*
le nez	*nose*
l'œil (m.) (les yeux)	*eye (eyes)*
l'oreille (f.)	*ear*
le pied	*foot*
les poumons (m.)	*lungs*
la tête	*head*
le ventre	*belly, abdomen*

des maux, un mal — *aches and pains*

avoir mal à (la tête)	*to hurt (to have a headache)*
avoir mal partout	*to hurt everywhere*
avoir mal au cœur	*to be nauseated*
avoir mal au ventre	*to have a stomach ache*

pour parler des *handicaps — *to talk about handicaps*

le basket-fauteuil	*wheelchair basketball*
être *handicapé/e	*to be handicapped*
un fauteuil roulant	*a wheelchair*

pour rester en forme — *to stay in shape*

combattre/réduire le stress	*fight/reduce stress*
consulter le médecin	*to see the doctor*
essayer (de bien manger)	*to try (to eat well)*
faire de l'exercice (m.)	*to exercise*
faire de la musculation	*to do strength/resistance training/lift weights*
faire/suivre un régime	*to (be on a) diet*
un repas équilibré	*balanced meal*
la santé	*health*

choses à éviter pour rester en forme — *things to avoid to stay in shape*

l'alcool (m.)	*alcohol*
fumer	*to smoke*
grignoter	*to snack*
sauter (un repas)	*to skip (a meal)*

quelques verbes — *some verbs*

devoir	*to have to, must, to owe*
pouvoir	*to be able to, can*
vouloir	*to want (to)*

Leçon 2

les grands évènements de la vie — *major life events*

un anniversaire	*birthday, anniversary*
un baptême	*baptism*
une bougie	*candle*
un cadeau	*gift*
une cérémonie civile	*civil ceremony*
une fête religieuse	*religious holiday*
les grandes vacances	*summer vacation*
un mariage	*wedding*
un/e marié/e	*groom/bride*
une marraine	*godmother*
un parrain	*godfather*
un témoin	*witness*

des vœux — *wishes*

un vœu	*wish*
Meilleurs vœux !	*Best wishes!*
Félicitations !	*Congratulations!*
Bon/Joyeux anniversaire !	*Happy Birthday!*
Joyeux anniversaire de mariage !	*Happy Anniversary!*
Joyeux Noël !	*Merry Christmas!*
Bonne année !	*Happy New Year!*
Bon voyage !	*Have a good trip!*
Bonnes vacances !	*Have a good vacation!*

pour parler des fêtes — *to talk about holidays*

avoir lieu	*to take place*
un bal populaire	*a street dance*
cacher	*to hide*
un défilé	*parade*
fêter	*to celebrate*
un feu d'artifice	*fireworks*
une fève	*token hidden in a king cake*
une fleur	*flower*
une galette	*type of cake*
un jour férié	*legal holiday*
le muguet	*lily of the valley*
un œuf en chocolat	*chocolate egg*
le réveillon (de Noël, du Jour de l'An)	*dinner or party (for Christmas Eve, for New Year's Eve)*
un sapin	*evergreen tree, Christmas tree*
souffler (les bougies)	*to blow (out candles)*

les sentiments — *feelings*

avoir l'air (d'être) + adj.	*to seem, to appear (to be) + adj.*
Qu'est-ce que tu as ?	*What's wrong?*
amoureux/-euse	*in love*
tomber amoureux/-euse	*to fall in love*
anxieux/-euse	*anxious*
content/e	*happy*
embarrassé/e	*embarrassed*
en colère	*angry*
fâché/e	*angry*
furieux/-euse	*furious*
gêné/e	*bothered, embarrassed*
heureux/-euse	*happy*
inquiet/inquiète	*uneasy, anxious, worried*
jaloux/-ouse	*jealous*
malheureux/-euse	*unhappy*
ravi/e	*delighted*
surpris/e	*surprised*
triste	*sad*

pour exprimer les sentiments — *to express feelings*

Crétin !	*Moron!*
crier	*to yell*
perdre son sang-froid	*to lose one's composure*
pleurer	*to cry*

quelques verbes pronominaux — *some pronominal verbs*

s'amuser	*to have fun*
s'appeler	*to be named, called*
s'arranger	*to work out, to be all right*
se calmer	*to calm down*
se disputer	*to argue*

s'ennuyer	*to become bored*
s'entendre (avec)	*to get along (with)*
se fâcher (contre)	*to get angry (at, with)*
se faire du souci	*to worry*
Ne t'en fais pas ! / Ne vous en faites pas !	*Don't worry!*
s'inquiéter	*to worry*
s'intéresser à	*to be interested in*
se passer	*to happen*
se rappeler	*to remember*
se reposer	*to rest*
se retrouver	*to meet up*
se téléphoner	*to phone each another*

dans la vie sentimentale — *in one's emotional life*

divorcer	*to get divorced*
s'embrasser	*to kiss*
se fiancer	*to get engaged*
se marier	*to get married*
se rencontrer	*to meet (for the first time)*
se séparer	*to separate*

quelques verbes utiles — *some useful verbs*

connaître	*to know, to be familiar with*
savoir	*to know*

quelques expressions utiles — *some useful expressions*

Ce n'est pas grave.	*It's not serious.*
fort (adv.)	*loudly*
Je vous/t'en prie	*Please*
Ne sois pas…	*Don't be . . .*
une nouvelle	*piece of news*
si	*so; whether, if*
Soyez calme !	*Be calm!*
Ne sois pas furieuse !	*Don't be angry!*

Vocabulaire

8

Est-ce que cette scène vous rappelle quelque chose dans votre propre expérience ? Où est-ce que ces personnes se trouvent ? Qu'est-ce qu'ils font ?

Études et professions

Leçon ① Nous allons à la fac

Leçon ② Une formation professionnelle

Leçon ③ Choix de carrière

After completing this chapter, you should be able to:

☐ Talk about a university and courses of study

☐ Talk about jobs and the workplace

☐ Make comparisons

☐ Compare education and the workplace in the United States, France, and Quebec

Leçon ① Nous allons à la fac

POINTS DE DÉPART

À la fac

Je m'appelle Julie et je suis en deuxième année d'études à l'Université de Montréal. Je vais à l'université du lundi au vendredi ; j'ai tous mes cours ici. Après les cours, je retrouve mes amis au café dans le centre étudiant. En fin de semaine, je travaille à la bibliothèque. J'habite un appartement, mais j'ai des amis qui habitent en résidence. On mange ensemble quelquefois à la cafétéria ou au restaurant si on a plus de temps et si on veut bien manger. Trois ou quatre fois par semaine, on fait du sport au centre sportif.

Voici un plan du campus. Si vous arrivez à UdeM en voiture, le stationnement se trouve à droite du pavillon principal. Il faut avoir un permis pour stationner sur le campus. Si vous arrivez en métro, il y a une station juste en face du pavillon principal. Pour circuler sur le campus, il y a la navette. Dans le pavillon principal, il y a une librairie et des bureaux administratifs. Les résidences se trouvent à gauche et le centre étudiant est juste à côté. On y trouve un cinéma, un café, le bureau des inscriptions et des bureaux d'associations étudiantes. Le centre sportif est tout près des résidences, et les terrains de sport sont juste derrière.

PRÉPOSITIONS DE LIEU

à droite de	à gauche de
en face de	à côté de
dans	
(tout) près de	loin de
devant	derrière

Université de Montréal

les terrains (m.) de sport
le centre sportif
les résidences (f.)
le laboratoire de chimie
la salle informatique
la bibliothèque
le garage
la cafétéria
l'infirmerie (f.)
le centre étudiant
le restaurant universitare (le resto U)
la station de métro
l'amphithéâtre (m.)
le bureau du professeur

1. Centre d'éducation physique et des sports (CEPSUM)
2. Pavillon 2101, boul. Édouard-Montpetit
3. Pavillon J.-A.-DeSève (centre étudiant)
4. Résidence C
5. Résidence A
6. Résidence Thérèse-Casgrain
7. Pavillon principal
8. Pavillon Claire-McNicoll
9. Pavillon André-Aisenstadt
10. Stationnement Louis-Colin
11. Pavillon Samuel-Bronfman
12. Pavillon Lionel-Groulx
13. Pavillon 3200, rue Jean-Brillant
14. le restaurant universitare (le resto U)
Station de métro

✁ À vous la parole ✁

8-1 Dans quel endroit ? Indiquez où on entend typiquement ces questions ou ces commentaires.

MODÈLE   Vous avez un permis pour votre voiture ?
- au parc de stationnement ou au garage

1. Voilà le bureau de l'association des étudiants étrangers (*foreign*).
2. Le match commence dans dix minutes.
3. Aujourd'hui, nous allons parler des évènements qui précédaient la Révolution française.
4. Écoute ! C'est une explosion !
5. Où se trouvent les dictionnaires du français, s'il vous plaît ?
6. On regarde la télé ce soir ou on joue au Scrabble ?
7. Je me suis fait très mal au genou.
8. Désolé, monsieur, je ne peux pas venir en classe demain.
9. Cet ordinateur ne marche pas bien. Vous pouvez m'aider ?
10. Je dois acheter tous ces livres pour mes cours ? C'est cher !

 8-2 Vos endroits préférés. Avec un/e partenaire, parlez de vos endroits préférés sur le campus pour chaque activité. Ensuite, parlez de vos préférences avec vos camarades de classe.

MODÈLE   pour dîner ?
- É1 Moi, je préfère la cafétéria ; c'est rapide et très pratique. Et toi ?
- É2 Moi, je préfère le resto U au centre étudiant ; il y a beaucoup plus de choix.
- É1 (*aux autres étudiants*) Pour dîner, je préfère la cafétéria parce que c'est rapide et pratique, mais Anne préfère le resto U au centre étudiant…

1. pour dîner ?
2. pour travailler ?
3. pour voir un film ?
4. pour parler avec des amis ?
5. pour pratiquer un sport ?
6. pour préparer un examen ?

 8-3 Sur votre campus. Choisissez un endroit sur votre campus et circulez parmi vos camarades de classe pour demander où ça se trouve. Regardez la liste ci-dessous pour avoir quelques idées. Combien de réponses différentes est-ce que vous avez trouvé ?

MODÈLE   É1 C'est où, la résidence Cambridge ?
- É2 La résidence Cambridge, c'est tout près des terrains de sport.
- É1 La résidence Cambridge, s'il vous plaît ?
- É3 C'est en face du centre étudiant.

1. la bibliothèque
2. les bureaux de l'administration
3. le centre étudiant
4. la piscine
5. le bureau des inscriptions
6. le théâtre
7. la librairie
8. le resto U
9. l'infirmerie
10. les terrains de sport

Vie et culture

La Sorbonne a été fondée à Paris en 1253. Elle se trouve au cœur du Quartier latin, un quartier animé avec beaucoup de cafés et de librairies.

L'Université de Montréal est la plus grande université au Canada. Son campus se trouve juste à l'extérieur de la ville. Cette université offre une grande variété de majeurs et de diplômes professionnels.

Le système éducatif au Québec

Le système éducatif au Québec est organisé différemment du système américain. Les études secondaires durent cinq ans ; normalement les élèves terminent le secondaire à l'âge de 17 ans et passent les deux années suivantes dans un CÉGEP (**Collège d'enseignement général et professionnel**). Ensuite, ils peuvent poursuivre[1] leurs études à l'université où ils peuvent préparer **un baccalauréat, une maîtrise** ou **un doctorat**. Comme dans les universités américaines, les étudiants canadiens peuvent choisir de préparer un diplôme spécialisé dans un seul champ[2] d'études, **une majeure**, ou alors de choisir une majeure dans un champ et **une mineure** dans un autre.

Le campus dans l'université française

En France, la plupart des universités n'ont pas de campus centralisé comme c'est généralement le cas en Amérique du Nord. Dans les grands centres urbains comme Paris, Strasbourg ou Nice, les différentes facultés se trouvent séparées dans des bâtiments éparpillés.[3]

Les étudiants français parlent de **la fac** ; ils disent, par exemple, **Je vais à la fac ce matin**. Pour se réunir avec leurs amis et pour travailler, les étudiants se retrouvent souvent dans un café près de la fac. Normalement, les activités sociales et sportives que nous connaissons en Amérique du Nord ne font pas partie de la vie universitaire en France. Quelques universités françaises ont des résidences qui se trouvent près des facultés. À Paris, il existe quelques résidences mais elles sont situées loin du Quartier latin où se trouvent la Sorbonne et quelques autres universités. Souvent, les étudiants logés dans les résidences sont des étudiants étrangers[4] ; la plupart des étudiants français à Paris et ailleurs en France vivent chez leurs parents ou louent une chambre en ville.

ET VOUS ?

1. Est-ce qu'il y a des établissements dans votre région qui sont comparables au **CÉGEP** au Québec ? Lesquels ?
2. Comparez votre campus à un campus français typique. Pensez à son emplacement, sa grandeur, les bâtiments qui s'y trouvent et la disposition des bâtiments et des services.
3. Où est-ce que la plupart des étudiants de votre université sont logés ? Est-ce que c'est comme la situation en France ? Pourquoi ?

[1]*continuer* [2]*field* [3]*spread out* [4]*foreign*

Sons et lettres

Les voyelles / e / et / ɛ /

The vowels of the words **et** and **mère** differ by the degree of tension with which they are pronounced and where they occur in words. The vowel of **et**, /e/, must be pronounced with a lot of tension and without any glide; otherwise the vowel of the English word *day* is produced. To avoid producing a glide, keep the vowel short and hold your hand under your chin to make sure it does not drop as you say /e/; your lips should stay tense, in a smiling position. The vowel /e/ occurs generally only at the end of words or syllables, and it is often written with **é**, or **e** followed by a silent consonant letter. It also occurs in the endings **-ez**, **-er**, and **-ier**.

la t**é**lé   **et**   ass**ez**   écout**ez**   rép**é**ter   janvi**er**

The vowel of **mère**, /ɛ/, is pronounced with less tension than /e/, but still without any glide. It usually occurs before a pronounced consonant at the end of words or syllables and is spelled with **è**, **ê**, or **e** followed by a pronounced consonant. It is also spelled **ei** or **ai** in **seize** or **j'aime**, for example.

derri**è**re   le coll**è**ge   la f**ê**te   la nav**e**tte   **e**lle   il dét**e**ste

08-05
to
08-06

⨝ À vous la parole ⨝

8-4 Contrastes. Comparez la prononciation de chaque paire de mots : le premier mot contient /e/ et le second /ɛ/. Écoutez d'abord et ensuite répétez chaque mot.

et/être   André/Daniel   assez/seize
préférer/je préfère   répéter/je répète   la cafétéria/la bibliothèque

8-5 Des phrases. Répétez chaque phrase.
1. Hervé attend la prochaine navette à la station de métro.
2. Elle s'appelle Danielle ; elle est en troisième année d'études.
3. Son père, André, appelle l'université pour avoir de ses nouvelles.
4. Son prof d'anglais est assez âgé, mais il est très énergique.
5. La bibliothèque est derrière la résidence pour les étudiants de première année.

FORMES ET FONCTIONS

1. Le comparatif et le superlatif des adverbes

- You have been using adverbs to make your descriptions more precise.

Elle s'endort.   *She's falling asleep.*
Elle s'endort **souvent** en classe.   *She often falls sleeps in class.*
Elle s'endort **facilement** devant la télé. *She falls asleep easily in front of the TV.*
Elle s'endort **rarement** avant minuit.   *She rarely falls asleep before midnight.*

- The expressions **plus… que** (*more than*), **moins… que** (*less than*) and **aussi… que** (*as much as*) can be used with adverbs to make comparisons.

plus… que	Il travaille **plus** souvent **que** moi.	*He studies more often than I do.*
aussi… que	Tu parles français **aussi** bien **que** lui.	*You speak French as well as he does.*
moins… que	En semaine, il sort **moins** souvent **que** moi.	*During the week, he goes out less often than I do.*

When a pronoun follows **que** in a comparison, it must be a stressed pronoun. A complete list of stressed pronouns in French are shown below with their corresponding subject pronouns:

moi	je	**nous**	on/nous
toi	tu	**vous**	vous
lui	il	**eux**	ils
elle	elle	**elles**	elles

- The adverb **bien** has an irregular comparative form **mieux**, as shown below:

Je chante bien.	*I sing well.*
Je chante aussi bien que toi.	*I sing as well as you do.*
Je chante moins bien que lui.	*I don't sing as well as he does.*
Tu chantes **mieux** que nous.	*You sing **better** than we do.*

- When comparing amounts, **plus, moins**, and **autant** are followed by **de/d'** and a noun:

plus de… que	Elle a **plus de** travail **que** nous.	*She has more work than we do.*
moins de… que	Il a **moins de** devoirs **que** vous.	*He has less homework than you.*
autant de… que	J'ai **autant d'**examens **que** vous.	*I have as many exams as you.*

- To express a superlative, use the definite article **le** and **plus, moins**, or **mieux**:

Elle sort **le moins souvent**.	*She goes out the least often.*
Tu chantes **le mieux**.	*You sing the best.*
Il a **le plus de** travail.	*He has the most work.*

❊ À vous la parole ❊

8-6 Comparaisons. Qui fait le mieux ? Comparez vos réponses avec les réponses de votre partenaire.

MODÈLE   Qui chante mieux, vous ou votre mère ?

      É1   Ma mère chante mieux que moi.

      É2   Moi aussi, je chante moins bien que ma mère.

1. Qui chante mieux, vous ou votre mère ?
2. Qui travaille mieux, vous ou votre meilleur/e ami/e ?

3. Qui écrit mieux, vous ou votre ami/e ?
4. Qui parle mieux le français, vous ou votre professeur ?
5. Qui mange mieux, vous ou votre père ?
6. Qui réussit mieux aux examens, vous ou votre colocataire ?
7. Qui s'habillent mieux, les étudiants ou les professeurs ?

8-7 Vos habitudes. Est-ce que ces comparaisons sont vraies ou fausses pour vous ? Discutez de vos réponses avec un/e partenaire.

MODÈLE Je me lève plus tôt que mon/ma colocataire.

É1 C'est vrai : moi, je me lève à 7h, et mon colocataire se lève à 8h. Donc, je me lève plus tôt que lui.

É2 Pour moi, c'est faux : mon colocataire se lève plus tôt que moi. Je me lève rarement avant 10h du matin.

1. Je me lève plus tôt que mon/ma colocataire.
2. Mon/Ma colocataire travaille plus que moi.
3. Je sors plus souvent que mon/ma colocataire.
4. Je mange moins souvent au resto U que mon/ma colocataire.
5. Mon/Ma colocataire réussit mieux que moi aux examens.
6. Mon/Ma colocataire parle moins fréquemment avec ses profs que moi.
7. Je travaille plus tard la nuit que mon/ma colocataire.
8. Mon/Ma colocataire écrit mieux que moi.

8-8 Championnat de famille. Qui sont les champions dans votre famille et dans les familles de vos camarades de classe ? Posez des questions pour le savoir.

MODÈLE chanter

É1 Qui chante le mieux dans votre famille ?

É2 Ma grande sœur Stéphanie chante le mieux.

É3 Dans ma famille, c'est moi. Je chante le mieux !

1. chanter
2. danser
3. s'habiller
4. cuisiner
5. jouer au tennis/au golf/au foot/au basket
6. écrire
7. parler français

2. Les expressions indéfinies et négatives

• Look at the following exchanges:

—Tu fais **quelque chose** maintenant ? —*Are you doing something now?*
—Non, je **ne** fais **rien** de spécial. —*No, I'm not doing anything special.*

—Il y a **quelqu'un** à la porte ? —*Is there someone at the door?*
—Non, il **n'**y a **personne**. —*No, there's no one there.*

—Tu prends **quelquefois** la navette ? —*Do you take the shuttle sometimes?*
—Non, je **ne** prends **jamais** la navette. —*No, I never take the shuttle.*

As you can see in the exchanges above, the negative expressions are composed of two parts: **ne**… plus another element carrying the specific meaning.

- These negative expressions may also be used alone:

  —Qu'est-ce que tu as ?   —**Rien**.
  —Qui va t'aider avec cet examen ?   —**Personne**.
  —Tu as mangé dans ce restaurant ?   —**Jamais**.

- **Rien** and **personne** may be used as the subject of a sentence; **ne** still precedes the verb:

  Rien ne s'est passé hier.   *Nothing happened yesterday.*
  Personne n'est venu au bureau du prof. *No one came to the prof's office.*

The following chart summarizes indefinite and negative expressions referring to time, things, and persons:

INDÉFINI	NÉGATIF
quelquefois	ne … jamais
quelque chose	ne … rien
quelqu'un	ne … personne

- Note the placement of negative and indefinite expressions in the **passé composé** and **futur proche**:

  —Tu **n'**as **rien** appris ?   —Si, j'ai appris **quelque chose**.
  —Tu **n'**a **jamais** travaillé ici ?   —Si, j'ai travaillé ici **quelquefois**.
  —Tu **n'**as vu **personne** ?   —Si, j'ai vu **quelqu'un**.
  —Il **ne** va **rien** faire ?   —Si, il va faire **quelque chose**.
  —Il **ne** va **jamais** nous aider ?   —Si, il va nous aider **quelquefois**.
  —Il **ne** va inviter **personne** ?   —Si, il va inviter **quelqu'un**.

✹ À vous la parole ✹

8-9 Au négatif. Répondez avec une expression négative.

MODÈLE Qu'est-ce que tu regardes ?
- Rien. Je ne regarde rien.

1. Qu'est-ce que tu écoutes ?
2. Qui nous a invité à dîner ?
3. Quand est-ce qu'ils vont arriver ?
4. Qu'est-ce qu'il y a dans ton sac ?
5. Qui est-ce que tu écoutes ?
6. Qu'est-ce que tu prends ?
7. Quand est-ce que tu vas à la bibliothèque ?
8. Qui est-ce que tu aimes ?

8-10 Une petite contradiction. Dites le contraire dans vos réponses !

MODÈLES   Est-ce qu'il y a quelqu'un dans l'amphithéâtre ?
- Non, il n'y a personne.

Vous ne travaillez jamais à la bibliothèque ?
- Si, je travaille quelquefois à la bibli.

1. Il y a quelque chose écrit au tableau ?
2. Est-ce que quelqu'un l'a invitée à la fête ?
3. Vous achetez quelque chose à la librairie ?
4. Vous ne prenez rien à la cafétéria ?
5. Personne n'a appelé pendant le cours ?
6. Il ne mange jamais au restaurant universitaire ?
7. Vous préparez quelquefois le dîner ?
8. Il y a quelqu'un à la porte de la salle informatique ?

 8-11 Des situations. Pour chaque situation, discutez avec un/e partenaire de ce que vous faites. Utilisez **ne… jamais**, **ne… personne**, **ne… rien** et leurs contraires **quelquefois**, **quelqu'un** et **quelque chose**.

MODÈLE   quand vous travaillez dans la salle informatique

    É1 Qu'est-ce que tu fais quand tu travailles dans la salle informatique ?

    É2 Je ne prends jamais de boisson et je ne mange rien parce que c'est interdit. Quelquefois, je mange du chewing-gum. Et toi ?

    É1 Moi, je ne travaille jamais dans la salle informatique parce que les moniteurs sont assez désagréables. Je travaille quelquefois au café avec mon ordinateur portable.

1. quand vous travaillez dans la salle informatique
2. quand vous allez au café après les cours
3. quand vous sortez avec des amis le week-end
4. quand vous partez en vacances en famille
5. quand vous avez beaucoup de travail à la fac
6. quand vous organisez une fête pour des amis
7. quand vous êtes en cours de français
8. quand vous avez un week-end de libre sur le campus

Lisons

8-12 Le français au Québec.

A. Avant de lire. Canada is officially bilingual, and more than seven million of the country's 31 million citizens speak French as their native language. Most French Canadians live in the province of Quebec, where native French speakers comprise approximately 80 percent of the population. Montreal is the second largest Francophone city in the world, after Paris.

This excerpt provides more information about the use of French in Québec. It is from a publication entitled **Emménager à Montréal** (*Moving to Montreal*), a guide for people relocating to Montreal. Skim the three paragraphs of the text to answer these questions:

1. What is the general topic of the excerpt?
2. Each paragraph addresses a specific aspect of the general topic; explain what that is in each case.

L'enseignement[1] au Québec

Au Québec, le ministère de l'Éducation est l'organisme gouvernemental responsable de la supervision de tous les niveaux[2] d'enseignement de la province. En 1977, la Loi 101 – ou la Charte de la langue française — a été adoptée par le gouvernement du Québec. Selon la Loi 101, tous les enfants doivent obtenir[3] leur éducation en français jusqu'au niveau post-secondaire. Il existe cependant des exceptions à cette règle. Par exemple, les résidents temporaires du Québec peuvent fréquenter une école anglophone.

Le système scolaire, de la prématernelle et jusqu'à la cinquième année du secondaire, a deux branches parallèles, l'une anglophone et l'autre francophone. Les étudiants qui vont dans une école post-secondaire peuvent décider de la langue qu'ils désirent apprendre, et il n'est pas rare que des étudiants francophones choisissent de fréquenter une université de langue anglaise et vice versa.

Bien s'exprimer en français

La vie de tous les jours peut s'avérer[4] compliquée si on ne possède pas au moins une connaissance de base du français. Des cours sont offerts gratuitement aux nouveaux venus en provenance d'un pays non francophone par le ministère des Relations avec les Citoyens et de l'Immigration. Pour de plus amples renseignements téléphonez au 514-864-9191 ou visitez www.immq.gouv.qc.ca.

[1]*education* [2]*levels* [3]*obtain* [4]*être*

Source : *Emménager à Montréal*, 2006–2007, www.movingto.com

B. En lisant. Maintenant relisez le texte attentivement et trouvez les réponses aux questions suivantes.

1. Le premier paragraphe mentionne la Loi 101. Quand est-ce que cette Loi a été adoptée ? Par qui ? Quel aspect de la Loi est traité dans ce texte ?
2. Le texte parle d'une exception à cette Loi. C'est pour qui ? Quelle est cette exception ?
3. Le deuxième paragraphe décrit deux « branches parallèles » ou deux systèmes. De quoi est-ce qu'on parle ?
4. D'après ce texte, les étudiants universitaires à Montréal ont un certain avantage. Quel est cet avantage ?
5. Quels sont les moyens d'apprendre le français pour ceux qui ne le parlent pas et qui vont s'installer à Montréal ?

Le vieux Montréal

C. En regardant de plus près.
Examinez le texte plus en détail.

1. Dans le premier paragraphe, vous voyez le mot **règle**. Vous connaissez déjà une signification pour le mot **règle**. D'après le contexte, quelle est une autre signification ?
2. Dans le dernier paragraphe on parle des **nouveaux venus**. Vous connaissez le mot **venu** comme le participe passé du verbe **venir.** Quelle est sa signification ici quand c'est utilisé comme un substantif (*noun*) ?
3. Dans le dernier paragraphe, quelle est la signification de **gratuitement** dans la phrase « … **des cours sont offerts gratuitement** » ?
4. Dans le dernier paragraphe, vous voyez le mot **connaissance**. Vous connaissez déjà le verbe **connaître**. Quelle est la signification de ce substantif ?

D. Après avoir lu. Discutez de ces questions avec vos camarades de classe.

1. Voici un extrait du préambule de la Loi 101. Lisez-le et identifiez les cinq domaines où le français est défini comme « **la langue normale et habituelle** ».
2. Malgré le fait que la Loi 101 déclare le français comme la seule langue officielle du Québec, les droits linguistiques des gens qui ont d'autres langues maternelles sont protégés. Trouvez le passage de la Loi 101 qui exprime cette idée. Est-ce que vous êtes d'accord avec cette proposition ? Pourquoi ?
3. Pensez à la situation linguistique de votre communauté ou de votre état. Est-ce que les enfants ont la possibilité d'assister à l'école dans la langue de leur choix ? Est-ce que vous pensez que les parents doivent pouvoir choisir la langue d'enseignement de leurs enfants ? Pourquoi ?

CHARTE DE LA LANGUE FRANÇAISE
PRÉAMBULE

Langue distinctive d'un peuple majoritairement francophone, la langue française permet au peuple québécois d'exprimer son identité.

L'Assemblée nationale reconnaît la volonté des Québécois d'assurer la qualité et le rayonnement de la langue française. Elle est donc résolue à faire du français la langue de l'État et de la Loi aussi bien que la langue normale et habituelle du travail, de l'enseignement, des communications, du commerce et des affaires.

L'Assemblée nationale entend poursuivre cet objectif dans un esprit de justice et d'ouverture, dans le respect des institutions de la communauté québécoise d'expression anglaise et celui des minorités ethniques, dont elle reconnaît l'apport précieux au développement du Québec.

L'Assemblée nationale reconnaît aux Amérindiens et aux Inuit du Québec, descendants des premiers habitants du pays, le droit qu'ils ont de maintenir et de développer leur langue et culture d'origine.

Ces principes s'inscrivent dans le mouvement universel de revalorisation des cultures nationales qui confère à chaque peuple l'obligation d'apporter une contribution particulière à la communauté internationale.

Leçon ② Une formation professionnelle

POINTS DE DÉPART

Des programmes d'études et des cours

MAT 16392 Mathématiques pour scientifiques
CHM 10124 Chimie physique II
CHM 10101 Laboratoire de chimie physique
FRN 21036 Communications pour scientifiques
BIO 22049 Écologie et environnement

STT 10400 Probabilités et statistique
ECN 11487 Théorie macroéconomique I
ECN 11498 Relations économiques internationales
ANL 14960 Advanced English I
POL 19606 Politique économique du Canada et du Québec

Claire Paradis

Gilles Robillard

Claire et Gilles sont étudiants à l'Université Laval. Claire prépare un diplôme en chimie avec une concentration en chimie de l'environnement ; Gilles prépare un diplôme en économique. Ils parlent de leurs cours :

GILLES : Qu'est-ce que tu as comme cours ce semestre ?

CLAIRE : Un cours de chimie en labo, un cours de maths, un cours d'écologie et un cours de français.

GILLES : C'est intéressant, ton cours d'écologie ?

CLAIRE : C'est assez ennuyeux, mais c'est un cours obligatoire. En fait, je n'ai pas de cours facultatif ce semestre. Et ton cours de sciences po, ça va ?

GILLES : Ben, il est intéressant, ce cours, mais difficile.

CLAIRE : Il y a beaucoup d'examens ?

GILLES : Non, il y a seulement un examen final, mais il y a deux devoirs à faire. Le prof m'a mis une note assez médiocre au premier devoir.

QU'EST-CE QUE VOUS ÉTUDIEZ ?

les lettres :   l'histoire, une langue étrangère (l'allemand, l'espagnol), la communication, la littérature, la philosophie

les sciences humaines :   l'anthropologie, la psychologie, les sciences politiques, la sociologie

les sciences naturelles :   la biologie, l'écologie, la botanique, la zoologie

les sciences physiques :   la chimie, la physique

les sciences économiques :   la comptabilité, l'économie, la gestion

les arts du spectacle :   le théâtre, la danse, le cinéma

les beaux-arts :   le dessin, la musique, la peinture

l'informatique   le droit   le génie   les relations internationales
les mathématiques   le journalisme   la médecine   les sciences de l'éducation

Fiche pratique

The verb **suivre** "to follow" is used idiomatically in French to indicate what courses one is taking. Every language uses idioms; for example, in English, we "take" a course. What other idioms have you learned in French? Be on the lookout for such expressions, and be careful not to translate them literally.

POUR PARLER DES COURS :

Je suis un cours d'histoire.	*I'm taking a history course.*
J'ai des bonnes notes en maths. C'est assez facile.	*I have good grades in math. It's quite easy.*
Je fais un devoir pour mon cours de sciences po.	*I'm working on an assignment for my poly sci class.*
Je lis un roman pour mon cours d'allemand.	*I'm reading a novel for my German class.*
Je passe un examen en cours de chimie lundi.	*I'm taking an exam in my chemistry class Monday.*
Je vais réussir mon examen d'espagnol, je travaille beaucoup.	*I'm going to pass my Spanish exam, I'm studying hard.*
Je prépare un exposé pour le cours d'histoire.	*I'm preparing an oral presentation for history class.*
Je prépare un diplôme en biologie.	*I'm majoring in biology.*
Je me spécialise en biologie.	*I'm majoring in biology.*
La fac offre une spécialisation en écologie.	*The university has an ecology major.*

⪥ À vous la parole ⪥

08-18 to 08-21

8-13 La majeure. D'après les cours qu'ils suivent, quels diplômes est-ce que vous pensez que ces étudiants québécois préparent ?

MODÈLE   Guillaume : Principes de chimie analytique ; Chimie physique moléculaire ; Mathématiques pour chimistes
     • Il prépare sans doute un diplôme en chimie.

1. Cécile : L'Europe moderne ; Introduction à l'étude des États-Unis ; Histoire générale des sciences
2. Arnaud : Civilisation allemande ; Allemand écrit 1 ; Cours pratique d'allemand parlé
3. Romain : Introduction aux concepts sociologiques ; Communication et organisation ; Psychologie sociale
4. Jennifer : Théorie macroéconomique ; Éléments de microéconomie ; Statistique pour économistes
5. Ben : Histoire politique du Québec ; Éléments de politique ; Géographie du développement
6. Anne-Marie : Biologie expérimentale ; Principes d'écologie ; Introduction à la génétique
7. Aurélie : Systèmes éducatifs du Québec ; Philosophie de l'éducation ; Sociologie de l'école

8-14 Votre diplôme et vos cours. Comparez votre majeur et votre mineur avec un/e partenaire et parlez des cours que vous suivez ce semestre.

MODÈLE É1 Je prépare un B.A. en sciences politiques. J'ai une mineure en français. Et toi ?

É2 Moi, je me spécialise en mathématiques, mais je n'ai pas de mineure.

É1 Ce semestre je suis deux cours d'histoire, un cours obligatoire de sociologie et ce cours de français.

É2 Bien sûr, je suis un cours de français et j'ai aussi trois cours de maths ! Je n'ai pas pu choisir un cours facultatif ce semestre.

8-15 Le travail à faire. Qu'est-ce que vous avez à faire ce week-end pour vos cours ? Comparez vos responsabilités avec celles de votre partenaire.

MODÈLE É1 J'ai beaucoup de travail en ce moment : je prépare un exposé pour mon cours de sociologie et j'ai deux examens vendredi.

É2 Moi aussi, j'ai beaucoup de travail : je prépare un essai pour mon cours d'histoire et j'ai un gros projet pour mon cours de gestion.

Cette étudiante à l'Université Laval prépare un exposé en plein air.

Vie et culture

L'université française et la réforme européenne

En France, les systèmes scolaire et universitaire ne sont pas organisés de la même façon que les systèmes américains ou canadiens correspondants. Avant de quitter le lycée, les élèves passent un examen national rigoureux, **le baccalauréat (le bac)**. Les élèves qui réussissent ont le droit[1] d'entrer dans le système universitaire. Les études universitaires ne coûtent pas cher en France. Il y a seulement des frais d'inscription[2] à régler (en 2010, c'était seulement 174 € pour l'année).

Les étudiants peuvent aussi continuer leurs études dans des institutions universitaires plus spécialisées : les Grandes Écoles. Les plus prestigieuses des Grandes Écoles sont l'École des Mines, qui prépare des ingénieurs, l'Institut des Sciences Politiques (Sciences Po), l'École Normale Supérieure (l'ENS), l'École Polytechnique (l'X) et l'École des Hautes Études Commerciales (HEC). L'entrée dans les Grandes Écoles est très compétitive. Les étudiants qui veulent entrer dans une Grande École particulière doivent passer un concours d'entrée[3]. Après le bac, ils s'inscrivent dans les classes préparatoires (ou prépas) organisées dans certains lycées. Ces classes durent deux ans. Un grand nombre d'hommes politiques, de leaders dans le monde du commerce et de l'industrie et de professeurs d'université ont été formés dans les Grandes Écoles.

Récemment, la France a participé à un projet de réforme de son système universitaire en accord avec 32 autres pays[4] européens. Selon cette réforme, l'année universitaire est maintenant divisée en deux semestres, un système commun de crédits a été établi et les diplômes sont standardisés : on obtient la licence après trois ans d'études, le master après cinq ans et le doctorat après huit ans.

  ## Je suis étudiant

08-53

Regardez la séquence vidéo *Je suis étudiant*, filmée à l'Université de Nice. Identifiez les endroits sur le campus que vous reconnaissez et les disciplines que chaque personne étudie (ou bien enseigne !)

ET VOUS ?

1. Est-ce que vous aimeriez devoir réussir à un examen national très rigoureux, comme le bac, avant de terminer le lycée et pour pouvoir entrer à l'université ?
2. Qu'est-ce que vous pensez des préparatifs que les étudiants qui veulent entrer dans les Grandes Écoles sont obligés de faire ? Est-ce qu'il y a des équivalents en Amérique du Nord ?

Ces élèves vérifient leurs résultats au baccalauréat. Est-ce que vous prenez connaissance de vos résultats d'examen de la même manière ? Pourquoi ?

[1]peuvent   [2]*registration fees*   [3]*competitive entrance exam*
[4]*countries*

Sons et lettres

Les voyelles / o / et / ɔ /

The vowel of **beau**, /o/, is short and tense, in contrast to the longer, glided vowel of English *bow*. Hold your hand under your chin to make sure it does not drop as you say **beau**; your lips should stay rounded and tense. The vowel /o/ generally occurs at the end of words or syllables, and it is written with **o, ô, au/x, eau/x**, or combinations of **o** and silent consonants:

    au resto U   il est t**ô**t   **aux** bur**eaux**   le m**o**t   il est gr**os**

The vowel of **sport**, / ɔ /, is pronounced with less tension than /o/, but still without any glide. It usually occurs before a pronounced consonant and is spelled **o**:

    le pr**o**f   il est f**o**rt   Yv**o**nne   il ad**o**re

In a few words, / o / occurs before a pronounced consonant.

    le dipl**ô**me   les **au**tres   à g**au**che   elle est gr**o**sse

⊰ À vous la parole ⊱

8-16 Contrastes. Écoutez bien pour faire la distinction entre chaque paire de mots. Le premier mot a le son / o / et le deuxième le son / ɔ /. Ensuite, répétez.

le stylo/la gomme	Bruno/Yvonne	la radio/la porte
le piano/la note	Mme Lebeau/M. Lefort	il est beau/elle est bonne

8-17 Les abréviations. Les étudiants français utilisent beaucoup d'abréviations pour parler de leurs cours et d'autres aspects de la vie universitaire. Un grand nombre de ces abréviations terminent avec le son / o / comme dans la liste ci-dessous. Avec un/e partenaire, prononcez chaque abréviation et mariez-la au mot d'origine.

1. le labo	a. le dictionnaire
2. le resto U	b. le laboratoire
3. la compo	c. la philosophie
4. les sciences po	d. les sciences politiques
5. la psycho	e. la sociologie
6. la philo	f. le restaurant universitaire
7. la socio	g. la composition
8. le dico	h. la psychologie

FORMES ET FONCTIONS

1. Les verbes de communication *écrire*, *lire* et *dire*

- Here are three useful verbs of communication: **écrire**, *to write*; **lire**, *to read*; **dire**, *to say, to tell*.

ÉCRIRE *to write*;		LIRE *to read*;	DIRE *to say, to tell*	
SINGULIER			**PLURIEL**	
je/j′	écris		nous	écriv**ons**
	lis			lis**ons**
	dis			dis**ons**
tu	écris		vous	écriv**ez**
	lis			lis**ez**
	dis			**dites**
il elle on	écrit lit dit		ils elles	écriv**ent** lis**ent** dis**ent**
IMPÉRATIF :	Écris !	Écrivons !	Écrivez !	
	Lis !	Lisons !	Lisez !	
	Dis !	Disons !	Dites !	
PASSÉ COMPOSÉ :	il a **écrit**, il a **lu**, il a **dit**			

- **Décrire**, *to describe*, is conjugated like **écrire**.
- All these verbs can take direct and indirect objects.

J'écris **un mail à mon prof**.	*I'm writing an email to my professor.*
Tu **leur** dis **bonjour** de ma part ?	*Will you say hello to them for me?*
Elles ne mentent jamais ; elles disent toujours **la vérité**.	*They never lie; they always tell the truth.*
Elle lit **ses poèmes à ses amis**, mais elle ne **les** lit pas **à ses parents**.	*She reads her poems to her friends, but she doesn't read them to her parents*

 À vous la parole

08-24 to 08-27

8-18 Étudiants étrangers. Tout le monde est d'accord ! Comment est-ce que ces étudiants disent « oui » ? Choisissez un mot de la liste : **oui, da, ja, sì, sí, yes**.

MODÈLE Maria est italienne.
- Elle dit *sì*.

1. Peter et Helmut sont allemands.
2. Louis-Jean est haïtien.
3. Moi, je suis russe.
4. Isabel est mexicaine.
5. Michèle et moi, nous sommes belges.
6. Toi, tu es américaine.
7. Georges et toi, vous êtes suisses.
8. Alan, il est anglais.

8-19 Qu'est-ce qu'ils écrivent ? Choisissez dans la liste ce que ces étudiants écrivent.

MODÈLE Marc travaille pour le journal de l'université.
- Il écrit des articles.

des articles	des critiques	des essais	des lettres
des pièces	des poèmes	des programmes	des recettes

1. Amélie et moi, nous étudions l'informatique.
2. Maxime et toi, vous êtes des bons correspondants.
3. Je suis étudiant en littérature.
4. Laetitia est étudiante en nutrition ; elle adore utiliser des produits bio.
5. Jessica et Florian sont poètes.
6. Tu travailles pour un magazine pour étudiants.
7. Élodie va toujours au cinéma pour voir les nouveaux films.
8. Adrien est dans le département de théâtre.

8-20 Sondage. Trouvez une personne qui…

MODÈLE lit le journal tous les jours
   É1   Est-ce que tu lis le journal tous les jours ?
   É2   Oui, je lis le *New York Times*.
   OU   Non, je ne lis pas le journal.

1. lit le journal tous les jours
2. écrit souvent à ses grands-parents
3. dit toujours la vérité
4. écrit pour le journal de l'université
5. a lu une biographie récemment
6. va écrire des mails ce soir
7. lit son horoscope tous les jours
8. a écrit un poème

2. Le comparatif et le superlatif des adjectifs

- In the previous lesson, you learned to use the expressions **plus… que**, **moins… que**, and **aussi… que** with adverbs to make comparisons.

Je lis **plus** souvent **que** lui.	*I read more often than he does.*
Tu écris **aussi** bien **que** moi.	*You write as well as I do.*
Il sort **moins** souvent **que** toi.	*He goes out less often than you do.*

- To compare the qualities of two people or things, use these same expressions with an adjective. The adjective you use agrees with the first noun.

Son deuxième roman est **plus** connu **que** son premier.	*Her second novel is more well known than her first.*
La librairie en ville est **moins** chère **que** la librairie de la fac.	*The bookstore in town is less expensive than the university bookstore.*
Mes cours ce semestre sont **aussi** intéressants **que** ses cours.	*My classes this semester are as interesting as her courses.*

- When comparing people, remember to use stressed pronouns after **que**:

Christiane est plus sérieuse que **moi**.   *Christiane is more serious than I am.*
Vous êtes moins travailleur qu'**eux**.   *You are not as hardworking as*
   they are.

Je suis aussi motivée que **lui**.   *I'm as motivated as he is.*

- The adjective **bon** has an irregular comparative form **meilleur/e**, as shown below:

Ce livre est bon.   *This book is good.*
En fait, ce livre est **meilleur** que le   *In fact, this book is better than the*
   dernier livre que j'ai lu.   *last book I read.*
Le dernier livre était moins bon.   *The last book was less good.*

- To express the superlative, use the definite article **le**, **la**, or **les** with **plus**, **moins**, or **meilleur/e**:

La nouvelle librairie est **la moins**   *The new bookstore is the least*
   chère.   *expensive.*
Les profs de langues sont **les plus**   *Language teachers are the most*
   énergiques.   *energetic.*
Le dictionnaire en ligne est   *The online dictionary is the best.*
   le meilleur.

08-28
to
08-29

⊰⊱ À vous la parole ⊰⊱

8-21 Comparez la vie universitaire. Répondez aux questions suivantes. Si vous avez besoin d'aide pour certaines questions, relisez les sections **Vie et culture** dans ce chapitre.

MODÈLE   Quel examen est le plus rigoureux : le bac français ou le SAT américain ?
   • Le bac français est plus rigoureux que le SAT.

1. Qu'est-ce qui est plus prestigieux en France : une Grande École ou une université ?
2. Quel prof est le plus intéressant : un prof répétitif ou un prof dynamique ?
3. Quelles études secondaires sont les plus longues : les études secondaires aux États-Unis ou au Québec ?
4. Quelles études universitaires sont les moins chères : les études universitaires en France ou les études universitaires aux États-Unis ?
5. Quel cours est le plus compliqué : un cours de français débutant ou un cours de neurobiologie cellulaire ?
6. Quel ouvrage de référence est le plus long : un dictionnaire ou une encyclopédie ?

8-22 Comparisons. Regardez bien ces gens qui attendent le métro pour aller à l'Université de Montréal. Avec un/e partenaire décrivez-les en utilisant le comparatif et le superlatif.

MODÈLE É1 Sabrina est plus petite que Marie-Ange.

É2 Oui, mais Marie-Ange est plus chic.

É1 D'accord, mais Sabrina est la plus mignonne (*cute*).

8-23 Comparez-vous ! Dites à votre partenaire comment vous vous comparez avec vos amis et les membres de votre famille.

MODÈLE votre mère et vous

É1 Ma mère est plus petite que moi, je suis plus grand qu'elle. Elle est plus patiente et plus généreuse que moi.

É2 Ma mère est beaucoup plus grande que moi, mais elle est plus forte. Elle est plus amusante, mais moins sportive que moi.

1. votre mère et vous
2. votre père et vous
3. votre frère ou votre sœur et vous
4. votre ami/e et vous
5. votre colocataire et vous
6. votre professeur et vous

Écoutons

8-24 La fin de semaine : au parfum québécois.

A. Avant d'écouter. Comme vous l'avez appris, il y a des différences entre le français parlé au Québec et en France. Est-ce que vous pouvez signaler quelques différences de vocabulaire que vous vous rappelez (par exemple, **une majeure** vs. **une spécialisation** ou **des rôties** vs. **du pain grillé**) ? Il y a aussi des différences grammaticales et des différences de prononciation. Voici une liste de quelques expressions fréquentes en français québécois.

au Québec	en France
avoir du fun	s'amuser
checker	vérifier
dîner	déjeuner
introduire	présenter
jaser	discuter
magasiner	faire du shopping
planifier	faire des projets
tomber en amour	tomber amoureux/-euse de
une char	une voiture
ma blonde	ma petite amie
mon chum	mon petit ami
le centre d'achats	le centre commercial
la crème glacée	la glace
la fin de semaine	le week-end
une job	un job
allô	bonjour
O.K., c'est beau	d'accord, c'est bon
bienvenue	il n'y a pas de quoi
à prochaine	à la prochaine
bonjour	au revoir

 B. En écoutant. Imaginez que vous êtes étudiant/e étranger/-ère à l'Université de Montréal et que le week-end approche. Écoutez ces messages que quelques amis québécois ont laissés dans votre boîte vocale (*voice mail*) et complétez le tableau avec les détails importants.

1. La première fois que vous écoutez ces messages, notez qui a appelé et pourquoi.
2. Écoutez une deuxième fois et ajoutez quelques détails importants pour chaque message.
3. Écoutez de nouveau et notez les expressions québécoises que vous remarquez. Connaissez-vous les équivalents en français international ?

Qui	Pourquoi	Détails	Expressions québécoises
1. *Alex*			*Allô,*
2.	*pour sortir samedi après-midi*		*fin de semaine,*
3.		*Il s'appelle Samuel*	

C. Après avoir écouté. Est-ce que vous avez eu du mal à comprendre les messages de ces jeunes Québécois ? Pourquoi ? Est-ce que vous avez les mêmes difficultés à comprendre les personnes qui parlent anglais comme langue maternelle mais qui viennent d'un autre pays (*country*) ou région anglophone ? Expliquez.

Leçon ③ Choix de carrière

POINTS DE DÉPART

Qu'est-ce que vous voulez faire comme travail ?

Dans quel domaine est-ce que vous voulez travailler ? Est-ce que vous voulez aider les gens, comme les médecins, par exemple ? Est-ce que vous voulez voyager, comme certains journalistes ? Est-ce que vous êtes doué pour les mathématiques, comme les comptables ?

un/e dentiste • un/e pharmacien/ne • une infirmière • un/e technicien/ne • un/e assistant/e social/e • un médecin • un médecin • un infirmier

À l'hôpital ou à la clinique

un/e comptable • une femme d'affaires • un homme d'affaires • un/e informaticien/ne • une avocate • un avocat • un/e architecte • un ingénieur • un/e secrétaire • un/e journaliste

Au bureau

une actrice • une chanteuse • un acteur • un/e musicien/ne • un chanteur • un écrivain

Les artistes

un/e représentant/e de commerce • un vendeur • une vendeuse • une serveuse • un serveur

Les services

un professeur • un/e agent de police • un facteur/une factrice

Les fonctionnaires

QU'EST-CE QUI VOUS INTÉRESSE ?

Je veux avoir…
    un bon salaire
    beaucoup de prestige
    beaucoup de responsabilités
    un contact avec le public
    un travail en plein air

Je cherche un travail où…
    on peut voyager
    on peut aider les gens
    on n'est pas trop stressé
    on est très autonome
    on gagne beaucoup d'argent

❊ À vous la parole ❊

08-35 to 08-38

8-25 Classez les métiers. Pour chaque description, identifiez quelques métiers ou professions qui y correspondent.

MODÈLE On gagne beaucoup d'argent.
- Un avocat gagne beaucoup d'argent.
- Un acteur connu gagne beaucoup d'argent.

1. On est très autonome.
2. On travaille en plein air.
3. Un diplôme universitaire n'est pas nécessaire.
4. On n'est pas très stressé.
5. On a un contact avec le public.
6. On a beaucoup de prestige.
7. On peut travailler avec les enfants.
8. On peut voyager.

8-26 Aptitudes et goûts. D'après leur description, quel est le métier probable des gens suivants ?

MODÈLE Rémi est sociable. Il aime aider les gens avec leurs problèmes.
- Il va être assistant social.

1. Lucie s'intéresse au théâtre. Elle danse et elle chante très bien.
2. Kévin aime le travail précis. Il est très bon en maths.
3. Stéphanie est énergique et sociable. Elle aime voyager, et elle aime le contact avec le public.
4. Camille s'intéresse à l'informatique et elle aime écrire des programmes.
5. Nicolas est très doué pour les sciences ; mais il préfère un travail solitaire.
6. Nathalie adore écrire et elle a fait des études de sciences politiques ; elle veut vivre à Washington ou à New York un jour.
7. Charline s'intéresse à l'architecture ; elle aime dessiner des maisons mais surtout des immeubles.
8. Grégorie aime travailler avec les enfants ; il est calme et patient.

Vie et culture

La féminisation des noms de professions

Partout dans le monde, les femmes font carrière dans les professions qui étaient autrefois réservées aux hommes. La langue doit changer pour refléter ces nouvelles réalités. Par exemple, en anglais, on a tendance à employer des termes neutres, sans marque de genre, par exemple, on dit *server* au lieu de *waiter* ou *waitress* ou bien *firefighter* à la place de *fireman*. Le français procède autrement : la plupart des mots qui désignent des professions ont une forme marquée pour le genre masculin ou le genre féminin, par exemple, **un acteur** et **une actrice**. Cependant, il y a quelques professions qui n'ont pas de forme féminine, comme **professeur** ou **médecin**. Pour désigner une femme qui est médecin, il faut dire, **c'est un médecin femme**. Dans le cas d'une femme qui est professeur, on l'appelle **Madame le Professeur**, et les étudiants diraient **Mon professeur de chimie est Madame Durand**. Par contre, au Canada et en Suisse, les étudiants utilisent le terme **une professeure** et ils disent par exemple, **Ma professeure de psychologie s'appelle Madame Laurent**. C'est vrai aussi que même en France, en français parlé on dit **la prof** ou **une prof**.

ET VOUS ?

1. D'après ce que vous avez appris, donnez quelques exemples de noms de professions qui ont :
   a. une forme invariable
   b. une forme invariable mais des articles variables
   c. des formes masculines et féminines distinctes
2. D'après vous, pourquoi est-ce que les anglophones préfèrent des termes neutres qui ne précisent pas le genre, tandis que les pays francophones semblent préférer des termes qui sont spécifiés pour le genre ?

Un chef de bureau parle avec ses employés.

8-27 Vos projets de carrière. Parlez de vos projets de carrière en groupes de trois ou quatre. N'oubliez pas de parler de ce que vous ne voulez pas faire également.

MODÈLE   É1   Toi, Mike, qu'est-ce que tu voudrais faire comme travail ?

   É2   Je veux être assistant social. J'aime beaucoup aider les gens et j'ai un bon contact avec les gens. Je fais des études de psychologie.

   É1   Et toi, Margot, qu'est-ce que tu veux faire ?

   É3   Je ne sais pas vraiment. Mais, je sais que je ne veux pas être avocate. Ma mère est avocate. J'ai l'impression qu'on travaille trop. C'est trop stressant.

FORMES ET FONCTIONS

1. *C'est* et *il est*

- The expressions **c'est** and **il/elle est** in French have similar meanings but are used in different contexts. Consider the following sentences.

C'est Céline Dion. **Elle est** chanteuse.	*This is Céline Dion. She's a singer.*
C'est une chanteuse québécoise.	*She's a singer from Quebec.*
C'est la chanteuse canadienne la plus connue aux États-Unis.	*She's the best known Canadian singer in the United States.*

- Use **c'est/ce sont** + a proper or a modified noun. Modifed nouns are those that are modified by an adjective or preceded by a definite or indefinite article.

C'est Juliette Binoche.	*This is Juliette Binoche.*
Mme Dumont, **c'est** le chef du département.	*Ms. Dumont is the department chair.*
Leurs parents ? **Ce sont** des architectes.	*Their parents? They're architects.*
C'est une excellente musicienne.	*She's an excellent musician.*
Ce sont des avocats ambitieux.	*They are ambitious lawyers.*

- Use **il/elle est** or **ils/elles sont** + an unmodified noun when indicating someone's profession. Note that a person's name can also be used in this construction as the subject of **être**.

Elle est musicienne.	*She is a musician.*
Ils sont fonctionnaires.	*They are civil servants.*
Diane **est** avocate.	*Diane is an attorney.*

Fiche pratique

Some distinctions made in French have no clear English equivalent. For that reason, try to avoid translating directly from English into French, and instead focus on the French structures. For example, when talking about professions in French, learn the differences in usage between the structures **Il est prof** and **C'est un prof**, which both mean *He's a teacher*, without being swayed by English usage.

8-28 Professions et traits de caractère. Pour chaque profession, suggérez une qualité appropriée.

MODÈLE   Anne est infirmière.
> • C'est une infirmière calme.

1. Delphine est avocate.
2. Rémi est assistant social.
3. Virginie est médecin.
4. Max est représentant de commerce.
5. Coralie est musicienne.
6. Florian et Sylvie sont informaticiens.
7. Hugo et Jessica sont serveurs.
8. Sandra et Alex sont professeurs.

8-29 Identification. Identifiez la nationalité (**américain/e** ou **français/e**) et la profession de ces personnes connues.

MODÈLE   Jules Verne
> • C'est un écrivain français.

1. Gustave Eiffel
2. Barbra Streisand
3. Gérard Depardieu
4. Louis Pasteur
5. Sonia Sotomayor
6. Christiane Amanpour
7. Frank Lloyd Wright
8. Toni Morrison

8-30 Quelle est leur profession ? Discutez avec votre partenaire les métiers et professions des gens que vous connaissez.

MODÈLE   votre mère
> É1 Ma mère travaille au labo dans un hôpital. Elle est technicienne. Elle aime la science, et elle aide les gens.
>
> É2 Ma mère travaille à la maison ; c'est une femme au foyer (*home-maker*). Elle s'occupe de la maison, des repas et des finances.

1. votre mère
2. votre père
3. votre frère ou sœur
4. votre grand-père
5. votre oncle

2. Le verbe *venir*

• The verb **venir** means *to come* or *to come from*:

VENIR *to come, to come from*			
SINGULIER		**PLURIEL**	
je	vien**s**	nous	ven**ons**
tu	vien**s**	vous	ven**ez**
il		ils	
elle	vien**t**	elles	vienn**ent**
on			
IMPÉRATIF :	**Viens ! Venez** ici ! **Venons** voir ces cartes !		
PASSÉ COMPOSÉ :	Elle **est venue** hier.		

- **Devenir** (*to become*), **revenir** (*to come back*), **tenir** (*to hold*), **retenir** (*to hold, to book a room/a seat*), **maintenir** (*to affirm, to uphold*), **soutenir** (*to support*), and **obtenir** (*to obtain*) are conjugated like **venir**:

Qu'est-ce que vous **devenez** maintenant ?	*What's new with you these days?*
Quand est-ce que tu **reviens** de la fac ?	*When are you coming back from college?*
Il **tenait** son livre à la main.	*He held his book in his hand.*
Elle essaie de **retenir** toutes ces informations.	*She is trying to retain all that information.*
Il **a retenu** deux places pour la pièce.	*He booked/reserved two seats for the play.*
Je **maintiens** que c'est vrai.	*I maintain that it's true.*
Le Sénat **soutient** le Président.	*The Senate is supporting the President.*
J'ai **obtenu** mon diplôme en mai.	*I got my degree in May.*

- To express an event that has just occurred, use **venir de** plus an infinitive.

Le médecin **vient de terminer** la consultation.	*The physician has just finished the visit.*
Nous **venons de quitter** le bureau.	*We've just left the office.*

⫥ ⫤ À vous la parole ⫥ ⫤

08-43
to
08-46

8-31 Du retour au travail. Dites d'où ces employés de bureau reviennent après la pause-déjeuner d'après les descriptions.

MODÈLE   Angélique devait commander des nouveaux chèques et retirer de l'argent.
- Elle revient de la banque.

1. Marine et Amélie avaient des courses à faire.
2. Cédric a retrouvé sa femme pour prendre un café et discuter un peu.
3. Nous avons déjeuné avec nos collègues.
4. J'ai dû acheter un livre pour offrir à ma mère.
5. Sébastien et Sophie ont cherché des places pour le spectacle ce soir.
6. Karine et Sandra ont acheté des biscuits, du café et du sucre pour la réunion cet après-midi.
7. Damien a cherché les médicaments pour son fils qui est resté à la maison avec une fièvre.

8-32 L'entretien annuel d'évaluation professionelle. Comment est-ce que ces professionnels ont changé depuis leur dernière évaluation professionnelle ? Choisissez l'adjectif qui convient dans la liste et précisez-le avec **plus** ou **moins** :

ambitieux	calme	discipliné	dynamique
égoïste	paresseux	sociable	stressé

MODÈLE J'ai de plus en plus de travail et de moins en moins de temps.
- Je deviens plus stressée.

1. Tu ne travailles pas beaucoup ces jours-ci.
2. Roger recherche de plus en plus les conseils de ses supérieurs pour avancer.
3. Nous faisons un cours de yoga après le travail trois fois par semaine.
4. Mes employés arrivent à l'heure plus souvent.
5. C'est fini. Je ne donne rien aux autres secrétaires. Cela suffit !
6. Vous parlez à plus de collègues maintenant.

8-33 Avant de venir en classe. Qu'est-ce que vous venez de faire, juste avant d'arriver en classe ? Expliquez-le à un/e partenaire.

MODÈLE É1 Moi, je viens de déjeuner au resto U. Et toi ?
 É2 Moi, je viens de travailler dans la salle informatique. Je viens de terminer mes devoirs.

Observons

8-34 Études et travail.

A. Avant de regarder. Qu'est-ce que vous voulez faire après vos études ? Comment est-ce que vous vous préparez à votre future profession ? Dressez une liste des aspects positifs et négatifs de cette profession. Dans cette séquence, Barbara décrit ses études et son travail. Elle vit et travaille à Seillans, un petit village dans le sud de la France. Regardez l'image de Barbara. Quelle est sa profession à votre avis ?

Barbara au travail

B. En regardant. Entourez toutes les bonnes réponses.

1. Barbara est…
   a. journaliste b. architecte c. avocate d. professeur
2. Elle a fait ses études dans la ville de…
   a. Strasbourg b. Toulon c. Paris d. Marseille
3. Elle a étudié à…
   a. la Faculté de Droit b. l'École d'Architecture et des Beaux-Arts
   c. l'École de Médecine d. l'École d'Ingénieurs
4. Avec sa spécialisation, Barbara a fait… ans d'études et de formation professionnelle.
   a. trois b. cinq c. sept d. dix
5. Est-ce que Barbara aime sa profession ?
   a. oui b. non
6. Quelles sont les raisons qu'elle donne pour aimer son travail ?
   a. Elle est disponible pour ses enfants.   b. Elle a beaucoup de responsabilités.
   c. Elle gagne bien sa vie.   d. Ses horaires sont souples.
   e. Le travail est intéressant.

C. Après avoir regardé. Est-ce que le travail de Barbara vous intéresse ? Pourquoi ? Qu'est-ce que vous recherchez dans une profession ? Discutez avec vos camarades de classe.

Leçon 1

à l'université, à la fac(ulté)	*at the university, at college*
un amphithéâtre	*lecture hall*
des associations (f.) étudiantes	*student organizations*
la bibliothèque universitaire (la BU)	*university library*
des bureaux (m.) administratifs	*administrative offices*
le bureau des inscriptions	*registrar's office*
le bureau du professeur	*professor's office*
la cafétéria	*cafeteria*
le centre étudiant	*student union*
le centre sportif	*sports complex*
une infirmerie	*health center*
un labo(ratoire) de chimie	*chemistry lab*
un parc de stationnement	*parking lot (Can.)*
un pavillon (le pavillon principal)	*building (main building)*
un plan du campus	*campus map*
la résidence	*residence hall*
le restaurant universitaire (le resto U)	*dining hall*
une salle informatique	*computer lab*
une station de métro	*subway, metro stop*
un terrain de sport	*playing field, court*

prépositions de lieu	*prepositions*
à côté de	*next to, beside*
à droite de	*to the right of*
à gauche de	*to the left of*
dans	*in, inside*
derrière	*behind*
devant	*in front of*
en face de	*across from*
loin de	*far from*
(tout) près de	*(very) close to, near*

pour comparer	*to compare*
aussi… que	*as . . . as*
autant de… que	*as many . . . as*
moins (de)… que	*less . . . than*
plus (de)… que	*more . . . than*
mieux que	*better than*
le mieux	*the best*

quelques expressions indéfinies et négatives	*some indefinite and negative expressions*
quelque chose	*something*
quelquefois	*sometimes*
quelqu'un	*someone*
ne… jamais	*never*

ne… personne	*no one*
ne… rien	*nothing*
autres mots utiles	*other useful words*
un cours	*course*
une fin de semaine	*weekend (Can.)*
une navette	*shuttle, bus*
un permis	*permit*

Leçon 2

des cours (m.)	*courses*
l'allemand (m.)	*German*
l'espagnol (m.)	*Spanish*
Voir aussi à la page 246	*See also p. 246*

les facultés (f.)	*colleges, schools*
les arts (m.) du spectacle	*performing arts*
les beaux-arts (m.)	*fine arts*
le droit	*law*
le génie	*engineering*
la gestion	*business management*
l'informatique	*computer science*
le journalisme	*journalism*
les lettres (f.)	*humanities*
la médecine	*medicine*
les sciences de l'éducation (f.)	*education*
les sciences économiques	*economics*
les sciences humaines	*social sciences*
les sciences naturelles	*natural sciences*
les sciences physiques	*physical sciences*

pour parler des études (f.)	*to talk about studies*
un baccalauréat (en sciences économiques)	*B.A or B.S. degree (in economics) (Can.)*
une concentration	*concentration, emphasis*
un dictionnaire	*dictionary*
un diplôme (en beaux-arts)	*degree (in fine arts)*
une majeure (en sociologie)	*major (in sociology) (Can.)*
une mineure (en français)	*minor (in French) (Can.)*
une note (avoir une note, mettre une note)	*grade (to have/receive a grade, give a grade)*
préparer un diplôme (en chimie)	*to do a degree (in chemistry)*
un roman	*novel*
un semestre	*semester*
une spécialisation (en génie)	*major (in engineering) (Fr.)*
se spécialiser (en biologie)	*to major (in biology) (Fr.)*
suivre un cours	*to take a course*

des devoirs (m.)	assignments, homework
un devoir	essay, assignment
un essai	essay
un examen	exam
passer un examen	to take an exam
réussir un examen	to pass an exam
un exposé	oral presentation
un projet	project

pour décrire les cours, les examens, les notes	to describe courses, tests, grades
difficile	difficult
ennuyeux/ennuyeuse	boring, tedious
facile	easy
facultatif/-ive	optional, elective
final/e	final
intéressant/e	interesting
médiocre	mediocre
(le/la/les) meilleur/e/s	better (best)
obligatoire	mandatory, required

verbes de communication	verbs of communication
décrire	to describe
dire	to say, to tell
écrire	to write
lire	to read

Leçon 3

où on travaille	where people work
un bureau	office
une clinique	private hospital
un hôpital	public hospital

des métiers (m.) et des professions (f.)	jobs and professions
un acteur/une actrice	actor/actress
un/e agent/e de police	police officer
un/e architecte	architect
un/e artiste	artist
un/e assistant/e social/e	social worker
un/e avocat/e	lawyer
un chanteur/ une chanteuse	singer
un/e comptable	accountant
un/e dentiste	dentist
un écrivain	writer
un facteur/une factrice	mail carrier
une femme/ un homme d'affaires	businesswoman/ businessman

un/e fonctionnaire	government worker
un infirmier/ une infirmière	nurse
un/e informaticien/ne	computer scientist
un ingénieur	engineer
un/e journaliste	journalist
un médecin	physician
un/e musicien/ne	musician
un/e pharmacien/ne	pharmacist
un professeur, une professeure	teacher, professor (Can.)
un/e représentant/e de commerce	sales representative
un/e secrétaire	secretary
un serveur/une serveuse	server
un/e technicien/ne	(lab) technician
un vendeur/ une vendeuse	sales associate

autres mots utiles	other useful words
l'argent (m.)	money
autonome	independent
une carrière	career
être doué/e	to be talented
les gens (m.)	people
en plein air	outdoors
le prestige	prestige
le public (un contact avec le public)	the public (contact with the public)
la responsabilité	responsibility
un salaire	salary
les services (m.)	the service sector
le travail	work

quelques verbes	some verbs
aider les gens	to help people
chercher	to look for
devenir	to become
gagner (de l'argent)	to earn (money), to win
maintenir	to affirm, to uphold
obtenir	to obtain
retenir	to hold, to book
revenir	to come back
soutenir	to support
tenir	to hold
venir	to come
venir de + inf.	to have just done something
voyager	to travel

Vocabulaire

9

Voyageons !

> Pourquoi est-ce que ces deux amoureux se quittent sur le quai de la gare de Lyon à Paris ? Partir, c'est mourir un peu !

After completing this chapter, you should be able to:

- ❏ Describe future plans
- ❏ Make travel plans
- ❏ Make arrangements for lodgings
- ❏ Describe places and people
- ❏ Express obligation and wishes
- ❏ Describe some major French cities, especially Paris

POINTS DE DÉPART

Comment y aller ?

M. et Mme Mathieu partent en vacances au Maroc. Ils prennent un taxi pour aller à la gare, puis le train pour aller à l'aéroport prendre leur vol. Ils ont beaucoup de valises.

MME MATHIEU :	Tu as tout ? On n'a rien oublié ?
M. MATHIEU :	Voyons. On a besoin de nos passeports et de nos billets. Tout est là. Non, je n'ai rien oublié. Et toi, tu n'as rien oublié ?
MME MATHIEU :	Mais si ! J'ai laissé mon nouvel appareil photo numérique sur la table dans la cuisine, zut !
M. MATHIEU :	Ne t'en fais pas. J'ai mon appareil numérique ; je te le prête si tu veux.
MME MATHIEU :	Merci, mon chéri, c'est très gentil.

une valise

un sac à dos

un plan de ville

un portefeuille

des lunettes (f.) de soleil

un porte-monnaie

un appareil photo numérique

des clés (f.)

un carnet d'adresses

une carte bancaire

une carte de crédit

un portable

une carte d'identité   un passeport   un permis de conduire

LES MOYENS DE TRANSPORT

l'avion (m.)	le car	la moto	le tram(way)
le bateau	le métro	le taxi	le vélo
le bus	la mobylette	le train	la voiture

When specifying a means of transportation, use . . .

- **prendre** plus the means of transportation preceded by an article or possessive:

Je prends **le** métro.	*I'm taking the subway.*
Ils prennent **un** taxi.	*They're taking a taxi.*
Elle prend **son** vélo.	*She's taking her bike.*

- verbs of travel such as **aller**, **partir**, or **voyager** are followed by the preposition **en** or **à**, as specified below. In these cases, no article is used.

> **en** avion, **en** bateau, **en** bus, **en** car, **en** métro, **en** taxi, **en** train, **en** tramway, **en** voiture, **à** mobylette, **à** moto, **à** pied, **à** vélo

Nous partons **en** avion pour le Mali.	*We're leaving by plane for Mali.*
Moi, je vais au travail **en** métro, mais Christine va au travail **à** pied.	*I take the subway to work, but Christine goes to work on foot.*
Ils préfèrent voyager **en** train.	*They prefer to travel by train.*

✄ À vous la parole ✄

09-01 to 09-04

9-1 Qu'est-ce qu'il faut ? De quoi est-ce que les touristes ont besoin ?

MODÈLE pour trouver les monuments dans une grande ville ?
- Il faut un plan de la ville.

1. pour payer l'hôtel ?
2. pour louer une voiture ?
3. pour ranger leur argent ?
4. pour prendre des photos ?
5. pour aller dans un pays étranger ?
6. pour rentrer dans leur chambre d'hôtel ?
7. pour téléphoner ?
8. pour mettre leurs affaires ?

Vie et culture

Voyager en train en France

09-52

Regardez la séquence vidéo, *On prend le train*. Comment sont les trains français ? Pourquoi, à votre avis, est-ce que les Français, et les Européens en général, voyagent plus souvent en train que les Nord-Américains ?

En France, le système ferroviaire[1] est nationalisé. Tous les trains sont sous le contrôle de la Société Nationale des Chemins de Fer Français (la SNCF). Le TGV (Train à Grande Vitesse) est un des trains les plus rapides au monde. Par exemple, il parcourt[2] les 400 kilomètres qui séparent Lyon de Paris en seulement deux heures. Regardez la carte du réseau TGV : quelles sont les régions desservies par le train rapide ? Où est-ce que vous voudriez voyager en TGV ?

Depuis 1994, on peut traverser la Manche entre la France et l'Angleterre en train, en passant par le « Chunnel. » Ce tunnel est important, parce qu'il relie l'Angleterre au continent européen. Ainsi, au départ de Lyon, il faut seulement cinq heures pour arriver en Angleterre.

[1]*railway* [2]*covers*

Les gares desservies par la Grande Vitesse en 2012

253 gares au total dont 52 à l'étranger

SNCF

Lignes à grande vitesse
Lignes classiques empruntées par les TGV

SNCF VOYAGES
Direction Grands Projets et Prospective
FRA/GARESTGV2012.PRZ
13/09/2011

9-2 Quel moyen de transport ? D'après les indications, quel/s moyen/s de transport est-ce que les personnes suivantes vont probablement utiliser ?

MODÈLE Adeline habite près de Paris ; elle va faire des courses à Paris.
- Elle va prendre le train pour aller à Paris, et ensuite le métro ou l'autobus pour faire ses courses.

1. Mme Duclair habite à Paris ; elle va rendre visite à sa grand-mère à Lyon.
2. Les Lefranc vont quitter la France pour passer des vacances aux Antilles.
3. La petite Hélène va à l'école primaire près de chez elle.
4. Robert habite une ville moyenne ; il va au centre-ville pour faire ses courses.
5. M. Rolland doit traverser Paris pour aller au travail.
6. Maxime et Amélie vont faire un pique-nique à la campagne.
7. Mme Antonine voyage pour son travail : elle va à Lyon, à Rome et à Berlin.
8. Les Leclair vont visiter les îles grecques pendant les vacances.

 9-3 Comment y aller ? Avec un/e partenaire, discutez de ces questions. Ensuite, comparez vos réponses et vos conclusions avec les conclusions de vos camarades de classe.

1. Comment est-ce que vous allez à vos cours ? Comment est-ce que vous faites vos courses ?
2. Est-ce qu'il y a un service de bus dans votre ville ? Un métro ? Un tram ? Comment est-ce que les habitants de votre ville vont au travail habituellement ?
3. Comment est-ce que vous rentrez chez vous pour les vacances ?
4. Est-ce que vous avez une voiture ? Si oui, quelle sorte de voiture : une voiture française, allemande, coréenne, japonaise, américaine ? Est-ce que c'est une voiture hybride ? une voiture électrique ?
5. Est-ce que le train passe par votre ville ? Où est-ce qu'on peut aller en train en partant de votre ville ? Est-ce que vous avez déjà voyagé en train ? Pour aller où ?
6. Comment sont les trains américains comparés aux trains français ? Est-ce qu'il existe un TGV aux États-Unis ?
7. Pour voyager aux États-Unis, quel est votre moyen de transport préféré ? Pourquoi ?

Sons et lettres

La consonne *r*

The French /r/ has no equivalent sound in English. To pronounce /r/ in French, begin by saying **aga**; then, keeping the tip of your tongue against your lower front teeth and the back of the tongue against the soft palate, produce a continuous sound: **ara**. Practice by alternating the two sounds: **aga**/**ara**, **aga**/**ara**, etc.

Note the pronunciation of /r/ in **liaison** and linking across words (**enchaînement**).

Liaison :	le premier‿aéroport	le dernier‿avion
Enchaînement :	un séjour‿agréable	Il sort‿avec moi.

✄ À vous la parole ✄

9-4 Répétitions. Répétez les mots suivants.

la route	la rose	la rue	le métro	Paris
prendre	première	la gare	le car	la voiture

9-5 La forme correcte. Donnez les formes de la troisième personne (singulier et pluriel) du présent de l'indicatif des verbes suivants.

MODÈLE servir
  • elle sert, elles servent

sortir	partir	dormir	maigrir	prendre

9-6 Phrases. Répétez chaque phrase.

1. On prend le car au coin de la rue.
2. Le train s'arrête à la gare du Nord.
3. Marie part pour la Russie en avril.

FORMES ET FONCTIONS

1. Le futur

- One may express future events in French using the **futur proche** or the **futur**. The two grammatical structures do not carry precisely the same meaning for French speakers. Compare:

  a. Ma tante **va avoir** un enfant. *My aunt's going to have a baby.*
  b. Ils vont se marier et ils **auront** beaucoup d'enfants. *They're going to get married, and they'll have lots of kids.*

In **a** we assume that the aunt is expecting. In **b** it is not certain that the couple to be married will have *any* children, let alone many.

- The difference between the **futur proche** and the **futur** is not primarily one of nearness or remoteness of the future event, but of its degree of certainty or definiteness. Compare:

  Je **vais faire** la cuisine. *I'm going to cook (right away).*
  Je **ferai** la cuisine plus tard. *I'll do the cooking later (perhaps).*
  L'été prochain je **vais aller** en Suisse. *Next summer I'm going to Switzerland (definite).*
  Un jour, j'**irai** en Afrique. *Someday I'll go to Africa (indefinite).*

- Use the **futur** to soften instructions.

  Vous **traverserez** l'avenue et vous **tournerez** à gauche dans la rue Colbert. *You cross the avenue and turn left at Colbert Street.*

- To form the future tense, add the future endings to the future stem. The future stem of regular verbs is the infinitive (for verbs ending in **-re**, remove the final **-e** from the infinitive).

LE FUTUR			
Infinitive Ending: Future Stem:	**-er** **chanter-**	**-ir** **partir-**	**-re** **vendr-**
je	chant**e**r**ai**	partir**ai**	vendr**ai**
tu	chant**e**r**as**	partir**as**	vendr**as**
il elle on	chant**e**r**a**	partir**a**	vendr**a**
nous	chant**e**r**ons**	partir**ons**	vendr**ons**
vous	chant**e**r**ez**	partir**ez**	vendr**ez**
ils elles	chant**e**r**ont**	partir**ont**	vendr**ont**

- The following verbs have irregular future stems:

acheter	j'**achèter**ai	devoir	je **devr**ai	pleuvoir	il **pleuvr**a
aller	j'**ir**ai	être	je **ser**ai	pouvoir	je **pourr**ai
appeler	j'**appeller**ai	faire	je **fer**ai	savoir	je **saur**ai
avoir	j'**aur**ai	préférer	je **préfèrer**ai	vouloir	je **voudr**ai

09-07
to
09-10

✖ À vous la parole ✖

9-7 Projets de voyage. Adèle pense faire un voyage au Québec cet hiver. Pour chaque activité décrite, notez si c'est sûr qu'elle va le faire.

Adèle…		sûr	pas sûr
MODÈLES	va acheter un guide du Québec.	✓	___
	fera une excursion en bateau.	___	✓

1. va obtenir un passeport.
2. va acheter des tickets de métro sur Internet.
3. téléphonera à ses amis au Québec.
4. achètera un nouvel appareil numérique.
5. va réserver une chambre d'hôtel.
6. achètera des nouvelles chaussures.
7. va préparer son itinéraire.
8. visitera l'île d'Orléans.

Est-ce qu'Adèle a bien planifié les détails de son voyage, à votre avis ? Pourquoi ?

9-8 Prévisions météo. Voici les prévisions météo pour le Canada et pour le monde entier. Quel temps est prévu pour les villes indiquées?

Au Pays	Demain		Le monde	Demain	
Calgary	P/Nuageux	19/3	Berlin	Ensoleillé	14/3
Edmonton	P/Nuageux	15/2	Bruxelles	Ensoleillé	16/5
Moncton	Ensoleillé	17/6	Buenos Aires	Nuageux	15/11
Ottawa	Ensoleillé	18/6	Honolulu	P/Nuageux	29/23
Québec	Ensoleillé	18/5	Lisbonne	Ensoleillé	27/14
Régina	P/Nuageux	11/2	Londres	P/Nuageux	19/8
Saskatoon	Ensoleillé	12/1	Los Angeles	Ensoleillé	23/12
Vancouver	Averses	14/8	New Delhi	P/Nuageux	34/23
Victoria	Averses	13/8	New York	P/Nuageux	17/11
Winnipeg	Nuageux	12/5	Paris	Ensoleillé	19/6

MODÈLE à Ottawa

- Demain, il fera beau. La température sera de 18 degrés. Le soir, elle descendra jusqu'à 6 degrés.

1. à Québec
2. à Winnipeg
3. à Calgary
4. à Vancouver

5. à Paris
6. à Bruxelles
7. à Londres
8. à Honolulu

9-9 Boule de cristal. Imaginez que vous allez chez une voyante. Voici ses prédictions. Avec un/e partenaire, tirez-en des conclusions. Voyons si vous avez compris la même chose.

MODÈLE Je vois que beaucoup d'argent passe entre vos mains.

É1 Alors, je serai très riche.

É2 Alors, je travaillerai dans une banque.

1. Je vois que vous voyagez beaucoup à cause du travail.
2. Je vois beaucoup d'enfants dans votre avenir.
3. Je vous vois devant une grande maison.
4. Je vous vois en compagnie d'une belle femme/d'un bel homme.
5. Je vois que vous avez beaucoup d'amis.
6. Je vois que vous êtes très célèbre.

2. Le pronom *y*

- The pronoun **y** means *there*. It refers back to the name of a place, which can be introduced by a preposition such as **à**, **en**, **chez**, **devant**, or **à côté de**, for example.

—Tu es allé **en Provence** l'été dernier ?

—Oui, j'**y** suis allé avec mes parents.

—Tes cousins habitent **au Canada** ?

—Non, ils n'**y** habitent plus.

—Qui va aller **chez Cécile** ?

—Pas moi ; je n'aime pas **y** aller.

—*You went to Provence last summer?*

—*Yes, I went there with my parents.*

—*Your cousins live in Canada?*

—*No, they don't live there anymore.*

—*Who's going to Cécile's house?*

—*Not me; I don't like going there.*

- Like the object pronouns, **y** is placed immediately before the conjugated verb, unless there is an infinitive. When there is an infinitive, the pronoun goes immediately in front of it.

Tu **y** vas ?

Paris ? Oui, nous **y** sommes allés l'été dernier.

Cet hôtel est abominable. Je ne peux plus **y** rester.

Are you going there?

Paris? Yes, we went there last summer.

This hotel is awful. I can't stay here any longer.

⋈ **À vous la parole** ⋈

09-11 to 09-14

9-10 C'est logique. De quelle ville francophone est-ce qu'on parle ? Il y a souvent plusieurs possibilités.

En Afrique : Dakar, Abidjan, Bamako
En Amérique du Nord : Québec, Montréal, La Nouvelle-Orléans
Les DOM : Fort-de-France (Martinique), Pointe-à-Pitre (Guadeloupe), Cayenne (Guyane)
En Europe : Paris, Genève, Bruxelles, Nice

MODÈLE On y va pour les sports d'hiver.
- À Genève

ou - À Montréal

1. On y trouve des belles plages.
2. Les gens y parlent créole.
3. On y parle anglais et français.
4. On y parle wolof et français.
5. On y parle flamand et français.
6. On y va pour le Carnaval.
7. Les Américains y vont pour parler français sans quitter l'Amérique du Nord.

9-11 Les voyageurs. En choisissant l'expression appropriée dans la colonne B, dites pourquoi les personnes suivantes visitent les endroits indiqués.

MODÈLE Les Kerboul sont allés à La Nouvelle-Orléans.
- Ils y sont allés pour voir le Carnaval.

A	**B**
1. Les Kerboul sont allés à La Nouvelle-Orléans.	a. acheter du bon vin
2. Les Dupuis vont aller dans les Alpes.	b. voir le Carnaval
3. Raymond veut aller en Guadeloupe.	c. visiter les pyramides
4. Arnaud va aller à Paris.	d. visiter la tour Eiffel
5. Les Brunet sont allés sur la Côte d'Azur.	e. apprendre l'espagnol
6. Christiane voudrait aller au Mexique.	f. apprendre le créole
7. Les Santini vont en Égypte.	g. nager et bronzer
8. M. Lescure va aller dans la région de Bordeaux.	h. faire du ski

9-12 Vos habitudes. Demandez à votre partenaire s'il/si elle va aux endroits suivants pendant les vacances. Il/Elle doit vous donner une raison pour justifier sa réponse.

MODÈLE dans des bons restaurants

É1 Tu vas quelquefois dans des bons restaurants ?

É2 Non, je n'y vais jamais.

É1 Pourquoi ?

É2 Parce qu'ils sont très chers et je n'ai pas assez d'argent pour y aller.

1. au théâtre
2. à des concerts de musique classique
3. à Disneyland ou à Disney World
4. au musée
5. en Louisiane
6. en Europe
7. aux Antilles
8. dans un pays francophone

Observons

9-13 Mes impressions de Paris.

A. Avant de regarder. Est-ce que vous avez déjà visité Paris ? Même si vous n'avez jamais visité Paris, quelle idée est-ce que vous avez de cette ville célèbre ? Dans cette séquence, vous allez entendre deux Niçois qui décrivent leurs impressions de Paris.

B. En regardant. Trouvez la réponse (ou les réponses) à chaque question.

1. Fabienne dit qu'il y a toujours un petit conflit entre…
   a. les Français et les Américains.
   b. les Parisiens et les Niçois.
   c. les hommes et les femmes.

2. Pour elle, ce n'est pas un problème parce qu'elle…
   a. est mariée avec un Parisien.
   b. adore les Américains.
   c. est née à Paris.

3. À Paris, elle aime surtout…
   a. la tour Eiffel.
   b. le climat.
   c. le shopping.

4. Édouard est allé à Paris pour…
   a. voir sa famille.
   b. travailler.
   c. passer des vacances.

La place de la Concorde et la Tour Eiffel

5. Il a découvert beaucoup de monuments, par exemple :

_____ l'Opéra de Paris _____ l'Arc de Triomphe _____ la place de la Concorde
_____ le Louvre _____ la tour Eiffel _____ la bibliothèque François-Mitterrand

La Bibliothèque nationale de France, site François Mitterrand : les quatre tours représentent des livres ouverts ; dans la cour centrale, il y a une fôret.

C. Après avoir regardé. Maintenant discutez de ces questions avec vos camarades de classe.

1. Fabienne remarque qu'il y a un petit conflit entre les gens du Nord (les Parisiens) et les gens du Sud (les Niçois). Comment pourriez-vous expliquer ce conflit ? Est-ce qu'il existe des tensions ou de la concurrence (*competition*) entre les gens de régions différentes chez vous ? Si oui, pourquoi ?
2. Fabienne n'est pas très impressionnée quand elle voit la tour Eiffel pour la première fois. Pourquoi ? Est-ce que vous avez déjà eu cette expérience, de voir un monument ou une œuvre d'art célèbre pour la première fois et d'être déçu/e (*disappointed*) ?
3. Est-ce que les impressions de Fabienne et Édouard vous étonnent (*surprise*) ? Pourquoi ? Est-ce qu'elles diffèrent de vos propres impressions de Paris ?

POINTS DE DÉPART

Où est-ce qu'on va ?

Je m'appelle David Diouf. Je suis du Sénégal et j'étudie à Paris. Ma langue maternelle, c'est le wolof, mais je parle aussi français. Je vais bientôt prendre l'avion pour aller à Dakar. Je vais passer les vacances chez moi, au Sénégal, cet été.

Mon nom, c'est Brigitte Piron. Je suis belge et j'habite à Bruxelles. Je retourne au Mali, où je vais reprendre mon travail pour Médecins sans Frontières.

Je suis Jérémie Duclos. Je suis suisse et j'habite à Lausanne. Je parle allemand aussi bien que français. Je suis venu à Bruxelles pour une réunion de travail. Demain je vais rentrer en Suisse.

Continents	Pays	Adjectifs de nationalité
l'Afrique	l'Algérie	algérien/algérienne
	le Cameroun	camerounais/e
	la Côte d'Ivoire	ivoirien/ivoirienne
	le Maroc	marocain/e
	le Sénégal	sénégalais/e
l'Asie	la Chine	chinois/e
	la Corée	coréen/coréenne
	l'Inde	indien/indienne
	le Japon	japonais/e
	le Vietnam	vietnamien/vietnamienne
l'Océanie	l'Australie	australien/australienne
	la Nouvelle-Zélande	néo-zélandais/e
	Tahiti	tahitien/tahitienne
l'Amérique	le Canada	canadien/canadienne
... du Nord	les États-Unis	américain/e
	le Mexique	mexicain/e
... du Sud	l'Argentine	argentin/e
	le Brésil	brésilien/brésilienne
	le Chili	chilien/chilienne
	la Colombie	colombien/colombienne
l'Europe	l'Allemagne	allemand/e
	l'Angleterre	anglais/e
	la Belgique	belge
	l'Espagne	espagnol/e
	la France	français/e
	l'Italie	italien/italienne
	les Pays-Bas	néerlandais/e
	le Portugal	portugais/e
	la Suisse	suisse
	la Russie	russe

- To express *to*, *at*, *in*, or *from* with the name of countries and continents, use the following prepositions in French:

	feminine	masculine + vowel	masculine + consonant	plural
to, at, in	**en** Suisse	**en** Irak	**au** Maroc	**aux** Pays-Bas
from	**de** Belgique **d'**Afrique	**d'**Iran	**du** Canada	**des** États-Unis

Vie et culture

Paris, Ville Lumière

09-53

Regardez la séquence vidéo, *Paris, Ville Lumière*. Paris, comme vous le savez, est la capitale de la France. C'est aussi la ville la plus visitée du monde. C'est une belle ville remplie[1] d'histoire, de monuments intéressants, d'églises, de bons restaurants, de grands magasins et de petites boutiques de spécialités.

La ville de Paris est connue sous le nom de *Ville Lumière*. D'où cette désignation vient-elle ? C'est parce qu'à la fin du xixe siècle et au début du xxe, Paris était le centre artistique et culturel du monde et la capitale de l'élégance, du luxe et des plaisirs. Beaucoup d'écrivains, de musiciens et d'artistes passaient au moins un an dans la *Ville Lumière* pour apprendre leur métier ou trouver de l'inspiration. Voilà pourquoi on appelle la fin du xixe siècle en France *la Belle Époque*.

Connaissez-vous des Américains célèbres qui ont visité Paris ou qui ont vécu[2] à Paris ? Quelle est l'importance de leur séjour[3] en France ?

[1]*full of*   [2]*lived*   [3]*stay*

Josephine Baker a été une vedette des Folies Bergères pendant les années vingt et trente. Cette Américaine est devenue citoyenne française. Elle a reçu la médaille de la Légion d'honneur et à sa mort a été enterrée à Paris.

La Place du Tertre à Montmartre

ⅈⅇ À vous la parole ⅈⅇ

9-14 On va où ? Décidez dans quel pays on ira, d'après la description.

MODÈLE On visitera le palais de Buckingham et le *British Museum*.
     • On ira en Angleterre.

1. On s'installera à la terrasse d'un café pour admirer la tour Eiffel.
2. On boira un cappuccino et on regardera les gondoles qui passent.
3. Nous verrons des pyramides aztèques.
4. On pourra visiter les souks (*les marchés*) de Marrakech.
5. On visitera le château Frontenac à Québec.
6. Là-bas, on verra l'administration centrale de la Communauté Européenne.
7. C'est le seul pays d'Europe où l'on aura l'occasion de parler espagnol.

9-15 Présentations. Selon l'endroit où chaque personne habite, indiquez sa nationalité et des langues possibles.

MODÈLE Luc Auger habite à Québec.
     • Il est canadien. Il parle français et probablement un peu anglais.

1. María Garcia est de Buenos Aires.
2. Sylvie Gerniers habite à Bruxelles.
3. Chantal Dupuis est de Genève.
4. Paolo Dos Santos habite à Rio de Janeiro.
5. Helmut Müller est de Berlin.
6. María Verdi habite à Milan.
7. Jin Lu ? Elle est de Beijing.

9-16 Un voyage. Avec un/e partenaire, imaginez que vous partez visiter un pays lointain. Quel pays est-ce que vous choisirez ? Qu'est-ce que vous y ferez ?

MODÈLE É1 J'irai en Suisse, parce que j'ai des cousins là-bas. Je ferai du ski dans les Alpes.

     É2 Et moi, je visiterai l'Égypte. J'irai à Gizeh pour voir les pyramides.

FORMES ET FONCTIONS

1. Les expressions de nécessité

• You learned in **Chapitre 7, Leçon 1** to use the impersonal expression **il faut** with an infinitive to describe what one *must* or *has to* do.

Il ne faut pas oublier ton passeport.
Cet été, **il faut rentrer** au Sénégal.

You mustn't forget your passport.
This summer, we have to go home to Senegal.

- You can also use the following expressions that include the impersonal subject **il** with an infinitive to express obligation.

il vaut mieux	*it is better to*
il est nécessaire de	*it is necessary to*
il est important de	*it is important to*
il est utile de	*it is useful to*

Il vaut mieux louer une voiture pour se déplacer.

It's better to rent a car in order to get around.

Il est utile de consulter une carte quand on voyage.

It's useful to refer to a map when you travel.

Il est nécessaire d'avoir un passeport pour voyager à l'étranger.

You must have a passport to travel abroad.

En été, **il est important de porter** des lunettes de soleil.

In summer, it's important to wear sunglasses.

⧓ À vous la parole ⧓

9-17 Oui ou non ? Quand on passe ses vacances à la plage, est-ce qu'il faut faire les choses suivantes ?

MODÈLE apporter des bottes ?
- Non, il ne faut pas apporter de bottes. Il vaut mieux apporter des sandales.

1. prendre des lunettes de soleil ?
2. se mettre de la crème solaire *(sunscreen)* ?
3. porter un manteau ?
4. amener le chien ?
5. apporter un appareil numérique ?
6. faire du ski ?
7. se promener en bateau ?

9-18 Préparons le voyage. Qu'est-ce qu'il est nécessaire de faire avant de voyager ? Discutez de cela avec un/e partenaire.

MODÈLE Nous allons partir à l'étranger.

É1 Il est important d'avoir un passeport.

É2 Il est peut-être nécessaire d'avoir un visa aussi.

1. On voudrait prendre des belles photos.
2. Nous allons voyager en train.
3. On va rester dans un hôtel.
4. Je ne connais pas très bien la ville.
5. Je ne veux pas payer en liquide *(with cash)*.
6. C'est un climat tropical là où nous allons.

9-19 S.O.S. Voyages ! Avec un groupe de camarades de classe, proposez un voyage et offrez, à tour de rôle, des conseils pour bien réussir la visite.

MODÈLE É1 Je voudrais visiter la ville de New York.

É2 Je connais New York ; il faut absolument voir la statue de la Liberté.

É3 Il est important de visiter les beaux musées aussi.

É4 Et il ne faut pas prendre un taxi en ville ; c'est trop cher. Il vaut mieux prendre le métro ou le bus.

2. Le subjonctif des verbes réguliers : le subjonctif avec les expressions de nécessité

You have learned to use the indicative mood to state facts and ask questions, and the imperative to express commands and give directions. When you wish to express a subjective point of view—obligation or necessity, for example—it is often necessary to use the subjunctive. The subjunctive usually occurs in the second clause of a complex sentence—a sentence that has two parts, or clauses, each with a different subject. The second clause is always introduced by **que/qu'**. Compare the use of the present indicative and the present subjunctive in the sentences below.

Nous **partons** de bonne heure.	*We're leaving early.*
Il **est important que** nous **partions** de bonne heure.	*It is important that we leave early.*
Vous **écoutez** le guide.	*You're listening to the guide.*
Il **vaut mieux que** vous **écoutiez** le guide.	*It's best that you listen to the guide.*

• Note that the impersonal expressions of obligation that you have learned require the subjunctive when they are followed by a second clause with its own subject and verb, rather than an infinitive.

Il faut réserver l'hôtel.	Il faut **que nous réservions** l'hôtel.
Il ne faut pas oublier les billets.	Il ne faut pas **que vous oubliiez** les billets.
Il est nécessaire de partir tôt le matin.	Il est nécessaire **que tu partes** tôt le matin.
Il est important d'attendre le bus.	Il est important **qu'il attende** le bus.
Il est utile d'acheter des tickets de métro.	Il est utile **que tu achètes** des tickets de métro.
Il vaut mieux écouter le guide.	Il vaut mieux **que vous écoutiez** le guide.

• All regular verbs take the same set of present subjunctive endings. These endings are added to the present stem, which is found by dropping the present indicative ending **-ent** from the **ils/elles** form.

LE SUBJONCTIF				
INFINITIVE ENDING:	**-er**	**-ir**	**-ir/-iss-**	**-re**
ils/elles forms	**donn**ent	**dorm**ent	**grossiss**ent	**descend**ent
Il faut que...				
je	donne	dorme	grossisse	descende
tu	donnes	dormes	grossisses	descendes
il elle on	donne	dorme	grossisse	descende
nous	donnions	dormions	grossissions	descendions
vous	donniez	dormiez	grossissiez	descendiez
ils elles	donnent	dorment	grossissent	descendent

≍ À vous la parole ≍

9-20 Préparatifs de voyage. Les Meunier préparent un voyage aux Seychelles et ils en discutent avec leur oncle Henri. Voici les commentaires et les conseils d'Oncle Henri : dans chaque cas, cochez le commentaire (**je sais que**) ou le conseil (**il faut que**).

	Je sais que vous…	Il faut que vous…	
MODÈLES	____	✓	… achetiez des billets d'avion bien en avance.
	✓	____	… consultez des guides touristiques.
1.	____	____	… trouviez un bon hôtel.
2.	____	____	… louiez une voiture.
3.	____	____	… achetiez un appareil numérique.
4.	____	____	… apportez des vêtements légers.
5.	____	____	… prépariez un itinéraire.
6.	____	____	… écriviez à l'Office de Tourisme.
7.	____	____	… allez sur des sites web pour chercher des renseignements.

Est-ce que les Meunier ont déjà fait beaucoup de préparations ou est-ce qu'ils ont toujours beaucoup de choses à faire ?

9-21 Oui ou non ? On voyage en région francophone ; est-ce qu'il est important de faire les choses suivantes ou non ?

MODÈLES Mes amis veulent dormir toute la journée.
- Il ne faut pas qu'ils dorment toute la journée.

Nous ne voulons pas attendre le guide.
- Il faut que vous attendiez le guide.

1. Nous ne voulons pas visiter des musées.
2. Mes amis veulent parler anglais tout le temps.
3. J'oublie tout le temps mon passeport.
4. Je n'aime pas suivre le guide.
5. Nous ne voulons pas descendre dans des caves.
6. Elles n'aiment pas acheter des souvenirs.
7. Nous ne voulons pas sortir au restaurant.

À Nice, quand il fait beau, il faut que vous mangiez sur la terrasse. C'est très agréable.

9-22 C'est logique. Qu'est-ce qu'on dit dans chaque cas ? Travaillez avec un/e partenaire, et choisissez des verbes dans la liste suivante.

MODÈLE une mère à son enfant

É1 Il faut que tu manges tes légumes !

É2 Il ne faut pas que tu joues dans la rue !

arrêter	finir	jouer	manger	parler
payer	rendre	réserver	téléphoner	travailler

1. un professeur à ses élèves
2. une étudiante à sa colocataire
3. un agent de police à un automobiliste
4. une sœur à son petit frère
5. un médecin à un patient
6. un agent de voyage à son client
7. une jeune femme à son mari
8. une patronne (*boss*) à son employée

 9-23 Obligations. Qu'est-ce que vous avez à faire ? Pour chaque verbe de la liste, précisez vos obligations en discutant avec un/e partenaire. Ensuite, comparez vos responsabilités avec celles de vos camarades de classe.

MODÈLE écrire

É1 Il faut que j'écrive un essai pour mon cours de composition.

É2 Et moi, il faut que j'écrive un mail à ma mère.

1. écrire
2. travailler
3. rendre
4. finir
5. téléphoner
6. sortir

Parlons

9-24 La visite d'un monument.

Une façon agréable de voir les monuments de Paris est de prendre un bateau-mouche. Ces bateaux font des circuits touristiques avec des commentaires sur tous les monuments qui se trouvent au bord de la Seine. Regardez ce détail d'un plan de Paris et identifiez les monuments que vous reconnaissez.

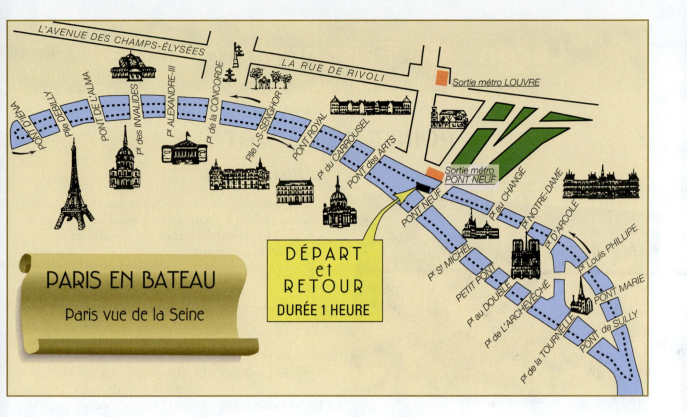

A. Avant de parler. Maintenant, c'est à vous de jouer le rôle d'un/e guide à bord d'un bateau-mouche à Paris. D'abord, choisissez un monument. Voici quelques possibilités :

1. l'Hôtel de Ville
2. la Conciergerie
3. les jardins des Tuileries
4. le musée d'Orsay
5. l'obélisque de la Concorde
6. le Pont Neuf
7. la tour Eiffel
8. Notre-Dame de Paris
9. les Invalides
10. le Louvre
11. le Grand Palais
12. l'Institut de France

Ensuite, préparez une description de votre monument ; considérez les questions suivantes :

1. Où se trouve ce monument ? Dans quel arrondissement ? Dans quelle rue ? À côté de quels autres sites importants ? Est-ce qu'il y a une station de métro à proximité ?
2. Quand est-ce que ce monument a été construit ? Par qui ? Pourquoi est-ce que ce monument est important aujourd'hui ?

Pour trouver des renseignements, consultez Internet et des guides touristiques.

B. En parlant. Présentez votre monument à vos camarades de classe. N'oubliez pas de montrer des images de votre monument !

C. Après avoir parlé. Quelles sont les présentations les plus intéressantes ? Quels monuments est-ce que vous voudriez visiter maintenant ? Pourquoi ?

Leçon ③ Faisons du tourisme !

POINTS DE DÉPART

 Le logement et les visites

La place Plumereau à Tours

Les Francard, une famille de touristes belges, viennent d'arriver à Tours. Ils rentrent dans l'Office de Tourisme pour chercher des renseignements et trouver un logement.

LA RÉCEPTIONNISTE :	Bonjour, monsieur. Bonjour, madame.
M. FRANCARD :	Bonjour, madame. Nous cherchons un logement pas trop cher pour trois nuits.
LA RÉCEPTIONNISTE :	Oui, vous êtes combien ?
M. FRANCARD :	Quatre personnes, donc nous aurons besoin de deux chambres.
LA RÉCEPTIONNISTE :	Je peux vous proposer un petit hôtel deux étoiles en centre-ville. C'est 75 euros par chambre.
M. FRANCARD :	Ça nous convient très bien.
LA RÉCEPTIONNISTE :	Bon, alors, je vais faire une réservation sur Internet pour les deux chambres pour trois nuits.

…

LA RÉCEPTIONNISTE :	Bon, vous serez à l'Hôtel Château Fleuri ; ce n'est pas très loin d'ici.
M. FRANCARD :	L'hôtel se trouve où exactement ?
LA RÉCEPTIONNISTE :	Tenez, voici un plan du centre-ville. En sortant d'ici, vous allez prendre le boulevard. Ensuite vous tournez à droite dans la rue de Buffon. Continuez tout droit ; vous allez traverser la rue Émile Zola et ensuite prendre la rue de la Scellerie à gauche. L'hôtel se trouve au 7, rue de la Scellerie.
M. FRANCARD :	Alors, à droite dans la rue de Buffon et à gauche dans la rue de la Scellerie. Merci, madame, et au revoir.
LA RÉCEPTIONNISTE :	Je vous en prie, monsieur, au revoir.

 POUR INDIQUER LE CHEMIN

prendre la rue, l'avenue, le boulevard, la première/la deuxième à droite…
traverser la place…
tourner à droite/à gauche dans le boulevard…
continuer tout droit jusqu'à la rue…

Tours, le centre-ville

La Loire

Quai d'Orléans

Quai du Pont Neuf

Rue des Tanneurs

La Faculté

rue piétonnière

Place Plumereau

Rue du Commerce

Rue Colbert

Rue Voltaire

Rue Nationale

Le Grand Théâtre

Place François Sicard

La cathédrale St Gatien

Le musée des Beaux-Arts

Rue de la Scellerie

Rue des Halles

Rue Émile Zola

La préfecture

Rue Bernard Palissy

Rue Jules Simon

La basilique St Martin

Rue Néricault Destouches

Place de la Préfecture

Rue de Buffon

Les Halles

Rue de la Grandière

Le Centre de Congrès Vinci

L'Office de Tourisme

Le Palais de Justice

L'Hôtel de Ville

La poste

Boulevard Heurteloup

Place Leclerc

Boulevard Béranger

Place Jean Jaurès

La gare

Vie et culture

Le logement

Si vous cherchez un logement pas cher en France, vous avez différents choix selon vos désirs et votre budget. Regardez les images : quels sont les avantages et les inconvénients de chaque option ? Quel type de logement est-ce que vous préférez et pourquoi ? Est-ce que vous avez les mêmes possibilités de logement dans votre pays ?

Si on est jeune, on peut rester dans une auberge de jeunesse.

Pendant l'été en France, les campings sont pleins de gens qui voyagent avec des caravanes, des camping-cars ou simplement une tente.

Une autre possibilité est de rester chez l'habitant, dans un gîte rural à la campagne. C'est surtout une bonne option si on veut établir un contact avec les gens du pays.

Des sites historiques et culturels

un village perché

une abbaye

un château fort

un château

une cathédrale

un village médiéval

un spectacle son et lumière

une grotte préhistorique

une cave

un théâtre romain

09-34
to
09-37

⚔ À vous la parole ⚔

9-25 Où est-ce qu'ils vont loger ? D'après la description des touristes suivants, dites où ils vont probablement loger.

MODÈLE Les Merten voudraient établir un contact avec les gens de la région.
      • Ils vont loger dans un gîte rural.

1. Les Martini voudraient une chambre avec mini-bar, télévision et téléphone.
2. Christelle va passer trois jours à Bordeaux, mais c'est une étudiante et elle a un budget modeste.
3. Les Garcia voyagent avec leur caravane.
4. Max et ses copains veulent passer plusieurs semaines en Suisse sans dépenser (*spending*) trop d'argent.
5. Sébastien aime la nature ; il voyage à vélo et avec sa tente.
6. Les Smith aiment la campagne et ils voudraient pratiquer leur français.
7. Les Bénini voyagent en train et voudraient rester en ville.

9-26 Les bonnes indications. Imaginez que vous êtes devant la gare de Tours. Regardez le plan et suivez les indications données pour dire où vous arrivez. Choisissez votre destination dans la liste suivante.

MODÈLE   É1   Vous tournez à gauche dans le boulevard Heurteloup, ensuite à droite dans la rue Nationale et à droite dans la rue de la Scellerie. Vous arrivez au coin (*corner*) de cette rue et de la rue Voltaire.

   É2   À gauche dans le boulevard Heurteloup ? et ensuite à droite dans la rue Nationale ?

   É1   Oui. Et après, à droite dans la rue de la Scellerie jusqu'à la rue Voltaire.

   É2   C'est le Grand Théâtre ?

   É1   Oui, c'est ça.

Fiche pratique

When someone gives you directions, it is helpful to confirm that you have understood by repeating or summarizing briefly what you have been told.

la Cathédrale Saint-Gatien	la Basilique Saint-Martin
le Grand Théâtre	les Halles
le Musée des Beaux-Arts	la Place Plumereau
la Préfecture de police	la Poste

1. Vous traversez le boulevard Heurteloup. Vous prenez la rue Bernard Palissy et vous continuez tout droit. À la place François Sicard, vous tournez à droite.

2. Vous tournez à gauche dans le boulevard Heurteloup et vous traversez la place Jean Jaurès. C'est sur votre droite à côté du Palais de Justice, un peu plus loin.

3. Vous tournez à gauche dans le boulevard Heurteloup, vous traversez la rue Nationale et vous continuez tout droit. Vous prenez la deuxième rue à droite. Vous arrivez dans la rue Néricault Destouches. C'est là, en face de vous.

4. Le plus facile, c'est de suivre la rue Nationale jusqu'à la Loire et de prendre la rue des Tanneurs juste avant le quai du Pont-Neuf. Ensuite, vous tournez à gauche en face de la fac dans une petite rue piétonnière (*pedestrian street*).

5. Traversez le boulevard Heurteloup et prenez la rue de Buffon. Tournez à droite à la place de la Préfecture et continuez tout droit. C'est au coin de la rue Bernard Palissy sur votre droite.

6. Traversez le boulevard Heurteloup, prenez la rue de Buffon, tournez à gauche dans la rue de la Scellerie et continuez tout droit. Traversez la rue Nationale. Suivez la rue des Halles. C'est au bout (*at the end*) de la rue sur votre gauche.

9-27 À l'Office de Tourisme. Avec un/e partenaire, quelles visites est-ce que vous recommandez à ces touristes ?

MODÈLE Jérôme et Camille sont très sportifs et ils aiment les beaux paysages.

    É1 Ils peuvent faire du cyclotourisme.

    É2 Oui. Comme ça, ils se promèneront dans la nature et ils visiteront tous les petits villages.

1. Les Martin sont fascinés par la préhistoire.
2. Sophie aime tout ce qui est spectacle.
3. Mme Francard s'intéresse à l'architecture de la Renaissance.
4. M. Francard aime surtout l'architecture militaire.
5. Pierre a étudié l'histoire des religions.
6. M. Dupin voudrait goûter les meilleurs vins de la région.
7. Audrey se passionne pour les antiquités romaines.
8. Vincent voudrait découvrir des petits villages médiévaux.

FORMES ET FONCTIONS

1. Le subjonctif de quelques verbes irréguliers

- A small number of verbs, including **faire** and **pouvoir**, have a special stem for the subjunctive.

faire	**fass-**	Il vaut mieux qu'elle **fass**e un tour du quartier.
pouvoir	**puiss-**	Il faut qu'ils **puiss**ent dormir à l'hôtel.

- Some irregular verbs have two stems in the subjunctive: one for the singular forms and the third person plural, the other for the **nous** and **vous** forms. The second stem is based on the **nous** form of the present indicative.

venir	**vienn-**	Il faut que tu **vienn**es avec nous.
	ven-	Il vaut mieux que vous **ven**iez en taxi.
prendre	**prenn-**	Il ne faut pas que tu **prenn**es le bus.
	pren-	Il est important que nous **pren**ions beaucoup de photos.

- **Avoir** and **être** show many irregularities:

	AVOIR	ÊTRE
j'/je	**aie**	**sois**
tu	**aies**	**sois**
il elle on	**ait**	**soit**
nous	**ay**ons	**soy**ons
vous	**ay**ez	**soy**ez
ils elles	**ai**ent	**soi**ent

Fiche pratique

To learn irregular verb forms, try writing them down or repeating them out loud. Whichever technique works best for you, focus both on exceptional forms and on any patterns that you see.

❊ À vous la parole ❊

9-28 Les Francard en voyage. Mme Francard précise ce qu'il faut que chaque personne fasse/prenne/apporte pour le voyage.

MODÈLE les enfants/faire leur valise
- Il faut que les enfants fassent leur valise.

1. moi/avoir suffisamment d'argent
2. mon mari/pouvoir réserver des chambres d'hôtel
3. notre fils/avoir son iPod
4. mon mari et moi/être patients avec les enfants
5. mon mari/faire des courses avant de partir
6. notre fille/pouvoir apporter son ordinateur
7. nous/faire des achats
8. nous/retenir des places dans le train

9-29 Conseils pour un voyage à Dakar. Un de vos amis va se rendre à Dakar. Vous allez lui donner des conseils utiles.

MODÈLE faire une liste de vêtements à emporter
- Il faut que tu fasses une liste de vêtements à emporter.

1. obtenir un visa
2. avoir une carte de crédit
3. prendre l'avion à Paris
4. être prudent quand tu sors le soir
5. faire attention aux voitures dans la rue
6. prendre un dictionnaire bilingue
7. faire un tour dans le quartier tout de suite pour te familiariser
8. pouvoir dire « merci » dans la langue du pays

9-30 Voyages de rêve. Avec des camarades, offrez des conseils pour bien profiter des voyages en régions francophones.

MODÈLE en Bourgogne
- É1 Il est important que vous visitiez Dijon.
- É2 Il faut que vous goûtiez des bons vins de Bourgogne.
- É3 Il faut que vous fassiez un tour à Beaune.
- É4 Il est important aussi que vous mangiez du pain d'épices.

1. au Québec
2. en Suisse romande
3. en Louisiane
4. au Maroc
5. à la Martinique

On trouve souvent en Bourgogne les tuiles colorées comme celles des toits de l'Hôtel-Dieu des Hospices de Beaune.

2. Le subjonctif avec les expressions de volonté

- When the main verb of a sentence expresses a desire or wish, the verb of the following subordinate clause is usually in the subjunctive.

Elles souhaitent qu'il **vienne** aussi.	*They wish that he would come, too.*
Il exige qu'on **attende** jusqu'à demain.	*He demands that we wait until tomorrow.*

Here are some verbs used to express desires or wishes that are followed by the subjunctive:

aimer	demander	exiger	souhaiter
aimer mieux	désirer	préférer	vouloir

- When the subject is the same for both parts of the sentence, use an infinitive construction instead of the subjunctive. Compare the following examples.

Il voudrait **rester** ici.	*He'd like to stay here.*
Il voudrait **que ses enfants restent** ici.	*He'd like his children to stay here.*
Moi, je voudrais **dormir** et je veux **que** toi, **tu te couches** bientôt aussi.	*As for me, I'd like to sleep, and I'd like for you to go to bed soon as well.*

09-42
to
09-45

⇛ À vous la parole ⇚

9-31 Pas si vite ! Julien part en vacances et il exprime des idées un peu extravagantes. Son père n'est pas d'accord et il veut que Julien soit plus raisonnable ; expliquez les vœux de son père.

MODÈLE Je veux dormir dans un hôtel trois étoiles.
- Moi, je ne veux pas que tu dormes dans un hôtel trois étoiles.
ou • Je veux que tu dormes dans une auberge de jeunesse.

1. Je préfère sortir tout seul le soir.
2. Je désire prendre un taxi pour visiter la ville.
3. Je souhaite faire des promenades en bateau.
4. J'aime mieux voyager en première classe.
5. Je ne veux pas visiter les petits villages.
6. Je demande de partir pour un mois.
7. Je voudrais dîner dans des restaurants deux étoiles.

9-32 À l'Office de Tourisme. Nicolas cherche des nouveaux employés et il décrit ses préférences aux candidats.

MODÈLE aider ces touristes
- Je demande que vous aidiez ces touristes.
ou • Je souhaite que vous aidiez ces touristes.

1. pouvoir décrire toutes les attractions touristiques
2. connaître bien la ville

3. pouvoir parler trois langues
4. être toujours à l'heure
5. avoir de la patience avec les clients difficiles
6. être disponibles (*available*) aux visiteurs
7. devenir experts dans l'histoire de la région

9-33 Harmonie ou conflit. Discuter de ces sujets avec un/e partenaire : pour chaque catégorie, dites si vous et vos parents partagez les mêmes souhaits, désirs, etc.

MODÈLE votre future profession : votre souhait

> É1 Je souhaite être actrice. Mes parents veulent que je sois médecin.
>
> É2 Mes parents veulent que je sois architecte et moi aussi. J'adore dessiner et je veux travailler comme architecte.

1. vos études : votre souhait
2. vos projets pour l'été prochain : votre préférence
3. votre prochain voyage : votre désir
4. votre future profession : votre souhait
5. votre futur/e mari ou femme : votre préférence
6. vos futurs enfants : votre souhait
7. votre lieu de résidence éventuel : votre désir

Lisons

9-34 Le Tour du monde en quatre-vingts jours.

A. Avant de lire. Connaissez-vous ce roman très connu, écrit au XIXe siècle par l'écrivain français Jules Verne ? Le personnage principal, Phileas Fogg, est un Anglais flegmatique et excentrique qui mène une vie réglée comme une montre. Le mercredi 2 octobre 1872, dans son Reform-Club, il soutient qu'avec les moyens de transport modernes, on peut maintenant parcourir la Terre en quatre-vingts jours seulement. Il lance un pari (*makes a wager*) : s'il n'est pas de retour le samedi 21 décembre à huit heures quarante-cinq du soir, il perd tout. Avant de lire le passage que nous reproduisons ici, réfléchissez aux questions suivantes :

Phileas Fogg, dessiné par Alphonse de Neuville pour l'édition de 1873 du *Tour du monde en quatre-vingts jours*

1. Cette histoire se passe en 1872. Quels moyens de transport est-ce que Phileas Fogg va probablement utiliser pendant son voyage ? Faites-en une liste.
2. À votre avis, comment est-ce que Phileas Fogg pourra prouver à ses amis qu'il aura fait le tour du monde ?
3. Est-ce que Phileas Fogg est une personne à prendre des risques ? Comment va-t-il probablement organiser son voyage autour du monde ?

Stratégie

Use your knowledge of the historical context to better understand a narrative that takes place in another era. What characteristics of the period and what events might color or shape the story? What historical realities might distinguish the various places described?

4. Dans l'extrait que vous allez lire, vous verrez quelques verbes au **passé simple**, un temps littéraire. Le **passé simple** exprime une action au passé, comme le **passé composé**. Pour chaque verbe indiqué au **passé simple**, trouvez son équivalent au **passé composé** :

Verbes au passé simple	Verbes au passé composé
répondit	s'est arrêté
répondirent	a demandé
demanda	sont entrés
montèrent	a fait
s'arrêta	s'est mis
entrèrent	sont montés
fit	ont pris
prirent	ont répondu
se mit	a répondu

B. **En lisant.** Trouvez les réponses aux questions suivantes.

1. Phileas Fogg parie qu'il fera le tour du monde en quatre-vingts jours, c'est-à-dire, en combien d'heures ? combien de minutes ?
2. Quand est-ce qu'il partira ?
3. Quel moyen de transport est-ce qu'il prendra au départ ?
4. Quand est-ce qu'il sera de retour et où ?
5. Qui l'accompagnera ?
6. Où est-ce qu'ils s'arrêteront d'abord ?
7. Comment est-ce que Phileas Fogg propose de prouver qu'il a bien fait le tour du monde ?
8. À quelle heure est-ce que les voyageurs quittent la gare de Charing-Cross ?

LE TOUR DU MONDE EN QUATRE-VINGTS JOURS

—Un bon Anglais ne plaisante[1] jamais, quand il s'agit d'une chose aussi sérieuse qu'un pari[2], répondit Phileas Fogg. Je parie vingt-mille livres contre qui voudra que je ferai le tour de la terre en quatre-vingts
5 jours ou moins, soit[3] dix-neuf-cent-vingt heures ou cent-quinze-mille-deux-cents minutes. Acceptez-vous ?

—Nous acceptons, répondirent MM. Stuart, Fallentin, Sullivan, Flanagan et Ralph, après s'être entendus.

10 —Bien, dit Mr. Fogg. Le train de Douvres part à huit heures quarante-cinq. Je le prendrai.

—Ce soir même ? demanda Stuart.

—Ce soir même, répondit Phileas Fogg. Donc, ajouta-t-il en consultant un calendrier de poche, puisque
15 c'est aujourd'hui mercredi 2 octobre, je devrai être de retour à Londres, dans ce salon même du Reform-Club, le samedi 21 décembre, à huit heures quarante-cinq du soir... [Phileas Fogg retourne à la maison pour se préparer et chercher son domestique Jean
20 Passepartout.]

Une station de voitures se trouvait à l'extrémité de Saville-row. Phileas Fogg et son domestique montèrent

dans un cab, qui se dirigea rapidement vers la gare de Charing-Cross... À huit heures vingt, le cab s'arrêta devant... la gare. Passepartout sauta à terre[4]... 25

Mr. Fogg et lui entrèrent aussitôt dans la grande salle de la gare. Là, Phileas Fogg donna à Passepartout l'ordre de prendre deux billets de première classe pour Paris. Puis, se retournant, il aperçut[5] ses cinq collègues du Reform-Club. 30

« Messieurs, je pars, dit-il, et les divers visas apposés sur un passeport que j'emporte à cet effet vous permettront, au retour, de contrôler mon itinéraire...

—Vous n'oubliez pas que vous devez être revenu ? 35 ... fit observer Andrew Stuart.

—Dans quatre-vingts jours, répondit Mr. Fogg, le samedi 21 décembre 1872, à huit heures du soir. Au revoir, messieurs. »

À huit heures quarante, Phileas Fogg et son domestique prirent place dans le même compartiment. 40 À huit heures quarante-cinq... le train se mit en marche.

Source : Jules Verne, *Le tour du monde en quatre-vingts jours*

[1]raconte des histoires drôles [2]*a bet, a wager* [3]*in other words* [4]*est descendu* [5]*a vu*

C. En regardant de plus près. Examinez le texte plus en détail.

1. Phileas Fogg est accompagné de son domestique, Jean « Passepartout ». Pourquoi est-ce que c'est un nom amusant ?
2. Le texte nous indique quelle sorte de personne est Phileas Fogg ; dans chaque cas, trouvez un exemple qui illustre la description.

MODÈLE Phileas Fogg est un homme riche.
- Il prend des billets de train de première classe.

ou - Il a un domestique.

   a. Il habite un beau quartier de Londres.
   b. Il est très ponctuel.
   c. Il aime la précision.
   d. Il prend rapidement des décisions.

D. Après avoir lu. Discutez des questions suivantes avec vos camarades de classe.

1. Voici l'itinéraire de Phileas Fogg publié dans le journal britannique *The Morning Chronicle*. Est-ce que vous pensez qu'il est vraiment possible pour Fogg d'accomplir son voyage en l'espace de quatre-vingts jours ? Pourquoi ?

LE TOUR DU MONDE EN QUATRE-VINGTS JOURS

De Londres à Suez par le Mont-Cenis et Brindisi, railways et paquebots	7 jours
De Suez à Bombay, paquebot	13 jours
De Bombay à Calcutta, railway	3 jours
De Calcutta à Hong-Kong (Chine), paquebot	13 jours
De Hong-Kong à Yokohama (Japon), paquebot	6 jours
De Yokohama à San Francisco, paquebot	22 jours
De San Francisco à New York, railroad	7 jours
De New York à Londres, paquebot et railway	9 jours
Total	80 jours

2. Est-ce que vous avez lu en traduction anglaise un roman de Jules Verne ou vu un film basé sur un de ses romans ? Parmi ses romans on trouve : *Vingt mille lieues sous les mers, L'île mystérieuse, Voyage au centre de la Terre* et *De la Terre à la Lune*. Si vous en connaissez un, discutez-en avec vos camarades de classe.
3. Si vous aimez la science-fiction, cherchez un de ces romans à la bibliothèque ou louez un DVD—peut-être même une adaptation du *Tour du monde en quatre-vingts jours* !

Leçon 1

moyens (m.) de transport — *means of transportation*

à pied	*on foot*
un avion	*plane*
un bus	*city bus*
un car	*excursion bus, intercity bus*
un métro	*subway*
une mobylette	*moped, motor scooter*
une moto	*motorcycle*
un taxi	*taxi*
un train	*train*
un tram(way)	*light rail*

pour faire un voyage — *to take a trip*

un aéroport	*airport*
un appareil (photo) numérique	*digital camera*
un carnet d'adresses	*address book*
une carte bancaire	*debit card*
une carte de crédit	*credit card*
une carte d'identité	*French national ID card*
une clé	*key*
un passeport	*passport*
un permis de conduire	*driver's licence*
un plan de ville	*city map*
un portable	*cell phone*
un portefeuille	*wallet*
un porte-monnaie (inv.)	*change purse*
un sac à dos	*backpack*
une valise	*suitcase*
un vol	*flight*

quelques expressions utiles — *some useful expressions*

avoir besoin de	*to need*
un billet	*(train, plane) ticket*
un ticket	*(subway) ticket*
oublier	*to forget*
tout	*everything*
Voyons…	*Let's see . . .*

Leçon 2

les continents (m.) — *continents*
Voir à la page 276 — *See page 276*

des pays (m.) — *countries*
Voir à la page 276 — *See page 276*

des adjectifs de nationalité — *nationalities*
Voir à la page 276 — *See page 276*

expressions de nécessité — *expressions of obligation*

Il est important de / que	*It is important (that)*
Il est nécessaire de / que	*It is necessary (that)*
Il est utile de / que	*It is useful (that)*
Il faut (que) / Il ne faut pas (que)	*You must/must not*
Il vaut mieux (que)	*It is better (best) (that)*

autres mots utiles — *other useful words*

aussi bien que	*as well as*
une frontière	*border*
une langue maternelle	*native language*
une réunion	*meeting*

Leçon 3

le logement — *lodgings*

une auberge (de jeunesse)	*inn, (youth) hostel*
un camping	*campground*
un camping-car	*recreational vehicle*
une caravane	*trailer*
faire une réservation sur Internet	*to make a reservation online*
un gîte (rural)	*(rural) bed and breakfast*
loger (dans un hôtel une étoile)	*to stay (in a one-star hotel)*
une tente	*tent*

pour se renseigner	to get information
un guide	guide (tour guide or guide book)
Je vous en prie.	You're welcome.
un Office de Tourisme	tourism office
des renseignements (m.)	information

pour indiquer le chemin	to give directions
une avenue	avenue
un boulevard	boulevard
le chemin	way
continuer (tout droit)	to keep going (straight ahead)
tourner (à droite/à gauche)	to turn (right/left)
traverser	to cross

des sites (m.) historiques et culturels	historical and cultural sites
une abbaye	abbey
une cathédrale	cathedral

une cave	wine cellar
un château	chateau
un château fort	fortress
une grotte préhistorique	prehistoric cave
un spectacle son et lumière	sound and light historical production
un théâtre romain	Roman theater
un village médiéval	medieval village
un village perché	village perched on a hillside

quelques verbes de volonté qui exigent le subjonctif	some verbs of volition that require the subjunctive
aimer mieux	to prefer
désirer	to desire, to want
exiger	to require, to demand
souhaiter	to hope, to wish
demander	to ask
préférer	to prefer
vouloir	to want

Vocabulaire

Steve Martin joue le rôle de l'Inspecteur Clouseau dans le film *La Panthère rose*, tourné à Paris.

10

Quoi de neuf ? cinéma et médias

Leçon 1 Le grand et le petit écran

Leçon 2 Êtes-vous branché informatique ?

Leçon 3 On s'informe

After completing this chapter, you should be able to:

- ❑ Express opinions about the media

- ❑ Express hypothetical situations and possible results

- ❑ Discuss cinema, television, reading habits, and computer use in the French-speaking world

Leçon ① Le grand et le petit écran

POINTS DE DÉPART

Qu'est-ce qu'il y a à la télé ?

Lundi 07 mars

TF1

20.45
La grève des femmes
Téléfilm humoristique de Stéphane Kappes.
2010
Avec : Armelle Deutsch, Claude Gensac, Zinedine Soualem, Camille Chamoux, Pierre-François Martin-Laval, Anne Girouard. 1h30mn

22.30
New York unité spéciale
Série policière.
Épisode 1, Saison 12. Interdit aux moins de 12 ans.
La doublure.
Avec : Christopher Meloni, Mariska Hargitay, Richard Belzer, Ice-T, Henry Ian Cusick. 0h45mn

France 2

20.35
Cold Case, affaires classées
Série policière.
Épisode 22, Saison 6
Bleus, pair et passe
Avec : Kathryn Morris, John Finn, Jeremy Ratchford, Thom Barry, Maddy Curley. 0h52mn

21.30
Cold Case, affaires classées
Série policière.
Épisode 10, Saison 5. Interdit aux moins de 10 ans.
Justice.
Avec : Kathryn Morris, Danny Pino, John Finn, Jeremy Ratchford, Thom Barry, Tracie Thoms, Deirdre Lovejoy, Michele Greene. 0h45mn

France 3

20.35
Chabada
Magazine musical
Spéciale femmes.
Présenté par Daniela Lumbroso. 2h05mn

22.40
Météo

22.50
Soir 3
Journal. Présenté par Patricia Loison.
0h25mn

M6

20.45
Top chef
Téléréalité.
Épisode 6, Saison 2. Avec : Christian Constant, Stéphane Rotenberg, Ghislaine Arabian, Agathe Lecaron. 2h55mn

23.40
Un dîner presque parfait
Jeu.
Une séance de rattrapage hebdomadaire, pour retrouver les cinq dîners concoctés par les candidats. 3h20mn

---

CHRISTELLE : Qu'est-ce qu'il y a à la télé ce soir ?

THOMAS : Attends, je vais regarder le programme… Bon, sur TF1, il y a un téléfilm français à 8 h 45 et une série policière à 10 h 30. Sur France 2, il y a deux épisodes d'une autre série policière que j'aime bien. Sur France 3, il y a un magazine musical qui a l'air intéressant.

CHRISTELLE : Bof ! Je n'ai pas tellement envie de voir une série policière ce soir.

THOMAS : Pourquoi ?

CHRISTELLE : Je n'aime pas toutes ces séries américaines qui passent à la télé et qui sont doublées ; je préfère les regarder en VO pour pratiquer mon anglais.

THOMAS : Tu rigoles ? Les films ont quelquefois des sous-titres, mais jamais les séries. Regarde, sur M6, il y a une émission de téléréalité bien française, *Top chef*. Tu veux la regarder ?

CHRISTELLE : Pourquoi pas ? Tu peux allumer la télé ?

THOMAS : Mais, c'est toi qui as la télécommande !

DES GENRES D'ÉMISSIONS

un dessin animé
un divertissement
un documentaire
une émission de musique
une émission sportive
une émission de téléachat
une émission de téléréalité
un feuilleton
un film, un téléfilm

un film étranger en version originale
   (VO), en version française (VF)
un jeu télévisé
le journal télévisé (le JT),
   les informations (les infos)
un magazine
un reportage
une série

⧓ À vous la parole ⧓

**10-01
to
10-04**

10-1 Quel genre d'émission ? Imaginez que vous lisez le programme télé. Selon ces descriptions partielles, déterminez avec un/e partenaire le genre de chaque émission.

MODÈLE dernier épisode

    É1 C'est peut-être une série.

    É2 S'il y a des épisodes, c'est probablement un feuilleton.

1. avec notre invitée, la chanteuse…
2. l'astrologie face à la science
3. le journal de la semaine
4. à gagner cette semaine : un voyage à Tahiti
5. série américaine
6. Coupe de France de football. Quart de finale.
7. les dernières aventures de Babar, le roi éléphant

10-2 Les émissions d'aujourd'hui. Qu'est-ce qu'on peut regarder aujourd'hui ? Avec un/e partenaire, jouez les rôles de deux amis. Consultez le programme télé au début de cette leçon et discutez de vos choix.

MODÈLE É1 J'ai envie de regarder un match.

        É2 Il n'y a pas de match ce soir. Si on regardait un film ?

1. J'aime bien les films.
2. J'adore les séries américaines.
3. Il n'y a pas de magazine sur France 3 ce soir ?
4. Est-ce qu'il y a une émission de téléréalité ce soir ?
5. J'ai envie de regarder quelque chose de différent.
6. J'ai mal à la tête, alors rien de sérieux pour moi ce soir !
7. Il y a un documentaire ce soir ?

DES GENRES DE FILMS

une comédie	raconte les mésaventures amusantes des gens
une comédie dramatique	raconte une histoire pleine de drames mais avec des moments assez drôles
une comédie musicale	raconte une histoire dansée et chantée
une comédie romantique	raconte les histoires d'amour des personnages, souvent avec des grandes vedettes dans le rôle des personnages principaux
un dessin animé	est fait surtout pour les enfants à partir d'images dessinées et puis filmées ; il y a souvent, par exemple, des animaux qui parlent
un documentaire	est un reportage sur la société, l'histoire, la nature, la science, la religion, etc.
un drame	raconte un évènement sérieux
un drame psychologique	examine les relations entre les gens
un film d'action	raconte une histoire avec beaucoup de scènes d'action, quelquefois avec de la violence
un film d'animation	n'est pas fait avec des acteurs mais avec des effets spéciaux, des images dessinées, des images faites sur ordinateur, etc.
un film d'aventures	raconte les aventures d'un personnage courageux
un film d'espionnage	est plein de suspense, avec des agents secrets qui partent en mission
un film historique	raconte des évènements historiques ou la vie d'un personnage historique
un film d'horreur	doit faire peur aux gens ; il y a des monstres, des fantômes, des vampires ou bien des psychopathes
un film policier	raconte un crime et l'enquête (*investigation*) pour retrouver le criminel
un film de science-fiction	raconte des évènements futuristes et imaginaires
un western	est un film d'aventures avec des cow-boys dans le Far West

À la mort de leur mère, les jumeaux Jeanne (Mélissa Désormeaux-Poulinet) et Simon (Maxim Gaudette) Marwan apprennent l'existence d'un père et d'un demi-frère jusqu'à là inconnus. Ils partent à la recherche de leur famille et de son histoire dans un pays du Moyen-Orient. Ce drame québécois, *Incendies*, tourné par le réalisateur Denis Villeneuve, est sorti en septembre 2010 et il a remporté plusieurs prix internationaux.

10-3 Films préférés. Quels genres de films est-ce que vous préférez ? Classez ces films par ordre de préférence et parlez-en avec un/e camarade de classe.

MODÈLE

moi
1. comédies romantiques
2. films historiques
3. drames psychologiques

mon partenaire
1. films d'aventure
2. westerns
3. films policiers

É1 J'aime surtout les comédies romantiques, parce que ce n'est pas trop sérieux. Mais je regarde aussi des films historiques et des drames psychologiques. Et toi ?

É2 J'aime les films d'aventure, surtout les westerns. J'aime aussi les films policiers. Je regarde des séries policières toutes les semaines. Donc j'ai une préférence pour les films pleins d'action.

Vie et culture

10-52

Les festivals internationaux de films

Est-ce que vous savez qu'il y a de nombreux festivals francophones de films chaque année ? Pouvez-vous en nommer quelques-uns ? Sans doute, vous avez entendu parler du Festival International du Film à Cannes. Regardez la séquence vidéo, *Le cinéma*. Est-ce que ce festival ressemble à un festival que vous avez déjà vu (à la télévision peut-être) ? Comment ? Est-ce qu'il y a des éléments qui sont typiquement français ou internationaux ?

Pour savoir quels sont les meilleurs films francophones, vous avez plusieurs choix. Pour les meilleurs films canadiens, vous pouvez regarder Le Gala des Jutra. C'est le festival cinématographique qui a lieu chaque année au mois de mars au Québec. Pour le cinéma africain, le FESPACO (le Festival Panafricain du Cinéma et de la Télévision de Ouagadougou) a lieu tous les deux ans à Ouagadougou, au Burkina Faso. Ce grand festival a pour objectif de favoriser la diffusion de toutes les œuvres du cinéma africain. Par contre, le Festival International du Film Francophone de Namur qui a lieu chaque octobre en Belgique met en honneur plus de cent films venus de partout dans le monde francophone. Ce festival est soutenu par l'Organisation internationale de la Francophonie et il est jumelé avec le FESPACO. Il joue un rôle important dans la diffusion du film francophone. Est-ce que vous connaissez des films francophones ? Lesquels ?

Un jeune homme à vélo sous une affiche qui annonce le Festival Panafricain du Cinéma et de la Télévision de Ouagadougou

Sons et lettres

Les semi-voyelles /w/ et /ɥ/

The semivowel /w/ is always followed by a vowel, and that vowel is very often /a/. To pronounce /w/, start from the word "tweet" in English: *tweet*/**toi**.

When followed by the sound /a/, this semivowel is usually spelled **oi**, as in **moi** or **trois**. It can also be spelled **ou**, as in **oui** or **jouer**. The spelling **oy** represents the sound /waj/, as in **employé** or **royal**. The semivowel /w/ also occurs in combination with the nasal vowel /ɛ̃/. In this case, it is spelled **oin**: **loin** or **moins**.

To pronounce the semivowel /ɥ/, as in **lui**, start from the /y/ of **lu** but pronounce it together with the following vowel: **lu**/**lui**.

The sound /ɥ/ is frequently followed by the vowel /i/: **huit, je suis, la nuit, bruit**, but not exclusively: **nuage, ennuyeux, s'essuyer**. It is always spelled with the letter **u** followed by another vowel.

⊱ À vous la parole ⊱

10-4 Contrastes. Prononcez et comparez les paires de mots suivantes.

la j**oi**e	j**oy**eux	un m**oi**s	m**oin**s
le r**oi**	r**oy**al	la l**oi**	l**oin**
l'empl**oi**	empl**oy**er		

Maintenant, prononcez et comparez les mots avec /w/ et /ɥ/.

oui	**hui**t	Lo**ui**s	l**ui**
j**oin**t	j**uin**	le s**oir**	ess**ui**e

10-5 Comptine. Écoutez cette comptine et ensuite lisez-la à haute voix.

Troi**s** petits princes
Sortant du Paradis, bisc**ui**t
Clarinette, clarinette
Nos souliers° ont des lunettes   *chaussures*

Un, deux tr**oi**s, Vive la reine°   *queen*
Un deux tr**oi**s, Vive le r**oi**°   *king*

FORMES ET FONCTIONS

1. Les verbes *croire* et *voir* ; la conjonction *que*

- Here are the forms of the irregular verbs **croire** and **voir**.

	CROIRE *to believe*	VOIR *to see*			
SINGULIER			**PLURIEL**		
je	crois	vois	nous	croy**ons**	voy**ons**
tu	crois	vois	vous	croy**ez**	voy**ez**
il elle on	croit	voit	ils elles	croi**ent**	voi**ent**

IMPÉRATIF : **Crois**-moi ! **Croyez**-nous ! **Croyons** aux jeunes !
Vois ta mère pour l'argent ! **Voyez** mes belles tomates !
Voyons !
PASSÉ COMPOSÉ : J'ai **cru** qu'il partait. J'ai **vu** ce film.
FUTUR : Je le **croir**ai quand je le **verr**ai.

- Use the verb **croire**:

  ■ to indicate that you believe someone or something:

Je **crois** Thomas.	*I believe Thomas.*
L'histoire de cette actrice ? Nous la **croyons**.	*This actress's story? We believe it.*

  ■ to indicate that you believe in something or someone. In this case, use **croire** along with the preposition **à**.

Nous **croyons à** l'avenir du cinéma.	*We believe in the future of film.*
Ils **croient au** Père Noël.	*They believe in Santa Claus.*

  ■ Note, however, the following special expression.

Nous **croyons en** Dieu.	*We believe in God.*

- Here are some common expressions using **croire**:

Je crois./Je crois que oui.	*I think so.*
Je ne crois pas./Je crois que non.	*I don't think so.*

- To express an opinion, use a verb such as **croire** or **penser** plus the conjunction **que**. Notice that the conjunction is not always expressed in English but must be present in French. The verb **trouver** can also be used in this way with the conjunction **que**.

Je **crois que** ce film va gagner un prix.	*I think (that) this film will win an award.*
Ils **pensent que** Tim Burton est un grand réalisateur.	*They think (that) Tim Burton is a great director.*
Elles **trouvent que** ce film est trop long.	*They think (that) this movie is too long.*

- To report what someone says or knows, use the verb **dire** or **savoir** plus the conjunction **que**.

Elle dit **qu'**elle ne se sent pas bien.
Il dit **que** son frère viendra avec nous au ciné.
Ils savent **que** je n'aime pas les films en VO.

She says (that) she's not feeling well.
He says (that) his brother will come with us to the movies.
They know that I do not like movies with subtitles.

- To state an observed fact, use the verb **voir** plus the conjunction **que**:

Je vois **que** tu as un nouvel écran plat.

I see that you have a new flat screen TV.

⤛ À vous la parole ⤛

10-6 Les croyances. À quoi croient ces personnes ? Pour chaque phrase, choisissez dans la liste suivante la réponse qui convient.

MODÈLE Mme Martin achète des billets de LOTO chaque semaine.
- Elle croit à la chance.

> *Réponses possibles* :
>
> | l'amour | la chance | la médecine |
> |---------|-----------|-------------|
> | l'argent | Dieu | le Père Noël |
> | l'avenir | la discipline | le plaisir |

1. M. Gervais a trois enfants et il est très autoritaire.
2. Anne a six ans, son frère a quatre ans.
3. Geoffrey est un jeune homme sentimental.
4. Vous travaillez vingt-quatre heures sur vingt-quatre.
5. M. Leblanc va à l'église tous les dimanches.
6. Nous sortons jusqu'à trois heures du matin tous les soirs.
7. Je voudrais avoir beaucoup d'enfants.
8. Quand ça ne va pas bien, Alex va tout de suite voir le médecin.

10-7 Que de choses à voir ! Expliquez ce que chaque personne voit — attention au temps du verbe !

MODÈLE Nous avons regardé un documentaire sur Paris.
- Nous avons vu la tour Eiffel.

Les Davy sont au ciné avec leurs petits-enfants.
- Ils voient des dessins animés et des films d'animation.

1. J'irai à Cannes pour le festival de films.
2. Vous êtes allés à Montréal pour la soirée des Jutra ?
3. Ils vont visiter Hollywood.
4. Tu visites la ville de Park City pour le festival Sundance au mois de janvier ?

5. Elles sont allées à Ougadougou au mois de février.
6. Nous sommes à New York.
7. Cet hiver, ma copine ira au cinéma.

 10-8 Les opinions sur les médias. Quelle est votre opinion et l'opinion de votre partenaire ? Comparez vos idées avec les idées de vos camarades de classe.

MODÈLE La télé peut informer les gens.

> É1 Oui, je crois que la télé peut informer les gens.
>
> É2 Je suis tout à fait d'accord, je crois qu'il est utile de regarder le journal télévisé, par exemple.
>
> *(aux autres)* Nous croyons que la télé peut informer les gens. Par exemple, ...

1. La télé peut informer les gens.
2. Les acteurs ont une responsabilité par rapport à la société.
3. Les séries américaines donnent une fausse *(false)* image de la vie aux États-Unis.
4. Les films et la télé banalisent la violence.
5. Regarder la télé peut être très instructif pour les enfants.
6. Avoir la télévision haute définition compatible 3D est absolument nécessaire.

2. Le subjonctif avec les expressions d'émotion

- When the main clause of a sentence expresses an emotion, such as anger, fear, joy, or sadness, the verb of the subordinate clause is always in the subjunctive.

Je regrette que vous **partiez** si tôt.	*I'm sorry (that) you're leaving so soon.*
Elle est contente que tu **viennes** avec nous.	*She's happy (that) you're coming with us.*

Here are some verbs and expressions that convey emotion and are followed by the subjunctive:

avoir peur	être fâché/e	être triste
être content/e	être furieux/-euse	Il est/C'est dommage que
être déçu/e	être heureux/-euse	Il est/C'est étonnant que
être désolé/e	être inquiet/inquiète	Il est/C'est malheureux que
être enchanté/e	être ravi/e	regretter
être étonné/e	être surpris/e	

It is important to remember that not every clause introduced by **que/qu'** includes a verb in the subjunctive. The use of the indicative or subjunctive in the subordinate clause is determined by the verb in the main clause. Compare the following examples:

Je **suis contente** qu'elle **vienne** demain.	*I am happy (that) she is coming tomorrow.*
Je **sais** qu'elle **vient** demain.	*I know (that) she is coming tomorrow.*
Il **veut** que nous **partions** de bonne heure.	*He wants us to leave early.*
Il **dit** qu'on **part** de bonne heure.	*He says that we are leaving early.*
Il **faut** que tu **dises** la vérité.	*It is necessary that you tell the truth.*
Je **crois** que tu **dis** la vérité.	*I believe (that) you are telling the truth.*

- When the subject is the same for both parts of a sentence, use an infinitive construction preceded by **de** instead of a clause introduced by **que** + the subjunctive. Compare the following examples.

Elle est contente **de regarder** cette émission.	*She's happy to watch this show.*
Elle est contente **que vous regardiez** cette émission avec elle.	*She's happy (that) you are watching this show with her.*
Je regrette **de ne pas pouvoir** venir.	*I'm sorry not to be able to come.*
Je regrette **que tu ne puisses pas** venir.	*I'm sorry (that) you will not be able to come.*

✳ À vous la parole ✳

10-9 Soirée gala pour les Césars. Morgane organise une soirée gala pour ses amis chez elle. Ils vont regarder la Cérémonie des Césars à la manière des grandes vedettes de cinéma. Morgane est très contente à l'approche de cette grande soirée pour beaucoup de raisons. Pour chaque raison donnée, décidez si elle est contente pour elle-même ou pour les autres.

Elle est contente…

	pour elle-même	pour les autres
MODÈLE … de faire la fête avec ses amis.	✓	
… que sa sœur puisse venir.		✓
1. … de voir toutes ces vedettes à la télé.		
2. … d'avoir un grand téléviseur haute-définition pour la soirée.		
3. … que ses parents soient d'accord pour servir du champagne.		
4. … de s'habiller en robe de soirée élégante.		
5. … que ses amis se maquillent et se coiffent comme des stars.		
6. … qu'ils aient un tapis rouge pour la soirée.		
7. … que le jour arrive bientôt.		
8. … que vous soyez là aussi.		

Est-ce que vous pensez que Morgane est plus contente pour elle-même ou pour les autres ? Pourquoi ?

10-10 Que d'émotions ! Avec un/e partenaire, réagissez à ces annonces de votre professeur. Comparez vos réactions avec les réactions de vos camarades de classe.

MODÈLE Il n'y a pas de devoirs ce soir.

    É1 Je suis surpris qu'il n'y ait pas de devoirs.

    É2 Je suis contente qu'il n'y ait pas de devoirs.

    Vous aurez un examen vendredi.

    É1 C'est dommage qu'on ait un examen vendredi.

    É2 Oui, je suis étonnée d'avoir un autre examen.

1. Il n'y aura pas cours demain.
2. Tout le monde ira au restaurant ensemble ce week-end.
3. Je vous achèterai un souvenir en France cet été.
4. Vous n'aurez pas d'examen final.
5. Les résultats du dernier examen sont excellents.
6. Vous faites beaucoup de progrès en français.

 10-11 On va tout savoir. Complétez chaque phrase et comparez vos réponses avec celles de vos camarades de classe.

MODÈLES À propos de cette semaine, je suis heureux/-euse que…

    É1 Je suis heureuse que ma petite sœur vienne me voir ce week-end. Et toi ?

    É2 Je suis heureux que mon cours de biologie finisse cette semaine. Et toi ?

    É3 Je suis heureux d'avoir une bonne note pour l'examen de français !

    À propos des films étrangers, je trouve que…

    É1 Je trouve que les films en VO sont meilleurs que les films doublés.

    É2 Je n'aime pas les sous-titres. Je trouve que les films doublés sont meilleurs.

    É3 Moi, je trouve que les films américains sont les meilleurs. Je n'aime pas les films étrangers.

1. À propos de ce semestre, je suis heureux/-euse que…
2. À propos de mes amis, je pense que…
3. À propos de mes profs, je suis surpris/e que…
4. À propos des acteurs, je crois que…
5. À propos des regrets, je regrette que…
6. À propos de l'avenir, j'ai peur que…
7. À propos de ma famille, je sais que…

Observons

10-12 Réflexions sur le cinéma.

A. Avant de regarder. Imaginez que vous habitez les environs de Cannes : qu'est-ce que vous pouvez faire au moment du Festival International du Film ? Faites une liste d'activités possibles. Vous allez entendre une Niçoise qui décrit sa propre expérience, puis un étudiant à l'Université de Nice qui décrit ses préférences cinématographiques.

Le Palais des Festivals à Cannes

B. En regardant. Trouvez toutes les bonnes réponses à chaque question.

1. Selon Fabienne, des célébrités viennent à Cannes…
   a. de tous les pays.
   b. à tous moments.
   c. pour les vacances.
   d. pour la promotion de leurs films.

2. Fabienne… à Cannes au moment du festival.
   a. ne va jamais   b. est souvent   c. va tous les ans

3. Elle a eu l'occasion… quelques célébrités.
   a. de voir   b. de dîner avec   c. d'interviewer

4. Édouard va au cinéma…
   a. aussi souvent que possible.   b. très souvent.   c. tous les soirs.

5. Le dernier film qu'il a vu, c'était un film…
   a. américain.   b. espagnol.   c. français.

6. Pour lui, un grand classique du cinéma, c'est…
   a. *Harry, un ami qui vous veut du bien.*
   b. *L'auberge espagnole.*
   c. *Le Seigneur des anneaux.*
   d. *Matrix.*

C. Après avoir regardé. Maintenant discutez des questions suivantes avec vos camarades de classe.

1. Est-ce qu'il est possible pour les gens chez vous de côtoyer (*to get close to*) des célébrités comme le fait Fabienne à Cannes ? Pourquoi est-ce que les gens aiment cela, à votre avis ?
2. Est-ce que vous êtes d'accord avec Édouard quand il nomme des « grands classiques » ? Quels sont les grands films classiques pour vous ?

Leçon ② Êtes-vous branché informatique ?

POINTS DE DÉPART

Êtes-vous technophile ou technophobe ?

Voulez-vous savoir où vous en êtes dans la révolution informatique ? Alors, répondez aux questions suivantes pour découvrir si vous êtes technophile ou technophobe.

Première partie :

1. Qu'est-ce que vous faites pour acheter vos livres au début du semestre ?
   a. Je les cherche et je les commande avec mon smartphone.
   b. Je fais de la recherche en ligne (avec un navigateur web bien sûr) pour voir où je peux trouver les livres les moins chers et je les commande avec une carte bancaire sur un site web.
   c. Je vais à la librairie et je demande de l'aide au libraire.

2. Qu'est-ce que vous faites quand vous devez faire un exposé devant la classe ?
   a. Je surfe sur Internet pour trouver des informations et je prépare une présentation multimédia avec de la musique, du texte et des clips vidéo. Bien sûr, je sauvegarde le fichier sur ma clé USB et je m'envoie une copie par e-mail en pièce jointe avant l'exposé.
   b. Je prépare un beau poster avec des jolies images que j'ai scannées et imprimées à la maison avec mon imprimante multifonction. J'ajoute aussi quelques photos numériques que j'ai retouchées avec un logiciel sur ordinateur.
   c. J'écris mon plan et les idées importantes dans mon cahier. Je fais ma présentation à l'oral devant la classe.

3. Comment est-ce que vous communiquez avec vos amis et vos parents ?
   a. Je me sers d'un ordinateur portable et d'une webcam. C'est génial. On peut se voir en même temps qu'on se parle et ça ne coûte pas cher.
   b. On s'échange souvent des textos, des photos et des vidéos avec nos portables. Et on s'envoie des liens pour des sites web intéressants.
   c. Je leur téléphone de temps en temps et j'écris des cartes postales une fois par mois.

4. Qu'est-ce que vous faites pour vous détendre ?
   a. Je télécharge des clips vidéo et des émissions de télé ou je surfe sur Internet avec mon iPad en écoutant de la musique bien sûr.
   b. J'écoute de la musique avec le lecteur CD de mon ordi portable et je mets à jour mon compte Facebook.
   c. Je lis un roman ou des bandes dessinées et quelquefois je me promène s'il fait beau.

Comptez vos points pour la première partie : Les réponses a= 2 points ; b= 1 point ; c=0

Deuxième partie :
Maintenant, ajoutez un point pour chaque item de la liste ci-dessous que vous possédez.

❏ un baladeur MP3 ou un iPod
❏ un clavier sans fil
❏ une clé USB
❏ un disque dur externe
❏ une imprimante

❏ une tablette tactile comme le iPad
❏ un lecteur/graveur CD/DVD
❏ un moniteur avec un écran plat
❏ un ordinateur
❏ un ordinateur portable

❏ un smartphone
❏ un réseau sans fil (le wi-fi)
❏ une souris optique sans fil
❏ un téléphone portable
❏ une webcam

Maintenant, additionnez les points pour la première et la deuxième partie.

✖ À vous la parole ✖

10-13 Définitions. Trouvez le mot qui correspond à chaque définition.

MODÈLE C'est un appareil qu'on utilise pour imprimer un texte.
> • C'est une imprimante.

1. C'est très pratique pour sauvegarder votre travail et le transporter.
2. C'est un ordinateur qu'on peut facilement transporter.
3. C'est sur cette partie de l'ordinateur qu'on tape (*types*).
4. C'est un téléphone mobile qu'on peut utiliser pour se connecter à Internet.
5. C'est pratique si on veut consulter ses mails, lire le journal ou voir une vidéo en se déplaçant.
6. C'est nécessaire pour se connecter à Internet à partir d'un ordinateur portable.
7. C'est ce que vous faites quand vous sauvegardez la musique d'un site Internet.
8. Si vous voulez utiliser un ordinateur pour téléphoner à quelqu'un, c'est plus agréable d'en avoir une.

10-14 La technologie et vous. Combien de ces appareils est-ce que vous savez utiliser ? Comment est-ce que vous les utilisez ? Comparez vos réponses avec les réponses d'un/e partenaire.

MODÈLE un lecteur DVD
> **É1** Mon ordinateur portable a un lecteur DVD. Je regarde beaucoup de DVD, et quelquefois je télécharge des films.
>
> **É2** Moi aussi, j'aime les DVD. Je les regarde avec mon lecteur DVD et souvent je regarde des émissions de télévision sur Internet.

1. une clé USB
2. une souris sans fil
3. une webcam
4. un lecteur DVD
5. une tablette
6. un iPod ou un baladeur MP3
7. un clavier sans fil
8. un appareil numérique

Vie et culture

Les Français et Internet

Combien d'heures par jour est-ce que vous passez devant un ordinateur ou connecté à Internet avec un ordinateur, une tablette ou un smartphone ? Quand vous avez du temps libre, est-ce que vous aimez surfer sur le Web, télécharger de la musique ou communiquer avec vos amis avec la messagerie instantanée, votre compte Facebook ou des mails ? Est-ce que vous pensez que les Français passent autant de temps que vous sur Internet ? D'après un sondage récent (Ipsos MediaCT Profiling 2011), 72 % des Français (soit 36,6 millions) sont des internautes (c'est-à-dire des usagers d'Internet). En plus, 1 sur 3 de ces internautes sont également des **mobinautes** (c'est-à-dire qu'ils connectent à Internet de leurs gadgets mobiles (téléphone, tablette,…). Est-ce que vous êtes mobinaute ? Et vos amis et les membres de votre famille ? Pourquoi ?

Le sondage fait par Ipsos a également demandé à un certain nombre d'internautes âgés de 15 ans ou plus d'indiquer les opérations qu'ils ont effectuées sur Internet dans les trente derniers jours. Ce tableau montre une partie des résultats. Comment est-ce que ces usages diffèrent de vos usages ou des usages de vos proches ?

Avec un ordi portable et une connexion wi-fi, on peut se connecter n'importe où.

Opérations effectuées via Internet dans les 30 derniers jours (en % des 13 488 internautes sondés, résidants en France et âgés de 15 ans ou plus)

Opération	%
Consulter/envoyer e-mails personnels ou professionnels	86.7
Recherche d'informations pratiques (météo, trafic, …)	84.5
Consulter ou gérer vos comptes bancaires	69.7
Réaliser achat, commande ou réservation	55.8
Consulter site réseau social (Facebook, Myspace, Twitter, …)	54.3
Consultation de vidéo en ligne	42.3
Messagerie instantanée (de type ICQ, MSN Messenger, …)	38.2
Téléchargement de logiciels	31.9
Consulter un blog	31.0
Regarder la télévision	25.7
Téléchargement de musique (MP3, …)	20.3
Téléchargement de vidéo, de film	18.4
Téléphoner en ligne	16.5
Laisser des commentaires sur un blog	13.7

10-15 Internet et vous. Faites un sondage dans votre classe pour déterminer les pourcentages de gens qui utilisent Internet pour les activités suivantes.

MODÈLES   pour envoyer et recevoir des mails

        É1 Qui utilise Internet pour envoyer des mails ?

        É2 Un, deux, trois, quatre, cinq. Cinq personnes dans notre groupe envoient et reçoivent des mails.

        (*plus tard*)

        É3 Cinq personnes ou 100 % des membres de notre groupe envoient des mails. Quatre personnes ou 80 % utilisent les réseaux sociaux.

1. pour envoyer et recevoir des mails
2. pour participer à des réseaux sociaux (comme Facebook)
3. pour obtenir des informations pratiques
4. pour accéder à un compte bancaire
5. pour faire des achats ou réserver des places
6. pour lire ou écrire un blog ou faire des commentaires sur un blog
7. pour téléphoner
8. pour voir des films
9. pour regarder des émissions de télé

FORMES ET FONCTIONS

1. Le conditionnel

- You have learned to use the indicative and the subjunctive moods in French as well as the imperative to give commands. To express events or situations that are hypothetical or conjectural, you need to use the conditional mood:

J'**aimerais** acheter un ordinateur portable, mais c'est cher.	*I'd like to buy a laptop, but it's expensive.*
Tu **vendrais** vraiment ton iPad ?	*Would you really sell your iPad?*
Nous **voudrions** être riches !	*We would like to be rich!*

- The conditional is formed by adding the imperfect endings to the future stem.

LE CONDITIONNEL

SINGULIER		PLURIEL	
je	donner**ais**	nous	donner**ions**
tu	donner**ais**	vous	donner**iez**
il elle on	donner**ait**	ils elles	donner**aient**

Here are the conditional forms of the main verb groups.

VERB GROUP	INFINITIVE	CONDITIONAL
-er	parler	je **parlerais**
-ir	partir	je **partirais**
-re	vendre	je **vendrais**

Verbs that have an irregular future stem use that same stem in the conditional: **j'irais, j'aurais, je serais, je me lèverais, je jetterais, je préférerais**, etc.

- The conditional forms of the verbs **devoir**, **pouvoir**, and **vouloir** are also often used to express obligation, to soften commands, and to make suggestions.

Vous **pourriez** lui envoyer un mail. *You could send him an e-mail.*
On **devrait** acheter une webcam. *We should buy a webcam.*
Tu **voudrais** m'aider avec cet ordi ? *Would you like to help me with this computer?*

10-22
to
10-25

✂ À vous la parole ✂

10-16 Projet ou rêve ? Julien a beaucoup de projets pour l'avenir et beaucoup de rêves (*dreams*). Pour chacune de ses idées, indiquez si c'est un rêve ou un projet d'avenir.

	rêve	projet d'avenir
MODÈLE J'irais en Suisse.	✓	___
1. J'achèterais une tablette tactile.	___	___
2. Je retrouverai ma clé USB perdue.	___	___
3. J'irai au Festival de Cannes.	___	___
4. Je ferais le tour du monde.	___	___
5. Je travaillerai beaucoup.	___	___
6. Je travaillerais pour Google.	___	___
7. J'achèterais une imprimante laser couleur.	___	___

Est-ce que Julien est plus rêveur ou plus réaliste ? Pourquoi ?

10-17 Des bons conseils. Quel conseil est-ce que vous et votre partenaire donneriez à ces personnes ?

MODÈLE Je ne suis pas très bien informé.

　　　É1 À ta place, je regarderais les infos en ligne tous les jours.

　　　É2 Tu devrais surfer sur Internet plus souvent.

1. Ma fille passe trop de temps devant l'ordinateur.
2. J'ai envie de me détendre ce soir.
3. Nous partons bientôt en vacances.

4. Dans ma famille, on se dispute toujours pour se servir de notre nouvelle tablette.
5. J'ai envie de voir un bon film ce week-end mais je n'ai pas beaucoup d'argent.
6. J'ai du mal à choisir mon nouveau téléphone mobile.

10-18 Vous avez le pouvoir ! Avec un/e partenaire, imaginez que vous êtes dans les situations suivantes. Qu'est-ce que vous feriez ? Ensuite, comparez vos idées avec celles de vos camarades de classe.

MODÈLE Vous êtes le professeur de votre cours de français.
É1 Je donnerais moins de devoirs.
É2 Je ne permettrais pas aux étudiants de parler anglais.

1. Vous êtes le professeur de votre cours de français.
2. Vous êtes le président/la présidente de votre université.
3. Vous êtes un acteur/une actrice célèbre.
4. Vous êtes le directeur/la directrice d'une grande chaîne de télévision.
5. Vous êtes le maire de votre ville.
6. Vous êtes le président/la présidente des États-Unis.

2. Les phrases avec *si*

The conjunction **si** is used in a clause that expresses a condition. It is often accompanied by another clause that expresses the result.

- Use **si** plus the present tense to express a condition that, if fulfilled, will result in a certain action (stated in the present or future).

Si je **trouve** ce film en ligne, je le **télécharge**/je le **téléchargerai.**	*If I find this movie online, I'm downloading it/I will downlaod it.*
Elle nous **accompagne**/ **accompagnera** au cinéma **si** elle **a** le temps.	*She is going/will go with us to the movies if she has the time.*

- Use **si** plus the imperfect if the situation is hypothetical; the result clause will then be in the conditional.

Si j'**avais** assez d'argent, je m'**achèterais** un nouveau smartphone.	*If I had enough money, I would buy myself a new smart phone.*
Ils **pourraient** répondre plus rapidement **s'**il leur **envoyait** un texto.	*They could respond more quickly if he sent them a text message.*

✖ À vous la parole ✖

10-19 Pour devenir mobinaute. David explique à son amie Céline comment devenir mobinaute. Terminez chaque phrase d'une façon logique.

MODÈLE Si tu achètes un smartphone, …

- Si tu achètes un smartphone, tu pourras te connecter à Internet n'importe où (*anywhere*).

1. Si tu as besoin de lire un article en ligne, …
2. Si tu veux rester en contact avec tes amis, …
3. Si tu veux écouter de la musique, …
4. Si tu cherches une adresse, …
5. Si tu veux avoir les dernières nouvelles, …
6. Si tu as le temps de jouer, …
7. Si tu veux regarder un film, …

10-20 Choix de profession. Certains jeunes ne peuvent pas décider quelle profession choisir. Qu'est-ce qu'ils feraient s'ils choisissaient une profession dans les arts ou dans les médias ?

MODÈLE journaliste

- Si vous étiez journaliste, vous écririez des articles pour un journal, un magazine ou un blog.

1. présentateur/présentatrice à la télé
2. acteur/actrice
3. réalisateur/réalisatrice
4. chanteur/chanteuse
5. photographe
6. informaticien/ne
7. musicien/ne
8. écrivain

 10-21 Des rêves et des projets. Qu'est-ce que vous feriez dans les situations suivantes ? Avec un/e partenaire, parlez de vos rêves (*dreams*).

MODÈLE être une actrice/un acteur célèbre

É1 Si tu étais une actrice célèbre, qu'est-ce que tu ferais ?

É2 Je serais très riche et j'habiterais à Beverly Hills.

1. avoir ton diplôme demain
2. être millionnaire
3. trouver un emploi aujourd'hui
4. partir en vacances
5. être en France
6. être le président/la présidente des États-Unis
7. avoir 50 ans

Écrivons

10-22 Poster la critique d'un film sur un blog

A. Avant d'écrire. Comme vous le savez, il y a plusieurs sites sur le Web où les gens peuvent rédiger et afficher leurs propres critiques sur un film. Choisissez un film que vous avez vu récemment et écrivez une petite critique pour un blog. D'abord, pensez aux éléments importants d'une bonne critique en répondant aux questions suivantes :

1. Notez le nom du réalisateur et des acteurs principaux. Quels rôles est-ce qu'ils jouent ?
2. Faites un résumé assez bref de l'intrigue (*plot*). Pour vous guider, pensez aux critiques de films que vous avez déjà lues.
3. Enfin, quelle est votre opinion de ce film ?

B. En écrivant. Écrivez votre critique avec les détails que vous avez notés dans l'exercice A, et n'oubliez pas de donner votre opinion du film. Utilisez le vocabulaire que vous connaissez.

C. En révisant. Relisez votre critique et réfléchissez aux questions suivantes. Faites tous les changements nécessaires.

1. Analysez le contenu : est-ce que vous avez inclus tous les éléments nécessaires : le titre du film, le nom du réalisateur et des acteurs principaux, un résumé de l'intrigue avec quelques précisions sur l'histoire et votre opinion ?
2. Analysez le style et la forme : est-ce que vous avez utilisé les expressions appropriées pour donner votre opinion du film ? Est-ce que votre résumé du film est bref mais suffisamment clair ? Est-ce que le lecteur aura une bonne idée s'il faut aller voir ce film ou pas après avoir lu votre critique ?

D. Après avoir écrit. Échangez votre critique avec un/e camarade de classe ou lisez votre critique pour vos camarades de classe. Ne donnez pas le titre du film. Les autres vont essayer de deviner de quel film il s'agit (*it's about*).

Le Hérisson, un film de Mona Achache, raconte l'histoire d'une petite fille de 11 ans, Paloma, d'une concierge, Renée Michel, et d'un monsieur japonais, Kakuro Ozu. Ils habitent tous un immeuble à Paris. C'est un très beau film.

POINTS DE DÉPART

La lecture et vous

Quelles sont vos habitudes de lecture ? Complétez le questionnaire pour en savoir plus ! D'après vos résultats, est-ce que vous êtes un lecteur sérieux, un lecteur occasionnel ou un lecteur pragmatique ? Comparez vos réponses aux réponses de vos camarades de classe.

Qu'est-ce qu'elle lit ?

Fiche pratique

To remember new words or expressions that may overlap, associate a meaningful example with each one. For example: **une bande dessinée** : *Astérix* ; **un dessin animé** : *Le Livre de la jungle* ; **un film d'animation** : *Toy Story 3.*

Indiquez vos trois types de lecture préférés :
- ☐ les journaux (nationaux, régionaux, spécialisés—sport, économie)
- ☐ les magazines (d'information, de télévision, féminins ou familiaux)
- ☐ les romans (d'amour, historiques, policiers, de science-fiction)
- ☐ les livres de loisirs (de cuisine, de sport, de bricolage, de jardinage)
- ☐ les livres d'art (sur la peinture, l'architecture, le cinéma)
- ☐ les livres d'histoire ou les biographies
- ☐ les blogs, les forums de discussion et les journaux en ligne
- ☐ les poésies
- ☐ les bandes dessinées (les BD)
- ☐ les ouvrages de référence (le dictionnaire, l'atlas, l'encyclopédie)

Comment choisissez-vous un livre ?
- ☐ les recommandations des critiques dans la presse ou en ligne
- ☐ les recommandations d'amis
- ☐ la réputation de l'auteur
- ☐ la publicité

Comment obtenez-vous les livres ?
- ☐ vous les empruntez à une bibliothèque
- ☐ vous les empruntez à des amis
- ☐ vous les achetez dans une librairie
- ☐ vous êtes abonné/e à un club lecture
- ☐ vous les téléchargez sur votre ordinateur
- ☐ vous les téléchargez sur votre lecteur ebook

Pourquoi lisez-vous ?
- ☐ pour vous détendre   ☐ pour vous instruire   ☐ pour vous distraire

Où lisez-vous ?
- ☐ en vacances
- ☐ en voyage
- ☐ dans les transports en commun
- ☐ à la bibliothèque
- ☐ chez vous
- ☐ en écoutant de la musique
- ☐ au lit pour vous endormir
- ☐ devant l'ordinateur

10-23 De la lecture pour tout le monde. Quel type de livre, de magazine ou de site web est-ce qu'on pourrait conseiller à chaque personne décrite ici ?

MODÈLE un enfant
- On pourrait lui suggérer un livre d'enfants ou une bande dessinée.

1. quelqu'un qui prépare son diplôme en journalisme
2. quelqu'un qui adore l'art mais qui n'a pas souvent l'occasion d'aller au musée
3. quelqu'un qui aime bricoler
4. quelqu'un qui apprend l'anglais
5. quelqu'un qui regarde souvent la télévision
6. quelqu'un qui s'intéresse à l'histoire
7. quelqu'un qui adore la science-fiction
8. quelqu'un qui fait beaucoup de sport

Vie et culture

 📽 **La presse française**

10-51

Regardez la séquence vidéo, *Je lis la presse*, où Pauline montre et décrit ses journaux et magazines préférés. D'après sa description, qu'est-ce qu'un quotidien ? un hebdomadaire ? un mensuel ?

Pauline achète *Le Monde*, mais elle est abonnée[1] au quotidien *Libération*. Comment est-ce qu'elle décrit son magazine préféré, *Le Nouvel Observateur* ? Quel autre hebdomadaire est-ce qu'elle achète, et pourquoi ? Pauline a acheté un mensuel, *Géo* au kiosque ; pourquoi ?

Voici la liste des dix hebdomadaires et bimensuels les plus lus en France pour la période de juillet 2009 à juin 2010. Pour chaque magazine, identifiez son genre : par exemple,

est-ce que c'est un magazine féminin ? un magazine de télévision ? Qu'est-ce que vous pouvez déduire des priorités ou des goûts des gens qui les achètent ?

[1]*subscribes*

Le Top Ten des hebdomadaires les plus lus

Par l'ensemble (en milliers de lecteurs)

Magazine	Lecteurs
TV Magazine	17323
Version Femina	9236
Télé Z	5955
Télé 7 Jours	5679
Femme Actuelle	5387
Paris Match	5375
Télé Star	4783
Télé Loisirs	4624
Closer	4069
Voici	3977

© Étude Audience AEPM France.

10-24 D'après le titre. D'après le titre, c'est quel genre de livre, de journal ou de magazine ?

MODÈLE *Marie Claire Maison*
- C'est probablement un magazine féminin.

1. *Télérama*
2. *Info-Matin*
3. *Elle*
4. *France Football*
5. *Bien-Être & Santé*
6. *Lucky Luke dans le Far West*
7. *Le Guide Pratique du Droit*
8. *Cuisine Minceur*

 10-25 Et vous ? Quelles sont vos habitudes ? Comparez-les avec les habitudes d'un/e camarade de classe.

1. Qu'est-ce que vous lisez tous les jours ? — le journal, des magazines ? quel journal et quels magazines ? les infos en ligne ? les profils de vos amis sur Facebook ? les tweets de vos amis ou de quelques célébrités ?
2. Quels ouvrages de référence est-ce que vous consultez chez vous ? à la bibliothèque ? en ligne ? sur votre tablette ou smartphone ?
3. Qu'est-ce que vous lisez pour vos cours ? Est-ce que vous avez beaucoup de lectures en ligne à faire ? Est-ce que vous avez accès à des ebooks pour quelques cours ? Comment est-ce que vous les lisez : en ligne, sur une tablette, avec un lecteur ebook comme Kindle ou Fnacbook ?
4. Qu'est-ce que vous lisez pour vous informer ? pour vous détendre ?
5. Qu'est-ce que vous lisez quand vous êtes en vacances ?
6. Quel est le dernier livre que vous avez lu ? Est-ce que vous êtes en train de lire un livre maintenant ? Lequel ?
7. Quel est votre auteur préféré ? Est-ce que vous avez un journaliste ou un blogueur préféré ? Qui ?
8. Comment est-ce que vous préférez lire pour vous détendre, avec un livre classique, en ligne ou avec un lecteur ebook ?

FORMES ET FONCTIONS

1. Les pronoms relatifs *où* et *qui*

- A relative pronoun allows you to introduce a clause, called a subordinate clause, that provides additional information about a person, place, or thing. The relative pronoun connects the subordinate clause to the main clause of the sentence. In the example below, the subordinate clause, introduced by the relative pronoun **qui**, is set off by brackets.

Assia Djebar est une romancière [**qui** a beaucoup de talent].

Assia Djebar is a novelist [who is very talented].

La FNAC est un magasin [**qui** est connu pour la qualité de ses livres].

FNAC is a store [that is known for the quality of its books].

In these examples the relative pronoun **qui**, which refers to an author or a store, respectively, is the subject of the subordinate clause. **Qui**, the equivalent of *who*, *which*, or *that* in English, always functions as the subject of the clause it introduces and is always followed by a verb.

- **Où** is used to introduce a place or a time; it is equivalent to the English *where* or *when*.

C'est une librairie [**où** il y a beaucoup de livres d'occasion].

L'automne en France, c'est la saison [**où** le Prix Renaudot est annoncé].

It's a bookstore [where there are many used books].

Autumn in France is the season [when the Renaudot Literary Prize is awarded].

⨝ À vous la parole ⨝

10-26 En quelles saisons ? En quelles saisons est-ce qu'on peut faire les activités suivantes ?

MODÈLE On va à la campagne chercher des pommes.
- L'automne est la saison où on va à la campagne chercher des pommes.

1. On peut faire un pique-nique à la montagne.
2. On peut faire du ski.
3. On va souvent au bord de la mer.
4. On fait des randonnées dans la forêt.
5. On commence à acheter des livres pour l'année scolaire.
6. On admire les fleurs à la campagne.
7. On va voir les matchs de football américain.
8. On a envie de voyager dans des pays tropicaux.

10-27 Lectures. Voici les lectures récentes de Caroline et de sa famille. Reliez les phrases suivantes avec le pronom relatif **qui**.

MODÈLE Caroline est en train de lire un roman. Il s'appelle *l'Étranger*.
- Caroline est en train de lire un roman qui s'appelle *l'Étranger*.

1. *L'Étranger*, c'est le premier roman d'Albert Camus. Il a gagné le prix Nobel en 1957.
2. Sa sœur adore *Le Petit Prince*. Il a été écrit par Antoine de Saint-Exupéry.
3. C'est l'histoire d'un petit bonhomme. Il vient d'une planète aussi grande qu'une maison.
4. Ses cousins aiment beaucoup les romans *Harry Potter*. Ils ont eu un énorme succès partout dans le monde.
5. Harry Potter et ses amis sont des sorciers. Ils vont à l'école Hogwarts et apprennent beaucoup de choses.
6. Les parents de Caroline viennent de voir une pièce de théâtre de Molière. Il a écrit *Le Malade imaginaire*, *Tartuffe* et *l'École des femmes*.
7. Ils aiment beaucoup ses pièces. Elles sont souvent très drôles.
8. L'oncle de Caroline préfère les œuvres de Victor Hugo. Il a écrit au dix-neuvième siècle.
9. Hugo était un auteur prolifique. Il a écrit des poèmes, des romans, des pièces de théâtre et des essais.

10-28 Quelles sont vos préférences ? Discutez de vos préférences avec un/e partenaire.

MODÈLE J'aime les librairies…

É1 J'aime les librairies qui vendent des livres pas chers.

É2 Moi, j'aime surtout les librairies où il y a un café et des fauteuils pour s'asseoir et lire.

1. J'aime les librairies…
2. Je préfère les bibliothèques…
3. Je n'aime pas les auteurs…
4. J'aime les livres…
5. J'aime surtout lire les les magazines…
6. J'aime les gens…
7. Je n'aime pas beaucoup les gens…

2. Le pronom relatif *que*

- As you have just learned, a relative pronoun enables you to introduce a clause, called a subordinate clause, that provides additional information about a person, place, or thing. The relative pronoun **qui** functions as the subject of the clause it introduces and is followed by the verb of the subordinate clause.

Cet auteur, [**qui** a écrit trois romans,] est très apprécié. — *This author, [who has written three novels,] is much loved.*

- **Que** is used when the relative pronoun functions as the direct object of the subordinate clause. Use **qu'** before words beginning with a vowel sound. The subject of the subordinate clause usually follows **que/qu'**.

C'est un bon dictionnaire. J'aime beaucoup utiliser ce dictionnaire.

C'est un bon dictionnaire [**que** j'aime beaucoup utiliser]. — *It's a good dictionary [that I like to use a lot].*

Like **qui**, the relative pronoun **que/qu'** can refer either to a person or a thing.

Le libraire **que** je connais est très aimable. — *The bookseller whom/that I know is very friendly.*

Nous sommes allés à la librairie **que** Mme Lerond a recommandée. — *We went to the bookstore (that) Mrs. Lerond recommended.*

> Be careful! In English the words *whom* or *that* may be left out, but in French **que** must always be used.

- When you use the **passé composé**, the past participle agrees in number and gender with a preceding direct object. In the examples below, **que/qu'** refers to a feminine and a masculine plural noun respectively, and the feminine and masculine plural forms of the past participle are used.

Voilà les pièces **que** j'ai écrit**es**. — *Here are the plays (that) I wrote.*

Vous connaissez les auteurs **qu'**ils ont invité**s** à cette soirée ? — *Do you know the authors (that) they invited to this reception?*

✄ À vous la parole ✄

10-29 **Qui lit ces magazines ?** Suggérez qui lit chacun de ces magazines français. Les lecteurs possibles sont : **les jeunes, les enfants, les parents, les étudiants, les femmes, les hommes, les sportifs, les musiciens**.

MODÈLE *Tennis Magazine*
- C'est un magazine que les sportifs lisent.

1. *Neuf mois*
2. *Auto Moto*
3. *Science et Vie Junior*
4. *Le Monde : Éducation*
5. *Cuisine Actuelle*
6. *Sport*
7. *J'aime lire*
8. *La Pêche et les Poissons*
9. *Parents*
10. *Rock & Folk*

10-30 **Pour trouver des livres.** Complétez ces phrases avec le pronom relatif qui convient : **qui**, **que** ou **où**.

MODÈLE La Maison de la Presse _____ je connais le mieux se trouve boulevard Auguste Blanqui à Paris et ouvre à 6 h 30 du matin.
- La Maison de la Presse que je connais le mieux se trouve boulevard Auguste Blanqui à Paris et ouvre à 6 h 30 du matin.

1. Quand je visite Paris, je vais toujours à la FNAC, _____ on peut trouver beaucoup de livres et de CD pas chers.
2. Pour acheter des journaux, les Français _____ habitent une grande ville peuvent aller à un kiosque.
3. Gibert Jeune est une librairie _____ les étudiants visitent régulièrement pour trouver des livres pour leurs cours à la fac.
4. Chez Gibert Jeune, on peut également trouver beaucoup de livres d'occasion _____ les étudiants aiment acheter parce qu'ils sont moins chers.
5. À Paris, Rue de Rivoli, il y a une librairie anglophone _____ s'appelle WHSmith.
6. Les touristes aiment regarder des vieux livres et des posters chez les bouquinistes _____ se trouvent au bord de la Seine près de Notre-Dame.
7. La bibliothèque municipale, _____ est ouverte de mardi à samedi, est un bon endroit pour emprunter des bandes dessinées et même des DVD.
8. À la bibliothèque universitaire, vous trouverez beaucoup d'ouvrages de référence _____ on peut consulter sur place.

Avec un iPad, on peut facilement lire *Le Monde* au café

10-31 Le mot juste. Dans les définitions, on emploie souvent des propositions relatives. Est-ce que vous et votre partenaire pouvez définir les choses suivantes ?

MODÈLE   un critique et une critique

> É1 Un critique, c'est une personne qui critique des œuvres d'art, comme des livres, des films ou des émissions de télé.
>
> É2 Une critique, c'est l'article qu'un critique écrit dans un journal.
>
> É1 Oui, c'est bizarre. Un critique écrit une critique !

1. une bibliothèque et une librairie
2. un dessin animé et une bande dessinée
3. un dictionnaire et une encyclopédie
4. un magazine et un magasin
5. un prix littéraire et un prix d'achat

Lisons

10-32 La Leçon.

L'intérieur du Théâtre de la Huchette. Est-ce que vous aimeriez voir une pièce dans cette salle ?

A. Avant de lire. Depuis plus de cinquante ans, dans une petite rue du Quartier latin à Paris, **le Théâtre de la Huchette** présente les deux pièces les plus connues d'Eugène Ionesco (1909–1994) : *La cantatrice chauve* (*The Bald Soprano*) et *La Leçon* (tous deux publiés en 1953). Dans ce petit théâtre de quatre-vingt-dix places, des millions de spectateurs ont vu ces deux œuvres modèles du théâtre de l'absurde, un genre littéraire qui a fleuri après la Seconde Guerre mondiale. Le théâtre de l'absurde rejette la structure, les personnages et la logique du théâtre conventionnel dans l'objectif d'exposer un monde à l'envers (*upside down*).

Vous allez lire un extrait de *La Leçon*. Cet échange entre un professeur et son élève semble bizarre, mais il y a une progression dans le ton et le style qui prédit l'évènement violent, un meurtre, qui sera la fin dramatique de la pièce. Pour bien saisir la tension qui monte, remarquez le changement dans les répliques du professeur et de son élève du début à la fin de cette scène.

B. En lisant. Lisez le texte et ensuite répondez aux questions suivantes.

1. Identifiez quelques aspects comiques de cet extrait.

   MODÈLE Le professeur est très surpris parce que l'élève sait combien font un et un ; …

2. Quelle est l'attitude de l'élève au début : est-ce qu'elle est timide ou est-ce qu'elle est sûre d'elle ? Comment est-ce que ses réponses évoluent pendant la leçon ? Pourquoi ?

3. Comment est le professeur au début : est-ce qu'il est poli et patient, par exemple ? Comment est-ce qu'il change d'attitude au cours de la leçon ? Pourquoi ?

4. Comment est-ce que la relation entre le professeur et son élève a changé à la fin ?

LE PROFESSEUR :	Bon. Arithmétisons donc un peu.
L'ÉLÈVE :	Oui, très volontiers, Monsieur.
LE PROFESSEUR :	Cela ne vous ennuierait pas de me dire...
L'ÉLÈVE :	Du tout[1], Monsieur, allez-y.
LE PROFESSEUR :	Combien font un et un ? 5
L'ÉLÈVE :	Un et un font deux.
LE PROFESSEUR :	*émerveillé[2] par le savoir de l'Élève :* Oh, mais c'est très bien. Vous me paraissez[3] très avancée dans vos études. Vous aurez facilement votre doctorat total, Mademoiselle.
L'ÉLÈVE :	Je suis bien contente. D'autant plus que[4] c'est vous qui le dites. 10
LE PROFESSEUR :	Poussons plus loin : combien font deux et un ?
L'ÉLÈVE :	Trois.
LE PROFESSEUR :	Trois et un ?
L'ÉLÈVE :	Quatre.
LE PROFESSEUR :	Quatre et un ? 15
L'ÉLÈVE :	Cinq.
LE PROFESSEUR :	Cinq et un ?
L'ÉLÈVE :	Six.
LE PROFESSEUR :	Six et un ?
L'ÉLÈVE :	Sept. 20
LE PROFESSEUR :	Sept et un ?
L'ÉLÈVE :	Huit.
LE PROFESSEUR :	Sept et un ?
L'ÉLÈVE :	Huit... *bis*.[5]
LE PROFESSEUR :	Très bonne réponse. Sept et un ? 25
L'ÉLÈVE :	Huit *ter*.[6]
LE PROFESSEUR :	Parfait. Excellent. Sept et un ?
L'ÉLÈVE :	Huit *quater*.[7] Et parfois neuf.

[1]*Not at all*   [2]*amazed*   [3]*seem, appear*   [4]*All the more so because*   [5]*again*   [6]*for a third time*   [7]*for a fourth time*

	LE PROFESSEUR : Magnifique. Vous êtes magnifique. Vous êtes exquise. Je vous félicite
30	chaleureusement[8], Mademoiselle. Ce n'est pas la peine[9] de continuer. Pour
	l'addition, vous êtes magistrale. Voyons la soustraction. Dites-moi, seulement, si
	vous n'êtes pas épuisée[10], combien font quatre moins trois ?
	L'ÉLÈVE : Quatre moins trois ?... Quatre moins trois ?
	LE PROFESSEUR : Oui. Je veux dire : retirez[11] trois de quatre.
35	**L'ÉLÈVE :** Ça fait... sept ?
	LE PROFESSEUR : Je m'excuse[12] d'être obligé de vous contredire[13]. Quatre moins trois ne font pas
	sept. Vous confondez[14] : quatre plus trois font sept, quatre moins trois ne font
	pas sept... Il ne s'agit plus[15] d'additionner, il faut soustraire maintenant.
	L'ÉLÈVE : *s'efforce de comprendre :* Oui... oui...
40	**LE PROFESSEUR :** Quatre moins trois font... Combien ?... Combien ?
	L'ÉLÈVE : Quatre ?
	LE PROFESSEUR : Non, Mademoiselle, ce n'est pas ça.
	L'ÉLÈVE : Trois, alors.
	LE PROFESSEUR : Non plus, Mademoiselle... Pardon, je dois le dire... Ça ne fait pas ça... mes
45	excuses.
	L'ÉLÈVE : Quatre moins trois... Quatre moins trois... Quatre moins trois ?... Ça ne fait
	tout de même pas dix ?
	LE PROFESSEUR : Oh, certainement pas, Mademoiselle. Mais il ne s'agit pas de deviner[16], il faut
	raisonner. Tâchons[17] de le déduire ensemble. Voulez-vous compter ?
50	**L'ÉLÈVE :** Oui, Monsieur. Un... , deux... , euh...
	LE PROFESSEUR : Vous savez bien compter ? Jusqu'à combien savez-vous compter ?
	L'ÉLÈVE : Je puis[18] compter... à l'infini.
	LE PROFESSEUR : Cela n'est pas possible, Mademoiselle.
	L'ÉLÈVE : Alors, mettons[19] jusqu'à seize.
55	**LE PROFESSEUR :** Cela suffit[20]. Il faut savoir se limiter[21]. Comptez donc, s'il vous plaît, je vous
	en prie.
	L'ÉLÈVE : Un... , deux... , et puis après deux, il y a trois... quatre...
	LE PROFESSEUR : Arrêtez-vous, Mademoiselle. Quel nombre est plus grand ? Trois ou quatre ?
	L'ÉLÈVE : Euh... trois ou quatre ? Quel est le plus grand ? Le plus grand de trois ou
60	quatre ? Dans quel sens le plus grand ?
	LE PROFESSEUR : Il y a des nombres plus petits et d'autres plus grands. Dans les nombres plus
	grands il y a plus d'unités que dans les petits...
	L'ÉLÈVE : ... Que dans les petits nombres ?
	LE PROFESSEUR : À moins que[22] les petits aient des unités plus petites. Si elles sont toutes petites, il
65	se peut qu'il[23] y ait plus d'unités dans les petits nombres que dans les grands... s'il
	s'agit d'autres unités...
	L'ÉLÈVE : Dans ce cas, les petits nombres peuvent être plus grands que les grands nombres ?
	LE PROFESSEUR : Laissons cela[24]. Ça nous mènerait beaucoup trop loin...

[8] *warmly*   [9] *There's no point*   [10] *exhausted*   [11] *take away*   [12] *I am sorry*   [13] *to contradict*   [14] *confuse*   [15] *It's no longer a question*   [16] *to guess*
[17] *Essayons*   [18] *peux*   [19] *Disons*   [20] *That's enough*   [21] *We have to know our limits*   [22] *Unless*   [23] *it may be that*   [24] *Let's drop it*

From *La Leçon* by Eugène Ionesco in *La Cantatrice Chauve Suivi de La Leçon*. © Éditions Gallimard.

C. En regardant de plus près. Maintenant examinez quelques caractéristiques du texte.

1. Observez la rapidité du dialogue : à quel moment est-ce que les questions et les réponses se suivent très rapidement ? À quel moment est-ce que les réponses ralentissent (*slow down*) ? Qu'est-ce que cela signale ?
2. Examinez les répliques (*lines*) du professeur et de l'élève séparément : qu'est-ce que cela révèle sur le développement de chaque personnage ?

D. Après avoir lu. Discutez des questions suivantes avec vos camarades de classe.

1. Dans cet extrait, il s'agit d'un dialogue absurde entre le professeur et l'élève. Est-ce que c'est, à votre avis, une critique du système éducatif ? Dans quel sens ?

2. Comment sont les relations entre les professeurs et les élèves, d'après Ionesco ?

3. À la fin de la pièce, il y a un meurtre ; qui va tuer qui, à votre avis ? Expliquez votre réponse.

Le Théâtre de la Huchette à Paris. À quelle date est-ce que la première représentation de *La Leçon* a eu lieu ?

Le Théâtre de la Huchette se trouve dans le Quartier Latin près de la place St. Michel. Qu'est-ce qu'on peut visiter aussi dans ce quartier ?

Leçon

des genres d'émissions	kinds of programs
un dessin animé	cartoon
un divertissement	variety show
un documentaire	documentary
une émission de musique	music program
une émission sportive	sports event
une émission de téléachat	infomercial
une émission de téléréalité	reality show
un feuilleton	soap opera
un jeu télévisé	game show
le journal télévisé (le JT)	news broadcast
les informations (f.) (les infos)	news
un magazine	TV magazine
un reportage	special report
une série	series
un téléfilm	made-for-TV movie

pour regarder la télévision	to watch TV
allumer	to turn on (an appliance)
une chaîne	TV station
un écran	screen
un épisode	episode
le programme télé	tv schedule
une télécommande	remote control

des genres de films	types of films
une comédie	comedy
une comédie dramatique	dark comedy
une comédie musicale	musical
une comédie romantique	romantic comedy
un drame (psychologique)	(psychological) drama
un film d'action	action film
un film d'animation	animated film
un film d'aventures	adventure film
un film d'espionnage	spy film
un film historique	historical movie
un film d'horreur	horror movie
un film policier	detective/police movie
un film de science-fiction	science fiction movie
un western	western

pour parler des films	to talk about films
célèbre	famous
doubler	to dub
doublé/e	dubbed
le personnage (principal)	(main) character
plein de	full of
un réalisateur / une réalisatrice	film director
des sous-titres (m.)	subtitles
tourner (un film)	to shoot (a film)
une vedette	a movie star
en version française (en VF)	dubbed in French
en version originale (en VO)	in the original language

quelques verbes	some verbs
croire	to believe
Je crois que…	I think that . . .
Je crois/Je crois que oui	I think so
Je ne crois pas/ Je crois que non	I don't think so
penser	to think
raconter	to tell
rigoler	to joke
Tu rigoles ?	Are you kidding?
voir	to see

quelques expressions d'émotion qui exigent le subjonctif (voir aussi à la page 304)	some expressions of emotion that require the subjunctive (see also p. 304)
avoir peur que	to be afraid
être déçu/e que	to be disappointed
être désolé/e que	to be sorry
Il est/C'est dommage que	It's too bad, a shame
être étonné/e que	to be surprised
Il est/C'est étonnant que	It's surprising

Leçon

la technologie	technology
un baladeur MP3	MP3 player
un clavier (sans fil)	(wireless) keyboard
une clé USB	USB key drive, flash drive
un disque dur (externe)	(external) hard drive
un graveur CD/DVD	CD/DVD burner
une imprimante (multifonction)	(multi-function) printer
un moniteur (avec un écran plat)	(flat screen) monitor
un (ordinateur) portable	laptop (computer)
un smartphone	smart phone

une souris (sans fil)	(wireless) mouse
une tablette tactile	touch screen tablet
une webcam	webcam

pour se servir de la technologie
to use technology

un clip (vidéo)	(video) clip
une connexion sans fil	wireless connection/card
en ligne	online
un fichier	computer file
un/e internaute	Internet user
un lien	(web) link
un logiciel	software program
un mail	e-mail message
la messagerie instantanée	instant messaging
un/e mobinaute	one who accesses the Internet via a mobile device
multimédia	multimedia
un navigateur (web)	(web) browser
par e-mail	by e-mail (as medium)
une pièce jointe	attachment
la recherche	research
un réseau (sans fil), le wi-fi	(wireless) network, wifi
un réseau social	social network
un site web	web site
un texto	text message

quelques verbes utiles
useful verbs

connecter	to connect
échanger	to exchange
envoyer	to send
essayer	to try
imprimer	to print
retoucher	to edit a picture, to touch up
sauvegarder (un fichier)	to save (a file)
se servir de (quelque chose)	to use (something)
surfer sur Internet	to surf the Internet
télécharger	to download, to upload, to stream

autres mots utiles
other useful words

C'est génial !	It's great!
tout le monde	everyone

Leçon ③

On peut lire
One can read

un atlas	atlas
une bande dessinée (une BD)	comics, comic book, graphic novel
une biographie	biography
une encyclopédie	encyclopedia
un hebdomadaire	weekly (publication)
un journal (des journaux)	newspaper(s)
un livre d'art	art book
un livre de cuisine	cookbook
un livre d'histoire	history book
un livre de loisirs	book on leisure time or hobbies
un magazine	magazine
un magazine de télévision	published TV listings
un mensuel	monthly (publication)
un ouvrage de référence	reference book
la poésie	poetry
la presse	the press
une publicité (une pub)	advertisement
un quotidien	daily (publication)
un roman	novel

pour choisir un livre
to choose a book

un auteur	author
un critique	(film, literary) critic
une critique	(critical) review
une recommandation	recommendation

où obtenir un livre/magazine
where to get a book/magazine

s'abonner (à)	to subscribe (to)
être abonné/e	to be subscribed (to)
un kiosque	newsstand
un lecteur ebook	e-book reader/device

autres mots utiles
other useful words

se distraire	to amuse oneself
s'informer	to get information
s'instruire	to educate oneself, to improve one's mind

Vocabulaire

Appendices

Appendice 1

L'ALPHABET PHONÉTIQUE INTERNATIONAL

a	**à**, **la**	k	le **c**ahier, **qu**i, le **k**ilo
e	**é**cout**ez**, **r**ép**é**t**er**	ʃ	la **ch**aise
ɛ	**elle**	d	**d**ans
i	**il**, le st**y**lo, **Guy**	f	la **f**emme
o	le styl**o**, bient**ô**t, le tabl**eau**	g	le **g**arçon
ɔ	la g**o**mme	ɲ	l'espa**gn**ol
u	n**ou**s	ʒ	le **j**our, **g**entil
y	d**u**	l	**la**, le vi**ll**age
ø	d**eu**x	m	**m**ada**m**e
œ	l**eu**r, la s**œu**r	n	**n**euf
ɑ̃	l'**en**fant, le **j**am**b**on	ŋ	le campi**ng**
ɛ̃	le cous**in**, l'exam**en**, **im**possible, s**ym**pa	p	le **p**ère
		r	la **r**ègle
ɔ̃	b**on**jour, **c**om**b**ien	s	**s**alut, **c**inq, le français, la bro**ss**e
œ̃	**un**, l'alb**um**		
j	la niè**c**e, la f**ill**e, le cra**y**on	t	la **t**ante
ɥ	l**u**i	v	**v**oici
w	m**oi**, j**ou**er, le **w**eek-end	z	**z**éro, la cou**s**ine
b	le **b**ureau		

Appendice 2 · VERBES RÉGULIERS

INFINITIF	PRÉSENT DE L'INDICATIF	PRÉSENT DU SUBJONCTIF	IMPARFAIT	PASSÉ COMPOSÉ	FUTUR	CONDITIONNEL	IMPÉRATIF
verbes -er							
regarder to look at	je regarde tu regardes il* regarde nous regardons vous regardez ils regardent	que je regarde que tu regardes qu'il regarde que nous regardions que vous regardiez qu'ils regardent	je regardais tu regardais il regardait nous regardions vous regardiez ils regardaient	j'ai regardé tu as regardé il a regardé nous avons regardé vous avez regardé ils ont regardé	je regarderai tu regarderas il regardera nous regarderons vous regarderez ils regarderont	je regarderais tu regarderais il regarderait nous regarderions vous regarderiez ils regarderaient	regarde regardons regardez
verbes -ir							
dormir to sleep	je dors tu dors il dort nous dormons vous dormez ils dorment	que je dorme que tu dormes qu'il dorme que nous dormions que vous dormiez qu'ils dorment	je dormais tu dormais il dormait nous dormions vous dormiez ils dormaient	j'ai dormi tu as dormi il a dormi nous avons dormi vous avez dormi ils ont dormi	je dormirai tu dormiras il dormira nous dormirons vous dormirez ils dormiront	je dormirais tu dormirais il dormirait nous dormirions vous dormiriez ils dormiraient	dors dormons dormez
verbes -ir/-iss							
choisir to choose	je choisis tu choisis il choisit nous choisissons vous choisissez ils choisissent	que je choisisse que tu choisisses qu'il choisisse que nous choisissions que vous choisissiez qu'ils choisissent	je choisissais tu choisissais il choisissait nous choisissions vous choisissiez ils choisissaient	j'ai choisi tu as choisi il a choisi nous avons choisi vous avez choisi ils ont choisi	je choisirai tu choisiras il choisira nous choisirons vous choisirez ils choisiront	je choisirais tu choisirais il choisirait nous choisirions vous choisiriez ils choisiraient	choisis choisissons choisissez
verbes -re							
vendre to sell	je vends tu vends il vend nous vendons vous vendez ils vendent	que je vende que tu vendes qu'il vende que nous vendions que vous vendiez qu'ils vendent	je vendais tu vendais il vendait nous vendions vous vendiez ils vendaient	j'ai vendu tu as vendu il a vendu nous avons vendu vous avez vendu ils ont vendu	je vendrai tu vendras il vendra nous vendrons vous vendrez ils vendront	je vendrais tu vendrais il vendrait nous vendrions vous vendriez ils vendraient	vends vendons vendez
verbes pronominaux							
se laver to wash oneself	je me lave tu te laves il se lave nous nous lavons vous vous lavez ils se lavent	que je me lave que tu te laves qu'il se lave que nous nous lavions que vous vous laviez qu'ils se lavent	je me lavais tu te lavais il se lavait nous nous lavions vous vous laviez ils se lavaient	je me suis lavé/e** tu t'es lavé/e il/elle s'est lavé/lavée nous nous sommes lavé/e/s vous vous êtes lavé/e/s ils/elles se sont lavés/lavées	je me laverai tu te laveras il se lavera nous nous laverons vous vous laverez ils se laveront	je me laverais tu te laverais il se laverait nous nous laverions vous vous laveriez ils se laveraient	lave-toi lavons-nous lavez-vous

Comme **dormir** : s'endormir, mentir, partir, ressentir, se sentir, servir, sortir.
Comme **choisir** : désobéir (à), finir, grandir, grossir, maigrir, obéir (à), pâlir, punir, réfléchir (à), réussir (à), rougir.
Comme **vendre** : attendre, descendre, se détendre, (s')entendre, perdre, rendre (à), rendre visite (à), répondre (à).

VERBES RÉGULIERS EN -ER

INFINITIF	PRÉSENT DE L'INDICATIF	PRÉSENT DU SUBJONCTIF	IMPARFAIT	PASSÉ COMPOSÉ	FUTUR	CONDITIONNEL	IMPÉRATIF
verbes -er							
acheter to buy	j'achète tu achètes il* achète nous achetons vous achetez ils achètent	que j'achète que tu achètes qu'il achète que nous achetions que vous achetiez qu'ils achètent	j'achetais	j'ai acheté	j'achèterai	j'achèterais	achète achetons achetez
appeler to call	j'appelle tu appelles il appelle nous appelons vous appelez ils appellent	que j'appelle que tu appelles qu'il appelle que nous appelions que vous appeliez qu'ils appellent	j'appelais	j'ai appelé	j'appellerai	j'appellerais	appelle appelons appelez
commencer to begin	je commence tu commences il commence nous commençons vous commencez ils commencent	que je commence	je commençais nous commencions	j'ai commencé	je commencerai	je commencerais	commence commençons commencez
s'essuyer to dry oneself off, to wipe off	je m'essuie tu t'essuies il s'essuie nous nous essuyons vous vous essuyez ils s'essuient	que je m'essuie que tu t'essuies qu'il s'essuie que nous nous essuyions que vous vous essuyiez qu'ils s'essuient	je m'essuyais	je me suis essuyé/e**	je m'essuierai	je m'essuierais	essuie-toi essuyons-nous essuyez-vous
manger to eat	je mange tu manges il mange nous mangeons vous mangez ils mangent	que je mange	je mangeais nous mangions	j'ai mangé	je mangerai	je mangerais	mange mangeons mangez
préférer to prefer	je préfère tu préfères il préfère nous préférons vous préférez ils préfèrent	que je préfère que tu préfères qu'il préfère que nous préférions que vous préfériez qu'ils préfèrent	je préférais	j'ai préféré	je préfèrerai***	je préfèrerais***	

Comme **acheter** : amener, geler, (se) lever, mener, (se) promener.
Comme **appeler** : s'appeler, épeler, jeter, (se) rappeler, rejeter.
Comme **commencer** : divorcer, effacer, exercer, se fiancer, lancer, recommencer, remplacer.
Comme **s'essuyer** : (s')ennuyer, essuyer. Note that verbs ending in -oyer like essayer and payer can also be conjugated like s'essuyer : j'essaie, je paie.
Comme **manger** : (s')arranger, changer, corriger, échanger, exiger, juger, loger, nager, négliger, obliger, partager, protéger, ranger, rédiger, voyager.
Comme **préférer** : céder, célébrer, compléter, espérer, exagérer, s'inquiéter, intégrer, interpréter, posséder, procéder, protéger, refléter, régler, répéter, révéler, suggérer.

*For reasons of space, we show only the il form for third person singular and plural forms. Recall that the pronouns elle and on have the same conjugation as il in the singular and that elles is conjugated the same as ils in the plural.

**Although agreement of the post participle is shown with reflexive verbs like s'essuyer, recall that when a noun follows the verb, no past participle agreement is made. For example, Elle s'est essuyé les cheveux.

***Note that the future and conditional forms of the préférer-type verbs (préférer, espérer, répéter, suggérer) are spelled here with an accent grave, based on the 1990 Orthographic reform. The accent grave clearly indicates the pronunciation of [ɛ].

D'AUTRES VERBES IRRÉGULIERS

INFINITIF	PRÉSENT DE L'INDICATIF	PRÉSENT DU SUBJONCTIF	IMPARFAIT	PASSÉ COMPOSÉ	FUTUR	CONDITIONNEL	IMPÉRATIF
aller to go	je vais / tu vas / il* va / nous allons / vous allez / ils vont	que j'aille / que tu ailles / qu'il aille / que nous allions / que vous alliez / qu'ils aillent	j'allais	je suis allé/e	j'irai	j'irais	va ; vas-y / allons ; allons-y / allez ; allez-y
avoir to have	j'ai / tu as / il a / nous avons / vous avez / ils ont	que j'aie / que tu aies / qu'il ait / que nous ayons / que vous ayez / qu'ils aient	j'avais	j'ai eu	j'aurai	j'aurais	aie / ayons / ayez
boire to drink	je bois / tu bois / il boit / nous buvons / vous buvez / ils boivent	que je boive / que tu boives / qu'il boive / que nous buvions / que vous buviez / qu'ils boivent	je buvais	j'ai bu	je boirai	je boirais	bois / buvons / buvez
combattre to combat, to fight	je combats / tu combats / il combat / nous combattons / vous combattez / ils combattent	que je combatte	je combattais	j'ai combattu	je combattrai	je combattrais	combats / combattons / combattez
connaître to know, to be acquainted with	je connais / tu connais / il connaît / nous connaissons / vous connaissez / ils connaissent	que je connaisse	je connaissais	j'ai connu	je connaîtrai	je connaîtrais	
courir to run	je cours / tu cours / il court / nous courons / vous courez / ils courent	que je coure	je courais	j'ai couru	je courrai	je courrais	cours / courons / courez
croire to believe	je crois / tu crois / il croit / nous croyons / vous croyez / ils croient	que je croie / que tu croies / qu'il croie / que nous croyions / que vous croyiez / qu'ils croient	je croyais	j'ai cru	je croirai	je croirais	crois / croyons / croyez
devoir must; to have to; to owe	je dois / tu dois / il doit / nous devons / vous devez / ils doivent	que je doive / que tu doives / qu'il doive / que nous devions / que vous deviez / qu'ils doivent	je devais	j'ai dû	je devrai	je devrais	
dire to say, to tell	je dis / tu dis / il dit / nous disons / vous dites / ils disent	que je dise	je disais	j'ai dit	je dirai	je dirais	dis / disons / dites
se distraire to amuse oneself	je me distrais / tu te distrais / il se distrait / nous nous distrayons / vous vous distrayez / ils se distraient	que je me distraie / que tu te distraies / qu'il se distraie / que nous nous distrayions / que vous vous distrayiez / qu'ils se distraient	je me distrayais	je me suis distrait/e	je me distrairai	je me distrairais	distrais-toi / distrayons-nous / distrayez-vous
écrire to write	j'écris / tu écris / il écrit / nous écrivons / vous écrivez / ils écrivent	que j'écrive	j'écrivais	j'ai écrit	j'écrirai	j'écrirais	écris / écrivons / écrivez
envoyer to send	j'envoie / tu envoies / il envoie / nous envoyons / vous envoyez / ils envoient	que j'envoie / que tu envoies / qu'il envoie / que nous envoyions / que vous envoyiez / qu'ils envoient	j'envoyais	j'ai envoyé	j'enverrai	j'enverrais	envoie / envoyons / envoyez

Comme **combattre** : battre.
Comme **courir** : parcourir.
Comme **devoir** : recevoir (passé composé : j'ai reçu).
Comme **dire** : interdire, prédire.
Comme **écrire** : décrire.

APPENDICE 2 ⚜ Verbes réguliers

INFINITIF	PRÉSENT DE L'INDICATIF	PRÉSENT DU SUBJONCTIF		IMPARFAIT	PASSÉ COMPOSÉ	FUTUR	CONDITIONNEL	IMPÉRATIF
être to be	je suis tu es il* est nous sommes vous êtes ils sont	que je sois que tu sois qu'il soit	que nous soyons que vous soyez qu'ils soient	j'étais	j'ai été	je serai	je serais	sois soyons soyez
faire to do, to make	je fais tu fais il fait nous faisons vous faites ils font	que je fasse		je faisais	j'ai fait	je ferai	je ferais	fais faisons faites
falloir to be necessary	il faut	qu'il faille		il fallait	il a fallu	il faudra	il faudrait	
s'instruire to educate oneself	je m'instruis tu t'instruis il s'instruit nous nous instruisons vous vous instruisez ils s'instruisent	que je m'instruise		je m'instruisais	je me suis instruit/e	je m'instruirai	je m'instruirais	instruis-toi instruisons-nous instruisez-vous
lire to read	je lis tu lis il lit nous lisons vous lisez ils lisent	que je lise		je lisais	j'ai lu	je lirai	je lirais	lis lisons lisez
mettre to put, to put on	je mets tu mets il met nous mettons vous mettez ils mettent	que je mette		je mettais	j'ai mis	je mettrai	je mettrais	mets mettons mettez
mourir to die	je meurs tu meurs il meurt nous mourons vous mourez ils meurent	que je meure que tu meures qu'il meure	que nous mourions que vous mouriez qu'ils meurent	je mourais	je suis mort/e	je mourrai	je mourrais	
naître to be born	je nais tu nais il naît nous naissons vous naissez ils naissent	que je naisse		je naissais	je suis né/e	je naîtrai	je naîtrais	
offrir to give, to offer	j'offre tu offres il offre nous offrons vous offrez ils offrent	que j'offre		j'offrais	j'ai offert	j'offrirai	j'offrirais	offre offrons offrez
pleuvoir to rain	il pleut	qu'il pleuve		il pleuvait	il a plu	il pleuvra	il pleuvrait	
pouvoir to be able to, can	je peux tu peux il peut nous pouvons vous pouvez ils peuvent	que je puisse		je pouvais	j'ai pu	je pourrai	je pourrais	
prendre to take, to have (to eat or drink)	je prends tu prends il prend nous prenons vous prenez ils prennent	que je prenne que tu prennes qu'il prenne	que nous prenions que vous preniez qu'ils prennent	je prenais	j'ai pris	je prendrai	je prendrais	prends prenons prenez

Comme **lire** : relire.

Comme **mettre** : permettre, promettre, remettre.

Comme **offrir** : couvrir, découvrir, ouvrir.

Comme **prendre** : apprendre, comprendre, surprendre.

*For reasons of space, we show only the il form for third person singular and plural forms. Recall that the pronouns elle and on have the same conjugation as il in the singular and that elles is conjugated the same as ils in the plural.

INFINITIF	PRÉSENT DE L'INDICATIF	PRÉSENT DU SUBJONCTIF	IMPARFAIT	PASSÉ COMPOSÉ	FUTUR	CONDITIONNEL	IMPÉRATIF
réduire to reduce	je réduis, tu réduis, il* réduit, nous réduisons, vous réduisez, ils réduisent	que je réduise	je réduisais	j'ai réduit	je réduirai	je réduirais	réduis, réduisons, réduisez
rompre to break, to break up	je romps, tu romps, il rompt, nous rompons, vous rompez, ils rompent	que je rompe	je rompais	j'ai rompu	je romprai	je romprais	romps, rompons, rompez
savoir to know, to know how	je sais, tu sais, il sait, nous savons, vous savez, ils savent	que je sache	je savais	j'ai su	je saurai	je saurais	sache, sachons, sachez
suivre to follow, to take (a course)	je suis, tu suis, il suit, nous suivons, vous suivez, ils suivent	que je suive	je suivais	j'ai suivi	je suivrai	je suivrais	suis, suivons, suivez
valoir to be worth	il vaut	qu'il vaille	il valait	il a valu	il vaudra	il vaudrait	
venir to come	je viens, tu viens, il vient, nous venons, vous venez, ils viennent	que je vienne, que tu viennes, qu'il vienne, que nous venions, que vous veniez, qu'ils viennent	je venais	je suis venu/e	je viendrai	je viendrais	viens, venons, venez
vivre to live	je vis, tu vis, il vit, nous vivons, vous vivez, ils vivent	que je vive	je vivais	j'ai vécu	je vivrai	je vivrais	vis, vivons, vivez
voir to see	je vois, tu vois, il voit, nous voyons, vous voyez, ils voient	que je voie, que tu voies, qu'il voie, que nous voyions, que vous voyiez, qu'ils voient	je voyais	j'ai vu	je verrai	je verrais	vois, voyons, voyez
vouloir to want	je veux, tu veux, il veut, nous voulons, vous voulez, ils veulent	que je veuille, que tu veuilles, qu'il veuille, que nous voulions, que vous vouliez, qu'ils veuillent	je voulais	j'ai voulu	je voudrai	je voudrais	veuillez

Comme **réduire** : conduire, construire, déduire, produire, reproduire.

Comme **suivre** : poursuivre.

Comme **venir** : appartenir, devenir, maintenir, obtenir, prévenir, retenir, revenir, soutenir, se souvenir, tenir.

Comme **voir** : revoir.

*For reasons of space, we show only the il form for third person singular and plural forms. Recall that the pronouns elle and on have the same conjugation as il in the singular and that elles is conjugated the same as ils in the plural.

Appendice 3

LEXIQUE FRANÇAIS-ANGLAIS

This glossary lists most French words found in the text and provides the meanings of those words as they are used here. The vocabulary can be divided into two types: productive vocabulary and receptive vocabulary. Productive vocabulary words appear in the **Points de départ** and **Formes et fonctions** sections and occasionally in the **Vie et culture** sections; these words reappear periodically. You are expected to recognize these words when you read and hear them and to use them yourself in exercises and conversational activities. All other words, including those presented in readings and realia, are receptive vocabulary; you are expected only to recognize them and to know their meanings when you see them in written form or hear them in context.

- For all productive vocabulary items, the numbers following an entry indicate the chapter and lesson in which that vocabulary item is first introduced. Since verbs in their infinitive form are occasionally introduced as vocabulary items before their conjugation is presented, refer to the Index to locate where the conjugation is introduced. You will also find the complete conjugation for each verb (or type of verb) in Appendix 2.

- To find the meaning of an expression, try to locate the main word in the expression and look that up. For example, the expression **Je vous en prie** is with the entry for the verb **prier**; the expression **faire du sport** is under the entry for the noun **sport**.

- The gender of nouns is indicated by the abbreviations *m.* for masculine and *f.* for feminine. Feminine and masculine nouns that are closely related in meaning and identical or similar in pronunciation are listed under a single entry: **architecte** *m./f.*; **étudiant** *m.*, **étudiante** *f.* Nouns that occur only in the plural form are followed by the gender indication and *pl.*: **beaux-arts** *m. pl.*, **vacances** *f. pl.* Nouns and adjectives that show no agreement and do not change in the plural or feminine are indicated by the abbreviation *inv.*: **CD** *m. inv.*

- Adjectives with differing masculine and feminine written forms are shown in the masculine form followed by the feminine ending: **allemand/e, ambitieux/-euse, canadien/ne**. For adjectives whose masculine and feminine forms vary considerably, both forms are listed: **cher/chère**. Special prenominal forms of adjectives are given in parentheses: **beau (bel)/belle**. When necessary for clarity, adjectives and adverbs are indicated by *adj.* and *adv.*, respectively.

- An asterisk (*) before a word indicates that the initial **h** is aspirate: this means that **liaison** and **élision** do not apply.

- The hashmark (†) appears after productive verbs showing some irregularity in conjugation; these verbs appear in their full conjugation in the verb charts, Appendix 2. Verbs showing irregularities in conjugation that are considered part of receptive vocabulary are not always indicated in the glossary, since you are only expected to recognize and not produce these verbs. The conjugations of many of these verbs are similar to conjugations you will find in Appendix 2. For example, the verb **admettre** is conjugated just like the verb **mettre**. For verbs that require a preposition under certain conditions, the latter appears in parentheses: **commencer (à + *inf.*)**, (**il commence son travail, il commence à travailler**); for verbs that always require a preposition, the preposition is indicated without parentheses: **s'occuper de (il s'occupe de moi)**.

Here is a complete list of the abbreviations used in the glossaries:

adj. adjectif/adjective
adv. adverbe/adverb
Can. canadien/Canadian usage
conj. conjonction/conjunction
fam./colloq. familier/colloquial usage
f. féminin/feminine
inf. infinitif/infinitive
inv. invariable
m. masculin/masculine

n. nom/noun
part. passé participe passé/past participle
pl. pluriel/plural
pron. pronom/pronoun
qqch./st. quelque chose/ something
qqn/so. quelqu'un/ someone
reg. régional/regional usage
rel. pron. pronom relatif/relative pronoun
sg. singulier/singular

A

à to, at, in, on, P-1
abbaye *f.* abbey, 9-3
abîmé/e worn, worn out, 6-2
abominable abominable, terrible
abonné/e subscribed, 10-3
   être abonné/e à to be subscribed to, 10-3
abonnement *m.* subscription
s'abonner (à) to subscribe (to), 10-3
d'abord first (of all), 4-2
abréviation *f.* abbreviation
absence *f.* absence
absent/e absent, missing
absolument absolutely
absurde *adj.* absurd, ridiculous, preposterous
accent *m.* accent
accepter (de) to accept
   (J'accepte) avec plaisir, (I accept) with pleasure, 4-3
accès *m.* access
accessoire *m.* accessory
accident *m.* accident
accompagner to accompany, 4-3
   Tu veux/Vous voulez m'accompagner ? Would you like to come with me?, 4-3
accomplir to accomplish
accord : d'accord agreed, OK, all right
   être d'accord to agree
   Je ne suis pas d'accord… I disagree . . .
   Je suis d'accord… I agree . . .
accueillir to welcome
achat *m.* purchase, 4-2
   faire † des achats to shop, 4-2
acheter † to buy, 4-3
acteur *m.*, **actrice** *f.* actor/actress, 8-3
action *f.* action
actif/-ive active
activités *f.* activities, 1-3
actuel/le current
actuellement currently, nowadays
adaptation *f.* adaptation, adapted version
addition *f.* bill, 5-1
additionner to add
adjectif *m.* adjective
admettre † to admit
administratif/-ive administrative, 8-1
administration *f.* administration

admirer to admire
adolescent/e adolescent
adopter to adopt; to pass (a law)
adorable adorable
adorer to adore, to love, 2-1
adresse *f.* address
adulte *m.* adult
adulte *adj.* adult
adverbe *m.* adverb
aérobic *f.* aerobics
aéroport *m.* airport, 9-1
aérosol *m.* aerosol
affaires *f. pl.* belongings, things, 6-2; business, 8-3
   faire † des affaires to be in business
   femme *f.* **d'affaires** businesswoman, 8-3
   homme *m.* **d'affaires** businessman, 8-3
affectueux/-euse affectionate, warm-hearted
affiche *f.* poster, P-2
afficher to post, to post to a web site
affirmatif/-ive affirmative
afin de (+ *inf.*) in order to (+ *verb*)
africain/e African
Afrique *f.* Africa, 9-2
âge *m.* age, 1-2
   d'un certain âge middle-aged, 2-1
   Quel âge as-tu/avez-vous ? How old are you?, 1-2
   Quel est ton/votre âge ? What is your age?, 1-2
âgé/e aged, old, elderly, 2-1
agence *f.* agency
   agence de voyage travel agency
   agence immobilière real estate agency
agenda *m.* datebook, personal calendar
agent de police *m.*, **agente de police** *f.* police officer
s'agir de to be about
   il s'agit de… it's about . . . [+ *n.*, + *inf.*]
agneau *m.* lamb, 5-3
agréable pleasant, 6-2
agricole agricultural
agriculteur *m.*, **agricultrice** *f.* farmer
aider to help, 8-3; **aider** (*qqn* à + *inf.*) to help (*so.* do *st.*)
ail *m.* garlic, 5-3
ailleurs *adv.* somewhere else, elsewhere
aimable lovable

aimer to like, to love, 1-3
   aimer beaucoup to like or love a lot, 8-2
   aimer bien to like fairly well, 8-2
   aimer mieux to prefer, 9-3
aîné/e older (brother/sister)
ainsi (que) thus, in such a way
air *m.* air
   air frais fresh air
   avoir † l'air (bon/mauvais) to appear/ to seem (good/bad), 5-3
   avoir † l'air (d'être) + *adj.* to seem/ to appear (to be) + *adj.*
   en plein air outdoors, 8-3
aisance *f.* ease
aisé/e easy, well off
ajouter to add
alarme *f.* alarm
album *m.* album
alcool *m.* alcohol, 7-1
alcoolisé/e *adj.* containing alcohol, 5-1
alerte *f.* alert
   fausse alerte false alarm
alerte *adj.* alert
Algérie *f.* Algeria, 9-2
algérien/ne Algerian, 9-2
alimentaire *adj.* relating to food
aliments *m. pl.* food, 5-2
Allemagne *f.* Germany, 9-2
allemand *m.* German (language), 8-2
allemand/e *adj.* German, 9-2
aller † to go, 2-3
   Allez au tableau ! Go to the board!, P-2
   Ça ne va pas. Things aren't going well., P-1
   Ça va, et toi ? Fine, and you?, P-1
   Comment allez-vous ? How are you?, P-1
   On y va ensemble? Shall we go (there) together?, 4-3
allô hello (telephone only)
allumer to turn on (an appliance), 10-1
alors so, 2-3; then
alphabet *m.* alphabet
alpinisme *m.* mountain climbing, 4-2
   faire † de l'alpinisme to go mountain climbing, 4-2
alsacien/ne from the region of Alsace
ambassadeur *m.*, **ambassadrice** *f.* ambassador
ambiant/e : à la température ambiante at room temperature

ambitieux/-euse ambitious, 2-1
améliorer to improve
amener † to bring (along) a person, 4-3
américain/e American, 9-2
Amérique f. **du Nord** North America, 9-2
Amérique f. **du Sud** South America, 9-2
ami m., **amie** f. friend, P-1
amoureux/-euse in love, 7-3
    tomber amoureux/-euse (de) to fall in love (with), 7-3
amphithéâtre m. amphitheater, lecture hall, 8-1
amusant/e funny, 2-1
s'amuser to have fun, 7-3
an m. year, 1-2
    J'ai 19 ans. I am 19 years old., 1-2
analyse f. analysis
analyser to analyze
analytique analytical
anchois m. anchovy
ancien/ne old, antique, 6-2; former
anglais m. English (language), P-2
anglais/e adj. English, 9-2
Angleterre f. England, 9-2
angoisse f. anguish
angoissé/e anguished
animal m. animal, 1-1
    animal familier pet, 1-1
animateur m., **animatrice** f. organizer
animation f. animation, excitement
animé/e lively, animated, 6-1
anneau m. wedding ring
année f. year, 1-2
    l'année dernière last year, 4-1
    l'année prochaine next year, 2-3
    Bonne année ! Happy New Year!, 7-2
anniversaire m. birthday, 1-2
    anniversaire de mariage (wedding) anniversary, 7-2
    Bon anniversaire ! Happy Birthday!, 7-2
    Joyeux anniversaire ! Happy Birthday!, 7-2
    Joyeux anniversaire de mariage ! Happy Anniversary!, 7-2
annonce f. advertisement
annoncer to announce
anorak m. ski jacket, parka, 3-3
anthropologie f. anthropology, 8-2
anxiété f. anxiety
anxieux/-euse anxious, 7-3
août August, 1-2
apéritif m. **(un apéro)** before-meal drink, 5-2
appareil m. appliance, device
    appareil électronique electronic device, appliance
    appareil (photo) numérique digital camera, 9-1
    appareil photo (still) camera, 9-1
appartement m. apartment, 3-1
    appartement sous les toits attic apartment, 6-2
appartenir à † to belong to
appel m. call
appeler † to call, 4-3

s'appeler † to be named, 7-3
    Je m'appelle… My name is . . . , P-1
apporter to bring (an object), 6-2
apprécier to appreciate
apprendre † (à + inf.) to learn (to do st.), 5-1
apprentissage m. apprenticeship, learning
approcher to approach
approprié/e appropriate
après after, after that, 4-2
    après-midi m. afternoon, 1-3
    d'après vous/lui according to you/him, in your/his opinion
    de l'après-midi in the afternoon, P.M., 3-2
aquarium m. aquarium
arabe m. Arabic (language)
arabe adj. Arab, Arabian
arbre m. tree, 6-3
archéologie f. archaeology
archipel m. archipelago
architecte m./f. architect, 8-3
architecture f. architecture
argent m. money, 3-1
argentin/e Argentinian, 9-2
Argentine f. Argentina, 9-2
argument m. argument
armoire f. armoire, wardrobe, 6-2
s'arranger † to be all right, to work out, 7-3
arrêt m. stop
arrêter (de + inf.) to stop (doing st.)
    Arrête ! Stop it!, 2-1
    s'arrêter (de + inf.) to stop oneself (from doing st.)
arrière back, rear
    arrière-grand-parent m. great-grandparent
arriver to arrive, 1-3
arrondissement m. Parisian city district, 6-1
arroser to water; to celebrate with wine or champagne
art m. art, 10-2
    arts m. pl. **du spectacle** performing arts, 8-2
    beaux-arts m. pl. fine arts
    livre m. **d'art** art book, 10-3
article m. article
    articles de toilette m. pl. toiletries, 3-1
articulatoire adj. articulatory
artifice : feu m. **d'artifice** fireworks, 7-2
artificiel/le artificial
artiste m./f. artist, 8-3
artistique artistic
ascenseur m. elevator, 6-1
asiatique Asiatic
Asie f. Asia, 9-2
aspect m. aspect
asperge f. asparagus, 5-2
aspiré/e aspirated
s'asseoir to sit down
    Asseyez-vous ! Sit down!, P-2
assez rather, 1-1; enough, 3-1
assiette f. plate, 5-3
assistant m. **social, assistante** f. **sociale** social worker, 8-3
assister à to attend, 2-3
association f. **(étudiante)** (student) association, 8-1
associé/e associated
associer to associate, to match
astrologie f. astrology

astrologue m./f. astrologer
astronomie f. astronomy, 8-2
athlète m./f. athlete
atlas m. atlas, 10-3
attendre to wait (for), to expect, 4-1
attention f. attention
    faire † **attention (à)** to pay attention (to); to be careful
attentivement attentively
attitude f. attitude, demeanor
attraper to catch
au (à + **le)** to (the) 2-2
    au-dessous adv. below
    au-dessus adv. above
    au revoir good-bye, P-1
auberge f. inn, 9-3
    auberge de jeunesse youth hostel, 9-3
augmenter to increase
aujourd'hui today, 1-3
auprès de next to, close to
aussi also, P-1
    aussi bien que as well as, 9-2
    aussi… que as . . . as, 8-1
    moi aussi me too
aussitôt que as soon as
Australie f. Australia, 9-2
australien/ne Australian, 9-2
autant (de)… que as many/much . . . as, 8-1
auteur m. author, 10-3
auto(mobile) f. car
automatique automatic
automne m. fall, 4-1
autonome independent, 8-3
autonomie f. autonomy
autoritaire authoritarian, 7-1
autorité f. authority
autoroute f. highway
autour around
autre other, another, 2-1
autrefois in the past
autrement otherwise
aux (à + **les)** to (the) 2-2
avance : (être) en avance (to be) early, 3-2
avant before
avantage m. advantage
avant-hier the day before yesterday, 4-1
avec with, 1-3
avenir m. future
aventure f. adventure, 10-1
    film m. **d'aventures** adventure film, 10-1
aventurier m., **aventurière** f. adventurer
avenue f. avenue, 9-3
avion m. plane, 9-1
avis m. opinion, 10-3
    à mon avis in my opinion 10-3
avocat m., **avocate** f. lawyer, 8-3
avoir † to have, 1-2
avril April, 1-2

B

bac(calauréat) m. high-school exit exam (France), 8-2
baccalauréat (en) m. B.A. or B.S. degree (in) (Can.), 8-2
bacon m. bacon, 5-2
bagage m. luggage
baguette f. French bread (long, thin loaf), 5-3
baignoire f. bathtub

bain *m.* bath

    maillot *m.* **de bain** bathing suit, 3-3

    prendre † un bain to take a bath, 3-1

    salle *f.* **de bains** bathroom, 6-1

baisser to lower

bal *m.* ball, dance

    bal populaire street dance, 7-2

balade *f.* walk, stroll (*colloq.*)

baladeur *m.* MP3 MP3 player, 10-2

balcon *m.* balcony, 6-1

ballet *m.* ballet, 2-3

banaliser to make commonplace

banane *f.* banana, 5-2

bande dessinée *f.* **(une BD)** comic, comic strip, 10-3

banlieue *f.* suburb

banque *f.* bank

baptême *m.* baptism, 7-2

bar *m.* bar

bas/se low

    en bas downstairs

basilic *m.* basil

basket(-ball) *m.* basketball, 2-2

    basket-fauteuil *m.* wheelchair basketball, 7-1

baskets *f. pl.* athletic shoes, 3-3

bateau *m.* **(à voile)** (sail)boat, 6-3

    bateau-mouche Paris sight-seeing boat for tourists

bâtiment *m.* building, 6-1

batterie *f.* percussion, drum set, 2-2

battu/e beaten

beau (bel)/belle beautiful, handsome, 2-1

    Il fait beau. It's beautiful weather., 4-1

beaucoup a lot, 1-1

beau-frère *m.* brother-in-law

beau-père *m.* stepfather, father-in-law, 1-1

beaux-arts *m. pl.* fine arts, 8-2

beige beige, 3-3

belge Belgian, 9-2

Belgique *f.* Belgium, 9-2

belle-mère *f.* stepmother, mother-in-law, 1-1

belle-sœur *f.* sister-in-law

besoin *m.* need, 5-3

    avoir † besoin de to need, 5-3

bête stupid, 2-1

beurre *m.* butter, 5-2

bibliothèque *f.* library, 2-3

    bibli *f.* (*Can.*) library, 8-1

    bibliothèque municipale (la BM) municipal library, 2-3

    bibliothèque universitaire (la BU) university library, 8-1

bien well, fine, P-1

    faire † du bien to do (*so.*) good

    bien sûr of course, 2-1

bien-être *m.* well-being, 7-1

bientôt soon, 2-3

    à bientôt see you soon, P-1

bienvenu/e *adj.* welcome

bienvenue *f.* welcome; you're welcome (*Can.*)

bière *f.* beer, 5-1

bifteck *m.* steak

    bifteck haché ground beef, 5-3

bijou *m.* (*pl.* **bijoux**) piece of jewelry

bilingue bilingual

billet *m.* ticket

    billet aller-retour round-trip ticket

    billet d'avion airplane ticket, 4-2

    billet d'entrée ticket (for concert/play), 4-2

    billet simple one-way ticket

bimensuel *m.* bimonthly

bio(logique) organic, 5-3

biographie *f.* biography, 10-3

biologie *f.* biology, 8-2

biscuit *m.* cookie, 5-2

bise *f.* kiss

    faire † une/la bise to kiss hello/goodbye on the cheeks

bizarre *adj.* odd, strange, peculiar

blanc/blanche white, 3-3

bleu/e blue, 3-3

blog *m.* blog

blond/e blond, 2-1

bloquer to block

blouson *m.* heavy jacket, 3-3

boire † to drink, 5-1

    boire † de l'alcool to drink alcohol, 7-1

bois *m.* woods, 6-3; wood

boisson *f.* drink, 5-1

    boisson alcoolisée alcoholic beverage, 5-1

    boisson chaude hot drink, 5-1

    boisson rafraîchissante cold drink, 5-1

boîte *f.* can; box 5-3

    boîte postale post office box

    boîte vocale voicemail

bol *m.* bowl, 5-1

bon/ne good, 3-3

    bonbon *m.* piece of candy

    bonheur *m.* happiness, luck

    Bon anniversaire ! Happy Birthday!, 7-2

    bon marché *adj. inv.* cheap, inexpensive 3-3

    Bonne année ! Happy New Year!, 7-2

    Bonnes vacances ! Have a good vacation!, 7-2

    Bon voyage ! Have a good trip!, 7-2

    Il fait bon. It's nice and warm., 4-1

bonjour hello, P-1

bonnet *m.* hat, cap, 3-3

    bonnet de laine knitted wool hat, 3-3

bonsoir good evening, P-1

bord *m.* edge, shore, 6-3

    au bord (du lac) at the (lake)shore, 6-3

    au bord de la mer at the seashore, 6-3

bordé/e bordered, lined

border to border, to line

botanique *f.* botany, 8-2

botte *f.* boot, 3-3

boubou *m.* African robe, dress

bouche *f.* mouth, 7-1

boucher *m.*, **bouchère** *f.* butcher

boucherie *f.* butcher shop, 5-3

bougie *f.* candle, 7-2

bouillabaisse *f.* seafood stew

bouillant/e boiling, boiling hot

bouillir to boil

bouillon *m.* broth, stock

boulanger *m.*, **boulangère** *f.* baker

boulangerie *f.* bakery, 5-3

boulevard *m.* boulevard, 9-3

boulot *m.* work (*colloq.*)

bourguingon/ne from the region of Bourgogne

bout *m.* tip, end

bouteille *f.* bottle, 5-1

boutique *f.* boutique, shop

branché/e plugged in, connected

bras *m.* arm, 7-1

bravo ! great! well done!, 4-2

bref/brève brief

Brésil *m.* Brazil, 9-2

brésilien/ne Brazilian, 9-2

Bretagne *f.* Brittany

breton/ne Breton; from the region of Britanny

bricolage *m.* do-it-yourself projects, odd jobs, 2-2

    faire † du bricolage to carry out do-it-yourself projects, 2-2

bricoler to carry out do-it-yourself projects, 2-2

bricoleur *m.*, **bricoleuse** *f.* do-it-yourselfer

brin *m.* sprig, strand

    brin de muguet sprig of lily of the valley

brochure *f.* brochure, pamphlet

bronzer to tan, 4-2

brosse *f.* chalkboard eraser, P-2; brush, 3-1

    brosse à cheveux hairbrush, 3-1

    brosse à dents toothbrush, 3-1

brosser to brush

    se brosser to brush one's —, 3-1

    se brosser les cheveux to brush one's hair, 3-1

    se brosser les dents to brush one's teeth, 3-1

brouillard *m.* fog, 4-1

    Il y a du brouillard. It's foggy., 4-1

brouillon *m.* rough draft

bruit *m.* sound, noise

brun/e dark-haired, brunette, 2-1

budget *m.* budget

buffet *m.* buffet

bureau *m.* desk, P-2; office, 1-3

bus *m.* (city) bus, 9-1

C

ça that

    Ça dépend. That depends.

    Ça ne va pas. Things aren't going well., P-1

    Ça va. It's going fine., P-1

    Ça va ? How are things?, P-1

    C'est ça. That's right.

    Comment ça va ? How's it going?, P-1

cabinet *m.* office (doctor's)

câble *m.* cable (television)

caché/e hidden

cacher to hide, 7-2

cadeau *m.* present, gift, 6-2

cadien/ne Cajun

cadre *m.* business executive; frame (for a picture)

café *m.* café, 2-3; coffee, 5-1

    café au lait coffee with milk, 5-2

    café crème coffee with cream, 5-1

caféine *f.* caffeine

cafétéria *f.* cafeteria, eatery serving snacks and light meals, 8-1

cahier *m.* notebook, P-2

caisse *f.* cash register, 5-3
caissier *m.*, **caissière** *f.* cashier
calcul *m.* calculus, 8-2
calculatrice *f.* calculator, P-2
calendrier *m.* calendar
calme calm, 1-1
se calmer to calm down, 7-3
camarade *m./f.* friend, buddy
    camarade de classe classmate, P-1
Cameroun *m.* Cameroon, 9-2
camerounais/e Cameroonian, 9-2
campagne *f.* countryside, 4-2
    à la campagne in the country, 4-2
camping *m.* campground, 9-3
    faire † du camping to camp, to go camping, 4-2
camping-car *m.* RV, mobile home, 9-3
campus *m.* campus
Canada *m.* Canada, 9-2
canadien/ne Canadian, 9-2
canapé *m.* couch, 6-2
candidat/e *m./f.* candidate
cannette *f.* (soda, beer) can, 5-1
canoë *m.* canoe
capacité *f.* ability
capitale *f.* capital city
car *m.* excursion bus, intercity bus, 9-1
caractère *m.* nature, disposition, character, 1-1
carafe *f.* (**d'eau**) carafe (of water), 5-2
caravane *f.* trailer, 9-3
cardinal/e cardinal
carnet *m.* small notebook
    carnet d'adresses address book, 9-1
carotte *f.* carrot, 5-3
carrière *f.* career, 8-3
    faire † carrière dans to pursue a career in
carte *f.* map, P-2; playing card, 2-2
    à la carte from the menu; cafeteria-style
    carte bancaire debit card, 9-1
    carte de crédit credit card, 9-1
    carte d'identité French national ID card, 9-1
    carte météorologique weather map
    carte postale postcard, 4-2
    jouer aux cartes to play cards, 2-2
cas *m.* case
casquette *f.* baseball cap, 3-3
casse-croûte *m. inv.* snack, 5-1
casserole *f.* saucepan
catégorie *f.* category
cathédrale *f.* cathedral, 9-3
catholicisme *m.* Catholicism
catholique Catholic
cause *f.* cause
    à cause de due to, because of, 4-3
causer to cause; to chat (*colloq.*)
causerie *f.* informal chat (in front of an audience)
cave *f.* wine cellar, 9-3
CD *m. inv.* CD, compact disk, P-2
ce (c') (*pron.*) it, that
    ce sont… these/they are . . . , P-1
    c'est… this/it is . . . , P-1
    c'est-à-dire that is to say
  ce (cet), cette, ces (*adj.*) this, that, these, those, 7-2
céder † to relinquish
ceinture *f.* belt
cela that
célèbre famous, 10-1

célébrer † to celebrate
célébrité *f.* celebrity
célibataire single, 1-1
celle *f.* the one
celui *m.* the one
cendre *f.* ash
cendrier *m.* ashtray
cent one hundred, 1-2
centralisé/e centralized
centre *m.* center
    centre étudiant student center, 8-1
    centre sportif sports complex, 8-1
    centre-ville *m.* downtown, 6-2
cependant however
céramique *f.* ceramics, pottery
céramique *adj.* ceramic
céréales *f. pl.* cereal, 5-2
cérémonie *f.* ceremony, 7-2
    cérémonie civile civil wedding service, 7-2
certain/e certain
certainement certainly
ces these, those 7-2
chacun/e each one
chaîne *f.* chain; TV channel, 10-1
chaise *f.* chair, P-2
chambre *f.* bedroom, 3-1
champ *m.* field, 6-3
champignon *m.* mushroom, 5-3
champion *m.*, **championne** *f.* champion
championnat *m.* championship
chance *f.* luck
    avoir † de la chance to be lucky
changement *m.* change
changer † to change
chanson *f.* song
chant *m.* singing
chanter to sing, 3-2
chanteur *m.*, **chanteuse** *f.* singer, 8-3
chapeau *m.* hat, 2-1
chapelle *f.* chapel
chaque each, 6-1
charcuterie *f.* pork butcher shop; cooked pork meats, 5-3
charges *f. pl.* utilities, 6-1
    les charges sont comprises utilities are included, 6-1
chariot *m.* shopping cart
charmant/e charming
chasse *f.* hunting
chat *m.*, **chatte** *f.* cat, 1-1
châtain *adj. inv.* chestnut-colored hair, 2-1
château *m.* castle, 9-3
    château fort fortress, 9-3
chaud hot, 4-1
    Il fait chaud. It's hot (weather)., 4-1
    J'ai chaud. I'm hot., 4-1
chauffeur *m.* driver
chausser to put shoes on
chaussette *f.* sock, 3-3
chausson *m.* slipper
    chausson de danse ballet slipper
chaussure *f.* shoe, 3-3
    chaussures à talons high-heeled shoes, 3-3
chef *m.* boss; chef; chief

chemin *m.* way, 9-3; path
    indiquer le chemin to give directions, 9-3
cheminée *f.* chimney
chemise *f.* man's shirt, 3-3
chemisier *m.* blouse, 3-3
cher/chère expensive, 3-3
chercher to look for, 2-3
chéri/e *m./f.* sweetheart, darling
cheval *m.* horse, 4-2
    faire † du cheval to go horseback riding, 4-2
cheveu *m.* hair, 3-1
    se brosser/laver les cheveux to brush/wash one's hair, 3-1
chez at the home of, at the place of, 1-1
    chez nous at our place, our home, 1-1
chic *adj. inv.* chic, stylish, 6-2
chien *m.*, **chienne** *f.* dog, 1-1
chiffre *m.* numeral, digit
Chili *m.* Chile, 9-2
chilien/ne Chilean, 9-2
chimie *f.* chemistry, 8-2
Chine *f.* China, 9-2
chinois *m.* Chinese (language)
chinois/e *adj.* Chinese, 9-2
chocolat *m.* chocolate, 5-1
    chocolat chaud hot chocolate, 5-1
choisir to choose, 5-2
choix *m.* choice
choquant/e shocking
chorale *f.* choir
chose *f.* thing, 2-2
chou *m.* (*pl.* **choux**) cabbage, 5-3
choucroute *f.* sauerkraut
    choucroute garnie sauerkraut with meat
chouette ! neat!, 4-2
chrysanthème *m.* chrysanthemum
ci-dessous below
ci-dessus above
cidre *m.* cider
ciel *m.* sky, 4-1
    Le ciel est couvert. The sky is overcast., 4-1
cigarette *f.* cigarette
cimetière *m.* cemetery
cinéaste *m.* filmmaker
cinéma *m.* cinema, the movies, 2-3; film studies, 8-2
cinématographe *m.* cinematographer
cinématographique *adj.* movie, cinematic
cinq five, 1-2
cinq-pièces *m.* apartment/house with five rooms, plus kitchen and bathroom(s), 6-1
cinquante fifty, 1-2
cinquième fifth, 6-1
citer to cite
citoyen *m.*, **citoyenne** *f.* citizen
citron *m.* lemon, 5-1
    citron pressé (hand-squeezed) lemonade, 5-1
civil/e civil
clair/e clear, light-colored
clarinette *f.* clarinet
classique *m.* classic
classique *adj.* classical (music)

clavier *m.* keyboard, 10-2
    clavier sans fil wireless keyboard, 10-2
clé *f.* key, 9-1
    clé USB USB key, flash drive, 10-2
climat *m.* climate
clinique *f.* private hospital, 2-1
clip *m.* (vidéo) (video) clip, 10-2
coca(-cola) *m.* coke, (coca cola), 5-1
cocher to check off
code *m.* code
    code postal postal code, zip code
cœur *m.* heart, 7-1
    avoir † mal au cœur to be nauseated, 7-1
se coiffer to fix one's hair, 3-1
coin *m.* corner
    au coin de at the corner (of)
    avec coin cuisine with a
    kitchenette, 6-2
colère *f.* anger, 7-3
    (être †) en colère (to be) angry, 7-3
collant *m.* pantyhose, 3-3
collège *m.* middle school, 1-3
collier *m.* necklace
colline *f.* hill, 6-3
coloc(ataire) *m./f.* roommate,
    housemate, 2-1
colocation *f.* renting a house or an apart-
    ment together
Colombie *f.* Colombia, 9-2
colombien/ne Colombian, 9-2
colonie *f.* colony
colonne *f.* column
combattre † to combat, to fight
    combattre † le stress to fight stress, 7-1
combien how much, 2-1
    combien de how many, 2-1
combinaison *f.* combination
combiner to combine
comédie *f.* comedy, drama, 10-1
    comédie musicale musical, 10-1
comique *m./f.* comedian
comique *adj.* comical, funny
comique *m.* comedy (genre)
commander to order
comme like, as, 2-1
    Comme ci, comme ça. So-so., P-1
commencer † to begin, to start, 3-2
comment how, 2-1
    Comment ça va ? How's it going?, P-1
    Comment dit-on… ? How do you
    say . . .?, P-2
    Comment tu t'appelles ? What is your
    name?, P-1
    Comment vous appelez-vous ?
    What is your name?, P-1
commentaire *m.* comment
commerçant *m.*, commerçante *f.*
    merchant, 5-3
    petits commerçants *m. pl.* small shop
    owners, merchants
commerce *m.* business, trade
commun/e common
communauté *f.* community
communément communally, in
    common
communication *f.* communication, 8-2
communiquer to communicate

compagnie *f.* company
comparaison *f.* comparison
comparatif/-ive comparative
comparer to compare, 3-2
compléter † to complete
compliment *m.* compliment
compliqué/e complicated
comportement *m.* behavior
composé/e composite
composition *f.* in-class essay exam, 8-2
compréhension *f.* comprehension
comprendre † to understand, 5-1
    Je ne comprends pas. I don't under-
    stand., P-2
compris/e *adj.* included, 6-1
comptabilité *f.* accounting, 8-2
comptable *m./f.* accountant, 8-3
compte *m.* account
compter to count
comptine *f.* nursery rhyme
concentration *f.* concentration, emphasis,
    8-2
concept *m.* concept
concerner to concern
concert *m.* concert, 2-2
concierge *m./f.* caretaker, manager
concis/e concise
concombre *m.* cucumber, 5-3
concours *m.* competitive entrance exam
concurrence *f.* competition
condamner to condemn
condiment *m.* condiment, 5-3
conditionnel *m.* conditional tense
conduire † to drive
confiserie *f.* candy store
confiture *f.* jam, 5-2
conflit *m.* conflict
conformiste conformist, 1-1
confort *m.* comfort
confortable comfortable (material objects),
    6-2
congé *m.* leave
    prendre † congé to take leave, say
    good-bye
congelé/e frozen
congélateur *m.* freezer
conjonction *f.* conjunction
conjugaison *f.* conjugation
conjugué/e conjugated
connaissance *f.* knowledge, understanding;
    acquaintance
connaître † to know, to be familiar with, 7-3
connecté/e connected
connecter to connect, 10-2
connexion *f.* sans fil wireless connection,
    10-2
connu/e known
conquête *f.* conquest
consacrer to devote
conseil *m.* piece of advice
    demander un conseil to ask for advice
conseiller to advise
conseiller *m.*, conseillière *f.* advisor
conséquence *f.* consequence
conservateur/-trice conservative
conserver to preserve, to keep, to retain
considérer to consider

consister de to consist of
consommateur *m.*, consommatrice *f.*
    consumer
consommation *f.* drink
consonne *f.* consonant
construire † to construct, to build
consultation *f.* visit with a health
    professional
consulter to consult
    consulter le médecin to see a doctor, 7-1
contempler to contemplate
contenir † to contain
content/e happy, 7-3
contenu *m.* content; contents
continent *m.* continent, 9-2
continuer to go on/keep going, 9-3
    continuer tout droit to keep going
    straight ahead, 9-3
continuer (à + *inf.*) to continue (to do *st.*)
contraire *m.* opposite
    au contraire on the contrary
contraste *m.* contrast
contribuer to contribute
contrôle *m.* inspection, control, test
convaincre to convince
convaincu/e convinced
conventionnel/le *adj.* conventional,
    conformist
copain *m.*, copine *f.* friend, 1-3
copieux/-euse copious, hearty, 5-2
coq *m.* rooster
    coq au vin coq au vin, stewed chicken
    with wine and mushrooms
Corée *f.* Korea, 9-2
coréen/ne Korean, 9-2
corps *m.* body, 7-1
correspondance *f.* correspondance
correspondant/e *m./f.* penpal
correspondre to correspond
corriger † to correct
costume *m.* man's suit, 3-3
côte *f.* coast
côté *m.* side
    à côté de next to, 6-2
    de l'autre côté on the other hand
Côte d'Ivoire *f.* Ivory Coast, 9-2
côtelette *f.* (d'agneau) (lamb) chop, 5-3
coton *m.* cotton, 3-3
côtoyer to rub elbows with
coucher *m.* du soleil sunset
se coucher to go to bed, 3-1
couleur *f.* color, 3-3
couloir *m.* hallway, 6-1
coup *m.* blow, strike, punch
couper to cut
couple *m.* couple
couplet *m.* verse of a poem
cour *f.* courtyard, 6-1
courant/e current, common, ordinary
    au courant up-to-date (for a person)
courant *m.* d'air draft, breeze
courir † to run, 3-2
couronne *f.* crown
courriel *m.* e-mail message (*Can.*)
courrier électronique *m.* e-mail
cours *m.* course, class, 3-2
    au cours de during the course of

course *f.* errand, 2-2
    faire † des courses to run errands, 2-2; to go shopping for occasional items
    faire † les courses to do the weekly/usual grocery/food shopping, 5-3
court/e short, 3-3
couscous *m.* couscous
couscoussier *m.* couscous steamer
cousin *m.*, **cousine** *f.* cousin, 1-1
coussin *m.* cushion
coussinet *m.* small cushion
coûter to cost, 6-2
coutume *f.* custom
couture *f.* sewing, dressmaking
    haute couture designer fashion
couturier *m.* fashion designer
couturière *f.* dressmaker, seamstress
couvert/e covered, overcast
    Le ciel est couvert. The sky is overcast., 4-1
couvrir † to cover
craie *f.* stick of chalk, P-2
cravate *f.* tie, 3-3
crayon *m.* pencil, P-2
créer to create
crème *f.* cream, 5-1
    crème solaire suntan lotion, sunscreen
crèmerie *f.* dairy store, 5-3
crêpe *f.* crêpe, pancake
Crétin ! Moron!, 7-3
crevette *f.* shrimp, 5-3
crier to yell, 7-3
crime *m.* crime
crise *f.* crisis
cristal *m.* crystal
critère *m.* criterion
critique *f.* critique, criticism, 10-3
critique *m.* critic (person), 10-3
croire † (à, en) to believe (in), 10-1
    Je crois/Je crois que oui. I think so., 10-1
    Je crois que… I believe that . . ., 10-1
    Je ne crois pas/Je crois que non. I don't think so., 10-1
croissant *m.* croissant, 5-2
croque-monsieur *m.* grilled ham-and-cheese sandwich, 5-1
croustillant/e crusty
crudités *f. pl.* cut-up raw vegetables, 5-1
cuiller, cuillère *f.* spoon, 5-1
cuillerée *f.* spoonful
cuir *m.* leather, 3-3
cuisine *f.* kitchen, 6-1
    avec coin cuisine with a kitchenette, 6-2
    faire † la cuisine to cook, 2-2
    livre *m.* **de cuisine** cookbook, 10-3
cuisinière *f.* stove, 6-2
culturel/le cultural

D

d'accord agreed, OK, all right
    être d'accord to agree
    Je suis d'accord… I agree . . .
    Je ne suis pas d'accord… I disagree . . .
dame *f.* lady, P-2
danger *m.* danger
dans in, into, inside, P-2

danse *f.* dance, 2-2
    faire † de la danse to dance, to study dance, 2-2
danser to dance
d'après according to
date *f.* date, 1-2
    Quelle est la date ? What is the date?, 1-2
davantage more
de (d') from, of, about, P-1
debout standing, on one's feet
    être debout to be up, 3-1
début *m.* beginning
décédé/e deceased, 1-1
décembre December, 1-2
déception *f.* disappointment
décider (de + *inf.*) to decide
    se décider to make up one's mind
déclaration *f.* declaration
décontracté/e relaxed
décorer to decorate
découverte *f.* discovery
découvrir † to discover
décrire † to describe, 8-2
déçu/e disappointed
    être déçu/e (que) to be disappointed (that) 10-1
déduire † to deduce
défaire † to undo
défaite *f.* defeat, loss
défilé *m.* parade, 7-2
définir to define
degré *m.* degree
    Il fait vingt degrés. It's 20 degrees (Celsius)., 4-1
dehors outside
    en dehors de outside of
déjà already, 3-1
déjeuner *m.* lunch, 5-2
déjeuner to have breakfast/lunch, 1-3
délicieux/-euse delicious, 5-3
demain tomorrow, 2-3
    à demain see you tomorrow, P-1
demander to ask, request, 6-2
démarrer to begin, to start
demi/e half
    demi-frère *m.* half-brother, stepbrother, 1-1
    demi-kilo *m.* half-kilo, 5-3
    demi-sœur *f.* half-sister, stepsister, 1-1
    faire † demi-tour to make a U-turn
    (trois heures) et demi/e (three) thirty (3:30), 3-2
démodé/e old-fashioned, out-of-date, 3-3
démonstratif/-ive demonstrative
dent *f.* tooth, 3-1
    se brosser les dents to brush one's teeth, 3-1
    se laver les dents to brush one's teeth, 3-1
dentifrice *m.* toothpaste, 3-1
dentiste *m./f.* dentist, 8-3
départ *m.* departure
département *m.* department, regional administrative unit in France
dépasser to exceed
se dépêcher to hurry, 3-1

dépense *f.* expenditure
dépendant/e *adj.* dependent, 10-3
dépendre (de) to depend (upon)
    ça dépend it depends
dépenser to spend
depuis since, when, 10-3
    depuis combien de temps… ? for how long . . .?, 10-3
    depuis quand… ? since when . . .?, 10-3
dernier/-ière last, 3-3
derrière behind, 8-1
des *pl.* some, P-2
des (de + les) from/of (the)
dès que as soon as
désagréable disagreeable, 1-1
désastre *m.* disaster
descendant (de) *m.* descendant (of)
descendre to go down, 4-1
descente *f.* descent
désert *m.* desert
se déshabiller to undress, 3-1
désignation *f.* name, designation
désigner to indicate, to show, to point out
désir *m.* want, wish, desire
désirer to desire, to want, 9-3
désobéir à to disobey, 5-2
désolé/e sorry, 4-3
    être désolé/e (que) to be sorry (that) 10-1
    Je suis désolé/e I am sorry 4-3
dessert *m.* dessert, 5-2
desservir to serve, to stop at
dessin *m.* drawing, 8-2
    dessin animé cartoon, 10-1
dessiner to draw
destination *f.* destination, 4-2
détail *m.* detail
se détendre to relax, 6-3
détente *f.* relaxation; release (of a consonant)
déterminer to determine
détester to detest, 8-2
deux two, 1-2
    deux fois par jour twice a day, 3-1
deuxième *m.* second, 6-1
devant in front of, 8-1
développement *m.* development
développer to develop
devenir † to become, 4-2
deviner to guess
devoir *m.* essay, assignment, 8-2
devoir † must, to have to, should, 7-3; to owe
devoirs *m. pl.* homework, P-2
    faire † des devoirs to do homework
d'habitude usually, 6-3
dialecte *m.* dialect
dialogue *m.* dialogue
dictionnaire *m.* **(un dico)** dictionary, 8-2
différemment *adv.* differently
différent/e different
différer to differ
difficile difficult, 8-2
diffusion *f.* distribution, broadcasting, circulation
dimanche Sunday, 1-3

diminuer to shorten, to reduce
dîner *m.* dinner, 5-2
dîner to have dinner, 1-3
diplomate *m./f.* diplomat
diplôme *m.* degree, 8-2
    avoir † un diplôme to have a degree
    préparer un diplôme en... to do a degree in . . ., 8-2
dire † to say, to tell, 8-2
    Dites-moi ! Tell me!, 2-3
direct/e direct, straight
    en direct live
discipliné/e disciplined, 1-1
discuter (de) to have a discussion, to talk about
disjoint/e disjointed, stressed (pronouns)
disparaître to disappear
disparition *f.* disappearance
disponible available
disposition *f.* arrangement, layout
se disputer to argue, 7-3
disque *m.* **dur** hard drive, 10-2
    disque dur externe external hard drive, 10-2
distinct/e *adj.* distinct, different
distraction *f.* source of entertainment, diversion, 4-3
se distraire † to amuse oneself, 10-3
divers/e various
diversité *f.* diversity
divertissement *m.* variety show, 10-1
divisé/e divided, split
divorcé/e divorced, 1-1
divorcer † to divorce, 7-3
dix ten, 1-2
dix-huit eighteen, 1-2
dix-huitième eighteenth, 6-1
dixième tenth, 6-1
dix-neuf nineteen, 1-2
dix-neuvième nineteenth, 6-1
dix-sept seventeen, 1-2
dix-septième seventeenth, 6-1
doctorat *m.* doctorate, Ph.D.
documentaire *m.* documentary, 10-1
dodo *m.* (*colloq.*) sleep, 3-1
    faire † dodo (*colloq.*) to go to sleep, 3-1
doigt *m.* finger
domaine *m.* area, field
domestique *m./f.* servant
dommage *m.* harm, injury
    C'est dommage. It's too bad. It's a pity., 4-3
    Il est/C'est dommage que It's too bad that; it's a shame that, 10-1
donc then, therefore, 2-1
donner to give, P-2
    donner sur to look out onto, to lead out to, 6-1
dormir to sleep, 3-2
dos *m.* back, 7-1
dossier *m.* file, case, folder
double *adj.* double
doublé/e dubbed, 10-1
doubler to dub, 10-1
doucement gently, softly
douche *f.* shower, 3-1

prendre † une douche to take a shower, 3-1
se doucher to shower, 3-1
doué/e talented, 8-3
douleur *f.* pain
doute *m.* doubt
    sans aucun doute without a doubt
    sans doute probably
douter que to doubt that
doux/douce gentle
douzaine *f.* dozen, 5-3
douze twelve, 1-2
douzième twelfth, 6-1
dramatique dramatic
drame psychologique *m.* psychological drama, 10-1
dresser (une liste) to make (a list)
drogue *f. sg.* (illegal) drugs
se droguer to take (illegal) drugs, to be on drugs
droit *m.* law, 8-2; straight, 9-3; right
    avoir † le droit to have the right
    droits de l'homme human rights
    droits linguistiques linguistic rights
    tout droit straight ahead, 9-3
droite *f.* right, 8-1
    à droite (de) to the right (of), 8-1
    tourner à droite turn right, 9-3
drôle amusing, funny, strange, 2-1
du (de + le) from, of (the) 2-2
dur/e hard
durée *f.* length, duration
durer to endure, last
DVD *m. inv.* DVD, P-2
dynamique dynamic, 1-1

E

eau *f.* water, 5-1
    eau de Cologne cologne
    eau minérale mineral water, 5-1
échange *m.* exchange
échanger † to exchange, 10-2
échapper to escape
écharpe *f.* scarf, 3-3
échecs *m. pl.* chess, 2-2
échelle *f.* ladder
éclair *m.* lightning, 4-1
    Il y a des éclairs. It's lightning., 4-1
école *f.* school, 1-3
    école maternelle preschool
    école primaire elementary school
    école secondaire secondary school
écologie *f.* ecology, 8-2
écologique ecological
économie *f.* economics, 8-2
    faire † des économies to save money, 3-3
économique economical
    sciences *f. pl.* **économiques** economics, 8-2
économiser to save
écouter to listen (to), P-2
    Écoutez bien ! Listen carefully!, P-2

écouter de la musique to listen to music, 1-3
écran *m.* screen, 10-1
    écran plat flat screen, 10-3
écrire † to write, 8-2
    Écrivez votre nom ! Write (down) your name!, P-2
écrivain *m.* writer, 8-3
écureuil *m.* squirrel
éducatif/-ive educational
éducation *f.* education, 8-2; upbringing
    sciences *f. pl.* **de l'éducation**, education 8-2
effacer † to erase, P-2
effectuer to carry out, to perform
effet *m.* effect
    en effet yes, indeed, 6-3
efficace efficient, effective
effort *m.* effort
égal/e equal
également *adv.* also, too, as well
église *f.* Catholic church, 2-3
égoïste selfish, 2-1
élaborer to elaborate
électricité *f.* electricity
électrique electric
électronique electronic
élégance *f.* elegance
élégant/e elegant, 2-1
élément *m.* element
éliminer to eliminate
elle *f.* she, her, it, P-1
    elle-même *f.* herself
elles *f. pl.* they, them, P-1
    elles-mêmes *f. pl.* themselves
e-mail *m.* e-mail (as a medium)
embarras *m.* trouble
embarrassé/e embarrassed, 7-3
s'embrasser to kiss, 7-3
émission *f.* program, 10-1
    émission de musique music program, 10-1
    émission de téléachat infomercial, 10-1
    émission de téléréalité reality show, 10-1
    émission sportive sports event on television, 10-1
emmener † to bring someone along
émotion *f.* emotion
empêcher to prevent
emplacement *m.* location, site
emploi *m.* use; job
employer † to use
emporter to bring *st.*, to take *st.* with
emprunter to borrow, 6-2
en *prep.* to, at, P-1; *pron.* some, any, 5-3
enchaînement *m.* linking
enchanté/e delighted (to meet you), P-1
encore still, yet, again, another, 3-2
    encore un quart d'heure another fifteen minutes, 3-2
encyclopédie *f.* encyclopedia, 10-3
s'endormir to fall asleep, 3-1
endroit *m.* place, 6-3
énergique energetic, 2-1

énervé/e irritable
s'énerver to become irritated/worked up
enfance *f.* childhood
enfant *m./f.* child, 1-1
enfin finally, 4-2
s'ennuyer † to become bored, 7-3
ennuyeux/-euse boring, tedious, 8-2
enquête *f.* poll
enseignant/e *m./f.* teacher, instructor
enseignement *m.* teaching
enseigner to teach
ensemble together, 1-3
   On y va ensemble ? Shall we go (there) together?, 4-3
ensemble *m.* outfit, 3-3
ensuite next, then, 4-2
entendre to hear, 4-1
   s'entendre (avec) to get along (with), 7-3
   entendre parler de to hear about
enthousiaste enthusiastic
entourer to surround; to circle
entraîneur *m.* trainer, coach
entre between, 3-2
entrée *f.* appetizer or starter, 5-2; entrance, foyer, 6-1
entreprise *f.* firm, place of business
entrer to go/come in, 4-2
entretien *m.* interview
énumérer to enumerate, to list
envers : à l'envers upside down, inside out, backward
envie *f.* desire
   avoir † envie de (+ *n.*, + *inf.*) to want/to desire (*st.*, to do *st.*), 3-3
environ about, approximately
environnement *m.* environment
environs *m. pl.* surroundings
envoyer † to send, 10-2
épais/se *adj.* thick
épaissir to thicken
éparpillé/e scattered, dispersed, spread out
épeler † to spell, 4-3
épice *f.* spice, 5-2
épicerie *f.* grocer's shop, 5-3
épinards *m. pl.* spinach, 5-3
épisode *m.* episode, 10-1
époque *f.* era, time
époux *m.*, épouse *f.* spouse
épreuve *f.* test
éprouver to feel, to experience
équilibré/e balanced, 7-1
équipe *f.* team
équipé/e equipped, 6-2
équivalent *m.* equivalent
érable *m.* maple
erreur *f.* mistake, error
escalier *m.* staircase, stairs, 6-1
espace *m.* place, space
Espagne *f.* Spain, 9-2
espagnol *m.* Spanish (language), 8-2
espagnol/e *adj.* Spanish, 9-2
espèces : en espèces in cash
espérer † to hope
espion *m.* spy

espionnage *m.* spying, 10-1
   film *m.* d'espionnage spy film, 10-1
essai *m.* essay, 8-2
essayer † (de + *inf.*) to try (to do *st.*), 7-1
essuyer † to dry
   s'essuyer † to dry oneself off, wipe off, 3-1
est *m.* east
estomac *m.* stomach, 7-1
et *conj.* and, P-1
établir to establish
établissement *m.* establishment
étage *m.* floor, 6-1
   premier étage second floor
étagère *f.* bookcase, (book)shelf, 6-2
étape *f.* stage, step (in a process)
état *m.* state
état civil marital status, 1-1
États-Unis *m. pl.* the United States, 9-2
été *m.* summer, 2-3
   l'été prochain next summer, 2-3
étoile *f.* star, 9-3
étonnant/e surprising
   Il est/C'est étonnant que It's surprising (that), 10-1
étonné/e surprised
   être étonné/e (que) to be surprised (that), 10-1
étranger/-ère foreign, 8-2
être † to be, P-1
   être † d'accord to agree
   être † en train de (+ *inf.*) to be busy (doing st.), 3-1
   Ne sois/soyez pas… Don't be . . .,7-3
   Soyez/Sois calme ! Be calm!, 7-3
être *m.* humain human being
étude *f.* study, 8-2
   faire † des études to study
étudiant *m.*, étudiante *f.* student, P-2
étudier to study
Europe *f.* Europe, 9-2
européen/ne European
eux *m. pl.* they, them, P-1
   eux-mêmes *m. pl.* themselves
évènement *m.* event, 7-2
éventuel/le probable
éventuellement probably, perhaps
évident/e obvious
évier *m.* kitchen sink, 6-2
éviter to avoid, 7-1
évoluer to develop, to change
exact/e exact
exactement exactly
exagérer † to exaggerate
examen *m.* exam, 8-2
   passer un examen to take an exam, 8-2
   préparer un examen to study for an exam
   réussir un examen to pass an exam, 8-2
examiner to examine, to study
excentrique *adj.* eccentric, bizarre
excès *m.* excess
exercice *m.* exercise
   faire † de l'exercice to exercise, 7-1

exiger † to require, to demand, 9-3
exister to exist
exotique exotic
expérience *f.* experience; experiment
expliquer to explain, 6-2
exposé *m.* oral presentation, talk, 8-2
exposer to show, to exhibit, to display
exposition *f.* exhibition, 2-3
expression *f.* expression
exprimer to express
s'exprimer to express oneself
extérieur/e outside, outer
externe external
extrait *m.* exerpt, extract
extrême extreme
extrêmement extremely

F

fabriquer to make, to produce
fac *f. see* faculté
face *f.* face, head, side
   en face (de) facing, across (from), 8-1
fâché/e angry, upset, 7-3
se fâcher (contre) to get angry (at, with), 7-3
facile easy, 8-2
facilement easily
faciliter to facilitate, to make easier
façon *f.* way
   de toute façon in any case
facteur *m.*, factrice *f.* mail carrier, 8-3
facture *f.* bill
facultatif/-ive optional, elective, 8-2
faculté *f.* college, university, 2-1; school within a college/university, 8-2
faible weak
faim *f.* hunger, 5-1
   avoir † faim to be hungry, 5-1
faire † to do, to make, 2-2
   Ça (ne) fait rien. That doesn't matter.
   deux et deux font quatre $2 + 2 =$ (equals) 4
   faire † partie de to belong to
   Il fait beau. It's beautiful weather., 4-1
   Ne t'en fais pas /Ne vous en faites pas ! Don't worry!, 7-3
   se faire † du souci to worry, 7-3
faire-part *m. inv.* (birth, wedding) announcement
falloir † to be necessary, to need 7-1
   il faut it's necessary, 3-3; one/you need + *n.*, *inf.*, 5-3
   Il faut… /Il ne faut pas… One must . . . /One must not . . ., 7-1
   Il faut quatre œufs. We need four eggs., 5-3
   Il faut que… It is necessary that/You must . . ., 9-2
   Il ne faut pas que… You must not . . ., 9-2
fameux/-euse famous
familial/e familial, related to family
familier/-ière familiar
famille *f.* family, 1-1
   famille étendue extended family
   famille nombreuse big family, 1-1
   famille recomposée blended family
fanatique *m.* fan, fanatic
fantaisiste fantastic (not based in reality)

fantastique fantastic (great, wonderful); fantasy
fantôme *m.* phantom, ghost
farine *f.* flour
fariné/e floured
fasciné/e fascinated
fatigué/e tired, P-1
faut *see* **falloir**
faute *f.* mistake
    faire † une faute to make a mistake
fauteuil *m.* armchair, 6-2
    basket-fauteuil *m.* wheelchair basketball, 7-1
    fauteuil roulant wheelchair, 7-1
faux/fausse false
favoriser to favor
Félicitations ! Congratulations!, 7-2
féminin/e feminine
féminisation *f.* to make feminine (e.g., names of professions)
femme *f.* wife, woman, 1-1
    femme au foyer housewife
    femme d'affaires businesswoman, 8-3
fenêtre *f.* window, P-2
férié : jour *m.* **férié** legal holiday, 7-2
ferme *f.* farm, 6-3
fermer to close, P-2
festival *m.* festival
fête *f.* party, 2-2; holiday, 7-2
    fête religieuse religious holiday, 7-2
fêter to celebrate, 7-2
feu *m.* fire
    feu d'artifice fireworks, 7-2
    feu rouge stoplight
feuille *f.* sheet of paper; leaf
feuilleton *m.* soap opera, 10-1
feutre *m.* felt-tipped marker, pen, P-2
fève *f.* broad bean; token hidden in a king cake, 7-2
février February, 1-2
fiançailles *f. pl.* engagement
fiancé/e engaged, 1-1
se fiancer † to get engaged, 7-3
fichier *m.* computer file, 10-2
fidèle faithful
fièvre *f.* fever
    avoir † de la fièvre to have a temperature, to run a fever
figure *f.* face, 3-1
    figure géométrique geometric figure
fil *m.* wire; thread; string
    sans fil wireless, 10-2
fille *f.* daughter, girl, 1-1
film *m.* film, 1-3
fils *m.* son, 1-1
fin *f.* end
    fin de semaine week-end (*Can.*), 8-1
fin/e thin, elegant, delicate, 3-3
final/e final, 8-2
finalement finally
finir to finish, 5-2
flamand *m.* Flemish (language)
flegmatique *adj.* phlegmatic, of an unemotional and stolidly calm disposition
fleur *f.* flower, 7-2
fleuri/e flourished, thrived
fleuve *m.* river

flûte *f.* flute
    flûte à bec recorder
    flûte traversière flute
foie *m.* liver
fois *f.* time, 3-1
    deux fois par jour twice a day, 3-1
    x fois par semaine x times a week
    une fois once, one time, 3-1
folklorique folkloric, folk
foncé/e dark colored
fonction *m.* function
fonctionnaire *m./f.* government worker, 8-3
fonctionner to function
fond *m.* bottom, end
    à fond deeply; loudly
fondre to melt
fondu/e melted
fondue *f.* fondue
    fondue bourguignonne meat fondue
    fondue savoyarde cheese fondue
fontaine *f.* fountain
foot(ball) *m.* soccer, 1-3
    football américain *m.* (American) football, 2-2
    jouer au foot 1-3
foraine : fête foraine *f.* fair
forcément inevitably, necessarily
forêt *f.* forest, 6-3
formation *f.* formation; training
    avoir † une formation to have training
forme *f.* shape, form
    être † en forme to be fine, P-1
    être † en pleine forme to be in good shape
    rester en forme to stay in shape, 7-1
former to form
formidable great, 6-3
fort *adv.* loudly, 7-3
fort/e *adj.* strong, stout, 2-1
    château *m.* **fort** fortress, 9-3
forum *m.* forum
    forum de discussion discussion forum, newsgroup
foulard *m.* silk scarf, 3-3
foule *f.* crowd
four *m.* oven, 6-2
    four à micro-ondes microwave oven
fourchette *f.* fork
frais/fraîche fresh, 5-3
    Il fait frais. It's cool (weather)., 4-1
fraise *f.* strawberry, 5-3
français *m.* French (language), 2-2
    en français in French, P-2
    faire † du français to study French, 2-2
français/e *adj.* French, 9-2
France *f.* France, 9-2
francophone French-speaking
francophonie *f.* French-speaking world
fréquence *f.* frequency
fréquent/e frequent
fréquenter to frequent, to patronize
frère *m.* brother, 1-1
frigo *m.* (*colloq.*) fridge, 6-2
frite *f.* French fry, 5-1
froid *m.* (*température*) cold 4-1
    Il fait froid. It's cold (weather)., 4-1
    J'ai froid. I'm cold., 4-1

fromage *m.* cheese, 5-2
frontière *f.* border, 9-2
fruit *m.* fruit, 5-2
    fruits *m. pl.* **de mer** seafood
fruitier/fruitière *adj.* fruit, 6-3
fumé/e *adj.* smoked
fumée *f.* smoke
fumer to smoke, 7-1
fumet *m.* aroma
furieux/-euse furious, 7-3
futur *m.* future tense
    futur proche immediate future

G

gadget *m.* gadget
gagner to win
    gagner de l'argent to earn money, 8-3
galérie *f.* (art) gallery
galette *f.* cake for Epiphany, 7-2; savory dinner crepe made with buckwheat flour
gant *m.* glove, 3-3
    gant de toilette wash mitt, 3-1
garage *m.* garage, 6-1
garantir to guarantee
garçon *m.* boy, 1-1
gare *f.* train station, 2-3
garer to park, 6-1
garni/e : plat *m.* **garni** main dish served with vegetables
garnir to line, to fill; to garnish
gâteau *m.* cake, 5-3
gauche *f.* left, 8-1
    à gauche (de) to the left (of), 8-1
    tourner à gauche to turn left, 9-3
gazeux/-euse carbonated
geler † to freeze, 4-1
    Il gèle. It's freezing (weather)., 4-1
gêné/e bothered, embarrassed, 7-3
gêner to bother, to inconvenience; to embarrass
général/e general
généralement generally
généreux/-euse generous, warm-hearted, 2-1
générique *m.* screen credits
génial : C'est génial. It's great/awesome., 10-2
génie *m.* engineering, 8-2
genou *m.* (*pl.* **genoux**) knee
genre *m.* (grammatical) gender; kind, type
gens *m. pl.* people, 8-3
gentil/le kind, nice, 2-1
    C'est gentil (à toi/vous). That's kind (of you)., 4-3
géographie *f.* geography
géologie *f.* geology
gestion *f.* management, 8-2
gilet *m.* cardigan sweater, 3-3
gîte *m.* **(rural)** (rural) bed and breakfast, 9-3
glace *f.* ice cream, 5-1
    glace au chocolat chocolate ice cream, 5-1
glaçon *m.* ice cube, 5-1
golf *m.* golf, 1-3
gomme *f.* eraser, P-2
gorge *f.* throat, 7-1
    avoir † mal à la gorge to have a sore throat

goût *m.* taste, liking

goûter *m.* afternoon snack, 5-2

goûter to have a snack, to taste

goutte *f.* drop

gouvernement *m.* government

grâce à thanks to

graisse *f.* fat, grease, 7-1

graissé/e greased

gramme *m.* (*abbr.* gr.) gram

grand-chose *m. inv.* : **pas grand-chose** not very much, not a great deal, 2-2
   ne pas faire † grand-chose to not do much, 2-2

grand/e tall, 2-1

grande surface *f.* superstore, 5-3

grandeur *f.* size

grandir to grow taller, to grow up (for children), 5-2

grand magasin *m.* department store, 3-3

grand-mère *f.* grandmother, 1-1

grand-parent *m.*, (**grands-parents** *pl.*) grandparent, 1-1

grand-père *m.* grandfather, 1-1

gratuit/e free

gratuitement *adv.* for free

grave serious, 7-3
   Ce n'est pas grave. It's not serious., 7-3

graveur *m.* **CD/DVD** CD/DVD burner, 10-2

gravité *f.* gravity, seriousness

grignoter to snack, 7-1

grillé/e grilled, toasted, 5-2

grimper to climb up

grippe *f.* flu

gris/e gray, 3-3

gros/se fat, 2-1

grossir to gain weight, 5-2

grotte *f.* (**préhistorique**) (prehistoric) cave, 9-3

groupe *m.* group
   groupe de consonnes consonant cluster

guerre *f.* war
   Première Guerre mondiale First World War
   Seconde Guerre mondiale Second World War

guide *m.* guide (person or book), 9-3

guidé/e guided

guider to guide

guitare *f.* guitar, 1-3
   guitare basse bass guitar
   guitare électrique electric guitar

gymnase *m.* gym, 2-3

gymnastique *f.* exercises, gymnastics
   faire † de la gym to work out, 2-2

H

s'habiller to get dressed, 3-1

habitant *m.* inhabitant

habitation *f.* dwelling, housing

habiter to live (+ location), 1-1

d'habitude usually, 6-3

habituel/le habitual

s'habituer à to get used to

*haché/e chopped, ground, 5-3

Haïti *m.* Haiti, 9-2

*hamburger *m.* hamburger, 5-1

*handicap *m.* handicap, disability, 7-1

*handicapé/e handicapped, 7-1
   être † *handicapé/e to be handicapped, disabled, 7-1

*haricot *m.* bean
   *haricot vert *m.* green bean, 5-2

harmonica *m.* harmonica, 2-2

harmonie *f.* harmony

*haut/e high

hebdomadaire *m.* weekly publication, 10-3

hebdomadaire *adj.* weekly, 10-3

*hein ! huh? understood? right?

heure *f.* hour, 3-2
   être † à l'heure to be on time, 3-2
   Il est une heure. It's one o'clock., 3-2
   Quelle heure est-il ? What time is it?
   Vous avez l'heure ? What time is it?, 3-2

heureusement luckily

heureux/-euse happy, 7-3

*heurter to strike

hexagone *m.* hexagon

hier yesterday, 4-1

histoire *f.* history, 8-2; story
   histoire drôle joke, 2-1
   livre *m.* **d'histoire** history book, 10-3

historique historical, 9-3
   film *m.* **historique** historical film, 10-1

hiver *m.* winter, 4-1

*hockey *m.* hockey, 2-2

*hollandais/e Dutch; hollandaise (sauce)

*Hollande *f.* Holland

*homard *m.* lobster

homme *m.* man, 1-1
   homme d'affaires businessman, 8-3

honneur *m.* honor

honorer to honor

hôpital *m.* public hospital, 8-3

horloge *f.* clock, 3-2

horreur *f.* horror, 10-1
   film *m.* **d'horreur** horror movie, 10-1
   Quelle horreur ! How awful!, 5-1

*hors except; outside

*hors d'œuvre *m. inv.* hors d'oeuvre, appetizer

hôte *m.* guest or host

hôtel *m.* hotel, 2-3
   hôtel une étoile one-star hotel, 9-3

huile *f.* oil, 5-3
   huile d'olive olive oil

*huit eight, 1-2

huitante eighty (*reg.*)

*huitième eighth, 6-1

huître *f.* oyster

humain/e human, 7-1

hypermarché *m.* superstore, 5-3

I

ici here, 8-1

idéal/e ideal

idéaliste idealistic, 1-1

idée *f.* idea

identifier to identify

identité *f.* identity

idiomatique idiomatic

il *m.* he, it, P-1

île *f.* island

illustrer to illustrate

ils *m. pl.* they, P-1

il y a there is/are, P-2; ago, 4-1
   il y a deux jours two days ago, 4-1
   il n'y a pas de… there isn't/ aren't . . ., P-2
   Il n'y a pas de quoi. You're welcome., P-2
   il y a… que it's been . . ., for . . ., 10-3

illogique illogical

illustre illustrious, famous

imaginaire imaginary

imaginer to imagine

imbécile *m./f.* idiot

immense huge, immense

immeuble *m.* building, 6-1

immigré/e immigrant

immobilier *m.* real estate

immunodéficitaire immunodeficient

imparfait *m.* imperfect tense

impatience *f.* impatience

impératif *m.* imperative

imper(méable) *m.* raincoat, 3-3

impersonnel/le impersonal, cold

importance *f.* importance

important/e important, 9-2; significant, large
   Il est important de/que It is important (that), 9-2

impression *f.* impression

impressionné/e impressed

impressionnisme *m.* Impressionism

impressionniste Impressionist

imprimante *f.* printer, 10-2
   imprimante multifonction multifunction printer, 10-2

imprimer to print, 10-2

inclure to include

inclus/e included

inconvénient *m.* disadvantage, drawback, inconvenience

incorporer to add (in a recipe)

Inde *f.* India, 9-2

indéfini/e indefinite

indication *f.* sign, indication
   indications *f.pl.* directions

indien/ne Indian, 9-2

indifférence *f.* indifference

indigestion *f.* indigestion

indiquer to indicate, 9-3

indiscipliné/e undisciplined, 1-1

indiscret/-ète indiscreet

indispensable necessary

individualiste individualistic, 1-1

individu *m.* individual

individuel/le individual

infection *f.* infection

infinitif *m.* infinitive

infirmerie *f.* health center/clinic, 8-1

infirmier *m.*, **infirmière** *f.* nurse, 8-3

informaticien *m.*, **informaticienne** *f.* computer scientist, 8-3

information *f.* information

informations *f. pl.* (**les infos**) news, 10-1

informatique *f.* computer science, 8-2

s'informer to get information, 10-3

ingénieur *m.* engineer, 8-3

ingrédient *m.* ingredient

innovateur/-trice innovative

innovation *f.* innovation
inquiet/-ète worried, uneasy, anxious, 7-3
s'inquiéter † to worry, 7-3
inscription *f.* registration, enrollment
    bureau *m.* **des inscriptions** registrar's office, 8-1
insensible insensitive
instable unstable
installer to put in, to install
instant *m.* moment, instant
s'instruire † to educate oneself, to improve one's mind, 10-3
instrument *m.* instrument
insulter to insult
insupportable unbearable
intégrer † to incorporate, to integrate
intelligent/e intelligent, smart, 2-1
intensité *f.* intensity
interactif/-ive interactive
interdiction *f.* ban
interdire † to ban, to forbid
interdit/e *adj.* forbidden
intéressant/e interesting, 8-2
s'intéresser (à) to be interested (in), 7-3
intérieur *m.* inside, interior
interlocuteur *m.*, **interlocutrice** *f.* conversational partner, interlocutor
international/e international
internaute *m./f.* Internet user, 10-2
Internet *m.* Internet, 9-3
    surfer sur Internet to surf the Internet, 10-2
interpréter † to interpret
interrogatif/-ive interrogative
interrogation *f.* quiz
interview *f.* interview
interviewer to interview
intime intimate
s'intituler to be titled
intonation *f.* intonation
intrigue *f.* plot, scheme
invariable invariable
invitation *f.* invitation, 4-3
invité *m.*, **invitée** *f.* guest
inviter to invite, 1-3
Irak *m.* Iraq, 9-2
Iran *m.* Iran, 9-2
irrégularité *f.* irregularity
irrégulier/-ière irregular
Islam *m.* Islam
Italie *f.* Italy, 9-2
italien *m.* Italian (language)
italien/ne *adj.* Italian, 9-2
item *m.* item
itinéraire *m.* itinerary, route
ivoirien/ne Ivorian, 9-2

J

jalousie *f.* jealousy
jaloux/-ouse jealous, 7-3
jamais ever
    ne... jamais never, 3-1
jambe *f.* leg, 7-1
jambon *m.* ham, 5-1
janvier January, 1-2
Japon *m.* Japan, 9-2

japonais *m.* Japanese (language)
japonais/e *adj.* Japanese, 9-2
jardin *m.* garden, yard, 1-3
jardinage *m.* gardening, 2-2
    faire † **du jardinage** to garden, to do some gardening, 2-2
jaser to chatter, prattle (*Can.*)
jaune yellow, 3-3
jazz *m.* jazz, 2-2
je (j') I, P-1
jean *m. sg.* jeans, 3-3
jet *m.* spurt, spray; jet
jeter † to throw / throw out, 4-3
jeu *m.* game, 2-2
    jeu de société board game, 2-2
    jeu électronique video game
    jeu télévisé game show, 10-1
jeudi Thursday, 1-3
jeune *m./f.* young person
jeune *adj.* young, 2-1
jeûne *m.* fast
jeûner to fast
jeunesse *f.* youth, young people
job *m.* **(d'été)** (summer) job
jogging *m.* jogging, 2-2
    faire † **du jogging** to go jogging, to jog, 2-22
joie *f.* joy
joli/e pretty, 2-1
jouer to play, 1-3
    jouer à to play (a sport), 1-3
    jouer de to play (an instrument), 1-3
    jouer une pièce to perform a play
jour *m.* day, 1-3
    ce jour-là that day, 4-1
    jour férié legal holiday, 7-2
journal *m.* newspaper, 10-3
    journal télévisé (le JT) news broadcast, 10-1
journalisme *m.* journalism, 8-2
journaliste *m./f.* journalist, 8-3
journée *f.* day, 3-1
Joyeux Noël ! Merry Christmas!, 7-2
juger † to judge
juif *m.*, **juive** *f.* Jewish
juillet July, 1-2
juin June, 1-2
jumeau *m.*, **jumelle** *f.* twin
jumelé/e twinned
    ville *f.* **jumelée** sister city
jupe *f.* skirt, 3-3
jus *m.* juice, 5-1
    jus d'orange orange juice, 5-1
jusqu'à until, 3-2
juteux/-euse juicy

K

kayak *m.* kayak
kilo *m.* kilo, 5-3
kiosque *m.* newsstand, 10-3

L

la (l') *f.* the, P-1; *pron.* her, it, 6-1
là there, 6-3
là-bas there, over there, 6-3
labo(ratoire) *m.* laboratory, 8-1
    labo(ratoire) de chimie chemistry lab, 8-1

lac *m.* lake, 4-2
laid/e ugly
laine *f.* wool, 3-3
laïque secular
laisser to leave (alone)
    laisser refroidir to let cool
lait *m.* milk, 5-2
lampe *f.* lamp, 6-2
lancer † to throw
    lancer un pari to make a wager
langage *m.* language
langagier/-ière linguistic, of language
langue *f.* tongue, 7-1; language, 8-2
    langue étrangère foreign language, 8-2
    langue maternelle native language, mother tongue, 9-2
laquelle *f.* which one
large big, large, loose-fitting, roomy, 3-3
lavabo *m.* bathroom sink, 3-1
laver to wash
se laver to wash oneself, 3-1
    se laver la figure to wash one's face, 3-1
    se laver les cheveux to wash one's hair, 3-1
    se laver les dents to brush one's teeth
    se laver les mains to wash one's hands, 3-1
le (l') *m.* the, P-1; *pron.* him, it, 6-1
leader *m.* leader
leçon *f.* lesson, 1-3
    leçon de chant singing lesson, 1-3
lecteur *m.*, **lectrice** *f.* reader
lecteur CD *m.* CD player, P-2
lecteur DVD *m.* DVD player, P-2
lecteur ebook *m.* e-book reader / device, 10-3
lecture *f.* reading
légende *f.* caption; legend; key
leger/-ère lightweight
légume *m.* vegetable, 5-2
lequel *m.* which one
les *pl.* the, P-2; *pron.* them, 6-1
lesquels *m. pl.*, **lesquelles** *f. pl.* which ones
lettre *f.* letter
lettres *f. pl.* humanities, 8-2
leur their, 1-2; *pron.* them, 6-2
leurs *pl.* their, 1-2
lever † to raise, 4-3
    lever le doigt to raise one's hand
se lever † to get up, 3-1
    Levez-vous ! Get up / Stand up!, P-2
lèvre *f.* lip
liaison *f.* link, liaison
librairie *f.* bookstore, 2-3
libre free (a person), available, 4-3
    Je ne suis pas libre. I'm not free., 4-3
    Tu es/Vous êtes libre(s) ? Are you free?, 4-3
lien *m.* (Web) link, 10-2
lieu *m.* place
    au lieu de instead of
    avoir † **lieu** to take place, 7-2
    lieu de travail workplace
lieue *f.* league (unit of measurement)
ligne *f.* line
    en ligne online, 10-2
limite *f.* limit, border, edge

limité/e bordered, limited

limonade *f.* lemon-lime carbonated soft drink, 5-1

linguistique *f. sg.* linguistics

lire † to read, 8-2
  Lisez les mots… ! Read the words . . .!, P-2

liste *f.* list

lit *m.* bed, 6-2

litre *m.* liter, 5-3

littérature *f.* literature, 8-2

livre *m.* book, P-2

local/e local

locataire *m./f.* tenant, renter, 6-1

location *f.* rental

logé/e housed

logement *m.* lodgings, accommodations, 9-3

loger † to stay (in a hotel), 9-3

logiciel *m.* software program, 10-2

logique logical

loi *f.* law

loin (de) far (from), 8-1

lointain *adj.* distant, faraway

loisir *m.* leisure time, 2-2
  livre *m.* **de loisirs** book on leisure time or hobbies, 10-3
  loisirs *m. pl.* leisure-time activities, 2-2

long/longue long, 3-3

longtemps a long time, 10-1
  il y a longtemps a long time ago, 4-1

lorrain/ne from the region of Lorraine

lorsque when

loto *m.* lottery, 2-2

louer to rent, 6-1

louisianais/e from Louisiana

lourd/e heavy, 4-1
  Il fait lourd. It's humid., 4-1

loyer *m.* rent, 6-1

lui *m.* him, P-1; *pron.* to him, to her, 6-2
  lui-même *m.* himself

lumière *f.* light
  éteindre les lumières to turn off the lights

lundi Monday, 1-3
  le lundi every Monday, on Mondays, 6-3

lune (Lune) *f.* moon (the Moon)
  être † **dans la lune** to have one's head in the clouds
  lune de miel honeymoon

lunettes *f. pl.* eyeglasses, 3-3
  lunettes de soleil sunglasses, 3-3

lutte *f.* struggle; wrestling

lutter to struggle, fight

luxe *m.* luxury

luxueux/-euse luxurious

lycée *m.* high school, 1-3

M

ma *f. sg.* my, 1-1

machine *f.* machine

macroéconomique *f.* macroeconomics

madame (Mme) Mrs., Ms., P-1

mademoiselle (Mlle) Miss, P-1

magasin *m.* store, 3-3
  grand magasin department store, 3-3

magazine *m.* TV magazine, 10-1; magazine, 10-3
  magazine de télévision published TV listings, 10-3

maghrébin/e North African

magnifique magnificent

mai May, 1-2

maigre skinny, thin, 1-3

maigrir to lose weight, 5-2

mail *m.* e-mail message, 10-2

maillot *m.* **(de bain)** swimsuit, 3-3

main *f.* hand, 3-1

maintenant now, 1-3

maintenir † to maintain, 8-3

maire *m.* mayor

mairie *f.* town hall, 2-3

mais *conj.* but, P-2

maïs *m.* corn
  épi *m.* **de maïs** corn on the cob

maison *f.* house, home, 1-3
  rester à la maison to stay home, 1-3

maître *m.* master

maîtrise *f.* mastery; M.A. or M.S. degree in former French academic system

majeure *f.* **(en)** academic major (in) (*Can.*), 8-2

majeur/e *adj.* principal, major

majoritairement predominantly

majorité *f.* majority

mal *adv.* badly, P-1
  Pas mal. Not bad. P-1

mal *m.* **(maux** *pl.*) pain, ache, 7-1
  avoir † **du mal** (**à** + *inf.*) to have trouble/difficulty (doing *st.*)
  avoir † **mal** to hurt, 7-1
  avoir † **mal à la tête** to have a headache, 7-1
  avoir † **mal au cœur** to be nauseated, 7-1
  avoir † **mal au ventre** to have a stomach ache, 7-1
  avoir † **mal partout** to hurt all over, 7-1

malade *m./f.* sick person

malade *adj.* sick, P-1

maladie *f.* sickness, disease

malgré in spite of

malheureux/-euse unhappy, unfortunate, 7-3

la Manche *f.* English Channel

manière *f.* **de vivre** way of life

manifestation *f.* protest, demonstration

manger † to eat, 2-3

manque *m.* lack

manquer to miss, to be lacking

manteau *m.* overcoat, 3-3

manuel *m.* manual, handbook, textbook

maquillage *m.* makeup, 3-1

se maquiller to put on makeup, 3-1

marche *f.* walking, pace; step
  faire † **de la marche** to walk for exercise, 2-2

marché *m.* market, 2-3
  bon marché *adj. inv.* cheap, inexpensive 3-3
  marché en plein air open-air market

mardi Tuesday, 1-3

mari *m.* husband, 1-1

mariage *m.* wedding, 7-2; marriage

marié *m.*, **mariée** *f.* bridegroom/bride, 7-2

marié/e married, 1-1

marier to match; to marry (*so.*)

se marier to get married, 7-3

marin/e related to the sea

maritime coastal, seaside, maritime

Maroc *m.* Morocco, 9-2

marocain/e Moroccan, 9-2

marque *f.* mark, sign, label

marquer to mark, to signal

marraine *f.* godmother, 7-2

marron *adj. inv.* brown, 3-3

marquant/e *adj.* outstanding, memorable, prominent

mars March, 1-2

masse *f.* group, mass

master : diplôme de master *m.* M.A. or M.S. degree in current French academic system

match *m.* (**matchs** *pl.*) game (sports), 2-2

mathématiques *f. pl.* (**les maths**) mathematics, 8-2

matière *f.* matter, material, subject

matin *m.* morning, 1-3
  du matin in the morning; A.M., 3-2

mauvais/e bad, 3-3
  Il fait mauvais. The weather's bad., 4-1

maux *see* **mal**

McDo *m.* McDonald's restaurant

me (m') *pron.* me, to me, 6-2

mécanicien *m.*, **mécanicienne** *f.* mechanic, 8-3

méchant/e mean, naughty, 2-1

médecin *m.* doctor (M.D.), 7-1

médecine *f.* medicine, 8-2

médias *m. pl.* media, 10-1

médical/e medical

médicament *m.* medicine, drug

médiocre mediocre, 8-2

se méfier to be suspicious

meilleur/e *adj.* better, best, 8-2
  le/la/les meilleur/e/s the best, 8-2
  meilleur/e ami/e *m./f.* best friend
  Meilleurs vœux ! Best wishes!, 7-2

mél *m.* e-mail address (France)

mélanger to mix

melon *m.* cantaloupe, 5-3

membre *m.* member

même same, 3-3; even, 6-1

mémoire *f.* memory

mémoire *m.* long essay, M.A. thesis

ménage *m.* household

mener † to lead, to live (a life)

mensuel *m.* monthly publication, 10-3

mensuel/le monthly, 10-3

mental/e mental

menthe *f.* mint
  thé *m.* **à la menthe** mint tea

mentionner to mention

mentir to lie, 3-2

mer *f.* sea, 4-2
  au bord de la mer at the seashore, 4-2

merci thank you, P-2

mercredi Wednesday, 1-2

mère *f.* mother, 1-1

mériter to earn, to merit

merveilleux/-euse marvelous, wonderful

mes *pl.* my, 1-1

mésaventure *f.* misfortune

message *m.* message

messagerie *f.* voice mail

    messagerie instantanée *f.* instant messaging, 10-2

messe *f.* Catholic mass

mesure *f.* measurement

mesurer to measure

métaphore *f.* metaphor

météo(rologie) *f.* weather forecast, 4-1

méthode *f.* method, technique

métier *m.* occupation, job, 8-3

métro *m.* subway, 9-1

metteur en scène *m.* film or stage director

mettre † to put/place, to put on (clothing), to take (time), 3-3

    mettre † à jour to update, 10-3

    mettre † la table to set the table

meuble *m.* piece of furniture, 6-2

meublé/e furnished, 6-2

meurtre *m.* murder

mexicain/e Mexican, 9-2

Mexique *m.* Mexico, 9-2

micro-ondes *m. inv.* microwave (oven)

midi noon, 3-2

mieux better, 3-2

    le mieux the best, 8-1

    mieux... que better . . . than, 8-1

militaire military

mille one thousand, 6-1

milliard *m.* billion, 6-1

million *m.* million, 6-1

mince *adj.* thin, slender, 2-1

    Mince ! Shoot!, 3-2

mincir to lose weight

mineure *f.* **(en)** (academic) minor (in) (*Can.*), 8-2

mini-jupe *f.* miniskirt, 3-3

ministre *m.* minister, secretary

minorité *f.* minority

minuit midnight, 3-2

minute *f.* minute, 3-1

mobile *adj.* mobile

mobilier *m. sg.* home furnishings, 6-2

mobinaute *m./f.* someone who accesses the Internet via a mobile device, 10-2

mobylette *f.* moped, motor scooter, 9-1

mocassin *m.* loafer, 3-3

moche ugly, 2-1

modalité *f.* mode, modality

mode *f.* fashion, 3-3

    à la mode fashionable, 3-3

mode *m.* form, mode

    mode articulatoire articulatory mode

    mode d'emploi directions

modèle *m.* style, 3-3; model

moderne modern, 6-2

modeste modest

modifier to modify

moi me, P-1

    moi-même myself

moins less, 3-2, minus

    au moins at least

(deux heures) moins le quart a quarter to (two), 3-2

(deux heures) moins vingt twenty to (two), 3-2

moins (de)... que less . . . than, 8-1

    quatre moins deux font deux (4−2=2)

mois *m.* month, 1-2

    le mois prochain next month, 2-3

moitié *f.* half

moment *m.* moment, 4-1

    à ce moment-là at that moment, 4-1

mon *m. sg.* my, 1-1

monde *m.* world

    tout le monde everyone, everybody, 10-2

mondial/e worldwide

moniteur *m.* monitor, 10-2

    moniteur avec un écran plat flat-screen monitor, 10-2

monnaie *f.* currency; change

monotone monotonous

monsieur (M.) Mr., P-1; *m.* man, P-2

monstre *m.* monster

montagne *f.* mountain, 4-2

montée *f.* climbing

monter to go up, 4-2; to increase

montre *f.* watch, 3-2

montrer to show, P-2

monument *m.* monument, 2-3

    monument aux morts veterans' memorial, 2-3

se moquer de to tease, to mock

morceau *m.* piece, 5-3

mort *f.* death

    morts *m. pl.* the dead

mortel/le mortal

mot *m.* word, P-2

    mot apparenté cognate

    mot-clé keyword

    mot juste right word

moto *f.* motorcycle, 4-2

    faire † de la moto to ride a motorcyle, 4-2

motoneige *f.* snowmobile, 4-2

    faire † de la motoneige to go snowmobiling, 4-2

mouche *f.* fly (insect)

    bateau-mouche *m.* Paris sightseeing boat

mouiller to moisten, to wet

    se mouiller to get wet

mourir † to die, 4-2

moutarde *f.* mustard, 5-3

moyen *m.* means, way

    moyen de transport means of transportation, 9-1

moyenne *f.* average, mean

    en moyenne on average

muet/te silent, mute

muguet *m.* lily of the valley, 7-2

    brin *m.* **de muguet** sprig of lily of the valley, 7-2

multifonction multifunction, 10-2

multimédia multimedia, 10-2

multiple multiple

municipal/e municipal, 2-3

mur *m.* wall, 6-2

mûr/e ripe, 5-3

musculation *f.* weight lifting, strength training, 7-1

    faire † de la musculation to do strength/resistance training; to lift weights, 7-1

musée *m.* museum, 2-3

musical/e *adj.* musical, 10-1

musicien *m.*, **musicienne** *f.* musician, 8-3

musique *f.* music, 1-3

    faire † de la musique to play (make) music, 2-2

musulman/e Muslim

mystérieux/-euse mysterious

mythe *m.* myth

N

nager † to swim, 2-3

naissance *f.* birth

naître † to be born, 4-2

narratif/-ive narrative

narration *f.* narrative, account

nasal/e nasal

natation *f.* swimming, 2-2

    faire † de la natation to swim, 2-2

nationalisé/e nationalized

nationalité *f.* nationality, 9-2

nature *f.* nature, 6-3

nature *adj. inv.* plain

    thé nature tea without milk or lemon, 5-1

navet *m.* turnip, 5-3

navette *f.* shuttle, bus, 8-1

navigateur *m.* **(Web)** (web) browser, 10-2

ne... jamais never, 3-1

ne... pas not, 1-3

ne... personne no one, 8-1

ne... rien nothing, 8-1

nécessaire necessary, 9-2

    Il est nécessaire de/que It is necessary (that), 9-2

nécessité *f.* need, necessity

néerlandais *m.* Dutch (language)

néerlandais/e *adj.* Dutch, 9-2

négatif/-ive negative

négliger † to neglect

neige *f.* snow, 4-1

neiger to snow, 4-1

    Il neige. It's snowing, 4-1

néo-zélandais/e from New Zealand, 9-2

neuf nine, 1-2

neuf/neuve *adj.* brand-new, 6-2

neutre *adj.* neutral

neuvième ninth, 6-1

neveu *m.* nephew, 1-1

nez *m.* nose, 7-1

nièce *f.* niece, 1-1

Noël *m.* Christmas, 7-2

noir/e black, 3-3

noix *f.* walnut; nut (generic term)

nom *m.* last name, P-2

nombre *m.* number, 1-2

nombreux/-euse numerous, 1-1

nommer to name

non no, P-1
    non plus neither
    moi non plus me neither
nonante ninety (*reg.*)
nord *m.* north
normalement normally, 1-3
nos *pl.* our, 1-2
note *f.* grade, 8-2
    avoir † une note to have/receive a grade, 8-2
    mettre † une note to give a grade, 8-2
notre *m./f. sg.* our, 1-2
nourrir to nourish
nourriture *f.* food, nourishment
nous we, P-1; *pron.* us, to us, 6-2
    nous-mêmes ourselves
nouveau (nouvel)/nouvelle new, 3-3
    de nouveau again, 3-1
nouveauté *f.* novelty, 10-3
nouvelle *f.* piece of news, 7-3
nouvelles *f. pl.* news
Nouvelle-Zélande *f.* New Zealand, 9-2
novembre November, 1-2
nuage *m.* cloud, 4-1
    Il y a des nuages. It's cloudy., 4-1
nuit *f.* night, 3-1
numéro *m.* number

O

obéir à to obey, 5-2
objectif *m.* objective, goal, target
obligatoire required, 8-2
obliger † to oblige, to force
observer to observe
obtenir † to obtain, 8-3
occasion *f.* chance, opportunity, occasion
    avoir † l'occasion de to have the opportunity to
Occident *m.* the West
occupé/e busy, P-1
    s'occuper de to take care of, 6-3
Océanie *f.* Pacific, 9-2
octante eighty (*reg.*)
octobre October, 1-2
odeur *f.* odor
œil *m.* (**yeux** *pl.*) eye, 7-1
œuf *m.* egg, 5-2
    œuf en chocolat chocolate egg, 7-2
    œufs sur le plat/au plat fried eggs, 5-2
œuvre *f.* work (esp. literary or artistic)
    œuvre d'art work of art
Office *m.* **du tourisme** tourism office, 9-3
officiel/le official
offrir † to give (a gift), 6-2
oignon *m.* onion, 5-3
oiseau *m.* bird, 1-1
olive *f.* olive
omelette *f.* omelet
omniprésent/e omnipresent
on one, people in general, we, 1-3
oncle *m.* uncle, 1-1
*****onze** eleven, 1-2
*****onzième** eleventh, 6-1
opéra *m.* opera
opération *m.* transaction, operation
opinion *f.* opinion
optimiste optimistic, 1-1

option *f.* option, choice
orage *m.* (thunder) storm, 4-1
    Il y a un orage. There is a (thunder) storm., 4-1
oral/e oral
orange *f.* orange (fruit), 5-1
orange *adj. inv.* orange, 3-3
Orangina *m.* Orangina orange soda, 5-1
orchestre *m.* orchestra
ordinaire ordinary
ordi(nateur) *m.* computer, P-2
    ordinateur portable laptop computer, 10-2
ordre *m.* order
oreille *f.* ear, 7-1
organiser to plan, to organize, 2-2
origine *f.* origin
orphelin/e orphaned
ou or, P-1
où *adv./rel. pron.* where, 2-1; *rel. pron.* when, 10-3
oublier (de + *inf.***)** to forget (to do *st.*), 2-3
ouest *m.* west
Ouf ! Whew!, 3-2
oui yes, P-1
ouvrage *m.* **de référence** reference book, 10-3
ouverture *f.* opening
ouvrir † to open, P-2

P

pagne *m.* wrap, piece of (African) cloth
pain *m.* bread, 5-2
    du pain avec du chocolat bread with chocolate, 5-2
    pain au chocolat chocolate croissant, 5-2
    pain de campagne round loaf of bread, 5-3
    pain de mie loaf of sliced bread, 5-3
    pain grillé toast, 5-2
    petit pain roll, 5-3
paire *f.* pair, 3-3
    paire de chaussures pair of shoes, 3-3
paix *f.* peace
pâle pale
pâlir to become pale, 5-2
panier *m.* basket
pantalon *m. sg.* slacks, 3-3
pantouflard/e homebody, stay-at-home, 2-1
papier *m.* paper
paquet *m.* package, 5-3
par by, through
    par e-mail by e-mail (as medium), 10-2
    (deux fois) par jour/semaine (twice) a day/week, 3-1
    par terre on the floor, 6-2
paragraphe *m.* paragraph
parapluie *m.* umbrella, 3-3
parc *m.* park, 2-3
parc *m.* **de stationnement** parking lot (*Can.*), 8-1
parce que because, 2-1
parcourir † to cover
pardon excuse me, P-2
parent *m.* parent, relative, 1-1
paresseux/-euse lazy, 2-1
parfaitement perfectly, completely
parfois sometimes

parfum *m.* perfume
pari *m.* bet, wager
    lancer † un pari to make a bet, to wager
parier to bet
parler to speak, P-2
    parler au téléphone to talk on the phone, 1-3
    Parlez plus fort ! Speak louder!, P-2
parmi among
paroisse *f.* parish; administrative unit in Louisiana
parrain *m.* godfather, 7-2
part *f.* piece, portion, share
partager † to share, 5-1
partenaire *m./f.* partner
participe *m.* participle
    participe passé past participle
participer à to participate in
particulier/-ière particular, specific, exceptional, special
    en particulier especially, in particular
partie *f.* part
    faire † partie de to belong to
partir to leave, 3-2
    à partir de from
    partir en vacances to go on vacation, 4-2
partitif/-ive partitive
partout everywhere, all over, 7-1
pas not, P-1
    ne... pas not, 1-3
    pas du tout not at all
    pas mal not bad, P-1
    pas tout à fait not quite, 4-2
passage *m.* passage
passager *m.,* **passagère** *f.* passenger
passé *m.* past
    passé composé compound past tense
    passé simple literary past tense
passeport *m.* passport, 9-1
passer to go/come by, 4-2; to spend (time), 4-3
    passer une soirée tranquille to spend a quiet evening, 4-3
    se passer to happen, 7-3
passion *f.* passion
passionné/e passionate
patate *f.* potato (*Can.*)
pâte *f.* pasta, 5-3; dough
pâté *m.* pâté, 5-3
patience *f.* patience
patient/e *adj.* patient
patin *m.* **à glace** ice skate; ice-skating
patin *m.* **à roulettes** roller skate; roller-skating
patinage *m.* skating
pâtissier *m.,* **pâtissière** *f.* pastry chef
pâtisserie *f.* pastry, 5-3; pastry shop
patron *m.,* **patronne** *f.* boss
pauvre poor
pavillon *m.* building, 8-1
    le pavillon principal main building, 8-1
payer to pay
pays *m.* country, 9-2
Pays-Bas *m. pl.* the Netherlands, 9-2
peau *f.* skin
pêche *f.* peach, 5-3

pêche *f.* fishing, 4-2
  aller à la pêche to go fishing, 4-2
peigne *m.* comb, 3-1
peint/e *adj.* painted, depicted
peinture *f.* painting, 8-2
pendant during, for, 3-2
  pendant que while
pensée *f.* thought
penser (à/de) to think (of *so.*/about *so.* or *st.*), 10-1
  Je pense que… I think that . . .
  Je pense que non. I don't think so.
  Je pense que oui. I think so.
perdre to lose, to waste, 4-1
  perdre son sang-froid to lose one's composure, self-control, 7-3
père *m.* father, 1-1
période *f.* period
permettre † (à, de) to permit (*so.* to do *st.*)
permis *m.* permit, 8-1
  permis de conduire driver's license, 9-1
persil *m.* parsley
personnage *m.* character
  personnage principal main character, 10-1
personnalisé/e personalized
personne *f.* person, P-1
personne : ne… personne no one, nobody, 5-2
personnel/le personal
perspective *f.* perspective
persuader to persuade
perte *f.* loss
pessimiste pessimistic, 1-1
petit/e short, small, little, 2-1
petit-déjeuner *m.* breakfast, 5-2
petite annonce *f.* classified ad
petite-fille *f.,* (**petites-filles** *pl.*) granddaughter, 1-1
petit-fils *m.,* (**petits-fils** *pl.*) grandson, 1-1
petit pois *m.* pea, 5-3
petits-enfants *m. pl.* grandchildren, 1-1
peu *m.* a little, 1-1
  peu à peu little by little, gradually
peuple *m.* people
peur *f.* fear
  avoir † peur (de/que)… to be afraid (of/that) . . ., 10-1
  faire † peur to frighten, scare
peut-être maybe, 2-1
pharmacie *f.* pharmacy
pharmacien *m.,* **pharmacienne** *f.* pharmacist, 8-3
phénomène *m.* phenomenon
philosophie *f.* philosophy, 8-2
photographe *m./f.* photographer
photo(graphie) *f.* photograph, photography, 2-1
phrase *f.* sentence
physiologie *f.* physiology, 8-2
physique *f. sg.* physics, 8-2
physique *m. sg.* physical traits, 2-1
physique *adj.* physical
piano *m.* piano, 1-3
  jouer du piano to play the piano, 1-3
pièce *f.* play, 2-3; room 6-1
  un cinq-pièces *m.* apartment with five rooms, plus kitchen and bathroom(s), 6-1

pièce de monnaie coin
pièce jointe (e-mail) attachment, 10-2
pied *m.* foot, 7-1
  à pied on foot, 9-1
pierre *f.* stone
piétonnier/-ière for pedestrians
piquant/e spicy, hot
pique-nique *m.* picnic, 4-2
  faire † un pique-nique to have a picnic, 4-2
piquer to sting
pire worse
piscine *f.* swimming pool, 2-3
pizza *f.* pizza, 5-1
placard *m.* cupboard, kitchen cabinet, 6-2
place *f.* (city) square, 2-3; seat, place, 4-3
plage *f.* beach, 4-2
se plaindre to complain
plaisanter to joke
  Tu plaisantes ! You're joking!
plaisir *m.* pleasure, 4-3
  avec plaisir with pleasure, 4-3
plan *m.* map, 8-1, blueprint
  plan de ville city map, 9-1
  plan du campus map of campus, 8-1
planche *f.* board
planche à voile *f.* windsurfing, windsurfing board, 4-2
  faire † de la planche à voile to windsurf, 4-2
planète *f.* planet
planifier to plan
plantain *m.* plantain
plante *f.* plant, 6-2
plat *m.* dish or course, 5-2
  plat garni main dish served with vegetables
  plat préparé prepared dish, 5-3
  plat principal main dish, 5-2
plein/e (de) full (of), 10-1
plein air open air, outdoor, 8-3
pleurer to cry, 7-3
pleuvoir † to rain, 4-1
  Il pleut. It's raining., 4-1
pluie *f.* rain, 4-1
plupart : la plupart des *f.* the majority, most
plus *adv.* more; plus
  deux plus deux font quatre (2+2=4)
  moi non plus me neither
  non plus neither
  plus (de)… que more . . . than, 8-1
plusieurs several
plutôt more, rather, 10-1
poche *f.* pocket
poêle *f.* frying pan
poème *m.* poem
poésie *f.* poetry, 10-3
poète *m./f.* poet
poignée *f.* handful
point *m.* point, period
poire *f.* pear, 5-2
poirier *m.* pear tree
poison *m.* poison
poisson *m.* fish, 5-2
poissonnerie *f.* seafood shop, 5-3
poitrine *f.* chest
poivre *m.* pepper, 5-2

poivron *m.* (bell) pepper, 5-3
  poivron rouge red (bell) pepper, 5-3
  poivron vert green (bell) pepper, 5-3
policier : film *m.* **policier** detective/police film, 10-1
polo *m.* polo shirt, 3-3
pomme *f.* apple, 5-2
pomme de terre *f.* potato, 5-2
ponctuel/le punctual
populaire popular
popularité *f.* popularity
porc *m.* pork, 5-3
portable *m.* cell phone, 9-2; laptop computer 10-2
porte *f.* door, P-2
portée *f.* reach
portefeuille *m.* wallet, 9-1
porte-monnaie *m. inv.* change purse, 9-1
porter to wear, 3-3; to carry
portrait *m.* portrait
portugais *m.* Portuguese (language)
portugais/e *adj.* Portuguese, 9-2
Portugal *m.* Portugal, 9-2
posé/e stated, asked; put down
poser to place, to put
  poser une question to ask a question, 2-1
positif/-ive positive
posséder † to possess, 6-3
posséssif/-ive possessive
possibilité *f.* possibility
possible possible
postal/e postal
poste *f.* post office
poste *m.* job, position
poster *m.* poster
pot *m.* jar, 5-3
potager *m.* vegetable garden, 6-3
poudre *f.* powder
  poudre à pâte baking powder (*Louisiana*)
poule *f.* hen
poulet *m.* chicken, 5-2
pouls *m.* pulse
poumon *m.* lung, 7-1
pour for, 2-1
  pour (+ *inf.*) in order to (do *st.*)
pourcentage *m.* percentage
pourquoi why, 2-1
  pourquoi pas ? why not?
poursuivre † to pursue, to continue
pousser to push, to encourage
pouvoir *m.* power
pouvoir † can, to be able to, 7-3
poux *m. pl.* lice
pratique *f.* practice
pratique *adj.* practical, 6-2
pratiquer to do, to engage in
pré *m.* meadow
préambule *m.* preamble, prelude
précédé/e preceding
précis/e precise
précision *f.* precision, preciseness
prédécesseur *m.* predecessor
prédiction *f.* prediction
prédire † to predict, to foretell
préfecture *f.* **de police** police headquarters
préférence *f.* preference

préférer † to prefer, 4-3
préhistorique prehistoric, 9-3
premier/-ière first, 1-1
    C'est le premier mai. It's May first., 1-2
    en premier *adv.* first
prendre † to have (to eat or drink); to have a meal, 5-1; to take
    prendre † **congé** to take leave, say good-bye
    prendre † **le petit-déjeuner** to have breakfast, 5-2
    prendre † **un bain** to take a bath, 3-1
    prendre † **une douche** to take a shower, 3-1
    Prenez un stylo ! Take a pen!, P-2
prénom *m.* first name, P-2
prénominal/e prenominal, before the noun
préparatifs *m. pl.* preparations
préparer to prepare, 1-3
    préparer le dîner to fix dinner, 1-3
    préparer un diplôme (en) to do a degree (in), 8-2
    préparer un examen to study for an exam
    préparer une leçon to prepare for a lesson/class
préposition *f.* preposition
près (de) near (to), 8-1
    tout près (de) very near, 8-1
présent *m.* present, present tense
présentateur *m.*, **présentatrice** *f.* presenter; newscaster
présenter to introduce, present, P-1
    Je te/vous présente Jean-Louis. Let me introduce Jean-Louis to you., P-1
    se présenter to introduce oneself
préserver to preserve, to keep
président/e *m./f.* president
presque almost
presse *f.* press, 10-3
pressé/e squeezed; in a hurry
    citron *m.* **pressé** lemonade, 5-1
prestige *m.* prestige, 8-3
prestigieux/-euse prestigious
prêt/e ready
prêter to lend, 6-2
prétexte *m.* excuse
prêtre *m.* priest
prévenir † to prevent, to avoid; to warn someone
prier to beg, to pray
    Je vous en prie/Je t'en prie. You're welcome., P-2; please, 7-3
prière *f.* prayer
primaire primary
principal/e main, principal, 8-1
printemps *m.* spring, 4-1
    au printemps in the spring
priorité *f.* priority
pris/e : Je suis pris/e. I'm busy. I have a previous engagement., 4-3
privé/e private
privilégier to favor
prix *m.* price, 3-3; prize
probable probable
probablement probably
problème *m.* problem
    sans problème no problem, 5-1

procéder † to procede, to behave
prochain/e next, 2-3
proche *m.* close relative, relation
proche *adj.* close, nearby
producteur *m.*, **productrice** *f.* producer
produit *m.* product
prof *m./f.* (*fam.*) prof, professor
professeur *m.* professor, P-2; teacher, 7-3
professeure *f.* professor, teacher (*Can.*)
profession *f.* profession, 8-3
profond/e deep
programme *m.* program, schedule, platform
    programme d'études course of study
    programme télé TV schedule, listing, 10-1
progression *f.* progression, development
projet *m.* project, 8-2; (future) plan
    projets de vacances *m. pl.* vacation plans, 4-2
promenade *f.* walk, stroll, 2-2
    faire † **une promenade** to take a walk, 2-2
se promener † to take a walk, 7-3
promettre † (**à** *qqn* **de** *inf.*) to promise (*so.* to do *st.*)
pronom *m.* pronoun
    pronom complément d'objet direct direct-object pronoun
    pronom complément d'objet indirect indirect-object pronoun
    pronom disjoint stressed pronoun
    pronom réfléchi reflexive pronoun
    pronom relatif relative pronoun
    pronom sujet subject pronoun
pronominal/e pronominal
prononcer to pronounce
prononciation *f.* pronunciation
propos *m.* remark
    à propos de on the subject of, about
proposer to propose, to suggest
proposition *f.* suggestion, proposal, proposition
    proposition de loi (legislative) bill
propre (one's) own, 6-1; clean
propriétaire *m./f.* landlord/landlady; homeowner, 6-1
prouver to prove
proverbe *m.* proverb
province *f.* province
provisions *f. pl.* food supplies
provoquer to provoke
proximité *f.* nearness, closeness, proximity
prune *f.* plum
psychologie *f.* psychology, 8-2
psychologique psychological
public *m.* public, 8-3
    avoir † **un contact avec le public** to have contact with the public, 8-3
public/publique *adj.* public
publicitaire *adj.* promotional, advertising
publicité *f.* (**une pub**) advertisement, 10-3
publier to publish
puce *f.* flea
    marché *m.* **aux puces** flea market
puis then, 4-2

pull(-over) *m.* pullover sweater, 3-3
punir to punish, 5-2
punition *f.* punishment

Q

qualification *f.* label, description, qualification
quand when, 2-1
    quand même anyway, just the same
quantité *f.* quantity, 5-3
quarante forty, 1-2
quart *m.* quarter, 3-2
    (deux heures) et quart a quarter after (two), 3-2
    (deux heures) moins le quart a quarter to (two), 3-2
quartier *m.* neighborhood, 6-1
quatorze fourteen, 1-2
quatorzième fourteenth, 6-1
quatre four, 1-2
quatrième fourth, 6-1
quatre-vingts eighty, 1-2
quatre-vingt-dix ninety, 1-2
quatre-vingt-onze ninety-one, 1-2
que (qu') *conj.* that, 8-1
que (qu') *rel. pron.* what, whom, which, that, 10-3
    qu'est-ce que/qui… ? what . . .?, 5-2
    Qu'est-ce que tu as ? What's wrong?, 7-3
quel/le which, 4-2
    Quel âge as-tu/avez-vous ? How old are you?, 1-2
    Quel est ton/votre âge ? What's your age?, 1-2
    Quelle est la date ? What's the date?, 1-2
    Quelle est votre saison préférée ? What's your favorite season?, 4-2
    Quelle heure est-il ? What time is it?, 3-2
    Quel temps fait-il ? What's the weather like?, 4-1
quelque some
quelque chose something, 5-2
    quelque chose à boire something to drink, 5-1
    quelque chose à manger something to eat, 5-1
quelquefois sometimes, 3-1
quelqu'un someone, 8-1
    quelqu'un d'autre someone else
question *f.* question, 2-1
    poser une question to ask a question, 2-1
questionnaire *m.* questionnaire, survey
qui who, whom, 2-1; which, that, 10-3
quiche *f.* quiche
    quiche lorraine quiche with bacon and Swiss cheese
quinze fifteen, 1-2
quinzième fifteenth, 6-1
quitter to leave, 3-2
quoi what, 5-2
    n'importe quoi anything, no matter what
    Quoi de neuf ? What's new?
quotidien *m.* daily publication, 10-3
quotidien/ne *adj.* daily

raconter to tell (a story), 10-1
radio *f.* radio, 1-3
    écouter la radio to listen to the radio, 1-3
radio-réveil *m.* clock radio, 3-2
rafraîchissant/e refreshing, cold 5-1
raisin *m.* grape, 5-3
    raisin sec raisin
raison *f.* reason
    avoir † raison to be right
raisonnable reasonable, 1-1
rajouter to add (some) more
ralentir to slow down
randonnée *f.* hike, 4-2
    faire † une randonnée to take a hike, 4-2
ranger † to tidy up, to put away, 6-2; to arrange
rap *m.* rap music
rapide quick, rapid
rapidement quickly, rapidly
rapidité *f.* speed, quickness
rappel *m.* reminder
se rappeler † to remember, 7-3
rapport *m.* relationship; report
rare rare
rarement rarely, 3-1
se raser to shave, 3-1
rasoir *m.* razor, 3-1
rater to miss
ravi/e delighted, 4-3
rayon *m.* supermarket section, aisle, 5-3
    rayon boucherie meat counter, 5-3
    rayon boulangerie-pâtisserie bakery/pastry aisle, 5-3
    rayon charcuterie deli counter, 5-3
    rayon crèmerie dairy aisle, 5-3
    rayon fruits et légumes produce aisle, 5-3
    rayon poissonnerie fish counter, 5-3
    rayon surgelés frozen foods, 5-3
réagir to react
réalisateur *m.*, **réalisatrice** *f.* film director, 10-1
réaliste realistic, 1-1
réalité *f.* reality
récemment recently
recensement *m.* census
récent/e recent
réception *f.* welcome; reception (room)
réceptionniste *m./f.* receptionist
recette *f.* recipe
recevoir † to receive
réchauffer to reheat
recherche *f.* research, 10-2
    à la recherche de in search of
    faire † de la recherche to do research
récipient *m.* container
réciprocité *f.* reciprocity
récit *m.* narrative, 4-2
réciter to recite
recommandation *f.* recommendation, 10-3
recommander to recommend
recommencer (à + *inf.*) † to begin again (to do *st.*)
récompense *f.* reward, award
rédaction *f.* composition, short essay
rédiger † to compose, write

réduire † to reduce, 7-1
réel *m.* what is real, reality
réfléchi/e reflexive; thoughtful
réfléchir à *qqch.* to think of/about *st.*, 5-2
refléter † to reflect
réflexion *f.* reflection
réforme *f.* reform
refrain *m.* chorus, refrain
réfrigérateur *m.* (**un frigo**, *colloq.*) refrigerator, 6-2
refuser (de + *inf.*) to refuse (to do *st.*), 4-3
regarder to look at, to watch, 1-3
    regarder la télé to watch TV, 1-3
    regarder un film to watch a film on TV, 1-3
    Regardez le tableau ! Look at the board!, P-2
régime *m.* diet, 7-1
    être † au régime to be on a diet
    faire † /suivre † un régime to diet, 7-1
région *f.* area, region
régional/e regional
règle *f.* ruler, P-2; rule
régler † to settle, to pay for
regret *m.* regret
regretter to be sorry, to regret, 4-3
régulier/-ière regular
régulièrement regularly, 7-1
reine *f.* queen
rejeter † to reject
relation *f.* relation, relationship
    relation familiale *f.* family relation, 1-1
    relations internationales *f.pl.* international relations, 8-2
relier to join, to link together
religieux/-euse religious
religion *f.* religion
relire † to reread
remarié/e remarried, 1-1
rembourser to reimburse
remercier to thank, P-2
remettre † to hand in/over, 6-2
remplacer † to replace
remplir to fill
remue-méninges *m. inv.* brainstorming
rencontrer to meet
    se rencontrer to meet (each other), 7-3
rendez-vous *m.* meeting, date, appointment, 4-3
rendre (à + *qqn*) to hand in (to *so.*), P-2; to give back (to *so.*), 4-1
    rendre visite à *qqn* to visit *so.*, 4-1
rénové/e renovated, 6-2
renseignement *m.* information, 9-3
renseigner to inform
    se renseigner to get information, 9-3
rentrée *f.* back-to-school
rentrer to return home, 3-1; to go/come home, 4-2
répandu/e widespread
réparer to repair
repartir to leave again
repas *m.* meal, 5-2
    repas équilibré balanced meal, 7-1
répéter † to repeat, P-2; to rehearse
replanter to replant
réplique *f.* line, reply, retort

répondre to answer, 4-1
    Répondez en français ! Answer in French!, P-2
reportage *m.* special report (esp. news), 10-1
repos *m.* rest, 4-2
se reposer to rest, 7-3
reprendre † to take back
représentant *m.*, **représentante** *f.* **de commerce** sales representative, 8-3
représentation *f.* (theatrical) production; representation
représenter to represent, to account for
reproduire † to reproduce
réputation *f.* reputation
réseau *m.* network, 10-2
    réseau sans fil wireless network, 10-2
    réseau social social network, 10-2
réservation *f.* reservation, 9-3
    faire une réservation sur Internet to make a reservation online, 9-3
réservé/e reserved, 1-1
réserver to reserve
résidence *f.* residence hall, 2-2
résidentiel/le residential, 6-1
résister to resist
résoudre to resolve, to solve
responsabilité *f.* responsibility, 8-3
restaurant *m.* restaurant, 1-3
    restaurant universitaire (resto U) dining hall, 8-1
restauration *f.* restaurant business; restoration
    restauration rapide fast-food business
rester to stay, 1-3
    rester à la maison to stay home, 1-3
    rester à la résidence to stay in the dorm, 2-2
    rester en forme to stay in shape, 7-1
résultat *m.* result
résumé *m.* summary
résumer to summarize
résurrection *f.* resurrection
retard : être en retard to be late, 3-2
retenir † to retain, 8-3
retomber to fall again
retoucher to edit, to touch up, 10-2
retour *m.* return
    de retour *adv.* back
retourner to go back, to return 4-2
retraite *f.* retirement
    prendre † la retraite to retire
retransmis/e broadcast
retrouver (*qqn*) to meet up with (*so.*), 8-3
se retrouver to meet, 4-3; to meet up with, 7-3
réunion *f.* meeting, 9-2
se réunir to get together
réussir (à) to succeed/pass, 5-2
rêve *m.* dream
    faire † un rêve to have a dream
réveil *m.* alarm clock, 3-2
réveillé/e awake
(se) réveiller to wake up, 3-1
réveillon *m.*
    réveillon de Noël Christmas Eve dinner or party, 7-2

réveillon du Jour de l'An New Year's Eve dinner or party, 7-2

révéler † to reveal, to bring to light

revenir † to come back, 4-2

rêver (de + *qqch.*, de + *inf.*) to dream (of *st.*, of doing *st.*)

réviser to review, 1-3

revoir † to see again

    au revoir good-bye, P-1

révolution *f.* revolution

revue *f.* review, journal

rez-de chaussée *m.* **(RdeCh)** ground floor, 6-1

rhume *m.* cold

rideau *m.* curtain, 6-2

rien *m.* nothing

    De rien. Not at all. You're welcome., P-2

    ne… rien nothing, 5-2

rigoler to joke, 10-1; to laugh (*colloq.*)

    Tu rigoles ? Are you kidding?, 10-1

rire *m.* laugh

rire to laugh

risque *m.* risk

risquer (de + *inf.*) to risk, to run the risk of (doing *st.*)

rite *m.* rite, ritual

rituel *m.* ritual

rivière *f.* large stream or river (tributary), 6-3

riz *m.* rice, 5-2

robe *f.* dress, 3-3

robot *m.* robot

rock *m.* rock music, 2-2

roi *m.* king

rôle *m.* role, part

roman *m.* novel, 8-2

romanche *f.* Romansch (Romance language spoken in Switzerland)

rompre † to break, to break up

rond/e round

rosbif *m.* roast beef, 5-3

rose *f.* rose (flower)

rose *adj.* pink, 3-3

rosé *m.* rosé wine, 5-1

rôti *m.* roast, 5-3

    rôti de porc pork roast, 5-3

rôtie *f.* piece of toast (*Can.*), 5-2

rouge red, 3-3

rougir to blush, 5-2

routine *f.* routine, 3-1

roux/rousse redhead, red-haired, 2-1

rue *f.* street, 6-1

rugby *m.* rugby, 2-2

rupture *f.* break, rupture

rural/e rural, 9-3

russe *m.* Russian (language)

russe *adj.* Russian, 9-2

Russie *f.* Russia, 9-2

rythme *m.* rhythm

S

sa *f. sg.* his, her, 1-1

sac *m.* bag, purse, 3-3

    sac à dos backpack, 9-1

    sac à main ladies' handbag

    sac en plastique plastic bag

sage wise; well-behaved (for children)

    Sois/Soyez sage ! Be good!

saisir to understand, to get, to grasp

saison *f.* season, 4-1

salade *f.* salad, lettuce, 5-1

    salade verte green salad, 5-1

salaire *m.* salary, 8-3

salle *f.* room, P-2

    salle à manger dining room, 6-1

    salle de bains bathroom, 6-1

    salle de classe classroom, P-2

    salle de séjour living room, 6-1

    salle informatique computer lab, 8-1

saluer to greet, P-1

salut hi, 'bye, P-1

samedi Saturday, 1-2

sandale *f.* sandal, 3-3

sandwich *m.* **(sandwichs** *pl.*) sandwich, 5-1

    sandwich au fromage cheese sandwich, 5-1

    sandwich au jambon ham sandwich, 5-1

sang *m.* blood

sang-froid *m.* composure, 7-3

sans without, P-2

    sans doute undoubtedly

santé *f.* health, 7-1

sapin *m.* evergreen tree, 6-3; Christmas tree, 7-2

sardine *f.* sardine, 5-3

satellite *m.* satellite

sauce *f.* sauce

saumon *m.* salmon, 5-3

saupoudrer to sprinkle, to dust

sauter to jump, to skip

    faire sauter une crêpe to flip a crêpe

    sauter un repas to skip a meal, 7-1

sauvegarder (un fichier) to save (a file), 10-2

savoir † (+ *inf.*) to know (how to do *st.*), 7-3

savon *m.* soap, 3-1

savoyard/e from the region of Savoie

saxophone *m.* saxophone, 2-2

scanner *m.* scanner, 10-3

scénario *m.* screenplay, script, scenario

scène *f.* scene; stage

science *f.* science, 8-2

    science-fiction *f.* science fiction, 10-1

        film *m.* **de science-fiction** science fiction movie, 10-1

    sciences de l'éducation education, 8-2

    sciences économiques economics, 8-2

    sciences humaines social sciences, 8-2

    sciences naturelles natural sciences, 8-2

    sciences physiques physical sciences, 8-2

    sciences politiques political science, 8-2

scientifique scientific

sculpture *f.* sculpture

séance *f.* showing at a movie theater

sec/sèche dry

secondaire secondary

secrétaire *m./f.* secretary, 8-3

sécurité *f.* security

sédentaire unmoving, sedentary

seigneur *m.* lord

seize sixteen, 1-2

seizième sixteenth, 6-1

séjour *m.* living room, 6-1; stay (abroad, on vacation)

sel *m.* salt, 5-2

selon according to

semaine *f.* week, 1-3

    la semaine prochaine next week, 2-3

    par semaine per week

semblable *adj.* similar

sembler to appear

    il me semble it seems to me, 6-3

semestre *m.* semester, 8-2

semi-voyelle *f.* semivowel, glide

semoule *f.* semolina

Sénégal *m.* Senegal, 9-2

sénégalais/e Senegalese, 9-2

sensible sensitive

sentiment *m.* feeling, 7-3

sentimental/e sentimental, 7-3

se sentir to feel

séparément separately

se séparer to separate, 7-3

sept seven, 1-2

septante seventy (*reg.*)

septembre September, 1-2

septième seventh, 6-1

séquence *f.* sequence, segment

série *f.* series, TV series, 10-1

sérieux/-euse serious, 2-1

se serrer la main to shake hands

serveur *m.*, **serveuse** *f.* server (in restaurant), 5-1

services *m. pl.* service sector, 8-3

serviette *f.* (**de toilette**) towel, 3-1

servir to serve, 3-2

    se servir de (*qqch.*) to use (*st.*), 10-2

ses *pl.* his, her, 1-1

seul/e only, single, alone

seulement only, 5-1

Seychelles *f. pl.* Seychelle Islands, 9-2

shampooing *m.* shampoo, 3-1

shopping *m.* shopping, 4-2

    faire † du shopping, to shop, 4-2

short *m. sg.* shorts, 3-3

si yes, 1-3; if, whether, 7-3

SIDA *m.* AIDS

siècle *m.* century

sieste *f.* nap

    faire † la sieste to take a nap

sigle *m.* initials, acronym

signaler to indicate, to be a sign of, to point out

signe *m.* sign

signification *f.* meaning

signifier to mean

silence *m.* silence

s'il vous/te plaît please, P-2

similaire alike, similar

similarité *f.* likeness, similarity

simplifier to simplify

singulier/-ière singular

sinon *adv.* otherwise, or else

sirène *f.* siren

sirop *m.* syrup

    sirop d'érable maple syrup

site *m.* site, 9-3

    site culturel cultural site, 9-3

    site historique historical site, 9-3

    site Web web site, 10-2

situé/e located, situated, 6-1
situer to situate
six six, 1-2
sixième sixth, 6-1
ski *m.* skiing, 4-2
    faire † du ski to ski, 4-2
    faire † du ski nautique to water
    ski, 4-2
slogan *m.* slogan
smartphone *m.* smart phone, 10-2
snack-bar *m.* snack bar
sociable outgoing, 1-1
socialisme *m.* socialism
sociologie *f.* sociology, 8-2
sœur *f.* sister, 1-1
soie *f.* silk, 3-3
soif *f.* thirst, 5-1
    avoir † soif to be thirsty, 5-1
soir *m.* evening, 1-3
    ce soir tonight, 2-3
    du soir in the evening, P.M., 3-2
soirée *f.* evening, 4-3
    Bonne soirée ! Have a good evening!
sois *see* être
soit *conj.* that is to say
soixante sixty, 1-2
soixante-dix seventy, 1-2
soixante-et-onze seventy-one, 1-2
soixante-et-un sixty-one, 1-2
sol *m.* ground, earth
    sous-sol *m.* basement, underground, 6-1
solaire *adj.* solar
solde *f.* sale
    en solde on sale
soldé/e *adj.* on sale
soleil *m.* sun, 4-1
    Il y a du soleil. It's sunny., 4-1
solution *f.* solution
solutionner to solve, to resolve
sommaire *m.* brief table of contents
somme *f.* amount, sum
sommet *m.* top, summit
son *m. sg.* his, her, 1-1
son *m.* sound
    spectacle *m.* son et lumière sound and
    light historical production, 9-3
sondage *m.* survey, poll
sonner to ring, 3-2
sophistiqué/e sophisticated
sorte *f.* sort, kind, type
sortie *f.* outing, trip; exit
sortir to go out, 3-2
souci *m.* worry, concern
    se faire † du souci to worry, 7-3
souffler to blow out, 7-2
souhaiter to hope, to wish, 9-3
soupe *f.* soup, 5-2
souper *m.* dinner (*Can.*)
souper to have supper/dinner
source *f.* source, credit
souris *f.* mouse, 10-2
    souris sans fil wireless mouse, 10-2
sous under, below, 6-2
    sous les toits in the attic, 6-2
sous-sol *m.* basement, 6-1
sous-titre *m.* subtitle, 10-1
sous-titré/e subtitled

soutenir † to support, uphold, 8-3
souvenir *m.* memory, recollection; souvenir,
    memento
se souvenir de † to remember
souvent often, 3-1
soyez *see* être
spacieux/-euse spacious, 6-2
spécial/e peculiar, special
spécialisation *f.* (en) major (in), 8-2
spécialité *f.* speciality
spécifier to specify, to indicate
spectacle *m.* show, 4-3
    arts *m. pl.* du spectacle performing arts,
    8-2
    spectacle son et lumière sound and
    light historical production, 9-3
spectateur *m.*, spectatrice *f.* audience mem-
    ber, onlooker, witness
    spectateurs *m. pl.* the audience
sport *m.* sport, 2-2
    faire † du sport to do/play sports, 2-2
    sport d'hiver winter sport, 4-2
sportif/-ive athletic, 2-1
stable stable
stade *m.* stadium, 2-3
standardiser to standardize
station *f.* de métro subway stop, 8-1
stationnement *m.* parking
    parc *m.* de stationnement parking lot
    (*Can.*), 8-1
statistique *f.* statistic
stéréotype *m.* stereotype
stratégie *f.* strategy
stress *m.* stress, 7-1
stressé/e stressed out, P-1
strophe *f.* stanza
structure *f.* structure, system, organization
studio *m.* studio apartment, 6-1
style *m.* style
stylo *m.* pen, P-2
subjonctif *m.* subjunctive mood
substantif *m.* noun
succès *m.* success
successif/-ive successive
succession *f.* sequence, succession
sucre *m.* sugar, 5-1
sucré/e sweet (for food)
sud *m.* south
suffisamment *adv.* sufficiently
suggérer † to suggest, 4-3
Suisse *f.* Switzerland, 9-2
suisse *adj.* Swiss, 9-2
suivant/e *adj.* following, next
suivi/e *adj.* consistent, continuous
    suivi/e de followed by
suivre † to follow, 8-2
    suivre † un cours to take a course, 8-2
    suivre † un régime to be on a diet, 7-1
sujet *m.* subject
super super, 3-2
superbe superb
superlatif *m.* superlative
supermarché *m.* supermarket, 5-3
superstition *f.* superstition
supplément *m.* extra or additional part
supplémentaire extra or additional
sur on, on top of, 6-2

sûr/e sure
    bien sûr of course, 2-1
    sûr de lui/ sûre d'elle self-assured,
    self-confident
surf *m.* surfing, 4-2
    faire † du surf to surf, 4-2
    faire † du surf des neiges to
    snowboard, 4-2
surfer (sur Internet) to surf (the
    Internet), 10-3
surgelé/e *adj.* frozen, 5-3
surgelés *m. pl.* frozen foods, 5-3
surprenant/e surprising
surprendre † to surprise
surpris/e surprised, 7-3
surtout above all, 6-2
sympa(thique) nice, 1-1
syncopé/e syncopated, irregular (rhythm)
syndicat *m.* (trade) union
    Syndicat d'initiative tourist office
système *m.* system

T

ta *f. sg.* your, 1-1
tabac *m.* tobacco; specialty shop for tobacco
    products, newspapers, magazines
table *f.* table
    table basse coffee table, 6-2
tableau *m.* chalkboard, P-2; painting; chart,
    table
    tableau blanc whiteboard, P-2
tablette : tablette *f.* tactile touch screen
    tablet, 10-2
Tahiti Tahiti, 9-2
tahitien/ne Tahitian, 9-2
taille *f.* size; waist
    de taille moyenne of medium height, 2-1
tailleur *m.* women's suit, 3-3
talon *m.* heel
    chaussure *f.* à talons high-heeled shoe,
    3-3
    talons hauts high heels
    talons plats flat heels
tandis que while, whereas
tante *f.* aunt, 1-1
taper to type
tapis *m.* rug, 6-2
tard late, 3-1
tarte *f.* pie, 5-3
    tarte aux pommes apple pie, 5-2
tartelette *f.* small pie or tart
tartine *f.* slice of bread with butter or jam, 5-2
tasse *f.* cup, 5-1
taxi *m.* taxi, 9-1
te (t') *pron.* you, to you, 6-2
technicien *m.* (de labo), technicienne *f.* (de
    labo) (lab) technician, 8-3
technologie *f.* technology, 10-2
technologique technological
technophile *m.* technology-lover
technophobe *m.* technology-hater
tee-shirt *m.* T-shirt, 3-3
télé *f. see* télévision
téléachat : émission de téléachat *m.* info-
    mercial, 10-1
télécharger to download, to upload, to
    stream, 10-2

télécommande f. remote control, 10-1

téléfilm m. made-for-TV movie, 10-1

téléphone m. telephone, 1-3

téléphoner (à qqn**)** to call (so.), 1-3
> **se téléphoner** to phone each other, 7-3

téléréalité f. reality TV, 10-1

télévisé/e : journal télévisé television news, 10-1

téléviseur m. television, TV set

télévision f. TV, television, P-2

témoin m. witness, 7-2

tempérament m. disposition, temperament

température f. temperature, 4-1

temps m. weather, 4-1; time; tense
> **depuis combien de temps… ?** for how long . . .?, 10-3
> **de temps en temps** from time to time, 7-1
> **Quel temps fait-il ?** What's the weather like?, 4-1

tendance f. tendency

tendre tender, affectionate

tendresse f. tenderness

Tenez ! Here!, 3-3

tenir † to hold, 8-1

tennis m. tennis, 1-3; f. pl. tennis shoes

tension f. tension; tenseness

tente f. tent, 9-3

terme m. term, word

terminer to end, to finish

terrain m. **de sport** playing field, court, 8-1

terrasse f. terrace, 6-1

terre (Terre) f. earth (the Earth)
> **par terre** on the floor, 6-2

terrine f. loaf made of ground meats, fish, and/or vegetables

territoire m. territory

tes pl. your, 1-1

tête f. head, 7-1

têtu/e stubborn, 1-1

texte m. text, passage

texto m. text message, 10-2

thé m. tea, 5-1
> **thé au citron** tea with lemon, 5-1
> **thé au lait** tea with milk, 5-1
> **thé nature** tea without milk or lemon, 5-1

théâtre m. theater (place), 2-3; theater studies, 8-2
> **théâtre romain** Roman theater, 9-3

thème m. theme

thèse f. thesis

thon m. tuna, 5-3

ticket m. subway ticket, 9-1; ticket (for event)

timide shy, 1-1

tirage m. printing, circulation in print

tirer to fire, to shoot off; to drag
> **tirer une conclusion** to draw a conclusion
> **tirer un feu d'artifice** to set off fireworks

tissu m. fabric, 3-3

titre m. title

toilettes f. pl. toilet, restroom, 6-1
> **articles** m. pl. **de toilette** toiletries, 3-1

toi you, P-1
> **toi-même** yourself

toit m. roof, 6-2
> **sous les toits** in the attic, 6-2

tomate f. tomato, 5-3

tombe f. grave, tombstone

tomber to fall, 4-2
> **tomber amoureux/-euse (de)** to fall in love (with), 7-3

ton m. sg. your, 1-1

ton m. shade, tone

tonnerre m. thunder, 4-1
> **Il y a du tonnerre.** It's thundering., 4-1

tôt early, 3-1

toujours always, 3-1

tour f. tower

tour m. trip, outing, visit, 4-2; turn
> **faire † un tour au parc** to take a walk in the park, 4-2

tourisme m. : **faire † du tourisme** to go sightseeing, 4-2
> **Office du tourisme** tourism office, 9-3

tourner to turn, 9-3
> **tourner un film** to shoot a film, 10-1

tous m. pl. all, 8-1

tout m. sg. everything, 9-1

tout, tous, toute, toutes all
> **Pas tout à fait !** Not quite!, 4-3
> **tous/toutes les…** every . . ., 3-1; all (the) . . .
> **tous les jours** every day
> **tout à fait** completely
> **tout de suite** right away, immediately
> **tout droit** straight ahead, 9-3
> **tout le monde** everyone, everybody, 10-2

trace f. trace

tradition f. tradition

traditionnel/le traditional

traduction f. translation

traduire to translate

tragédie f. tragedy

train m. train, 9-1
> **être en train de (+ inf.)** to be busy (doing st.), 3-1

traiter to treat, to deal with

tram(way) m. tram, street car, 9-1

tranche f. slice, 5-2

tranquille quiet, calm, tranquil, 6-1

transfert m. transfer

transports m. pl. **en commun** public transportation

travail m. work, job, 8-3

travailler to work, to study, 1-3
> **travailler dans le jardin** to work in the garden/yard, 1-3

travailleur/-euse hard-working

travers : à travers through, across

traverser to cross, 9-3

treize thirteen, 1-2

trente thirty, 1-2

trente-et-un thirty-one, 1-2

très very, P-1
> **Très bien, merci.** Very well, thank you., P-1

triangle m. triangle

trimestre m. trimester, quarter, 8-2

triste sad, 7-3

trois three, 1-2

troisième third, 6-1

trombone m. trombone

trompette f. trumpet

trop too, too much, 1-1

trouver to find, 3-2
> **Je trouve que…** I find that . . .

se trouver to be located, to find oneself, 5-3

truite f. trout

tu you, P-1

tué/e adj. killed, dead

tuer to kill

tuile f. (roofing) tile

typique typical, 1-3

typiquement typically

U

un/e a, an, one, P-2
> **-unième : vingt-et-unième** twenty-first, 6-1

uni/e united

uniforme m. uniform

uniforme adj. regular, uniform

union f. **libre** cohabitation
> **vivre en union libre** to live together as a couple

universel/le universal

universitaire related to the university

université f. university, 8-1

urbain/e related to the city, urban

urgence f. emergency

urgent/e urgent

usager m. user

utile useful, 9-2
> **Il est utile que…** It is useful (that) . . ., 9-2

utilisation f. use

utiliser to use

V

vacances f. pl. vacation, 4-2
> **Bonnes vacances !** Have a good vacation!, 7-2
> **grandes vacances** summer vacation, 7-2

vaisselle f. tableware, dishes, 6-2
> **faire † la vaisselle** to do the dishes

valise f. suitcase, 9-1

vallée f. valley, 6-3

valoir † to be worth
> **Il vaut mieux que…** It is/would be better that . . ., 9-2

valse f. waltz

variable variable; inflected in gender/number

varié/e varied, various, diverse

variété f. variety, diversity

vaste vast

vaut see **valoir**

vedette f. movie star, 10-1

vélo m. bicycle, 2-2
> **faire † du vélo** to ride a bicycle, to go biking, 2-2

vendeur m., **vendeuse** f. sales clerk, 8-3

vendre to sell, 4-1

vendredi Friday, 1-3

venir † to come, 4-2
> **venir de (+ inf.)** to have just (done st.), 8-3

vent *m.* wind, 4-1
    Il y a du vent. It's windy., 4-1
ventre *m.* belly, abdomen, 7-1
verbal/e verbal
verbe *m.* verb
verglas *m.* sleet, ice on the ground, 4-1
    Il y a du verglas. It's icy/slippery., 4-1
vérifier to check, to verify
verre *m.* glass, 5-1
vers around, toward, 3-2
vers *m.* line of verse
verser to pour
version *f.* **française (en VF)** dubbed in French, 10-1
version *f.* **originale (en VO)** in the original language, 10-1
vert/e green, 3-3; unripe
veste *f.* jacket, suit coat, 3-3
vêtement *m.* (an item of) clothing, 3-3
viande *f.* meat, 5-2
vidéo *f.* video
vie *f.* life, 6-3
vieux (vieil)/vieille old, 3-3
Vietnam *m.* Vietnam, 9-2
vietnamien/ne *adj.* Vietnamese, 9-2
villa *f.* detached house (not in the city); villa, 6-3
village *m.* village, 9-3
    village médiéval medieval village, 9-3
    village perché village perched on a hillside, 9-3
ville *f.* city, 2-3
vin *m.* wine, 5-1
    vin blanc white wine, 5-1
    vin rosé rosé wine, 5-1
    vin rouge red wine, 5-1
vinaigre *m.* vinegar, 5-3
vingt twenty, 1-2
vingt-et-un twenty-one, 1-2
vingt-deux twenty-two, 1-2
vingtième twentieth, 6-1
violence *f.* violence, roughness, brutality
violent/e violent, rough, brutal

violet/te purple, 3-3
violon *m.* violin
violoncelle *m.* cello
virtuel *m.* virtual reality
virus *m.* virus
visage *m.* face
visite *f.* visit, 4-2
    rendre visite à *qqn* to visit so., 4-1
visiter to visit a (place), 4-2
vitesse *f.* speed
vitrine *f.* display window, 3-3
Vive (la Réunion) ! Hurray for (Reunion)!, 4-2
vivre † to live (quality of life)
vœu *m.* wish, 7-2
    Meilleurs vœux ! Best wishes!, 7-2
voici... here is/are . . ., P-1
voilà... here/there is/are . . ., P-2
voile *f.* sail, sailing
    faire † de la voile to go sailing, 4-2
voile *m.* veil
voilé/e veiled
voir † to see, 2-3
    voir † une exposition to see an exhibit, 2-3
    voir † un film to see a film (in a cinema), 2-3
    voir † une pièce to see a play, 2-3
    Voyons ! See here!
    Voyons... Let's see . . ., 9-1
voisin *m.*, **voisine** *f.* neighbor, 6-1
voiture *f.* automobile, car, 6-1
voix *f.* voice
    à haute voix out loud
vol *m.* flight, 9-1
voler to fly; to steal
volley(-ball) *m.* volleyball, 2-2
volonté *f.* wish, will
    de bonne volonté *adv.* willingly
Volontiers. With pleasure, gladly., 4-3
vos *pl.* your, 1-2
votre *m./f. sg.* your, 1-2

vouloir † (+ *inf.*) to want, to wish (to do st.), 7-3
    je voudrais I would like, 5-1
vous you, P-1; *pron.* to you, 6-2
    vous-même yourself
    vous-mêmes yourselves
voyage *m.* trip, voyage, 9-1
    Bon voyage ! Have a good trip!, 7-2
    faire un voyage to take a trip, 9-1
voyager † to travel, 8-3
voyelle *f.* vowel
voyons *see* **voir**
vrai/e true
    C'est vrai. That's true.
    Ce n'est pas vrai !/C'est pas vrai ! It can't be!, 4-2
vraiment really, 1-1
vue *f.* view
    vue d'ensemble overview

W

W.-C. *m. pl.* toilet, restroom (*lit.* water closet), 6-1
webcam *f.* webcam, 10-2
week-end *m.* weekend, 1-3
    ce week-end this weekend, 2-3
    le week-end on weekends, every weekend, 6-3
western *m.* western (film), 10-1
wi-fi *m.* wireless network, wifi, 10-2

Y

y *pron.* there, 9-1
    il y a there is/are, LP
yaourt *m.* yogurt, 5-2
yeux *m. pl. see* **œil**

Z

zapper to channel surf
zéro *m.* zero, 1-2
zoologie *f.* zoology, 8-2
Zut (alors) ! Darn!, 3-2

Appendice 4

LEXIQUE ANGLAIS-FRANÇAIS

Here is a complete list of the abbreviations used in the glossaries:

adj. adjectif/adjective
adv. adverbe/adverb
Can. canadien/Canadian usage
conj. conjonction/conjunction
fam./colloq. familier/colloquial usage
f. féminin/feminine
inf. infinitif/infinitive

inv. invariable
m. masculin/masculine
n. nom/noun
part. passé participe passé/past participle
pl. pluriel/plural
pron. pronom/pronoun
qqch./st. quelque chose/something

qqn/so. quelqu'un/someone
qqp./sw. quelque part/somewhere
reg. régional/regional usage
rel. pron. pronom relatif/relative pronoun
sg. singulier/singular
† verbe irrégulier/irregular verb

A

a, an un/e
abdomen ventre *m.*
able: to be able to pouvoir †
about de, environ, à peu près
   about ten meters away à environ dix mètres
   it is about . . . il s'agit de…
   that's about all c'est à peu près tout
above au-dessus (de)
abroad à l'étranger
absent, missing absent/e
accident accident *m.*
according to (me/you/him/her) d'après moi/toi/vous/lui/elle
accountant comptable *m./f.*
accounting comptabilité *f.*
ache mal *m.* (*pl.* des maux)
   to have a headache avoir mal à la tête
acquaintance connaissance *f.*
across from en face de
active actif/-ive
activity activité *f.*
actor/actress acteur *m.*, actrice *f.*
to add additioner, ajouter ; **(in a recipe)** incorporer
address adresse *f.*
   address book carnet *m.* d'adresses
adminstrative administratif/-ive
to adore adorer
adventure movie film *m.* d'aventures
advertisement annonce *f.*, publicité *f.* (une pub)
affected: to be affected by ressentir
affectionate affectueux/-euse
to affirm maintenir †
afraid: to be afraid avoir † peur
Africa Afrique *f.*
African africain/e
after, afterward après
   after having . . . après avoir/être (+ *part. passé*)
afternoon après-midi *m.*
   in the afternoon, P.M. de l'après-midi
again encore

age âge *m.*
   What is your age? Quel est ton/votre âge ?, Quel âge as-tu/avez-vous ?
agenda agenda *m.*
aged, old âgé/e
ago il y a…
   two days ago il y a deux jours
to (not) agree (ne… pas) être † d'accord
   I don't agree. Je ne suis pas d'accord.
air air *m.*
   air conditioning climatisation *f.*
airplane avion *m.*
airport aéroport *m.*
aisle (in a store) rayon *m.*
alarm clock réveil *m.*
alcohol alcool *m.*
Algeria Algérie *f.*
Algerian algérien/ne
alive vivant/e
all tout, tous, toute, toutes
   all alone tout/e seul/e
   all of a sudden tout d'un coup
   all right d'accord
   all the same quand même
   all the time tout le temps, toujours
to allow (*so.* to do *st.*) permettre à *qqn* de faire *qqch.*
   She allowed him to leave. Elle lui a permis de partir.
almost presque
   almost all the students presque tous les étudiants
alone seul/e
along: to get along (with him/her/them) s'entendre (avec lui/elle/eux/elles)
Alps Alpes *f. pl.*
already déjà
also aussi
always toujours
ambitious ambitieux/-euse
America Amérique *f.*
   North America Amérique du Nord
   South America Amérique du Sud
American américain/e
amphitheater amphithéâtre *m.*

to amuse oneself se distraire, s'amuser
amusing drôle, amusant/e
and et
anger colère *f.*
angry fâché/e, en colère
   to become angry with so. se fâcher contre qqn
animal animal *m.*
animated film film *m.* d'animation
ankle cheville *f.*
to announce annoncer
announcement (public) annonce *f.*
   birth announcement faire-part *m. inv.* de naissance
   civil union announcement faire-part *m. inv.* de pacs
   wedding announcement faire-part *m. inv.* de mariage
another un/e autre, encore un/e
answer réponse *f.*
to answer répondre
   to answer a question répondre à une question
   to answer in French répondre en français
   to answer the phone répondre au téléphone
answering machine répondeur *m.*
anthropology anthropologie *f.*
antibiotic antibiotique *m.*
antique ancien/ne
anxious anxieux/-euse ; inquiet/-ète
anyhow, anyway quand même
apartment appartement *m.*
to appear avoir † l'air (+*adj.*)
   to appear ill avoir † l'air malade
appetizer entrée *f.*
apple pomme *f.*
April avril
Arab (person) Arabe *m./f.*
Arab *adj.* arabe
Arabic (language) arabe *m.*
architect architecte *m./f.*
Argentina Argentine *f.*
Argentinian argentin/e

to argue se disputer
arm bras m.
armchair fauteuil m.
armoire armoire f.
around vers, autour de
    around three o'clock vers trois heures
    around the table autour de la table
to arrange ranger †
arrival arrivée f.
to arrive arriver
art art m.
    art book livre m. d'art
    art history histoire f. de l'art
article article m.
as comme, aussi, autant
    as always comme toujours
    as (tall) as aussi (grand/e) que
    as much (patience) as autant de (patience) que
    as many (books) as autant de (livres) que
    as soon as dès que, aussitôt que
Asia Asie f.
Asian asiatique
to ask demander
    to ask a question poser une question
    to ask for directions demander le chemin
asleep endormi/e
asparagus asperge f.
aspirin aspirine f.
assignment devoir m.
association association f.
astronomy astronomie f.
at à
    at last enfin
    at once tout de suite
    at X's house chez X
    at the same time en même temps
athletic sportif/-ive
atlas atlas m.
attachment pièce-jointe f.
to attend assister à
attention attention f.
attorney avocat/e m./f.
August août
aunt tante f.
Australia Australie f.
Australian australien/ne
author auteur m.
autumn automne m.
avenue avenue f.
awake réveillé/e
automobile voiture f.

B

baby bébé m.
    to babysit faire † du baby-sitting
back dos m.
    backpack sac m. à dos
back: to come back revenir †
    to come back home rentrer
bacon bacon m.
bad mauvais/e
    Not bad. Pas mal.
    It's too bad. C'est dommage.
badly mal

bag sac m.
bakery/pastry aisle rayon m. boulangerie-pâtisserie
balcony balcon m.
banana banane f.
baptism baptême m.
basement sous-sol m.
basket panier m.
basketball basket-ball m. (basket)
bathing suit maillot m. de bain (maillot)
bathroom salle f. de bains
to be être †
beach plage f.
bean *haricot m.
    green bean *haricot vert
beautiful beau (bel)/belle
    It's beautiful weather. Il fait beau.
because parce que
    because of à cause de (+ n.)
to become devenir †
bed lit m.
    to get out of bed se lever †
    to go to bed se coucher
    (rural) bed and breakfast gîte m. (rural)
bedroom chambre f.
beef bœuf m.
    ground beef bifteck m. haché
beer bière f.
to beg prier
    I'm begging you. Je t'en prie./Je vous en prie.
before avant, devant
    before (me) devant (moi) (used spatially)
    before (doing st.) avant de (+ inf.)
    before ten o'clock avant dix heures
to begin (doing st.) commencer † (à + inf.)
beginning début m.
behind derrière
beige beige
Belgian belge
Belgium Belgique f.
to believe croire † (à, en)
    I believe in God. Je crois en Dieu.
    I believe that . . . Je crois que…
    I (don't) believe so. Je (ne) crois (pas).
belly ventre m.
to belong to faire † partie de, appartenir † à
belongings affaires f. pl.
below au-dessous (de)
beside à côté (de)
best le/la meilleur/e
    my best friend mon/ma meilleur/e ami/e
    Best wishes! Meilleurs vœux !
better meilleur/e adj., mieux adv.
    a better teacher un meilleur professeur
    (to play) better . . . than (jouer) mieux… que
    it is better to il vaut mieux (+ inf.)
    it is better that il vaut mieux que
between entre
beverage boisson f.
    alcoholic beverage boisson alcoolisée
bicycle vélo m.
    to go for a bike ride faire † du vélo
big gros/se, large

    It's a big dictionary. C'est un gros dictionnaire.
    These pants are too big. Ce pantalon est trop large.
bill (restaurant) addition f.
    bill (utilites, etc.) facture f.
billion milliard m.
biography biographie f.
biology biologie f.
bird oiseau m.
birthday anniversaire m.
    Happy Birthday! Joyeux anniversaire !
black noir/e
blackboard tableau m. (noir)
blond: to have blond hair avoir † les cheveux blonds, être † blond/e,
blouse chemisier m.
to blow souffler
    to blow out the candles souffler les bougies f. pl.
blue bleu/e
to blush rougir
board tableau m.
    board game jeu m. de société
    whiteboard tableau blanc
boat bateau m.
    sailboat bateau à voile
body corps m.
book livre m.
    art book livre m. d'art
to book (a seat) retenir † (une place)
bookcase étagère f.
bookstore librairie f.
boot botte f.
border frontière f.
bored ennuyé/e
    to become bored s'ennuyer †
    He bores me. Il m'ennuie.
boring ennuyeux/-euse
born: to be born naître †
    He was born in 1995. Il est né en 1995.
to borrow (from) emprunter (à)
boss patron/ne m./f.
botany botanique f.
both tous/toutes les deux
to bother gêner
    It bothers me. Ça me gêne.
bothered gêné/e
bottle bouteille f.
bowl bol m.
box boîte f.
boy garçon m.
boyfriend petit ami m., copain m.
brand-new neuf/neuve
Brazil Brésil m.
Brazilian brésilien/ne
bread pain m.
    French bread baguette f.
    round loaf of bread pain de campagne
    sliced (sandwich) bread pain de mie
to break casser
    to break up rompre †, casser
breakfast petit-déjeuner m.
    to have breakfast prendre le petit-déjeuner
to breathe respirer
bride mariée f.
bridegroom marié m.
to bring (along) a person amener †
to bring (st.) apporter, emporter

brochure brochure *f.*
brother frère *m.*
   brother-in-law beau-frère *m.*
   half-brother demi-frère *m.*
   stepbrother demi-frère *m.*
brown marron *adj. inv.*
   to have brown eyes avoir † les yeux marron
   to have brown hair avoir † les cheveux bruns, être † brun/e
browser navigateur *m.*
to brush brosser
   to brush one's hair se brosser les cheveux, se coiffer
   to brush one's teeth se brosser les dents, se laver les dents
building bâtiment *m.*, immeuble *m.*, pavillon *m.*
   an apartment building immeuble *m.*
   main building pavillon principal *m.*
   tall building grand bâtiment *m.*
bus (city) bus *m.*; (between cities) car *m.*
business les affaires *f. pl.*, entreprise *f.*
   businessman homme *m.* d'affaires
   businesswoman femme *f.* d'affaires
busy occupé/e, pris/e
   to be busy doing *st.* être † en train de (+ *inf.*)
   I'm busy Saturday night. Je suis pris/e samedi soir.
   I'm very busy now. Je suis très occupé/e en ce moment.
but mais
butcher shop boucherie *f.*
butter beurre *m.*
to buy acheter †
by par, de
   by myself tout/e seul/e, moi-même
   by phone par téléphone
   by the door par la porte
   by Victor Hugo de Victor Hugo
   two by two deux par deux
'bye salut

C

cable câble *m.*
cafeteria cafétéria *f.*
   university cafeteria restaurant *m.* universitaire
cake gâteau *m.*
   birthday cake gâteau d'anniversaire
   chocolate cake gâteau au chocolat
calculator calculatrice *f.*
calendar calendrier *m.*
   personal calendar agenda *m.*
call appel *m.*
to call appeler †
   to be called/named s'appeler †
calm calme
   to calm down se calmer
camera appareil photo *m.*
   camcorder, video camera caméscope *m.*
   digital camera appareil photo numérique *m.* (appareil numérique)
   web camera webcam *m.*
Cameroon Cameroun *m.*
Cameroonian camerounais/e
to camp/go camping faire † du camping

camper (vehicle) caravane *f.*
campground camping *m.*
campus campus *m.*
can boîte *f.*
can (to be able to do *st.*) pouvoir † (+ *inf.*)
Canada Canada *m.*
Canadian canadien/ne
candle bougie *f.*
candy bonbon *m.*
cantaloupe melon *m.*
cap casquette *f.*
car voiture *f.*
carafe carafe *f.*
card carte *f.*
   greeting card carte de vœux
   to play cards jouer aux cartes
care: to take care of s'occuper de
   I don't care. Ça m'est égal.
   to take care of oneself se soigner
career carrière *f.*
careful prudent/e
carrot carotte *f.*
to carry apporter
   carry out (food) à emporter
cartoon (film) dessin *m.* animé; (drawing) dessin *m.* humoristique
cash argent *m.*; liquide *m.*
   cash register caisse *f.*
   to pay in cash payer en liquide
cashier caissier *m.*, caissière *f.*
castle château *m.*
cat chat/te *m./f.*
cathedral cathédrale *f.*
CD, compact disc CD *m. inv.*
   CD/DVD burner graveur *m.* CD/DVD
   CD/DVD player lecteur *m.* CD/DVD
to celebrate fêter
celebrity célébrité *f.*, vedette *f.*
cell phone portable *m.*
center centre *m.*
century siècle *m.*
cereal céréales *f. pl.*
ceremony cérémonie *f.*
   civil ceremony cérémonie civile
   religious ceremony cérémonie religieuse
chair chaise *f.*
   armchair fauteuil *m.*
   wheelchair fauteuil *m.* roulant
chalk (stick of) craie *f.*
change (transformation) changement *m.*; (money) monnaie *f.*
to change changer (de + *n.*)
   to change clothes changer de vêtements
   to change one's mind changer d'avis
change purse porte-monnaie *m.*
channel chaîne *f.*
   to channel surf zapper
character personnage *m.*
   main character personnage principal
to chat bavarder, causer
cheap bon marché *adj. inv.*
cheese fromage *m.*
chemical product produit *m.* chimique
chemistry chimie *f.*
   chemistry lab laboratoire *m.* de chimie (labo de chimie)

chess échecs *m. pl.*
chest poitrine *f.*
chicken poulet *m.*
child enfant *m./f.*
   grandchildren petits-enfants *m. pl.*
China Chine *f.*
Chinese chinois/e
chocolate chocolat *m.*
choir chœur *m.*, chorale *f.*
to choose choisir
chorus chœur *m.*, chorale *f.*; refrain *m.*
church (Catholic) église *f.*, (Protestant) temple *m.*
city ville *f.*
   city bus bus *m.*
   city hall mairie *f.*
   city map plan *m.* de ville
   in the city en ville
civil servant fonctionnaire *m./f.*
civil wedding cérémonie *f.* civile
class (subject) cours *m.*
   chemistry class cours de chimie
   elective class cours facultatif
   required class cours obligatoire
class (group of people) classe *f.*
   French class (people) classe de français ; (subject) cours *m.* de français
classical classique
classified ad petite annonce *f.*
classmate camarade *m./f.* de classe
classroom classe *f.*, salle *f.* de classe
to clean nettoyer †
clear clair/e
climate climat *m.*
clock horloge *f.*
   clock radio radio-réveil *m.*
   three o'clock trois heures
to close fermer
   closed fermé/e
closet placard *m.*
clothing vêtements *m. pl.*
cloud nuage *m.*
   It's cloudy. Il y a des nuages. Le ciel est couvert.
coast côte *f.*
coat manteau *m.*
   parka anorak *m.*
   raincoat imperméable *m.*
   suitcoat veste *f.*
coconut noix *f.* de coco
coffee café *m.*
   coffee table table *f.* basse
   coffee with cream café crème
   coffee with milk café au lait
to cohabit vivre en union *f.* libre
cohabitation union *f.* libre
coin pièce *f.* (de monnaie)
cola coca-cola *m.* (coca)
cold rhume *m.*
   I have a cold. J'ai un rhume. / Je suis enrhumé/e.
cold froid/e
   I'm cold. J'ai froid.
   It's cold (weather). Il fait froid.
cold cuts charcuterie *f. sg.*
college faculté *f.* (fac)
   to go to college (to be a college student) être † à la fac

Colombia Colombie *f.*
Colombian colombien/ne
color couleur *f.*
comb peigne *m.*
to comb peigner
    to comb (one's hair) se peigner
to come venir †
    to come back revenir †
    to come by passer
    to come home rentrer
    to come in entrer
comedy comédie *f.*
    dark comedy comédie dramatique
community communauté *f.*
comfortable (material objects) confortable ;
    (person) à l'aise
comic strip bande *f.* dessinée (BD)
communication communication *f.*
completely tout à fait
composition rédaction *f.*
computer ordinateur *m.*
    computer file fichier *m.*
    computer lab salle *f.* informatique
    computer science informatique *f.*
    computer scientist informaticien *m.*,
    informaticienne *f.*
    laptop (computer) (ordinateur)
    portable *m.*
concentration concentration *f.*
concert concert *m.*
condiment condiment *m.*
conflict (war) conflit *m.*
conformist conformiste
Congratulations! Félicitations !
to connect relier
    to connect to the Internet se connecter
    sur Internet
to contaminate contaminer
continent continent *m.*
to cook faire † la cuisine
cookbook livre *m.* de cuisine
cookie biscuit *m.*
cooking cuisine *f.*
cool: It's cool weather. Il fait frais.
contrary: on the contrary au contraire
copious copieux/-euse
co-renter colocataire *m./f.*
corn maïs *m.*
    corn on the cob épi *m.* de maïs
corner coin *m.*
    at the corner (of) au coin (de)
    corner café café *m.* du coin
corridor couloir *m.*
to cost coûter
cotton coton *m.*
couch canapé *m.*
country pays *m.*
    foreign country pays étranger
    in this country dans ce pays
country(side) campagne *f.*
    in the country à la campagne
course cours *m.*
    to take a course suivre † un cours
course: of course bien sûr
courtyard cour *f.*
cousin cousin/e *m./f.*
cream crème *f.*
    whipped cream crème Chantilly

credit card carte *f.* de crédit
critic (person) critique *m.*
criticism critique *f.*
critique critique *f.*
croissant croissant *m.*
    chocolate croissant pain *m.* au
    chocolat
to cross traverser
cruise croisière *f.*
to cry pleurer
cucumber concombre *m.*
cuisine cuisine *f.*
culture culture *f.*
cup tasse *f.*
cupboard placard *m.*
curtain rideau *m.*
customer client/e *m./f.*
to cut couper
cute mignon/ne

D

daily quotidien/ne
    daily publication quotidien *m.*
dairy aisle rayon *m.* crèmerie
    dairy products produits *m. pl.* laitiers
dance danse *f.*
to dance faire † de la danse, danser
dangerous dangereux/-euse
dark-haired brun/e
Darn! Zut (alors) !
to date *so.* sortir avec *qqn.*
datebook agenda *m.*
daughter fille *f.*
day jour *m.*, journée *f.*
    day before yesterday avant-hier
    that day ce jour-là
    Have a good day! Bonne journée !
dead mort/e
dear cher/chère
death mort *f.*
debit card carte *f.* bancaire
deceased décédé/e
December décembre
to decide décider
deep profond/e
deeply profondément
degree (in) diplôme *m.* (en)
    to do a degree (in) préparer un diplôme
    (en)
    to have a degree avoir † un diplôme
delicious délicieux/-euse
deli(catessen) charcuterie *f.*
    deli counter rayon *m.* charcuterie
    deli meats charcuterie *f. sg.*
delighted enchanté/e, ravi/e
to demand exiger
dentist dentiste *m./f.*
department store grand magasin *m.*
departure départ *m.*
to depend (on) dépendre (de)
    It/That depends! Ça dépend !
to descend descendre
to describe décrire †
desert désert *m.*
to desire désirer, vouloir †
desk bureau *m.*
dessert dessert *m.*
detail détail *m.*
detective movie film *m.* policier

to detest détester
dictionary dictionnaire *m.*
to die mourir †
diet régime *m.*
    to be on a diet suivre † un régime, faire
    † un régime, être † au régime
different différent/e
difficult difficile
difficulty: to have difficulty doing *st.* avoir
    † du mal à (+ *inf.*)
dining hall restaurant universitaire *m.*
    (resto U)
dining room salle *f.* à manger
dinner dîner *m.*, souper *m.* (*Can.*)
    to have dinner dîner, souper (*Can.*)
    to fix dinner préparer le dîner
    Dinner's ready! À table !
directions directions *f. pl.*
    to ask directions demander le chemin
director chef *m.*, directeur *m.*, directrice *f.*
    (film) director réalisateur *m.*, réalisatrice
    f.
    (stage) director metteur *m.* en scène
to disagree ne… pas être d'accord
    I disagree. Je ne suis pas d'accord.
disagreeable désagréable
disappointed déçu/e
disciplined discipliné/e
to discuss discuter de
dish plat *m.*
    This is my favorite dish. C'est mon plat
    préféré.
    to do the dishes faire † la vaisselle
to disobey désobéir à
display window vitrine *f.*
disposition caractère *m.*
to divorce, to get divorced divorcer
divorced divorcé/e
to do faire †
    to carry out do-it-yourself projects
    bricoler, faire † du bricolage
    to not do much ne pas faire † grand-
    chose
    do-it-yourself projects bricolage *m.*
    do-it-yourselfer bricoleur *m.*, bricoleuse *f.*
doctor (M.D.) médecin *m.*, docteur *m.*
doctorate (Ph.D.) doctorat *m.*
documentary documentaire *m.*
dog chien/ne *m./f.*
door porte *f.*
dormitory résidence *f.*
to doubt (that) douter (que)
    without a doubt sans doute
to download télécharger
downtown centre-ville *m.*
    to go downtown descendre en ville
dozen douzaine *f.*
draftsman/woman dessinateur *m.*,
    dessinatrice *f.*
drama drame *m.*; comédie *f.*
    psychological drama drame
    psychologique
to draw dessiner
drawing dessin *m.*
dream rêve *m.*
to dream rêver
dress robe *f.*
    to get dressed s'habiller
    to get undressed se déshabiller
dressing (oil and vinegar) vinaigrette *f.*
drink boisson *f.*
    cold drink boisson rafraîchissante

hot drink boisson chaude
to drink boire †
to drive aller † en voiture, conduire †
drive: USB/flash drive clé f. USB
  (external) hard drive disque m. dur
  (externe)
driver's license permis m. de conduire
drug (illegal) drogue f.
  to take (illegal) drugs se droguer
drug (medicine) médicament m.
  to take medication prendre † un
  médicament
drum set batterie f.
to dry essuyer †
  to dry oneself off s'essuyer †
to dub doubler
dubbed doublé/e
  dubbed in French en version française
  (en VF)
due to à cause de (+ n.)
dumb bête, idiot/e
during pendant
DVD, Digital Versatile Disc DVD
  m. inv.
dynamic dynamique

E

each chaque
  each one chacun/e
ear oreille f.
early tôt
  to be early être † en avance
  to get up early se lever † tôt
to earn money gagner de l'argent
earth (the Earth) terre (la Terre) f.
east est
easy facile
to eat manger †
  to eat between meals grignoter
  to eat breakfast prendre † le petit-
  déjeuner
  to eat dinner dîner, souper (Can.)
  to eat lunch déjeuner
  to eat a snack goûter, grignoter
  to eat supper (Can.), dîner
e-book reader lecteur m. ebook
economics sciences f. pl. économiques,
  économie f.
edge bord m.
to edit retoucher
to educate oneself s'instruire †
education sciences f. pl. de l'éducation
egg œuf m.
  fried egg œuf sur le plat, œuf au plat
eight huit
eighteen dix-huit
eighty quatre-vingts, huitante (reg.), octante
  (reg.)
elbow coude m.
elderly âgé/e
  the elderly des personnes f. âgées
elective facultatif/-ive adj.; cours m.
  facultatif
electronic game jeu m. électronique
elegant élégant/e
elementary school école f. primaire
elevator ascenseur m.
eleven onze

eliminate éliminer
e-mail mail, m., mél m., (as medium) e-mail
  m., courriel m. (Can.)
  e-mail address mél m.
  e-mail message mail m., courriel m. (Can.)
embarrassed embarrassé/e, gêné/e
emphasis (in studies) concentration f.
employee employé/e
empty vide
to encourage encourager
encyclopedia encyclopédie f.
end fin f.
energetic énergique
engaged fiancé/e
  to get engaged se fiancer
engine moteur m.
  search engine moteur de recherche
engineer ingénieur m.
engineering génie m.
England Angleterre f.
English anglais/e
enough assez
  enough of st. assez de (+ n.)
to enter entrer
entertainment (TV show)
  divertissement m.
enthusiastic enthousiaste
entrance entrée f.
environment environnement m.
episode épisode m.
equipped équipé/e
  poorly equipped mal équipé/e
  well-equipped bien équipé/e
errand course f.
  to run errands faire † des courses
eraser (for a pencil) gomme f. ; (for the
  board) brosse f.
especially surtout
essay essai m., devoir m.
Europe Europe f.
European européen/ne
eve veille f.
  Christmas Eve veille de Noël
  Christmas Eve dinner/party réveillon
  m. de Noël
  New Year's Eve Saint-Sylvestre f.
  New Year's Eve party réveillon m. du
  Nouvel An
even même
  even numbers numéros m. pairs
evening soir m., soirée f.
  eight o'clock P.M. huit heures du soir
  Have a good evening! Bonne soirée !
event évènement m.
eventually finalement
every tout, tous, toute, toutes
  every day tous les jours
  every evening tous les soirs
  everyone tout le monde
  everything tout
  everywhere partout
exam examen m.
  to study for an exam préparer un
  examen
  to take an exam passer un examen
  to pass an exam réussir un examen
example exemple m.
  for example par exemple
except sauf, à part
  everyone except him tout le monde
  sauf lui
  except for that one à part celui-là

to exchange échanger
excited impatient/e, enthousiaste
excursion bus car m.
excuse excuse f.
  Excuse me. Pardon.
exercise exercice m.
  to exercise faire † de l'exercice
exhibit exposition f.
expensive cher/chère
to explain expliquer
eye œil m. (pl. yeux)

F

face figure f.
to face donner sur, être en face de
  The window faces the street. La fenêtre
  donne sur la rue.
  The town hall faces the market square.
  La mairie est en face de la Place du
  marché.
facing face à
  Facing the town hall is a square. Face à
  la mairie, il y a une place.
to fail rater
fair juste
  It's not fair! Ce n'est pas juste !
fairly (rather) assez (+ adj.)
faithful fidèle
fall automne m.
  in the fall en automne
to fall tomber
  to fall asleep s'endormir
  to fall in love (with) tomber
  amoureux/-euse (de)
false faux/fausse
family famille f.
  big family famille nombreuse
  blended family famille recomposée
  extended family famille étendue
  single-parent family famille
  monoparentale
  family relations relations f. pl. familiales
famous célèbre
fan fanatique m.
  to be a fan of être † fanatique de
far (from) loin (de)
farm ferme f.
farmer fermier m., fermière f.,
  agriculteur m., agricultrice f.
fashion mode f.
  to be in fashion être † à la mode
  fashion designer couturier m.
  high fashion haute couture f.
  out of fashion démodé/e
fashionable à la mode
fast rapide adj., vite adv.
  It's a fast train. C'est un train rapide.
  He runs fast. Il court vite.
to fast jeûner
  to break a fast déjeuner
fat adj. gros/se
fat graisse f.
father père m.
  father-in-law beau-père
  grandfather grand-père
  single father père célibataire
  stepfather beau-père
favorite préféré/e

fear peur *f.*
to fear avoir † peur (de)
February février
to feel se sentir ; (*st.*) toucher *qqch.*
    to feel bad aller † mal
    to feel better aller † mieux
    to feel good aller † bien, se sentir bien
    to feel great être † en forme,
    to feel like doing *st.* avoir † envie de
    (+ *inf.*)
feminine féminin/e
fever fièvre *f.*
few peu (de), quelques
    He has few friends. Il a peu d'amis.
    I have a few coins. J'ai quelques pièces.
    I have a few (of them). J'en ai quelques-un/e/s.
fiancé/e fiancé *m.*, fiancée *f.*
field champ *m.*
fifteen quinze
fifty cinquante
to fight combattre †, se battre †
    to fight stress pour combattre le stress
    They're fighting. Ils se battent.
to fill remplir
film film *m.*
    film director réalisateur *m.*, réalisatrice *f*
    filmmaker cinéaste *m./f.*,
    réalisateur *m.*, réalisatrice *f.*
final final/e
finally finalement, enfin
to find trouver
    I find that . . . Je trouve que…
fine bien
    Fine, also. Bien aussi.
    Fine, and you? Ça va, et toi ?
    to be fine être † en forme, aller † bien
fine arts beaux-arts *m. pl.*
finger doigt *m.*
to finish finir
first *adj.* premier/-ière
    first course entrée *f.*
    first floor rez-de-chaussée *m.*
first *adv.* en premier
    first (of all) d'abord
fish poisson *m.*
    fish counter rayon *m.* poissonnerie
    fishing pêche *f.*
    to go fishing aller à la pêche
five cinq
to fix réparer
    to fix one's hair se coiffer
fixed-price meal menu *m.*
flight vol *m.*
floor étage *m.*, terre *f.*
    first (ground) floor rez-de-chaussée *m.*
    second floor premier étage *m.*
    on the floor par terre
flour farine *f.*
to flow couler
flower fleur *f.*
flu grippe *f.*
to fly (people) aller † en avion, prendre †
    l'avion ; (**birds**) voler
fog brouillard *m.*
    It's foggy. Il y a du brouillard.
follow suivre †
fondue fondue *f.*

    meat fondue fondue bourguignonne
    cheese fondue fondue savoyarde
food provisions *f. pl.*, aliment *m.*,
    nourriture *f.*, cuisine *f.*
    to buy food acheter des provisions
    frozen foods (aliments) surgelés
    I love food. J'adore la nourriture.
    She prefers Italian food. Elle préfère la
    cuisine italienne.
foot pied *m.*
    on foot à pied
football football *m.* américain
    football game match *m.* de football
    américain
    football stadium stade *m.*
for pour ; depuis (+ *time expression*) ;
    pendant (+ *time expression*)
    I'm leaving for two weeks. Je vais
    partir pour quinze jours.
    I'm leaving for France. Je vais partir
    pour la France.
    I've been here for thirty minutes. Je
    suis ici depuis trente minutes.
    I waited for thirty minutes. J'ai attendu
    pendant trente minutes.
foreign étranger/-ère *adj.*
foreigner étranger *m.*, étrangère *f.*
forest forêt *f.*
to forget oublier
former ancien/ne
fortunately heureusement
forty quarante
four quatre
fourteen quatorze
France France *f.*
free (a person) libre ; (**a thing**) gratuit/e
    I'm not free. Je ne suis pas libre.
to freeze geler †
    It's freezing. Il gèle.
French français/e
    French bread (long, thin loaf)
    baguette *f.*
    French fries frites *f.*
fresh frais/fraîche
Friday vendredi
friend ami/e, camarade *m./f.*, copain *m.*,
    copine *f.*
    best friend meilleur/e ami/e *m./f.*
    (my) boyfriend (mon) petit ami *m.*,
    (mon) copain *m.*, (mon) ami *m.*
    (my) girlfriend (ma) petite amie *f.*, (ma)
    copine *f.*, (mon) amie *f.*
    Your friend, Amitiés, *f. pl.*
friendly sociable
friendship amitié *f.*
from de (d')
front: in front of devant
frozen foods surgelés *m. pl.*
fruit fruit *m.*
    fruit juice jus *m.* de fruit
fun: to have fun s'amuser
    fun activity distraction *f.*
funny amusant/e, drôle
furious furieux/-euse
furnished meublé/e
furniture meuble *m.*
future avenir *m.*
    future tense futur *m.*

G

to gain weight grossir
game jeu *m.* ; (**sports**) match *m.*
    game show jeu *m.* télévisé
garage garage *m.*
garden jardin *m.*
to garden faire † du jardinage, travailler
    dans le jardin
garlic ail *m.*
gas gaz *m.* ; (**for a car**) essence *f.*
generous généreux/-euse
gentle doux/douce
geography géographie *f.*
geology géologie *f.*
German allemand/e
Germany Allemagne *f.*
to get obtenir †
    to get a grade avoir † une note
    to get along (with so.) s'entendre (avec
    qqn)
    to get a degree obtenir † un diplôme
    to get divorced divorcer
    to get dressed s'habiller
    to get engaged se fiancer
    to get married se marier
    to get ready se préparer
    to get together se retrouver
    to get undressed se déshabiller
    to get up se lever †
    Get up/Stand up! Levez-vous ! Lève-toi !
gift cadeau *m.*
girl fille *f.*, jeune fille *f.*
    girlfriend petite amie *f.*, copine *f.*
to give donner, offrir †
    to give advice conseiller, donner des
    conseils
    to give back rendre
    to give a present offrir †
glad content/e
glass verre *m.*
glasses lunettes *f. pl.*
    sunglasses lunettes de soleil
glove gant *m.*
to go aller †
    to go around faire † un tour
    to go around the world faire † le tour
    du monde
    to go back retourner
    to go by passer
    to go down descendre
    to go home rentrer
    to go in entrer
    to go on/keep going continuer
    to go out sortir
    to go to bed se coucher
    to go to the doctor aller † chez le médecin
    to go up monter
God Dieu *m.*
godfather parrain *m.*
godmother marraine *f.*
golf golf *m.*
good bon/ne *adj.*,
    goodbye au revoir
    Good evening. Bonsoir.
    Good morning. Bonjour.
    Good night. Bonne nuit.
    Have a good day. Bonne journée.
    Have a good evening. Bonne soirée.

government gouvernement *m.*
government worker fonctionnaire *m./f.*
grade note *f.*
    to have/get a grade avoir † une note
grandchildren petits-enfants *m. pl.*
granddaughter petite-fille *f.*
grandfather grand-père *m.*
grandmother grand-mère *f.*
grandparents grands-parents *m. pl.*
grandson petit-fils *m.*
grape raisin *m.*
gray gris/e
grease graisse *f.*
Great! Génial !
green vert/e
    green bean *haricot *m.* vert
    green salad salade *f.* (verte)
grilled grillé/e
    **grilled ham-and-cheese
    sandwich** croque-monsieur *m.*
grocery store épicerie *f.*
groom marié *m.*
ground terre *f.*
    ground floor rez-de-chaussée *m.*
    on the ground par terre
to grow pousser
    to grow larger, fatter grossir
    to grow old vieillir
    to grow taller grandir
    to grow up (for children) grandir
guest invité/e *m./f.*
guide (person or book) guide *m.*
guinea pig cochon *m.* d'Inde
guitar guitare *f.*
    bass guitare guitare basse
    electric guitar guitare électrique
gym gymnase *m.*

H

hair cheveu *m.*
    to do one's hair se coiffer
    to wash one's hair se laver les cheveux
half demi/e
    half-brother demi-frère *m.*
    half-kilo demi-kilo *m.*
    half past et demi/e
hall, hallway couloir *m.*
ham jambon *m.*
hamburger *hamburger *m.*
hand main *f.*
    on the other hand, de l'autre côté, en
    revanche
    to raise your hand lever † le doigt, lever
    † la main
    handbag sac *m.* à main
    to hand in/over remettre †
handicap *handicap *m.*
to be handicapped être *handicapé/e
handsome beau (bel), belle
to happen se passer, avoir † lieu
    What's happening? Qu'est-ce qui se
    passe ?
happiness bonheur *m.*
happy heureux/-euse, content/e
    Happy Birthday! Joyeux anniversaire !
    Happy New Year! Bonne année !
hard (difficult) difficile

hardworking sérieux/-euse,
    travailleur/-euse
harmonica harmonica *m.*
hat chapeau *m.*
    wool (knitted) hat bonnet *m.* de laine
to hate détester
to have avoir †
    to have a drink prendre † quelque chose
    à boire, prendre † un verre
    to have a good time s'amuser
    **Have a nice day/evening/week-
    end!** Bonne journée/soirée !/Bon week-
    end !
    to have just (done *st.*) venir † de (+ *inf.*)
    to have to (do *st.*) devoir † (+ *inf.*)
he il
    he and I lui et moi
head tête *f.*
    to have a headache avoir † mal à la tête
headlines gros titres *m. pl.*
health santé *f.*
    health center/clinic infirmerie *f.*
healthy (thing) bon/ne pour la santé;
    (person) en bonne santé
hear entendre
heart cœur *m.*
    heart attack crise *f.* cardiaque
hearty copieux/-euse
heavy lourd/e
    heavy jacket blouson *m.*
height taille *f.*
    of average height de taille moyenne
Hello Bonjour ; **(telephone only)** Allô
to help (so. do *st.*) aider (*qqn.* à + *inf.*)
her elle ; la ; son, sa, ses (+ *n.*)
    with her avec elle
    I see her. Je la vois.
    her child son enfant
    to her lui
    herself elle-même
herbal tea tisane *f.*
here ici
    Here is/are . . . Voici…
    Here/There is/are . . . Voilà…
Hi! Salut !
high *haut/e
high school lycée *m.*
hike randonnée *f.*
    to go on a hike faire † une randonnée
hill colline *f.*
him le ; lui
    I see him. Je le vois.
    to him lui
    himself lui-même
his son, sa, ses (+ *n.*)
history histoire *f.*
hockey *hockey *m.*
to hold retenir †, tenir †
    to hold in one's hand tenir dans la main
    to hold one's breath retenir † le souffle
holiday fête *f.*
    legal holiday jour *m.* férié
    religious holiday fête religieuse
home maison *f.*
homebody pantouflard/e
home owner propriétaire *m./f.*
homework devoirs *m. pl.*
    to do homework faire † les devoirs *m.*

to hope espérer †, souhaiter
horror movie film *m.* d'horreur
hors d'œuvre *hors d'œuvre *m. inv.*
horse cheval *m.*
horseback: to go horseback riding faire †
    du cheval
hospital (public) hôpital *m.*, **(private)**
    clinique *f.*
hostel (youth) auberge *f.* (de jeunesse)
hot chaud ; **(spicy)** épicé/e
    hot chocolate chocolat *m.* chaud
    I am hot. J'ai chaud.
    It's hot (weather). Il fait chaud.
hotel hôtel *m.*
hour heure *f.*
    in an hour (from now) dans une heure
house maison *f.*
    at X's house chez X
    housemate colocataire *m./f.*
    housewife/househusband femme *f.*/
    homme *m.* au foyer
how comment
    How are you? Comment allez-vous ?
    /Comment vas-tu ?
    how many/much combien de (+ *n.*)
    How much does that cost? Ça coûte
    combien ?
    How old are you? Quel âge as-tu/avez-
    vous ?
    How's it going? Comment ça va ?
human being être *m.* humain
human body corps *m.* humain
humanities lettres *f. pl.*
humid lourd/e
    It's humid. Il fait lourd.
hundred cent
hunger faim *m.*
    to be hungry avoir † faim
Hurray for . . . ! Vive… !
to hurry up se dépêcher
    in a hurry pressé/e
    I'm always in a hurry. Je n'arrête pas de
    courir.
hurt blessé/e
to hurt (somewhere) avoir † mal à (+ *n.*)
to hurt (so.) faire † mal (à *qqn*)
husband mari *m.*
hypochondriac *m./f.* hypocondriaque

I

I je (j')
ice glace *f.*
    ice cream glace *f.*
    ice cube glaçon *m.*
    ice on the ground verglas *m.*
ID card carte *f.* d'identité
idealistic idéaliste
if si
    If I were you . . . À ta/votre place…
important important/e
in à, dans, en
    in a box dans une boîte
    in France en France
    in my room dans ma chambre
    in Paris à Paris
    in the library à la bibliothèque
    in the U.S. aux États-Unis
    in town en ville
in-laws beaux-parents *m. pl.*

included compris/e
   all included tout compris
   tip included service *m.* compris
   utilities are included les charges *f. pl.*
   sont comprises
independent autonome ; indépendant/e
India Inde *f.*
Indian indien/ne
individualistic individualiste
indulgent indulgent/e
industrial industriel/le
inexpensive bon marché *adj. inv.*
infection infection *f.*
infomercial émission *f.* de téléachat
information renseignement *m.*
   to get information se renseigner
injured blessé/e
inn auberge *f.*
inside dans, à l'intérieur de, dedans
   inside the house dans la maison, à
   l'intérieur de la maison
   to look inside regarder à l'intérieur,
   regarder dedans
instant messaging messagerie *f.* instantanée
instead of au lieu de (+ *n.*, + *inf.*)
intelligent intelligent/e
intensity intensité *f.*
interesting intéressant/e
interested: to be interested in s'intéresser à
Internet Internet *m.*
   to connect to the Internet se connecter
   sur Internet
   Internet access accès *m.* à Internet
   Internet user internaute *m./f.*
   on the Internet sur Internet
interview interview *f.*, **(job)** entretien *m.*
into dans
to introduce présenter
   Je vous/te présente X. This is X.
invitation invitation *f.*
to invite inviter
irritable énervé/e
irritated: to become irritated s'énerver
island île *f.*
Israel Israël *m.*
Israeli israélien/ne
it ce (c') ; il ; elle ; le ; la
   it is c'est ; il/elle est (+ *adj.*)
   it isn't ce n'est pas ; il/elle n'est pas
   (+ *adj.*)
   I see it. Je le/la vois.
Italian italien/ne
Italy Italie *f.*
Ivorian ivoirien/ne
Ivory Coast Côte d'Ivoire *f.*

J

jacket blouson *m.*
   ski jacket anorak *m.*
   (suit) jacket veste *f.*
jam confiture *f.*
January janvier
Japan Japon *m.*
Japanese japonais/e
jar pot *m.*
jazz jazz *m.*
jealous jaloux/-ouse
jeans jean *m. sg.*
job poste *m.*, travail *m.*, métier *m.*, emploi *m.*
   full-time job travail à plein temps

it's my job c'est mon métier
   to look for a job (as . . .) chercher un
   emploi (comme…)
   part-time job travail à mi-temps
   summer job job *m.* d'été
   teaching job poste *m.* d'enseignant
   What's his job? Qu'est-ce qu'il fait
   comme travail ?
to jog faire † du jogging
to joke plaisanter, blaguer, rigoler (*colloq.*)
   You're joking! Tu rigoles !
joke histoire *f.* drôle, blague *f.*, plaisanterie *f.*
   to tell a joke raconter une histoire drôle
journalism journalisme *m.*
journalist journaliste *m./f.*
July juillet
June juin

K

keyboard clavier *m.*
key clé *f.*
   key word mot *m.* clé
to kid (around) rigoler (*colloq.*)
   Are you kidding? Tu rigoles ?
kilo(gram) kilogramme *m.* (kilo)
kilometer kilomètre *m.*
kind gentil/le
   That's kind (of you). C'est gentil à toi/
   vous.
king roi *m.*
   king cake galette *f.* des rois
to kiss s'embrasser
kitchen cuisine *f.*
   kitchen cabinet placard *m.*
   (with) a kitchenette (avec) coin *m.* cuisine
knee genou *m.*
to know savoir † ; connaître †
   to know a fact savoir †
   to know how to do st. savoir † + *inf.*
   to know a person/place connaître †
   to know whether savoir † si

L

laboratory (lab) laboratoire *m.* (labo)
   lab technician technicien *m.*,
   technicienne *f.* de laboratoire (de labo)
lady dame *f.*
lake lac *m.*
lamb chop côtelette *f.* d'agneau
lamp lampe *f.*
landlord/landlady propriétaire *m./f.*
language langue *f.*
   in the original language en version
   f. originale (en VO)
   foreign language langue étrangère
   native language langue maternelle
laptop ordinateur *m.* portable, portable (*m.*)
last dernier/dernière
   last month le mois dernier
   last Saturday samedi dernier
   last week la semaine dernière
   last year l'année dernière, l'an
   dernier
to last durer
late tard
   it's (too) late il est (trop) tard
   to be late être † en retard

to laugh rire †
law droit *m.*
   law school faculté *f.* de droit
lawyer avocat *m.*, avocate *f.*
lazy paresseux/-euse
to learn (to do st.) apprendre † (à + *inf.*)
leather cuir *m.*
to leave partir ; **(so., st.)** quitter
   to leave the lights on laisser les
   lumières allumées
lecture conférence *f.*
   lecture hall amphithéâtre *m.*
left gauche *f.*
   to the left à gauche
   the (political) left la gauche
leftovers restes *m. pl.*
leg jambe *f.*
leisure activities loisirs *m. pl.*
lemon citron *m.*
   lemonade citron *m.* pressé
   lemon-lime soft drink limonade *f.*
to lend prêter
less moins
   less (money) than . . . moins d'(argent)
   que…
   less (handsome) than . . . moins (beau)
   que…
letter lettre *f.*
lettuce salade *f.*, laitue *f.*
library bibliothèque *f.* (bibli)
   public library bibliothèque municipale
   (BM)
   university library bibliothèque
   universitaire (BU)
license permis *m.*
   driver's license permis de conduire
life vie *f.*
to lift lever †
to lift weights faire † de la musculation
light (color) clair/e ; **(weight)** léger, légère
light lumière *f.*
   to leave the lights on laisser les
   lumières allumées
   to turn on the lights allumer les
   lumières
   to turn out the lights éteindre les
   lumières
lightning éclair *m.*
   It's lightning. Il y a des éclairs.
likable sympathique, (sympa) *inv.*
like comme
to like aimer
   to like fairly well aimer bien
   to like a lot aimer beaucoup
line ligne *f.*
   online en ligne
linguistics linguistique *f.*
link lien *m.*
to link relier
lip lèvre *f.*
to listen to écouter
   to listen to music écouter de la musique
list liste *f.*
   listing of TV programs magazine *m.*
   télé
liter litre *m.*
literature littérature *f.*
little petit/e (*adj.*), peu (*adv.*)

a little boy un petit garçon
   He does little work. Il travaille peu.
a little bit un peu, un peu de (+ n.)
   a little bit sad un peu triste
   a little bit of money un peu d'argent
to live (location) habiter ; **(situation)**
   vivre †
   She lives in Dijon. Elle habite Dijon.
   She lives with her boyfriend. Elle vit
   avec son copain.
living room séjour m., salle f. de séjour
loaf of sliced bread pain m. de mie
to locate trouver
   to be located se trouver, être situé/e
long long/ue
   a long time longtemps
   **For how long have you been speaking
   French?** Depuis combien de temps est-ce
   que vous parlez français ?
   I studied German a long time ago. Il y
   a longtemps que j'ai fait de l'allemand.
to look (seem) avoir † l'air (+ adj.)
   to look after soigner, s'occuper de
   to look at regarder
   to look for chercher
   to look good avoir † l'air bon/délicieux
   to look like ressembler
to lose perdre
   to lose one's composure perdre son
   sang-froid
   to lose weight maigrir, mincir
a lot beaucoup
   lots/a lot of books beaucoup de livres
   to work a lot travailler beaucoup
lottery loto m.
   to play the lottery jouer au loto
loudly fort
lovable aimable
love amour m.
to love aimer
   to be in love (with) être † amoureux/
   -euse (de)
   to fall in love (with) tomber
   amoureux/-euse (de)
luck chance f.
   Good luck! Bonne chance !
   luckily heureusement
   to be lucky avoir † de la chance
   unlucky malheureux/-euse
luggage bagages m. pl.
   to carry up luggage monter les bagages
lunch déjeuner m.
   to eat lunch déjeuner
lung poumon m.

M

Madam, ma'am Madame f. (Mme)
mad (at) fâché/e (contre), en colère (avec)
magazine magazine m.
   monthly magazine mensuel m.
   weekly magazine hebdomadaire m.
mail courrier m.
   e-mail mail m., courriel (Can.)
   mail carrier facteur m., factrice f.
main principal/e
   main building pavillon m. principal
   main character personnage m. principal
   main dish plat m. principal

major (in) spécialisation f. (en),
   majeure f. (en) (Can.)
majority plupart f. de (+ n.)
to make faire †
   to make a mistake faire † une faute
makeup maquillage m.
   to put on makeup se maquiller
man homme m., monsieur m.
   a great man un grand homme
   a real gentleman un grand monsieur
mandatory obligatoire
many beaucoup de (+ count n.)
   as many as autant de (+ n.)
   how many? combien de ?
   not many pas beaucoup
   too many trop de (+ n.)
map carte f., plan m.
   campus map plan m. du campus
   city map plan m. de ville
maple tree érable m.
   maple syrup sirop m. d'érable
March mars
marital status état m. civil
marker (felt-tipped) feutre m.
market marché m.
   flea market marché aux puces
   open-air market marché en plein air
   supermarket supermarché m.
married marié/e
   to get married se marier
masculine masculin
mathematics mathématiques f. pl. (les maths)
May mai
maybe peut-être
mayonnaise mayonnaise f.
mayor maire m.
M.D. médecin m.
me moi, me
   He sees me. Il me voit.
   me neither moi non plus
   me too moi aussi
   not me pas moi
meal repas m.
   before-meal drink apéritif m.
   balanced meal repas équilibré
mean méchant/e
to mean vouloir † dire
   What do you mean? Qu'est-ce que tu
   veux/vous voulez dire ?
means of transportation moyen m. de
   transport
meat viande f.
   meat counter rayon m. boucherie
media médias m. pl.
medicine (field of study) médecine f. ;
   (prescription drug) médicament m.
mediocre médiocre
to meet se rencontrer, se retrouver, **(for
   the first time)** se connaître †, faire † la
   connaissance de qqn
to meet up (se) retrouver, se réunir
meeting rendez-vous m.
melon (cantaloupe) melon m.
Merry Christmas! Joyeux Noël !
meter mètre m.
Mexico Mexique m.
Mexican mexicain/e

microwave oven four m. à micro-ondes
   (micro-ondes)
middle: in the middle (of) au milieu (de)
   middle school collège m.
   middle-aged d'un certain âge
midnight minuit
milk lait m.
million million m.
mineral water eau f. minérale
minor (in) mineure f. (en) (Can.)
to minor (in) faire † une mineure (en)
   (Can.), faire † une concentration (en)
mint menthe f.
   mint tea tisane f. à la menthe
minute minute f.
mirror miroir m., glace f.
Miss Mademoiselle f. (Mlle)
to miss manquer, rater
   I miss him/her. Il/Elle me manque.
   I miss them. Ils/Elles me manquent.
   I miss you. Tu me manques./Vous me
   manquez.
   She just missed the bus. Elle vient de
   rater le bus.
missing absent/e
mistake faute f., erreur f.
   to make a mistake faire † une faute, se
   tromper
Mister (Mr.) Monsieur m. (M.)
to mix mélanger
modern moderne
moment moment m.
   at that moment à ce moment-là
   at this moment en ce moment
Monday lundi
money argent m.
monitor moniteur m.
   flat-screen monitor moniteur m. avec
   un écran plat
month mois m.
   last month le mois dernier
   next month le mois prochain
moon (the Moon) lune (la Lune) f.
moped mobylette f.
more . . . than plus (+ adv., + adj.) . . . que,
   plus de (+ n.) . . . que
   more (expensive) than . . . plus (cher/
   chère) que…
   more (quickly) than . . . plus
   (rapidement) que…
   more (homework) than . . . plus de
   (devoirs) que…
morning matin m.
Moroccan marocain/e
Morocco Maroc m.
most la plupart f. des (+ n.)
mother mère f.
   mother-in-law belle-mère
   single mother mère célibataire
   stepmother belle-mère
motorcycle moto f.
motorscooter mobylette f.
mountain montagne f.
   to go mountain climbing faire † de
   l'alpinisme
mouse souris f.
   wireless mouse souris sans fil
mouth bouche f.

to move (an object) bouger ; **(one's home)** déménager

movie film *m.*
    made-for-TV movie téléfilm *m.*
    movie star vedette *f.*, star *f.*
    movie theater cinéma *m.*

MP3 player baladeur *m.* MP3

Mr. Monsieur (M.)

Mrs. Madame (Mme)

Ms. Madame (Mme), Mademoiselle (Mlle)

much beaucoup de (+ *mass n.*)
    as much as autant de (+ *mass n.*)
    very much beaucoup

museum musée *m.*
    art museum musée d'art

mushroom champignon *m.*

music musique *f.*

musical comédie *f.* musicale

musician musicien *m.*, musicienne *f.*

must devoir † (+ *inf.*)
    You (One) must . . . Il faut…
    You (One) must not . . . Il ne faut pas…

mustard moutarde *f.*

my mon, ma, mes (+ *n.*)
    My name is . . . Je m'appelle…

myself moi-même

N

name (last) nom *m.*; **(first)** prénom *m.* ; **(nickname)** surnom *m.*
    My name is . . . Je m'appelle…
    What is your name? Comment vous appelez-vous/tu t'appelles ?

to name nommer

nationality nationalité *f.*

natural sciences sciences *f. pl.* naturelles

nature nature *f.*, caractère *m.*

nausea mal *m.* au cœur
    to feel nauseated avoir † mal au cœur

near (to) près (de)
    very near tout près
    nearly à peu près, presque

Neat! Chouette !

necessary nécessaire
    to be necessary falloir : il faut

neck cou *m.*

need besoin *m.*

to need avoir † besoin de (+*inf.*, + *n.*)

negative négatif/-ive

neighbor voisin/e *m./f.*

neighborhood quartier *m.*

neighboring voisin/e

neither non plus, ne… ni… ni
    me neither moi non plus
    she's neither tall nor short elle n'est ni grande, ni petite

nephew neveu *m.*

nervous agité/e, nerveux/-euse

Netherlands Pays-Bas *m. pl.*

network réseau *m.*
    social network réseau social
    wireless network réseau sans fil

never ne… jamais

new nouveau (nouvel)/nouvelle
    brand-new neuf/neuve
    What's new? Quoi de neuf ?

news informations *f. pl.* (infos), nouvelles *f. pl.*

news broadcast journal *m.* télévisé

newsgroup forum *m.* de discussion

newspaper journal *m.*

newsstand kiosque *m.* à journaux

next prochain/e (*adj.*), ensuite (*adv.*)
    next to à côté de

nice sympathique, (sympa) (*inv.*), gentil/le, agréable

niece nièce *f.*

night nuit *f.*
    at night la nuit, le soir

nine neuf

nineteen dix-neuf

ninety quatre-vingt-dix, nonante (*reg.*)

no non
    no longer ne… plus
    no matter what n'importe quoi
    no more ne… plus
    no one ne… personne

noise bruit *m.*
    to make noise faire † du bruit

none aucun/e
    I have none of them. Je n'en ai aucun.
    None of them are here. Aucune d'entre elles sont là.

noon midi

normally normalement

north nord *m.*
    North America Amérique *f.* du Nord

nose nez *m.*

not pas, ne… pas
    not always pas toujours
    not at all pas du tout
    not bad pas mal
    not me pas moi
    not yet pas encore

notebook cahier *m.*

nothing ne… rien

novel roman *m.*

November novembre

now maintenant

number chiffre *m.*, numéro *m.*

nurse infirmier *m.*, infirmière *f.*

nut noix *f.*

O

to obey obéir à

to obtain obtenir †

obvious évident/e

occupation métier *m.*

October octobre

odd bizarre
    to do odd jobs around the house bricoler, faire † du bricolage

of de (d')
    of course bien sûr

offer offrir †

office bureau *m.*

often souvent

oil huile *f.*
    olive oil huile d'olive

OK d'accord

old vieux (vieil)/vieille ; **(former)** ancien/ne
    How old are you? Quel âge avez-vous/as-tu ?
    old-fashioned démodé/e
    older person personne *f.* âgée
    to be X years old avoir † X ans

olive olive *m.*
    olive oil huile d'olive

omelet omelette *f.*

on à, sur, en
    on foot à pied
    on purpose exprès
    on sale en solde
    on the table sur la table
    on TV à la télé
    on the contrary si, au contraire

once une fois
    once upon a time il était une fois

one un/e

onion oignon *m.*

online en ligne
    to go online aller sur Internet

only seulement ; ne… que
    He is only ten years old. Il a seulement dix ans./ Il n'a que dix ans.

open ouvert/e

to open ouvrir †

opinion opinion *f.*
    in my opinion à mon avis, d'après moi

opposite contraire *m.* ; en face (de)
    It's the opposite. C'est le contraire.
    The town hall is opposite the train station. La mairie est en face de la gare.

optimistic optimiste

optional facultatif/-ive

or ou

oral oral/e
    oral exam examen *m.* oral
    oral presentation exposé *m.*

orange (color) orange *adj. inv.*; **(fruit)** orange *f.*
    orange juice jus *m.* d'orange
    Orangina soda Orangina *m.*

order commande *f.*

to order commander

other autre (+ *n.*)
    others les autres *m./f. pl.*

our notre, nos

ourselves nous-mêmes

outdated démodé/e

outdoors en plein air, dehors
    outdoor market marché *m.* en plein air
    to play outdoors jouer dehors

outgoing sociable

outside dehors, à l'extérieur

oven four *m.*
    microwave (oven) (four à) micro-ondes *m.*

over fini/e
    It's over. C'est fini.
    over there là-bas

overcast: It's overcast. Le ciel est couvert.

overcoat manteau *m.*

to overlook donner sur
    The window overlooks the park. La fenêtre donne sur le parc.

to owe devoir † (+ *n.*)

to own posséder †, avoir †

owner propriétaire *m./f.*

P

Pacific Ocean océan *m.* Pacifique

to pack faire † les bagages

package paquet *m.*

page page *f.*

pain mal *m.* (*pl.* des maux)
    to have a pain in the leg avoir mal à la jambe

to paint peindre †

painter peintre *m.*

painting peinture *f.*, tableau *m.*

pale pâle
    to become pale pâlir

pants pantalon *m. sg.*

pantyhose collant *m.*

paper (material) papier *m.* ; **(written for a course)** dissertation *f.*, essai *m.*, devoir *m.* écrit

parent parent *m.*

park parc *m.*

to park garer

parka anorak *m.*

to participate in participer à

partner partenaire *m./f.*

part-time à mi-temps

party fête *f.*, soirée *f.*

to pass by/in front of passer devant
    to pass (an exam/a course) réussir (à)

passerby passant *m.*, passante *f.*

passport passeport *m.*

pasta pâtes *f. pl.*

pastime passe-temps *m.*

pastry (cake) pâtisserie *f.*, **(dough)** pâte *f.*

pâté pâté *m.*

path chemin *m.*

to pay payer
    to pay attention faire † attention

peach pêche *f.*

pear poire *f.*

peas petits pois *m. pl.*

pedestrian piéton *m.*
    pedestrian street rue *f.* piétonne

pen stylo *m.*
    felt-tipped pen feutre *m.*

pencil crayon *m.*

people gens *m. pl.*

pepper (spice) poivre *m.*
    green pepper poivron *m.* vert
    red pepper poivron *m.* rouge

percussion batterie *f.*

perfectly parfaitement

perhaps peut-être

permit permis *m.*

to permit (so. to do st.) permettre †
    (+ à *qqn*, de + *inf.*)

person personne *f.*

personality personnalité *f.*, caractère *m.*

pessimistic pessimiste

pet animal *m.* familier, animal de compagnie

pharmacist pharmacien *m.*, pharmacienne *f.*

pharmacy pharmacie *f.*

Ph.D. doctorat *m.*

philosophy philosophie *f.*

phone téléphone *m.*, **(cell)** portable *m.*, **(land line)** (téléphone) fixe *m.*
    phone number numéro *m.* de téléphone

to phone téléphoner
    to phone one another se téléphoner

photo(graph) photographie *f.* (photo)

photographer photographe *m./f.*

physical sciences sciences *f. pl.* physiques

physics physique *f.*

physiology physiologie *f.*

piano piano *m.*
    to play the piano jouer du piano

picnic pique-nique *m.*
    to have a picnic faire † un pique-nique

picture photographie *f.* (photo) ; **(painting)** tableau *m.*

pie tarte *f.*
    apple pie tarte aux pommes

piece morceau *m.*
    piece of furniture meuble *m.*
    piece of information renseignement *m.*
    piece of news nouvelle *f.*
    piece of toast pain *m.* grillé, rôtie *f.* (*Can.*), toast *m.*

piece of buttered toast with jam tartine *f*

pig cochon *m.*

pineapple ananas *m.*

pink rose

pizza pizza *f.*

place endroit *m.*, lieu *m.*
    at X's place chez X
    to take place avoir † lieu

plan projet *m.*
    to have plans être † pris/e, avoir † des projets
    to make plans faire † des projets

to plan organiser, planifier

plane avion *m.*

planner: day planner agenda *m.*

plastic plastique

plate assiette *f.*

play (theater) pièce *f.*

to play jouer
    to play an instrument jouer (de)
    to play a sport jouer (à)
    to play sports faire † du sport
    playing field terrain *m.* de sport

player joueur *m.*, joueuse *f.*

pleasant agréable

please s'il te plaît, s'il vous plaît

poem poème *m.*

poet poète *m.*

poetry poésie *f.*

police officer agent *m.* de police, agente *f.* de police

political science sciences *f. pl.* politiques

pork porc *m.*

Portugal Portugal *m.*

Portuguese portugais/e

position (job) poste *m.*

positive positif/-ive

possible possible

possibly éventuellement

post office poste *f.*

postcard carte postale *f.*

poster affiche *f.*, poster *m.*

potato pomme de terre *f.*, patate *f.* (*colloq., Can.*)

to pour verser

practical pratique

practice (music, theater) répétition *f.*, **(sports)** entraînement *m.*

to practice (music, theater) répéter †, **(sports)** s'entraîner

to prefer préférer †, aimer mieux

preparations préparatifs *m. pl.*

to prepare préparer
    prepared dish plat préparé *m.*

prescription ordonnance *f.*

present cadeau *m.*

present: to be present être présent/e

to present présenter, donner

press presse *f.*

to press presser
    to press (a button) appuyer sur (un bouton)

prestige prestige *m.*

pretty joli/e

to prevent (so. from doing st.) empêcher (à *qqn* de + *inf.*)

price prix *m.*

to print imprimer

printer imprimante *f.*
    multifunction printer imprimante multifonction

probably probablement

problem problème *m.*

produce aisle rayon *m.* fruits et légumes

profession profession *f.*

professor professeur *m.*, professeure *f.* (*Can.*) prof *m./f.* (*fam.*)

program (TV) émission *f.*

project projet *m.*

to promise (so. to do st.) promettre † (à *qqn* de + *inf.*)

psychological drama drame *m.* psychologique

psychology psychologie *f.*

public public *m.* ; public/publique *adj.*
    public transportation transports *m. pl.* en commun

pullover sweater pull(-over) *m.*

to punish punir

purple violet/te

purse sac *m.* à main

to push pousser
    to push (a button) appuyer sur (un bouton)

to put (on) mettre †; **(away)** ranger †

Q

quantity quantité *f.*

quarter quart *m.* ; trimestre *m.*
    quarter past three trois heures et quart
    quarter to three trois heures moins le quart

Quebec Québec *m.*

Quebecois québécois/e

queen reine *f.*

question question *f.*
    to ask a question poser une question

quiet réservé/e

quite assez (+ *adj.*)

quiz interrogation *f.*

R

rabbit lapin *m.*

radio radio *f.*

rail: light rail tram(way) *m.*

rain pluie *f.*

to rain pleuvoir †
    It's raining. Il pleut.

raincoat imper(méable) *m.*
to raise lever †
    to raise one's hand lever † le doigt, lever † la main
    to raise a child élever † un enfant
rapid rapide
rapidly vite
rarely rarement
rather assez, plutôt
raw vegetables crudités *f. pl.*
    plate of raw vegetables assiette *f.* de crudités
razor rasoir *m.*
to read lire †
    CD, DVD reader lecteur *m.* CD, DVD
ready prêt/e
real vrai/e
realistic réaliste
reality show émission *f.* de téléréalité
really vraiment
reason raison *f.*
reasonable raisonnable
to receive recevoir †
receptionist réceptionniste *m./f.*
recipe recette *f.*
recommendation recommandation *f.*
red rouge
redhead, redhaired roux/-sse
to reduce réduire
reference book ouvrage *m.* de référence
to reflect (on) réfléchir (à)
refrigerator réfrigérateur *m.*, frigo *m.(colloq.)*
region région *f.*
registrar: registrar's office bureau *m.* des incriptions
rehearsal répétition *f.*
to rehearse répéter †
to relax se détendre, se décontracter, se relaxer
    relaxed décontracté/e
relative parent *m.*
remarried remarié/e
remember se rappeler †, se souvenir † de
remote control télécommande *f.*
renovated rénové/e
rent loyer *m.*
to rent louer
renter locataire *m./f.*
    co-renter colocataire *m./f.*
to repeat répéter †
report (oral) exposé *m.*, **(written)** rapport *m.*, **(television/radio)** reportage *m.*
to request (that so. do st.) demander (à *qqn* de + *inf.*)
to require (so. to do st.) exiger † (à *qqn* de + *inf.*)
required obligatoire
reservation réservation *f.*
    to make a reservation online faire † une réservation sur Internet
to reserve réserver, faire † une réservation
reserved réservé/e
residential résidentiel/le
    residential neighborhood quartier *m.* résidentiel
resource ressource *f.*
responsibility responsabilité *f.*
responsible responsable

rest repos *m.*
to rest se reposer
restaurant restaurant *m.*
restroom toilettes *f. pl.*, W.-C. *m. pl.*
to return retourner
    to return home rentrer
rice riz *m.*
to ride a bicycle faire † du vélo *m.*
right droite *f.*
    It will be all right. Ça va s'arranger.
    right away tout de suite
    the (political) right la droite
    to be right avoir † raison
    to the right à droite
to ring sonner
river (flowing to sea) fleuve *m.*; **(as tributary)** rivière *f.*
roast rôti *m.*
    pork roast rôti de porc
    roast beef rosbif *m.*
rock music rock *m.*
role (film or theater) rôle *m.*
    role play jeu *m.* de rôle
roll (bread) petit pain *m.*
roof toit *m.*
room pièce *f.*, salle *f.*
    bedroom chambre *f.*
    two bedroom apartment appartement *m.* trois pièces
    classroom salle (de classe)
    dining room salle à manger
    living room salle de séjour, séjour *m.*
roommate colocataire *m./f.*, camarade de chambre *m./f.*
routine routine *f.*
rug tapis *m.*
rugby rugby *m.*
rule règle *f.*
ruler règle *f.*
to run courir †
    to run errands faire † des courses *f. pl.*
RV camping-car *m.*

S

sad triste
sailboat bateau *m.* à voile
    to go sailing faire † de la voile
salad salade *f.*
salary salaire *m.*
sale soldes *m. pl.*
    to be on sale être † en solde, soldé/e
sales clerk vendeur *m.*, vendeuse *f.*
sales representative représentant *m.*, représentante *f.* de commerce
salmon saumon *m.*
    smoked salmon saumon fumé
salt sel *m.*
salty salé/e
same même
    just the same quand même
    the same thing la même chose *f.*
sandal sandale *f.*
sandwich (ham, cheese) sandwich *m.* (au jambon, au fromage)
Santa Claus Père Noël *m.*
Saturday samedi
to save (money) économiser ; **(a file)** sauvegarder un fichier

saxophone saxophone *m.*
to say dire †
scanner scanner *m.*
to scare faire † peur à
    to be scared avoir † peur
scarf écharpe *f.*
    silk scarf foulard *m.*
schedule emploi *m.* du temps
school école *f.*
    elementary school école primaire
    middle school collège *m.*
    high school lycée *m.*
    school within a university faculté *f.*
science science *f.*
    science-fiction science-fiction *f.*
    physical sciences sciences physiques
    political science science politique
    social sciences sciences humaines
screen écran *m.*
    flat screen écran plat
sculpture sculpture *f.*
sea mer *f.*
    seafood fruits *m. pl.* de mer
    seashore bord *m.* de la mer
to search chercher
search engine moteur *m.* de recherche
season saison *f.*
seat (theater, movie) place *f.*, siège *m.*
second (measure of time) second *m.*
second (order) deuxième
    second floor premier étage *m.*
secretary secrétaire *m./f.*
to see voir †
    to see a doctor consulter le médecin
    Let's see . . . Voyons…
    See you soon! À bientôt !
    See you tomorrow! À demain !
to seem (good) avoir † l'air (bon)
selfish égoïste
to sell vendre
semester semestre *m.*
to send envoyer †
Senegal Sénégal *m.*
Senegalese sénégalais/e
sensitive sensible
to separate séparer, **(couple)** se séparer
separated séparé/e
September septembre
series série *f.*
serious (person) sérieux/-euse ; **(accident, injury)** grave
to serve servir
server serveur *m.*, serveuse *f.*
service sector services *m. pl.*
to set mettre †, poser, situer
    to set the table mettre † la table
seven sept
seventeen dix-sept
seventy soixante-dix, septante (*reg.*)
several plusieurs
shame honte *f.*
    It's a shame. C'est dommage.
    It's shameful. C'est une honte.
shampoo shampooing *m.*
shape: to be in shape être † en forme
to share partager †
to shave se raser
she elle

sheet of paper feuille *f.* de papier
shelf étagère *f.*
shirt (man's) chemise *f.* ; **(woman's)** chemisier *m.*
shoe chaussure *f.*
to shop faire † du shopping
    to shop for groceries faire † les courses *f. pl.*
shopkeeper commerçant *m.*, commerçante *f.*
shore plage *f.*, bord *m.* de la mer
short (not tall) petit/e ; **(not long)** court/e
shorts short *m. sg.*
shoulder épaule *f.*
to shout crier
show spectacle *m.*, représentation *f.*, **(TV)** émission *f.*
to show montrer
to shower se doucher, prendre † une douche
shrimp crevette *f.*
shuttle bus navette *f.*
shy timide, réservé/e
sick malade
side côté *m.*
sightseeing: to go sightseeing faire † du tourisme *m.*
silk soie *f.*
since (because) puisque ; **(time)** depuis
    Since when . . . ? Depuis quand... ?
to sing chanter
singer chanteur *m.*, chanteuse *f.*
singing lesson leçon *f.* de chant
single célibataire
sink (bathroom) lavabo *m.* ; **(kitchen)** évier *m.*
Sir Monsieur *m.* (M.)
sister sœur *f.*
    half-sister demi-sœur
    sister-in-law belle-sœur
    stepsister demi-sœur
to sit down s'asseoir †
    Sit down! Asseyez-vous !/Assieds-toi !
site site *m.*
to situate situer
    to be situated at être † situé/e à
six six
sixteen seize
sixty soixante
size taille *f.*
    middle-sized de taille moyenne
to ski faire † du ski
    to water ski faire † du ski nautique
skin peau *f.*
skinny maigre
to skip (a meal) sauter (un repas)
skirt jupe *f.*
    mini-skirt mini-jupe
sky ciel *m.*
slacks pantalon *m. sg.*
to sleep dormir
    to be asleep être † endormi/e
    to fall asleep s'endormir
    to go back to sleep se rendormir
sleet verglas *m.*
slender mince
slice tranche *f.*
slim mince
slow lent
slowly lentement
small petit/e

smart intelligent/e
smart phone smartphone *m.*
smoke fumée *f.*
to smoke fumer
smoked fumé/e
snack casse-croûte *m. inv.*
    afternoon snack goûter *m.*
    snack bar snack-bar *m.*
to snack grignoter ; goûter
snake serpent *m.*
sneakers baskets *m. pl.*, tennis *m. pl.*
snow neige *f.*
to snow neiger
    It's snowing. Il neige.
to snowboard faire † du surf des neiges
snowman bonhomme *m.* de neige
so alors
    so do I moi aussi
    so what? et alors ?
soap savon *m.*
soap opera feuilleton *m.*
soccer football (foot) *m.*, soccer *m.* (*Can.*)
    soccer game match *m.* de football
sociable sociable
social sciences sciences *f. pl.* humaines
social worker assistant *m.*, assistante *f.* social/e
sociology sociologie *f.*
sock chaussette *f.*
software (program) logiciel *m.*
some du, de la, de l', des ; en ; quelques
    I have some coffee/cream/water. J'ai du café/de la crème/de l'eau.
    I have some croissants. J'ai des croissants/quelques croissants.
    I want some. J'en veux.
someone quelqu'un
something quelque chose
sometimes quelquefois
somewhere quelque part
son fils *m.*
    son-in-law gendre *m.*
    stepson beau-fils *m.*
song chanson *f.*
soon bientôt
sorry désolé/e
    to be sorry être † désolé/e, regretter
to sort trier
so-so comme ci, comme ça
sound bruit *m.*
soup soupe *f.*
south sud *m.*
    South America Amérique *f.* du Sud
souvenir souvenir *m.*
Spain Espagne *f.*
Spanish espagnol/e
to speak parler
    Speak louder! Parle/Parlez plus fort !
speciality spécialité *f.*
to spell épeler †
to spend (money) dépenser ; **(time)** passer
spice épice *f.*
    spicy épicé/e, piquant/e
spinach épinards *m. pl.*
spoon cuillère *f.*
sport sport *m.*
    sport coat veste *f.*
    sports complex centre *m.* sportif

sports event émission *f.* sportive
    to play sports faire † du sport
    to like sports aimer le sport
spouse époux *m.*, épouse *f.*
spring printemps *m.*
    in (the) spring au printemps
spy espion *m.*, espionne *f.*
    spy movie film *m.* d'espionnage
square (in a city) place *f.*
stadium stade *m.*
staircase escalier *m.*
stairs escalier *m.*
star étoile *f.*
    movie star vedette *f.*, star *f.*
to start commencer †
    to start exercising again se remettre † à faire de l'exercice
station (train) gare *f.* ; **(subway/metro)** station *f.*
to stay rester
    to stay home rester à la maison
    to stay in a hotel loger † dans un hôtel
steak biftek *m.*, steak, *m.*
stepbrother demi-frère *m.*
stepdaughter belle-fille *f.*
stepfather beau-père *m.*
stepmother belle-mère *f.*
stepsister demi-sœur *f.*
stepson beau-fils *m.*
still encore, toujours
stomach estomac *m.*, ventre *m.*
    to have a stomach ache avoir † mal au ventre
to stop (s')arrêter
    Stop it! Arrête ! Arrêtez !
stoplight feu rouge *m.*
store magasin *m.*
storm orage *m.*
    It's storming. Il y a un orage.
story histoire *f.*
story (of a building, house) étage *m.*
    first story rez-de-chaussée *m.*
    second story premier étage
stout fort/e
stove cuisinière *f.*
straight ahead tout droit
strange bizarre, drôle
stranger étranger *m.*, étrangère *f.*
strawberry fraise *f.*
stream (large) rivière *f.*
to stream (media) télécharger
street rue *f.*
to do strength training faire † de la musculation
stress stress *m.*
stressed stressé/e
strong fort/e
stop arrêt *m.*
    bus stop arrêt *m.* de bus
    subway/metro stop station *f.* de métro
stubborn têtu/e
student étudiant *m.*, étudiante *f.*
studies études *f. pl.*
studio (apartment) studio *m.* ; **(artist's)** atelier *m.*
to study étudier, travailler

to study for an exam préparer un examen

to study (French) faire † (du français)

to study (to major in) French étudier le français

to study (tonight, this weekend) travailler (ce soir, ce week-end)

stuff affaires *f. pl.*

stupid bête

stylish chic, à la mode

subtitles sous-titres *m. pl.*

subtitled sous-titré/e ; en version originale (en VO)

to subscribe (to) s'abonner (à)

suburb banlieue *f.*

subway métro *m.*

to succeed (in doing *st.***)** réussir (à + *inf.*)

sugar sucre *m.*

to suggest (doing *st.***)** suggérer †, proposer (de + *inf.*)

suit (man's) costume *m.* ; **(woman's)** tailleur *m.*

suitcase valise *f.*

summer été *m.*

summer camp colonie *f.* de vacances

summer vacation grandes vacances *f. pl.*

sun soleil *m.*

It's sunny. Il y a du soleil.

sunburn coup *m.* de soleil

Sunday dimanche

sunglasses lunettes *f. pl.* de soleil

super super

supermarket supermarché *m.*

supermarket aisles rayons *m. pl.* du supermarché

to support soutenir †

sure sûr/e

to surf faire † du surf

to surf the Web surfer sur Internet

surfboard planche *f.* de surf

surfing surf *m.*

surprised étonné/e, surpris/e

sweater (cardigan) gilet *m.* ; **(pullover)** pull-over *m.*

swim nager †, faire † de la natation

swimming la natation *f.*

swimming pool piscine *f.*

swimsuit maillot *m.* de bain (maillot)

Swiss suisse

Switzerland Suisse *f.*

syrup sirop *m.*

maple syrup sirop d'érable

T

table table *f.* ; **(chart)** tableau *m.*

to set the table mettre † la table

to take prendre †

to take a nap faire † la sieste

to take a test passer un examen

to take a trip faire † un voyage

to take care of s'occuper de

to take care of oneself se soigner

to take courses suivre † des cours

to take (*so. sw.***)** emmener † (*qqn qqp.*)

to take (*st. sw.***)** emporter (*qqch. qqp.*)

talented doué/e

to talk (to *so.***, about** *st.***)** parler (à *qqn*, de *qqch.*)

---

tall grand/e

to tan bronzer

taste goût *m.*

to taste goûter

taxi taxi *m.*

tea thé *m.*

herbal tea tisane *f.*

tea with lemon thé au citron

tea with milk thé au lait

tea without milk or lemon thé nature

teacher professeur *m.*, prof *m./f.* (*fam.*), enseignant/e *m./f.*

team équipe *f.*

tear larme *f.*

to tease *so.* plaisanter avec *qqn*, taquiner *qqn*

technician technicien *m.*, technicienne *f.*

tedious ennuyeux/-euse

teenager adolescent *m.*, adolescente *f.*

telephone téléphone *m.* ; **(cell)** portable *m.* ; **(land line)** (téléphone) fixe *m.*

telephone number numéro *m.* de téléphone

to telephone (*so.***)** téléphoner à *qqn*

to telephone each other se téléphoner

television télévision *f.* (télé)

television set téléviseur *m.*

television station chaîne *f.*

to tell dire †

ten dix

tenant locataire *m./f.*

tennis tennis *m.*

tennis shoes tennis *m. pl.*

tent tente *f.*

terrace terrasse *f.*

test examen *m.*

text texte *m.*

text message texto *m.*

to thank remercier

Thank you! Merci !

that cela, ça

That's all. C'est tout.

That's it. C'est ça.

That's too bad. C'est dommage.

that (*rel. pron.***)** qui, que

theater théâtre *m.*

their leur

them eux ; elles ; les ; leur

with them avec eux/elles

I see them. Je les vois.

I'm speaking to them. Je leur parle.

themselves eux-mêmes ; elles-mêmes

then alors, ensuite, puis

there là ; y

It's over there. C'est là.

She's going there tonight. Elle y va ce soir.

there is/are voilà ; il y a ; voici

therefore donc

these ces

they ils, elles, on

thin fin/e, **(person)** mince

thing chose *f.*

think penser à/de, réfléchir à

I don't think so. Je pense que non. Je (ne) pense pas.

I'm thinking about my dog. Je pense à mon chien.

I think so. Je pense que oui.

I think that . . . Je pense que…

What do you think of this film? Qu'est-ce que tu penses de ce film ?

thirst soif *f.*

to be thirsty avoir † soif

thirteen treize

thirty trente

this ce (cet), cette

this is . . . c'est/ce sont… ; voici

thousand mille

three trois

throat gorge *f.*

through par

to go through passer par

to throw (out) jeter †

thunder tonnerre *m.*

It's thundering. Il y a du tonnerre.

thunderstorm orage *m.*

Thursday jeudi

ticket billet *m.*

museum ticket entrée *f.*

subway ticket ticket *m.*

theater/concert ticket place *f.*

to tidy up ranger †

tie cravate *f.*

tights collant *m. sg.*

time temps *m.* ; l'heure *f.*

full-time à plein temps

a long time ago il y a longtemps

part-time à mi-temps

What time is it? Quelle heure est-il ?

tired fatigué/e

title titre *m.*

to (a place) à, en

today aujourd'hui

toe doigt *m.* de pied

together ensemble

toilet toilettes *f. pl.*

toiletries articles *m. pl.* de toilette

tomato tomate *f.*

tomorrow demain

the day after tomorrow après-demain

tonight ce soir

too aussi

too much trop

tooth dent *f.*

toothbrush brosse *f.* à dents

toothpaste dentifrice *m.*

touchscreen tactile *adj.*

touchscreen tablet tablette *f.* tactile

to touch up retoucher

tourism office Office *m.* du tourisme, Syndicat *m.* d'initiative

tourist touriste *m./f.*

toward vers

towel serviette *f.* (de toilette)

to towel off s'essuyer †

town ville *f.*

downtown en centre-ville

town hall mairie *f.*

traffic circulation *f.*

traffic circle rond-point *m.*

traffic jam embouteillage *m.*

train train *m.*

train station gare *f.*

transportation (means of) moyen *m.* de transport

mass transportation transports *m. pl.* en commun
to travel voyager †
tree arbre *m.*
    Christmas tree sapin *m.* de Noël
    family tree arbre généalogique
    fir tree sapin *m.*
    fruit tree arbre fruitier
tremendous formidable
trimester trimestre *m.*
trip voyage *m.*
    to go on a trip faire † un voyage, voyager †, partir en voyage
    Have a good trip! Bon voyage !
trousers pantalon *m. sg.*
true vrai/e
    That's true. C'est vrai.
truth vérité *f.*
to try (on) essayer † ; **to try to do** *st.* essayer † de + *inf.*
T-shirt tee-shirt *m.*
Tuesday mardi
    Fat Tuesday Mardi gras
tuna thon *m.*
turkey dinde *f.*
to turn tourner
    to turn off (the lights) éteindre (les lumières)
    to turn on (an appliance) allumer (un appareil)
TV télévision *f.* (télé)
    TV (or radio) station chaîne *f.* de télévision
    TV remote control télécommande *f.*
    TV series série *f.*
twenty vingt
twin jumeau *m.*, jumelle *f.*
two deux
typical typique

U

ugly moche, laid/e
umbrella parapluie *m.*
uncle oncle *m.*
under sous
underground au sous-sol
to understand comprendre †
undisciplined indiscipliné/e
to undress se déshabiller
uneasy inquiet/-ète
unfortunately malheureusement
unhappy malheureux/-euse
unhealthy mauvais/e pour la santé
union: civil union PACS, pacte civil de solidarité
United States États-Unis *m. pl.*
university université *f.*, fac(ulté) *f.*
    university dining hall restaurant *m.* universitaire, resto U (*fam.*)
    university library bibliothèque *f.* universitaire, BU *f.* (*fam.*), bibli *f.* (*Can., fam.*)
unmarried célibataire
until: until X o'clock jusqu'à X heures
up: to be up être † debout
    to get up se lever †
    to go up monter
    to update mettre † à jour

    to uphold maintenir †
    to upload télécharger
upset: to be upset être † fâché/e, être † en colère
upstairs en *haut
urgent urgent/e
us nous
to use (*st.***)** se servir de (*qqch*), employer †, utiliser
useful utile
usually d'habitude, habituellement
utilities charges *f. pl.*

V

vacation vacances *f. pl.*
    vacation plans projets *m. pl.* de vacances
    to go on vacation partir en vacances
valley vallée *f.*
vanilla vanille *f.*
    vanilla ice cream glace *f.* à la vanille
variety show divertissement *m.*
VCR magnétoscope *m.*
vegan végétalien *m.*, végétalienne *f.*
vegetable légume *m.*
    vegetable garden potager *m.*
    cut-up raw vegetables crudités *f. pl.*
vegetarian végétarien/ne
very très
    very good très bon/ne
    very much beaucoup
    very well, thanks très bien, merci
video vidéo *f.*
    video clip clip *m.* vidéo
    video game jeu *m.* électronique
Vietnam Vietnam *m.*
Vietnamese vietnamien/ne
village village *m.*
vinegar vinaigre *m.*
to visit (place, monument) visiter ; **(person)** rendre visite à
volleyball volley-ball *m.* (volley)

W

waist taille *f.*
to wait (for) attendre
waiter/waitress serveur *m.*, serveuse *f.*
to wake up se réveiller
to walk marcher, aller † à pied
    to take a walk se promener †, faire † une promenade
    to walk for exercise faire † de la marche
    to walk the dog promener † le chien
walk promenade *f.*
wall mur *m.*
    on the wall au mur
wallet portefeuille *m.*
walnut noix *f.*
to want vouloir †, avoir † envie de, désirer
war guerre *f.*
    World War I la Première Guerre mondiale
    World War II la Seconde Guerre mondiale
wardrobe armoire *f.*
warm chaud/e
    It's warm weather. Il fait chaud. Il fait bon.
    I'm warm. J'ai chaud.

    warm-hearted affectueux/-euse
to wash laver
    to wash one's face se laver la figure
    to wash one's hands se laver les mains
    to wash one's hair se laver les cheveux
wash mitt gant *m.* de toilette
to waste time perdre du temps
watch montre *f.*
to watch regarder, voir †
    to watch a game voir † un match
    to watch a game on TV regarder un match
    to watch a movie voir † un film
    to watch a movie on TV regarder un film
    to watch a play voir † une pièce de théâtre (une pièce)
    to watch TV regarder la télé
water eau *f.*
    mineral water eau minérale
    sparkling water eau gazeuse, eau pétillante
    tap water eau du robinet
water skiing ski *m.* nautique
    to go water skiing faire † du ski nautique
way of life manière *f.* de vivre
we nous, on
to wear porter, mettre †
weather temps *m.*
    weather forecast bulletin *m.* météorologique, météo *f.*
    What's the weather like? Quel temps fait-il ?
    The weather's bad. Il fait mauvais.
    It's nice weather. Il fait beau.
Web Web *m.*, toile *f.*,
    web address adresse *f.* web
    web browser navigateur *m.*
    webcam webcam *f.*
    web page page *f.* web
    web site site *m.* web
wedding mariage *m.*
Wednesday mercredi
week semaine *f.*
weekend week-end *m.*, fin *f.* de semaine (*Can.*)
weight lifting/training musculation *f.*
to do weight training faire † de la musculation
welcome bienvenu/e ; bienvenue *f.*
    You're welcome. Je t'en prie./Je vous en prie. Bienvenue. (*Can.*)
    Welcome to . . . Soyez la bienvenue !
to welcome accueillir †
well bien
    Well . . . Eh bien…
    Well done! Bravo !
west ouest *m.*
western (film) western *m.*
What . . . ? Qu'est-ce que/qui… ?, Quel/le… ?
    What? Quoi ? Comment ?
    What about you? Et toi ?/Et vous ?
    What color is . . . ? De quelle couleur est… ?
    What did you say? Comment ?
    What happened? Qu'est-ce qui s'est passé ?
    What is that? Qu'est-ce que c'est ?

What's the matter? Qu'est-ce que tu as/vous avez ?

What's your name? Comment tu t'appelles/vous appelez-vous ?

What sport do you prefer? Quel sport est-ce que vous préférez ?

when quand, lorsque, où (*rel. pron.*)

When do you leave? Quand est-ce que vous partez ?

lorsqu'elle était petite when she was small

It's the season when it snows. C'est la saison où il neige.

where où

I know where he is. Je sais où il se trouve.

The store where you bought it is now closed. Le magasin où tu l'as acheté est fermé actuellement.

Where did you go? Où est-ce que tu es allé/e ?

whether si

I don't know whether he is coming. Je ne sais pas s'il vient.

which quel/le (*adj.*) ; que (qu'), qui (*pron.*)

The concert, which was quite expensive, ended one hour early because of the rain. Le concert, qui coûtait assez cher, a terminé une heure en avance à cause de la pluie.

The test, which we just took, was difficult. L'examen, que nous venons de passer, était difficile.

Which book do you like best? Quel livre est-ce que tu préfères ?

while pendant que

I was working while they were swimming. Je travaillais pendant qu'elles nageaient.

white blanc/blanche

whiteboard tableau *m.* blanc

who qui

whom qui

why pourquoi

wife femme *f.*

willingly volontiers

to win gagner

wind vent *m.*

It's windy. Il y a du vent.

window fenêtre *f.*

display window vitrine *f.*

to window shop faire † du lèche-vitrine

to windsurf faire † de la planche à voile

wine vin *m.*

winner gagnant *m.*, gagnante *f.* ; vainqueur *m.*

winter hiver *m.*

winter sports sports *m. pl.* d'hiver

to wipe (off) essuyer †

to wipe oneself off s'essuyer

wireless sans fil *m.*

wireless card connexion *f.* sans fil

wireless connection connexion *f.* sans fil

wireless keyboard clavier *m.* sans fil

wireless mouse souris *f.* sans fil

to wish vouloir †, souhaiter

wish vœu *m.*

Best wishes! Meilleurs vœux !

with avec

within dans

without sans

witness témoin *m.*

woman femme *f.*

to wonder se demander

wonderful génial/e, merveilleux/-euse

wood bois *m. pl.*

wool laine *f.*

knitted wool hat bonnet *m.* de laine

word mot *m.*

work travail *m.*

to work travailler

hard-working travailleur/-euse

It'll work out. Ça va s'arranger.

to work at the computer travailler à l'ordinateur

worker travailleur *m.*, travailleuse *f.*

workplace lieu *m.* de travail

workshop atelier *m.*

to work out faire † du sport ; faire † de la gym

world monde *m.*

World War I la Première Guerre mondiale

World War II la Seconde Guerre mondiale

worn, worn out (object) abîmé/e ; **(person)** épuisé/e

worried inquiet/-ète, anxieux/-euse

to worry s'en faire †, se faire † du souci, s'inquiéter †

wounded blessé/e

wrist poignet *m.*

to write écrire †, rédiger †

writer écrivain *m.*

Y

yard jardin *m.*

year an *m.*, année *f.*

Happy New Year! Bonne année !

I am 19 years old. J'ai 19 ans.

to yell crier

yellow jaune

yes oui ; si (*after negative question*)

yesterday hier

yet encore

not yet pas encore

yogurt yaourt *m.*

you tu ; vous ; toi

to you te (t') ; vous

He sees you. Il te/vous voit.

He's speaking to you. Il te/vous parle.

with you avec toi/vous

young jeune

your ton, ta, tes ; votre, vos (+ *n.*)

yourself toi-même ; vous-même

yourselves vous-mêmes

Z

zero zéro *m.*

zoology zoologie *f.*

Sources

TEXT CREDITS

Page 18 (top): Copiepresse, Bruxelles; page 18 (middle): Copiepresse, Bruxelles; page 18 (bottom): DR / 20 ANS 67; page 19 (top left): Courtesy of Haïti en marche. www.haitienmarche.com; page 19 (top right): Used by permission of The Canadian Press; page 19 (bottom): L'Express (Neuchâtel) www.lexpress.ch; page 41: Statistique Canada, *Familles et ménages—Faits saillants en tableaux*, Recensement de 2006, catalogue 97-553-XWF2006002, Date de parution 12 septembre 2007. http://www12.statcan.ca/ censusrecensement/index-fra.cfm; page 42: Source: Statistique Canada, Portrait de famille : continuité et changement dans les familles et les ménages du Canada en 2006, Recensement de 2006, catalogue 97-553-XWF2006001, Date de parution 12 septembre 2007. http://www12.statcan.ca/francais/census06/analysis/famhouse/index.cfm: page 74: Map of Pays de Richelieu used courtesy of Office de Tourisme du Pays de Richelieu; page 93: "Familiale" from *Paroles* by Jacques Prévert © Éditions Gallimard; page 123: Photo by Salomon and text from « Guide du Voyageur—Textes Comité Martiniquais du Tourisme » used courtesy of Comité Martiniquais du Tourisme; page 127: School calender © Agenda Quo Vadis; page 135: Mini Chiffres clés. Édition 2011, Ministère de la culture et de la communication/Département des études, de la prospective et des statistiques (www.culture.gouv.fr/deps); page 136: Centre Pompidou schedule of events used courtesy of the Centre National d'Art et de Culture Georges Pompidou; page 201: From "Zinna" in *Printemps et autres saisons* by J.M.G. Le Clézio © Éditions Gallimard; page 230–231: From *Je suis Cadien (suite poétique)* by Jean Arceneaux. New York: Cross Cultural Communications, 1994. Used by permission of the author; page 243: Excerpt from *Emménager à Montréal*, 2006–2007 by Jessica Murphy used courtesy of Moving To Magazines Ltd www.movingto.com; page 267 (map): Copyright SNCF. Tous droits de reproduction réservés; page 297 (left): TF1 logo used courtesy of TF1; page 297 (middle): France2 and France3 logos used courtesy of France Télévisions; page 297 (right): M6 logo used courtesy of MÉTROPOLE TÉLÉVISION; page 310: From "Profiling 2011" study by Ipsos MediaCT. Used courtesy of Ipsos France; page 317: © Étude Audence AEPM France; page 324: From *La Leçon* by Eugène Ionesco in *La Cantatrice chauve suivi de La Leçon* © Éditions Gallimard.

PHOTO CREDITS

Page 2: Simon Harris/Robert Harding World Imagery; page 5: (bottom left) Romilly Lockyer/The Image Bank/Getty Images; page 5: (bottom right) Yellow Dog Productions/The Image Bank/Getty Images; page 9: (top) cinemafestival/Shutterstock.com; page 9: (center left) cinemafestival/Shutterstock.com; page 9: (center) cinemafestival/Shutterstock.com; page 9: (center right) Entertainment Press, 2008/ Used under license from Shutterstock.com; page 9: (bottom left) Jose Gil/Shutterstock.com; page 9: (bottom center left) Debby Wong/Shutterstock.com; page 9: (bottom center right) cinemafestival/Shutterstock.com; page 9: (bottom right) Randy Miramontez/Shutterstock.com; page 10: (left) Annette Brieger/Goldpitt Films Inc./Pearson Education; page 10: (center left) Annette Brieger/Goldpitt Films Inc./Pearson Education; page 10: (center) Annette Brieger/Goldpitt Films Inc./Pearson Education; page 10: (center right) Annette Brieger/Goldpitt Films Inc./Pearson Education; page 10: (right) Annette Brieger/Goldpitt Films Inc./Pearson Education; page 12: Annette Brieger/Goldpitt Films Inc./Pearson Education; page 22: David R. Frazier/Photolibrary, Inc./Alamy; page 25: (bottom right) Chuck Pefley/Alamy; page 25: (bottom left) David R. Frazier/Photolibrary, Inc./Alamy; page 26: Réunion des Musées Nationaux/Art Resource, NY; page 31: Annette Brieger/Goldpitt Films Inc./Pearson Education; page 32: (center left) Susan Kuklin/Photo Researchers, Inc.; page 32: (bottom right) Juanmonino/iStockphoto; page 32: (top) DOZIER Marc/Hemis/Alamy; page 37: First Light/Alamy; page 47: (top left) Mary Ellen Scullen; page 47: (top right) Mary Ellen Scullen; page 48: Mary Ellen Scullen; page 51: Eastcott-Momatiuk/The Image Works; page 54: Rayes/Photodisc/Thinkstock; page 55: Mary Ellen Scullen; page 57: PHOVOIR/Alamy; page 63: (top) Courtesy of the Library of Congress; page 63: (bottom) Courtesy of the Library of Congress; page 71: Goldpitt Films Inc./Pearson Education; page 75: Annette Brieger/Goldpitt Films Inc./Pearson Education; page 80: (top) a54/ZUMA Press/Newscom; page 80: (bottom left) Icon SMI 945/Icon SMI/Newscom; page 80: (bottom right) Jack Rendulich/Icon SMI/Newscom; page 81: (bottom left) Moritz Mueller/Imago/Icon SMI/Newscom; page 81: (bottom right) Eibner/Imago/Icon SMI 429/Eibner/Imago/Icon SMI/Newscom; page 84: ERIC FEFERBERG/AFP/Getty Images; page 96: (left) Cathy Pons; page 96: (right) Cathy Pons; page 96: (top right) Cathy Pons; page 104: (bottom) VERDY/AFP/Getty Images/Newscom; page 104: (top) REUTERS/Finbarr O'Reill; page 109: Annette Brieger/Goldpitt Films Inc./Pearson Education; page 112: Bill Stevenson Photography/Purestock/SuperStock; page 114: iStockphoto/Thinkstock; page 116: (center left) ckchiu/Shutterstock.com; page 116: (center right) Kim Sayer/Dorling Kindersley; page 116: (bottom left) kkaplin/Fotolia LLC; page 116: (bottom right) Photos.com/Getty Images/Thinkstock; page 122: Robert Harding Picture Library/SuperStock; page 126: Cathy Pons; page 132: (bottom left) Annette Brieger/Goldpitt Films Inc./Pearson Education; page 132: (bottom right) Annette Brieger/Goldpitt Films Inc./Pearson Education; page 133: (bottom left) Robert Harding; page 133: (bottom right) Annette Brieger/Goldpitt Films Inc./Pearson Education; page 139: Will & Deni McIntyre/Stone/Getty Images; page 144: Catherine Karnow/Corbis; page 145: Owen Franken/Corbis; page 147: Courtesy of Andrei Campeanu; page 148: (bottom left) Eddie Linssen/Alamy; page 148: (top right) FORGET Patrick/SAGAPHOTO.COM/Alamy; page 148: (bottom right) Tom/Andia/Alamy; page 148: (top left) worldpix/Alamy; page 154: (left) GoodMood Photo/Shutterstock; page 154: (right) Megapress/Alamy; page 155: Hemis/SuperStock; page 158: Mary Ellen Scullen; page 159: Mary Ellen Scullen; page 165: (left) Annette Brieger/Goldpitt Films Inc./Pearson Education; page 165: (right) Annette Brieger/Goldpitt Films Inc./Pearson Education; page 168: (top right) Christophe Ena/

Index

This index is divided into two parts: Part I (Structures) covers topics related to grammar and pronunciation; here you will find references for information on spelling, pronunciation, grammatical form, and language functions. Part II (Topics) includes vocabulary and cultural topics, as well as information on how to find people, places, and strategies for learning French.

imperative (commands), 78
    formation of 78
    with object pronouns, 182–183
    of pronominal verbs, 88
    uses of, 78
imperfect tense
    formation of, 197
    to make suggestions, 197
    vs. **passé composé**, 211, 217
    in **si**-clauses, 313
    usage of, 197, 312–313
indefinite expressions, 240–241
indirect object pronouns, 187–189
information questions, 49–50, 61
s'inquiéter, 224
intensity, expressions of, 90
s'intéresser à, 224
interrogative
    adjective **quel,** 131
    adverbs, 61
    fixed expressions, with **quel**, 131
    pronouns, 160–161
inversion, 61
-ir verbs
    derived from adjectives, 163
    like **dormir**, 98–99, 118
    like **choisir**, 163

jamais, 90, 240–241
jeter, 139
jouer, 44, 66
    jouer à/de, 44, 66

lever, 88, 139
liaison, 82, 97–98, 106, 108, 131, 182, 208, 268
lire, 250
location, prepositions of, 68, 235

maigrir, 163
maintenir, 260
manger, 73
meilleur/e, 252
mentir, 99
mettre, 100
mieux, 239
moins (de)... que, 239, 251–252
mourir, 129

nager, 73
naître, 129
negation
    il n'y a pas de, 15–16, 212
    (ne...) jamais, 90, 241
    ne... pas, 38, 76, 90
    (ne...) personne, 241
    (ne...) rien, 241
    si, 49
    with expressions of quantity, 169, 171
    with object pronouns, 182–183
    with partitive, 152
    with pronominal verbs, 88
ne... pas, 38, 76, 90
n'est-ce pas, 50
nouns
    gender, 15
    plurals, 16
numbers
    ordinal, 180
    larger than 1000, 180–181

obéir à, 163
obligation, expressions of, 279
obtenir, 260

s'occuper de, 224
on, 7, 48
ordinal numbers, 180
où
    question word, 61
    relative pronoun, 319

pâlir, 163
parce que, 61
parler à/de, 68–69
partir, 99, 129, 197, 266
partitif, 152
passé composé
    and agreement with direct-object
        pronouns, 183
    with **avoir**, 120
    contrast with **imparfait**, 211
    with **être**, 129
    of irregular verbs, 120
    and negation, 120
    of pronominal verbs, 129
    uses of, 120, 129
se passer, 224
passé simple, 292
past participles, agreement of, 120, 129,
        180–183, 320 past tenses, 120,
        197–198, 211, 217
perdre, 119
personne, 240–241
place names, 271–272
pleuvoir, 120, 270
plus (de)... que, 239, 251–252
possession using **de**, 69
possessive adjectives
    mon, ton, son, 26–27
    notre, votre, leur, 39
pourquoi, 61
pouvoir, 209, 312
preference, verbs of, 137
préférer 137, 270, 290
prendre, 149–150
prenominal adjectives
    singular, 105–106
    plural, 107–108
prepositions
    à, 68
    with cities, countries, and continents, 276
    de, 68–69. *See* de.
    of location, 235
    with means of transportation, 266
se promener, 224
pronominal verbs, 88, 224
    idiomatic, 224
    imperative of, 88
    passé composé, 129
    present tense of, 88, 224
    reciprocal, 88, 224
    reflexive, 88, 224
    regular, 88, 98, 224
pronouns
    direct-object, 182–183
    en, 171
    indirect-object, 187–188
    interrogative, 160–161
    on, 7, 48
    reflexive, 88
    relative, 318–320
    stressed, in comparatives, 239, 252
    subject, 7
    y, 271–272
pronunciation
    accents, 13–14
    alphabet, 13

consonant /r/, 268–269
consonants /s/ and /z/, 208
enchaînement, 97, 268
final consonants, 58
h-aspiré, 82
-ill-, 196
liaison, 82, 97–98, 106, 108, 131, 182, 208,
        268
nasal vowels, 117
    vs. oral vowels + nasal consonant, 128
numbers, 36
rhythm, 46
semi-vowel /j/, 196
semi-vowel /w/, 301
semi-vowel /ɥ/, 301
vowel /i/, 46
vowel tension, 46
vowels /e/ and /ɛ/, 238
vowels /ø/ and /œ/, 159–160
vowels /o/ and /ɔ/, 249
vowel /u/, 46
vowel /y/, 149
punir, 163

quand, 61
quantity, expressions of, 90, 169, 171
que
    in comparative, 239
    as conjunction, 302–303
    as relative pronoun, 320
quel, 131
quelque chose, 240
quelquefois, 240
quelqu'un, 240
qu'est-ce qui/qu'est-ce que, 160–161
question formation
    combien (de), 61
    comment, 61
    est-ce que, 49, 61
    information, 49–50, 61
    interrogative adverbs, 61
    interrogative pronouns, 160–161
    intonation, 49–50
    inversion, 61
    n'est-ce pas, 50
    où, 61
    pourquoi, 61
    quand, 61
    quel(le), 131
        quel âge... ?, 61, 131
    qu'est-ce qui/qu'est-ce que, 160–161
    qui, 161
    quoi, 161
    si, 49
    yes/no questions, 49
qui
    as question word, 161
    as relative pronoun, 318–319
quoi, 161

se rappeler, 224
réfléchir à, 163
reflexive pronouns, 88
reflexive verbs. *See* pronominal verbs
regular verbs
    -er verbs, 47–48, 270, 280
    -ir verbs (like **choisir**), 163
    -ir verbs (like **dormir**), 98–99, 118
    pronominal verbs, 88
    -re verbs, 118–119
relative pronouns
    que, 320
    qui, où, 318–319

LEARNING STRATEGIES (FICHES PRATIQUES)

READING SELECTIONS (LISONS)

READING STRATEGIES (LISONS)

L'ANGLETERRE

LA MER
DU NORD

LES PAYS-BAS

N

L'ALLEMAGNE

Londres

LA MANCHE

Calais
Lille

Bruxelles

Bonn

LA BELGIQUE

NORD-PAS
DE CALAIS

LE LUXEMBOURG

Cherbourg

Amiens

Luxembourg

Le Havre

HAUTE-

PICARDIE

Reims

Verdun

Metz

Caen

Rouen

NORMANDIE

la Seine

la Marne

la Meuse

Nancy

Strasbourg

BASSE-
NORMANDIE

Paris

CHAMPAGNE-
ARDENNE

LORRAINE

la Moselle

LES VOSGES

ALSACE

ÎLE-DE-FRANCE

BRETAGNE

Rennes

Troyes

Chaumont

Mulhouse

le Rhin

PAYS DE
LA LOIRE

Le Mans

Orléans

Dijon

Besançon

Angers

Tours

CENTRE

BOURGOGNE

FRANCHE-
COMTÉ

Berne

Nantes

la Loire

LA SUISSE

le Lac
Léman

Poitiers

Genève

OCÉAN
ATLANTIQUE

La Rochelle

Vichy

la Saône

Annecy

Chamonix

POITOU-
CHARENTES

Limoges

Clermont-
Ferrand

Lyon

Mont
Blanc

France

LIMOUSIN

RHÔNE-ALPES

L'ITALIE

Bordeaux

la Dordogne

AUVERGNE

St.-Étienne

Grenoble

AQUITAINE

LE MASSIF

le Rhône

la Garonne

CENTRAL

PROVENCE-ALPES-
CÔTE-D'AZUR

Avignon

Bayonne

MIDI-PYRÉNÉES

Nîmes

Nice

Toulouse

Montpellier

Aix-en-Provence

Cannes

LANGUEDOC-
ROUSSILLON

Marseille

Toulon

Perpignan

L'ANDORRE

L'ESPAGNE

Bastia

CORSE

LA MER
MÉDITERRANÉE

Ajaccio

200 kilomètres

200 milles